UM NOVO OLHAR SOBRE A EMPRESA DE BORRACHA NA AMAZÔNIA, 1840-1930

Catalogação na Fonte
Elaborado por: Dayanne Leal Souza
Bibliotecária CRB 9/2162

B475u
2025

Bentes, Rosineide da Silva
Um novo olhar sobre a empresa de borracha na Amazônia, 1840-1930 / Rosineide da Silva Bentes. - 1. ed. - Curitiba: Appris, 2025.
381 p. : il. ; 23 cm. - (Coleção Ciências Sociais. Seção História).

Inclui referências.
ISBN 978-65-250-7711-6

1. Amazônia. 2. Empresa de borracha. 3. Britânicos. 4. Relações sociais. 5. Capitalismo. I. Bentes, Rosineide da Silva. II. Título. III. Série.

CDD - 338.173895

Livro de acordo com a normalização técnica da ABNT

Appris editorial

Editora e Livraria Appris Ltda.
Av. Manoel Ribas, 2265 - Mercês
Curitiba/PR - CEP: 80810-002
Tel. (41) 3156 - 4731
www.editoraappris.com.br

Printed in Brazil
Impresso no Brasil

Rosineide da Silva Bentes

UM NOVO OLHAR SOBRE A EMPRESA DE BORRACHA NA AMAZÔNIA, 1840-1930

Appris editora

Curitiba, PR
2025

FICHA TÉCNICA

Aos meus pais, Sebastião Monteiro Bentes e Raimundo Rosa da Silva Bentes, e à minha avó Zebina Monteiro Bentes, por terem despertado em mim a curiosidade e o gosto pela leitura.

AGRADECIMENTOS

Agradeço à Consciência Divina, pela permanente inspiração e proteção.

Ao Conselho Nacional de Desenvolvimento Científico e Tecnológico (CNPq), pelo financiamento do meu doutorado e ajuda financeira para a pesquisa "Natureza e tecnologia: o simbolismo da Amazônia para o império britânicos nos anos 1900-1915 e as políticas para a borracha". Ao Committee of Vice-Chancellors and Principals of the Universities of the United Kingdom (CVCP), pela bolsa para pagamento parcial das taxas escolares. À Junta Comercial do Pará (Jucepa,) pela pequena ajuda financeira-econômica para o trabalho de campo. Ao Instituto de Terras do Pará (Iterpa) e à Secretaria do Estado de Ciência, Tecnologia e Meio Ambiente (Sectam), pelas cotas de xerox. À London School of Economics and Political Sciences (LSE), pela assistência financeira durante os últimos quatro meses de estadia em Londres.

Aos arquivos no exterior e no Brasil, pela gentil acolhida e ajuda na localização de fontes históricas. Aos estudantes de História da Universidade Federal do Pará (UFPa), Felipe Assef Muborac Junior, Marco Antônio Cavalcante da Silva, Rosevaner Pereira Noqueira e Antônio Cavalcante da Silva, pela ajuda em tarefas específicas da pesquisa nos arquivos em Belém do Pará, durante dois a três meses, em 1995. À Midiã Matos Maciel, pela coleta de algumas informações complementares nos diários do Seringal ITU.

À agrônoma Lea Lobato de Carvalho Oliveira e à socióloga Rosa Helena Campos, pelo envio de documentos históricos. Aos amigos, família Esteves, particularmente Nilda Esteves e Dr.ª Benedita Esteves, Rosa Helena e sua família, Abnor Gondim, Leila Matos, Dr.ª Maria Gracinda Teixeira, por terem me acolhido em suas residências durante o trabalho de campo. Aos amigos Alice, Sandra, Troo Crew, Dr. Antônio Trimani, Adele Carlucci, Dr.ª Donatella Maria Viola, Dr.ª Anne Bakilana, Dr. Lee Pegler e Dr. Ahmet Akharli, por me oferecerem amizade em momentos difíceis em Londres.

À Rosilene Santana, pela ajuda com a conversão de libras para o mil réis em algumas tabelas. Aos Dr. Ahmet Akarli e Dr. Alejandra Irigoin, do Departamento de História Econômica da LSE, por terem me enviado uma série temporal de taxas de conversão da libra esterlina para a moeda brasileira desde 1808 até 1930, do Ipea.

Estas terras estão plenas de histórias esquecidas. Cada raiz arrancada traz um manancial vivo, um mar de acontecimentos que a História vai escondendo.

(Agildo Cavalcante)

APRESENTAÇÃO

Este livro examina a companhia de borracha na Amazônia brasileira, entre 1840-1930. Demonstra que, nela, as relações sociais de produção eram capitalistas, devido às seguintes características: (a) eram organizadas para produzir mercadoria para obtenção de lucros, a fim de acumular capital; (b) eram moldadas pelo comando de capitalistas sobre formas subordinadas de trabalhadores livres (não escravos); (c) esse comando estava baseado na propriedade privada dos principais meios de produção. As características específicas dessas relações de produção eram basicamente duas: (1) o emprego de diferentes formas de trabalho livre, incluindo trabalhadores assalariados (mensalistas e diaristas) e o seringueiro, que era pago por produção ao invés da jornada de trabalho e (2) a apropriação e a utilização ecológica da terra-seringal.

O livro baseia-se em tese de doutorado e em pesquisas complementares. Por que publicá-lo com atraso de mais de duas décadas? Desde meados de 1996, várias ideias e dados deste livro vêm sendo utilizados em publicações de pelo menos três acadêmicos do Reino Unido, sem menção à minha autoria.[1] A partir de 2014, quando apresentei trabalho no XII Congresso da Brazilian Studies Association (Brasa), realizado em Londres, a London School of Economic and Political Sciences (LSE) disponibilizou a tese em seu site, e vários outros sites também o fizeram[2]. Eu já publiquei artigos e apresentei trabalhos com base em alguns pontos da tese e em pesquisas complementares (Bentes, 2004, 2007, 2021, 2022, 2023).

[1] Em 1996, um artigo foi publicado usando ideias e dados do trabalho que apresentei para qualificação. Logo que eu entreguei a primeira versão da tese, no primeiro semestre de 1997, esse mesmo acadêmico publicou um livro usando minhas ideias e dados históricos de maneira distorcida, para supostamente legitimar a criação de reserva extrativista na Amazônia. Mas a tese trata da companhia de borracha em um período bem demarcado — da década de 1840 até o ano de 1930, com ênfase nos anos 1870-1930. Por conseguinte, não reflete as histórias mais recentes das áreas pesquisadas. De maneira alguma, esta obra legitima a proposta de criação de reserva extrativista na Amazônia. Essa proposta nasceu nos gabinetes de organizações internacionais com o nome de "*commons*" e não nos movimentos sociais da Amazônia. A história de como essa proposta, construída para atender interesses estrangeiros, imiscuiu-se no movimento socioambiental dos seringueiros pela reforma agrária ainda precisa ser escrita com base em pesquisa cuidadosa. Depois da defesa da tese, realizada em novembro de 1998, um outro acadêmico publicou livro sobre a história da América Latina, generalizando indevidamente dados e ideias especificamente sobre a história da empresa da borracha na Amazônia brasileira para toda a América Latina. Outro tem se inspirado e usado dados para falar de empresários.

[2] Em 2014, a tese foi publicada no site da *London School of Economic and Political Science – LSE* (http://etheses.lse.ac.uk/2869/), no site escavador (https://www.escavador.com/sobre/6553486/rosineide-da-silva-bentes), no site da *Semantics Scholar Organization* (https://www.semanticscholar.org/paper/Rubber-enterprises-in-the-Brazilian-Amazon%2C-Bentes/c8bcdebeaf4336f17329872a492ff86239d0524c). Mais recentemente, no site da Academia.edu.

Contudo, este trabalho continua atual e novo o suficiente para que ganhe o formato de livro. Nas universidades, ainda se aprende que a empresa de borracha teria sido um empreendimento nômade, não assentado em propriedade privada da terra, dedicado ao extrativismo puro, que empregava trabalho compulsório e se caracterizava por violência quase que absoluta. Este livro problematiza esse entendimento e examina essa companhia de maneira que ninguém nunca o fez, considerando a apropriação privada ecológica da terra e suas implicações para a disponibilidade de trabalhador livre na região, a organização administrativa, as relações de trabalho, a tecnologia, a lucratividade e os reinvestimentos. Este livro traz inovações importantes inclusive em relação à tese com base em resultados de novas pesquisas. Apesar disso, o texto não foi atualizado completamente: procurei preservar, tanto quanto possível, a integridade do conteúdo original da tese, pois ele expressa um momento histórico específico.

A despeito da abrangência deste trabalho, minha intenção nunca foi, de modo algum, a de construir a história definitiva e completa da empresa de borracha. Tenho consciência de lacunas na história aqui apresentada, a maioria delas devido à inexistência de fontes primárias e, outras, por este livro resultar de pesquisas realizadas por mim, com poucos recursos para viagens mais amplas. Não obstante, esta obra faz um balanço documentado inédito em termos de sua natureza revisionista da literatura prévia e da amplitude dos momentos ou aspectos desse empreendimento considerados, bem como devido à abrangência dos documentos históricos e da literatura histórica e teórica utilizada.

LISTA DE ABREVIAÇÕES E SIGLAS

ACA	Associação Comercial do Amazonas
ACP	Associação Comercial do Pará
AHI	Arquivo Histórico do Itamaraty
Anrj	Arquivo Nacional do Rio de Janeiro
AN (Brasil)	Arquivo Nacional (Brasil)
BAPP	Biblioteca e Arquivo Público do Pará
BLP	British Legation in Petrópolis (Representação Consular)
Brasa	Brazilian Studies Association
CC	Cartório Chermont
CNPq	Conselho Nacional de Pesquisa Científica e Tecnológica
DCR	Bolsa de Desenvolvimento Científico Regional
DIN	Departamento de Imprensa Nacional
D.O. E.U. do Brasil	Diário oficial dos Estados Unidos do Brasil
F.O.	Foreign Office (Ministério de Relações Exteriores de Londres)
INE	Instituto Nacional de Estatística
JCA	Junta Comercial do Acre
Jucepa	Junta Comercial do Pará
Incra	Instituto Nacional de Colonização e Reforma Agrária
Iterpa	Instituto de Terras do Pará.
LSE	London School of Economic and Political Sciences
PDA	Plano de Defesa da Borracha.
TJE	Tribunal de Justiça do Estado.

SUMÁRIO

CAPÍTULO 1

O PROBLEMA, O CONTEXTO E AS CATEGORIAS DE ANÁLISE

Desde 1987-92, constatei a necessidade de pensar a indústria da borracha na Amazônia de outro modo. A pesquisa para a dissertação de mestrado em arquivos no estado do Pará, as idas a seringais[3], no estado do Acre, a convivência com seringueiros dos estados do Acre e do Amapá e a conversa com agrônomos da plantação de seringueiras da indústria de pneus Pirelli, às proximidades de Belém, induziram-me a perguntar: seria a empresa de borracha aquilo que estava sendo apresentado pela literatura?

Duas experiências em pesquisa histórica durante o mestrado permitiram-me constatar que a literatura sobre o passado da Amazônia brasileira estava ainda muito centrada na história da borracha — praticamente o único tema por meio do qual a região marcava presença na literatura nacional. E, na minha pesquisa para a dissertação, foram localizados documentos inéditos sobre a borracha. Os documentos indicavam inúmeros novos aspectos e me permitiram intuir que um estudo desse tema poderia contribuir para uma compreensão mais aprofundada das histórias da região e do país.

1.1 LACUNAS NA LITERATURA

O desenvolvimento deste estudo parte da constatação de lacunas na literatura no que diz respeito à definição da empresa de borracha na Amazônia brasileira[4]. Foi justamente essa constatação que me impulsionou a

[3] Neste trabalho, o termo "seringal" é usado com vários significados: 1. Floresta de árvores de goma elástica; 2. Propriedade da terra-seringal ou propriedade seringueira, sendo propriedade privada no sentido moderno; 3. Empresa privada de produção exclusiva ou principal de borracha, assentada em relações sociais capitalistas de produção.

[4] Este livro trata somente da Amazônia brasileira anterior às alterações geográficas e políticas que ocorrem a partir de 1943. Essa Amazônia tradicional originou-se do antigo estado do Grão Pará, depois da província do Grão-Pará. Como mostra Santos (2023), no Império do Brasil, as unidades administrativas e políticas que passaram a compô-lo eram denominadas "Províncias" em detrimento da ideia de região. Antes dessas unidades territoriais, existiam, como unidades intermediárias do território, as capitanias hereditárias, criadas no período colonial; em 1759, elas foram transformadas em capitanias régias, no governo do Marquês de Pombal, passando

empreender pesquisa bibliográfica cuidadosa. Fazer a revisão bibliográfica tem sido um "traço-definidor" da pesquisa e da redação acadêmica desde o nascimento da ciência. Feak e Swales (2012), inclusive, usam a ideia de outro autor que compara a referência à literatura prévia "com anões que subiram nos ombros de gigantes" para, a partir dessa perspectiva, olhar o assunto de seu interesse. Só assim, apoiados nos ombros dos gigantes, esses anões ou aprendizes conseguem "enxergar mais longe". As autoras usam essa parábola para ajudar os estudantes a compreenderem melhor que uma das funções da revisão da literatura é *utilizar*, *reconhecer* e *dar crédito* ao conhecimento prévio criado por outra(os) autoras(es). Isso se constitui em uma questão básica de ética acadêmica e de consciência sobre até que ponto as suas pesquisas são realmente inéditas e inovadoras; ou seja, eles podem, com isso, demonstrar ter consciência de que eles não estão "reinventando a roda".

Foi justamente esse o intuito que me guiou no estudo exaustivo da literatura prévia. Constatei que a literatura sobre a borracha da segunda metade dos anos 1970 e da década de 1980 é valiosíssima por elucidar

ao domínio direto do governo português. Em 1811, ocorreu certa descentralização por meio da criação de juntas para as capitanias régias visando auxiliar na governança da Mesa do Desembargo do Paço, no Rio de Janeiro. Em 1º de outubro de 1821, por meio de um decreto, foram criadas as unidades provinciais no Brasil, no total de 19, para prover a administração política e militar. O próprio conceito de Grão-Pará sofreu várias modificações expressando mudanças de regime político-administrativo, tais como capitania do Grão-Pará, estado do Maranhão e Grão-Pará (1621), estado do Grão-Pará e Maranhão (1751, sediado em Belém e subordinado diretamente a Portugal) e depois, em 1757, ocorreu a divisão das Capitanias do Grão-Pará, Maranhão e Rio Negro. Em 1772, o estado do Grão-Pará e Maranhão foi dividido para formar dois estados: o Grão-Pará e a capitania de São José do Rio Negro, e o outro estado formado pelo estado do Maranhão e do Piauí. O estado do Grão-Pará cedeu lugar à província do Pará ou Grão-Pará, após os primeiros anos da independência do Brasil. Em 1852, foi criada a província do Amazonas. Com o fim do Grão-Pará, em particular devido à mobilização de elites políticas liberais regionais, **emergiu a região amazônica**, essa última representando os limites territoriais das províncias do Pará e do Amazonas. Mais tarde, a região amazônica passou a ser composta pelos estados do Pará, Amazonas e pelo Território Federal do Acre. Esse Território Federal foi criado mediante a compra de uma região da Bolívia, por meio do Tratado de Petrópolis (17.11.1903). Conflitos surgiram na fronteira com o Peru, mas foram resolvidos em 1909. Em 1962, o Território Federal do Acre foi elevado à categoria de estado da federação (Lei 4.070/1962). Em 1943, por meio do Decreto-Lei 5.812, Getúlio Vargas criou (1) o Território Federal do Rio Branco, um desmembramento do estado do Amazonas, que foi elevado à categoria de estado em 1988 com o nome estado de Roraima; (2) o Território Federal do Guaporé, fruto do desmembramento dos estados do Pará, Amazonas, Mato Grosso, Paraná e Santa Catarina, que se tornou estado de Rondônia em 1988; (3) o Território Federal do Amapá, com administração conjunta do governo federal e do governo do estado do Pará, elevado à categoria de estado da federação em 1988. Em 1953, a Lei n.º 1.806 incluiu na área da região Amazônica a parte do estado do Mato Grosso, a norte do paralelo 16º, a do estado de Goiás, a norte do paralelo 13º, e do estado do Maranhão, a oeste do meridiano de 44º. Em 1977, a Lei Complementar n.º 31, de 11/10/1977 (complementar à Lei 5.173, de 27/10/1966), estendeu ainda mais o território amazônico ao esticá-lo por todo o estado do Mato Grosso. A Constituição Federal de 1988 elevou os territórios federais de Roraima e Rondônia à categoria de estado e criou o estado do Tocantins, desmembrado do estado de Goiás. Assim, a Amazônia Legal passou a ser composta pelos estados do Acre, Amapá, Amazonas, Mato Grosso, Pará, Rondônia, Roraima, Tocantins e parte do Maranhão (oeste do meridiano de 44º).

aspectos importantes da história regional. Utilizo, reconheço, dou crédito, respeito e sou grata aos autores dos estudos pelo rico legado intelectual que deixaram para as novas gerações. Tive um fantástico aprendizado com todos eles.

Contudo, essa literatura não oferece informações consistentes sobre a esfera da produção da borracha. Isso se devia em parte à ausência de pesquisa histórica documental sistemática especificamente sobre a esfera da produção. Devia-se também, no caso de vários autores consagrados, ao pressuposto de que a Amazônia seria "terra livre".

Esse termo "terra livre" se constitui em um dos conceitos marxianos utilizados pelas chamadas teorias de fronteira em voga na época. Nessas teorias, o termo foi utilizado para se referir às "colônias", onde não existiria monopólio da terra por uma classe social. A percepção das colônias como "terras livres" envolve diferentes conceitos e noções. Mas um dos vários sentidos de história em Marx é um significado mecanicista (ver adiante). De acordo com esse sentido de história, "terra livre" (não ocupada permanentemente ou não monopolizada por uma classe social) é tido como um fator decisivo para a existência ou não de relações capitalistas de produção. Ao transpor esse conceito para a Amazônia, vários autores famosos da época concluem que, sendo essa região uma "terra livre", nela as relações de produção da borracha teriam sido "pré-capitalistas".

A acepção da Amazônia como "terra livre" ou "território vazio" ganhou destaque nas décadas de 1950 e 1960. Nessas décadas, havia uma hegemonia do olhar para o Brasil a partir da perspectiva evolucionista-desenvolvimentista para a qual desenvolvimento é sinônimo de industrialização. As áreas não industrializadas do país, portanto, seriam "não desenvolvidas", "periferias" de um suposto "centro desenvolvido" formado pelas regiões industrializadas. Tais "periferias" seriam caracterizadas por "primitivismo", "atraso", "inferioridade", "ausência de sabedoria" etc. Esse olhar implicava em uma visão muito depreciativa sobre florestas e outros meios físicos naturais preservados, economias não industrializadas, territórios não densamente povoados, meio rural.

A decorrência dessas abordagens era que, apesar dos mais de 20 milhões de habitantes da região amazônica na época, publicações de autores do Centro-Sul do Brasil, em geral, faziam referência a ela por meio da ênfase na sua larga extensão geográfica, superdimensionando a proporcionalmente menor densidade demográfica quando comparada com aquela do sudeste industrializado. A Amazônia era referida por esses autores por meio de termos como "vazio demográfico", "ocupação irregular" e pela ideia de incompatibilidade entre produção extrativa e os conceitos modernos de propriedade (Prado Junior, 1956). Por conseguinte, a região seria um problema para o país (Furtado, 1959).

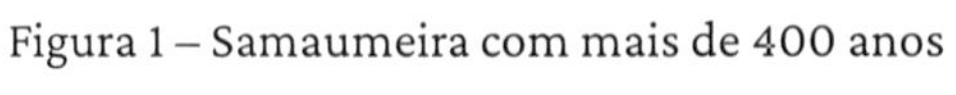
Figura 1 – Samaumeira com mais de 400 anos

Foto: Vinicius Albuquerque Ferreira (2023)

A economia regional era tomada como sendo caracterizada exclusivamente por atividades extrativistas puras e assistemáticas, e a produção da borracha como tendo ocorrido por meio de acampamentos temporários (Prado Junior, 1956; Furtado, 1959; 1968; Sodre, 1979). Havia um certo consenso de que ela seria baseada em trabalho compulsório e violência. Um autor, inclusive, referiu-se a ela como um "empreendimento diabólico". Outros a estigmatizaram por ter sido um empreendimento da Amazônia brasileira, considerada "selva" ou "inferno verde" por aqueles cujas mentes estão moldadas pelo evolucionismo social e pelo preconceito verde.[5]

[5] O preconceito verde é o olhar depreciativo e pouco informado para pessoas e povos capazes de morar em meio ambiente físico natural preservado e estabelecer uma relação relativamente harmoniosa com ele. Um exemplo claro de preconceito verde é a afirmação, em 1904, de Cunha, militar que havia chefiado a comissão de estudos sobre a fronteira nacional com a Bolívia e o Peru: "a natureza amazônica, inferior e selvagem, teria moldado pessoas sem qualidades físicas e morais e sem arte nem ciência" (Cunha, 1946 c1909 *apud* Bentes, 2021). Drayton (2000), Bowler (1992) e Brockway (1979) mostram a racionalidade tecnológica evolucionista e o preconceito verde do império britânico (e seus cientistas), desde as décadas de 1850 e 1860, materializados em ações justificadas pela ideia de que florestas ricas em produtos naturais valiosos não manejadas cientificamente, "estariam em estado bruto e sendo usadas inadequadamente por povos primitivos".

Prado Junior (1956) definiu a Amazônia como uma área de extração de recursos naturais, com ocupação humana irregular, de modo que não se constituiria em objeto de história econômica. A explicação para a suposta característica "extrativista" da economia regional era de que ela seria determinada diretamente pelo meio ambiente (Alden, 1974), sugerindo, naturalmente, que esse traço teria resultado da relação do ser humano com a natureza. Essa interpretação esquece não somente a diversidade e complexidade da economia regional[6], mas também as relações sociais que a forjaram.

A ênfase em uma natureza supostamente não ocupada ou não privatizada apaga as fascinantes histórias da Amazônia e invisibiliza a sociedade regional. Inclusive, eu deixo de existir, uma vez que meus antepassados são varridos da história. Esse apagamento da história regional se deu por meio de interpretações acadêmicas e oficiais que persistiram durante as décadas de 1970 e 1980. A equação matemática (isto é, extensão territorial ÷ pelo número de habitantes) embasava a visão dos governos militares de que a Amazônia seria um território vazio para os homens sem-terra do Centro-Sul. Ao mesmo tempo que abordagens marxistas e não marxistas, a partir do foco exclusivamente em novos processos imigratórios que tinham se iniciado na década de 1950, olharam a Amazônia como espaço unicamente de economia mercantil capitalista e a inventaram como uma suposta "fronteira de ocupação humana", dos "pioneiros" brasileiros de outras regiões.

É importante pontuar que, embora essas interpretações de que a Amazônia seria uma "terra livre" tenham sua importância no que se refere ao fornecimento de informações sobre os novos processos migratórios para a região daquela época, eles convergem em um ponto muito questionável: o desconhecimento ou, em alguns casos, a invisibilização ou o apagamento intencional da(s) história(s) da Amazônia brasileira.[7]

---

[6] Essas conclusões de Alden (1974) decorrem unicamente de análise econômica de dados estatísticos relativos à exportação de cacau, no período 1730-1822. A esfera da produção do cacau não foi objeto de estudo sistemático. Além da literatura sobre a economia regional propriamente dita, referências à produção agrícola do cacau desde o período colonial foram ignoradas, a exemplo daquelas feitas por Cordeiro (1920), Tavares Bastos (1938), Wallace (1939) e Bates (1979).

[7] As abordagens da Amazônia como "fronteira de campesinato" estão baseadas não somente na noção de que nessa região não existiria propriedade privada da terra, sendo ela, portanto, "terra livre". Mais que isso, essas interpretações estão baseadas na invenção de uma noção particular de uma suposta história da região ou, mais precisamente, na negação da história da região anterior à década de 1950. Nesse sentido, "terra livre" se tornou um modo neocolonista particular de olhar para a região. Todos os autores desse esquema de interpretação trabalhavam com a ideia de que, antes da década de 1950, a Amazônia seria caracterizada pela ocupação não

Nesse contexto, as pesquisas que buscam compreender as especificidades regionais por meio de pesquisa histórica assumem importância fundamental. Em 1970, a economia do período de 1756 a 1777 foi definida como sendo de subsistência, devido a duas características — o que foi considerado troca direta e a existência de uma mercadoria atuando como moeda (Dias, 1970). Porém, na década seguinte, foi demonstrado que a troca direta era praticada em todo o território nacional e que ambos, uma mercadoria atuando como dinheiro e a figura do intermediário, revelam, em verdade, uma economia mercantil (Gorender, 1985).

Em 1977, a ideia de que a região seria um problema para o Brasil foi implicitamente contestada, por meio de uma abordagem que foge da ênfase em uma "natureza selvagem" moldando relações sociais (Santos, 1977, 1980, 2019). Foi argumentado que a economia da borracha e a Amazônia como um todo constituem-se, sim, em interessantes fenômenos de história econômica. E a procura pelas causas das características definidoras da economia foi feita nas relações sociais, focando nas interconexões econômicas e políticas, nacionais e internacionais, da sociedade local. Além disso, foi mencionado a emergência da empresa permanente de borracha, a partir da década de 1850, o que deslegitima a visão já mencionada de que a Amazônia seria uma área de extração de recursos naturais, com ocupação humana irregular, de modo que não se constituiria em objeto de história econômica.[8]

Todavia, ao optar por uma análise econômica neoclássica por meio do conceito de ciclos de exportação de mercadorias, essa interessante interpretação da história econômica da Amazônia acaba deixando ao leitor a possibilidade de concluir por uma suposta descontinuidade da economia da borracha após o período de 1870-1913, que é classificada como *boom* da borracha. Mesmo a sociedade regional como um todo parece ter desaparecido quase completamente.

efetiva da terra e pela ausência de relações mercantis. Contudo, autores nordestinos tentavam construir a si mesmos como "pioneiros" da ocupação desse "vazio" regional; enquanto autores do sudeste trabalhavam também com a visão dualista da história do Brasil, na qual existiria um "centro" — o sudeste industrializado —, sendo o restante do país "periferias", incluindo a Amazônia. O foco de ambos, porém, era exclusivamente na imigração recente de brasileiros de outras regiões, a qual parecia a tais autores ter ocorrido em estágios: primeiro, o pequeno produtor familiar, a partir da década de 1950, depois, investidores capitalistas, a partir da década de 1960. Consequentemente, esses autores construíram o pequeno produtor familiar imigrante como suposto pioneiro da ocupação permanente da terra e/ou de relações mercantis e da suposta "integração" da Amazônia à "economia nacional". "Economia nacional" aí tem uma conotação regionalista, pois se refere à economia do centro-sul. Desse modo, a principal questão na Amazônia seria a relação entre campesinato e capitalistas. Essas abordagens são analisadas criticamente em pesquisa histórica (1987-1991), que deu base à dissertação de mestrado (Bentes, 1992).

[8] A privatização de seringais foi mencionada previamente por Reis (1953) e Bonfim (1954).

Estudos posteriores (Moraes, 1984; Conceição, 1990) demonstraram que o processo imigratório foi dinâmico e contínuo durante e após o chamado *boom* da borracha. E outro interessante trabalho (Martinelo, 1988) criticou a noção de descontinuidade da produção de borracha após o chamado *boom*. Contudo, compreensivamente refletindo as fontes históricas que utilizou, este último estudo acabou enfatizando investimentos externos e atribuindo uma importância secundária às relações de produção. A continuidade da produção de borracha é visualizada por meio do foco na chamada "batalha da borracha", resultante de investimentos dos Estados Unidos da América do Norte, durante a Segunda Guerra Mundial.

Por sua vez, duas outras publicações (Oliveira Filho, 1979; Westein, 1983) inovaram, de certa forma, o discurso de intelectuais de outras regiões brasileiras e estrangeiros ao trabalharem com a ideia de "terra livre" como sinônimo de existência de terras não privatizadas. Mas esses autores preenchem a lacuna no que concerne a informações históricas específicas sobre o processo de privatização de terras na região e sobre relações de trabalho na empresa de borracha com a aplicação direta de princípios teóricos marxistas. A primeira publicação, de 1979, baseada na visão marxiana mecanicista de história, argumentou que a existência de "terra livre" teria imposto dificuldades para os capitalistas imporem seu comando sobre a produção de borracha, de modo que eles teriam estabelecido somente relações comerciais como única forma de controle sobre a mão de obra. A segunda publicação, de 1983, aceitou essa versão e a interpretou como relações pré-capitalistas de produção.

Essa segunda publicação, de 1983, considera a existência de empresas de borracha baseada em extensas posses de terra como um fenômeno que teria acontecido somente nos últimos anos do chamado *boom*, ao longo de rios distantes, enquanto pequenos produtores familiares (com pequenas propriedades de terra) teriam ocupado áreas de seringais no Pará. Mais importante, o olhar para o pequeno produtor familiar através das noções de pré-capitalismo e de "terra livre" (no sentido de não existência de propriedade privada da terra), moldando relações de trabalho, constitui o elemento explicativo central.

Algumas dissertações de mestrado (Paula, 1980; Duarte, 1987; Silva, 1982; Oliveira, 1985) representam valiosas tentativas de abordar a produção de borracha como tendo sido realizada por empresas permanentemente estabelecidas. A lacuna nesses estudos, do ponto de vista do fenômeno de estudo deste livro, está na ausência de informações precisas sobre a esfera da produção. Isso se deve, em parte, à adesão aos velhos vieses marxistas mecanicistas evolucionistas de análise histórica. A consequência foi a conclusão de que a empresa de borracha seria uma simples empresa comercial e de que essa empresa estaria baseada em relações de produção não ou pré-capitalistas.

Desse modo, a pressuposição de que a produção de borracha teria se baseado em "terra livre" e/ou em relações não ou pré-capitalistas de produção permaneceu essencialmente não questionada.

A discussão que se segue pretende dar uma pequena contribuição para esse debate. Os resultados de vasta pesquisa bibliográfica e de cuidadosa investigação histórica documental me levaram a definir o *seringal* ou empresa de borracha, em oposição a ambos, (a) a suposição de acampamento mercantil temporário e (b) a presunção de relações de produção não ou pré-capitalistas.

1.2 ABORDAGEM

Este trabalho adentra o mundo mitológico da produção de borracha. Mostra que havia, sim, a empresa de açúcar que produzia também borracha tratada por Oliveira Filho (1979). Existia, além do mais, considerável proporção de pequenos produtores familiares agrícola-extrativista[9] que produziam borracha autonomamente, grupos indígenas que exploravam seus próprios seringais e empresas escravistas agrícolas e de criação de gado, estatais ou privadas, que alugavam os caminhos de seringueiras existentes em suas propriedades a produtores de borracha autônomos. Em particular nas décadas anteriores a 1860, existiam os arranchamentos — que eram expedições organizadas por empresários para extrair o látex em seringais situados em terras devolutas. Fora da Amazônia brasileira, em toda a Pan Amazônia, existiam arranjos produtivos de borracha diversos,

[9] Na Amazônia, houve, em determinados momentos, áreas e circunstâncias, a formação espontânea de pequenos produtores familiares. No entanto, o surgimento do pequeno produtor familiar autônomo está mais fortemente ligado a diferentes políticas oficiais baseadas na crença dos "colonizadores" portugueses de que a pequena agricultura se constituía em elemento fixador do homem na terra. Salles (1971) menciona a presença desse pequeno produtor familiar na Amazônia pelo menos desde a década de 1670, por meio da imigração portuguesa, famílias açorianas que deram início a importantes núcleos agrícolas como o de Bragança e portugueses oriundos de Mazagão, na África, os quais, contudo, não prosperaram. Surge também de alguns escravos ou índios forros aculturados que, por algum meio, tornaram-se livres, ex-escravos africanos e uma miríade de brasileiros miscigenados. A presença do pequeno produtor familiar autônomo intensifica-se, em particular, a partir de meados do Séc. XVIII, com a política pombalina de promoção desses produtores (Bentes, 1992).

em particular nas áreas com menor incidência das melhores espécies de goma elástica ou áreas de cauchais. A exemplo de uma empresa britânica na área do Putumayo, no Peru, investigada pelo cônsul britânico Roger Casement (Mitchell; Izarra; Bolfarine, 2023). Ali, praticava-se o extrativismo puro, sem manejo florestal, com base na utilização de mão de obra indígena, que era tratada como serva, inclusive açoitada. Embora tivesse uma forma jurídica pomposa, de empresa legalmente constituída chamada Peruvian Amazon Company, financiada pela bolsa de Londres, esse empreendimento não cabe na definição de empresa de borracha utilizada neste livro.

Mesmo assim, as terras-florestas com maior densidade de melhores espécies de goma elástica e situadas nas áreas principais produtoras de borracha no Brasil foram apropriadas exclusiva ou predominantemente por empresários. Os quais, individualmente ou em parceria, montaram a empresa de borracha, conforme definição já mencionada — aquela montada com o objetivo de produzir única ou principalmente a borracha com base na propriedade privada da terra-seringal e em mão de obra livre (não escrava ou serva).

A importância desse empreendimento está em que ele produzia a maior parte da borracha exportada pela região. A maior quantidade e qualidade de documentos históricos disponíveis é sobre essa companhia.

É justamente essa companhia de borracha que este livro examina. Ela é considerada aqui como uma totalidade de relações humanas agrupadas em torno de fases ou momentos: 1º) investimento-montagem da empresa, 2º) fabricação da borracha e 3º) lucratividade e reinvestimento. Essa abordagem objetiva entender a empresa de borracha como um todo de relações sociais internas ou regionais, nacionais e internacionais.

A decisão por tal abordagem deve-se à constatação de que a empresa de borracha era apenas a materialização daquele conjunto de relações sociais. E que, ao estabelecerem essas relações, os empresários, os trabalhadores, os compradores e outros grupos e segmentos sociais envolvidos com aquela instituição não compartimentavam tais relações em dimensões "econômica", "política", "social", "cultural" etc. estanques. Muito pelo contrário. Nas fontes primárias sobre aquele empreendimento essas dimensões da realidade aparecem tão imiscuídas umas às outras que se torna impossível entendê-las por meio da abordagem disciplinar, que distingue e separa essas e outras dimensões das relações humanas.

Figura 2 – Seringal Macapá às margens direitas do rio Acre, propriedade dos Sr. Marques Nogueira & Ca

Nota: em 2013, a foto original do álbum de Falcão foi digitalizada e disponibilizada pela Fundação Cultural Elias Mansour, do Acre.[10]
Fonte: Falcão (1907, p. 70)

O livro mantém o esquema de análise e interpretação da tese de doutorado, ainda inédito e muito bem apropriado aos resultados das minhas pesquisas.

A interpretação dos resultados de vasta documentação histórica necessariamente implicou a discussão e definição de termos visando à apreensão dos significados geral e específicos da empresa seringueira e, também, a expressão clara e objetiva do argumento.

Essa tarefa demandou uma ampla pesquisa bibliográfica, a fim de construir definições e conceitos apropriados.

[10] Veja mais em: https://www.flickr.com/72157635065343758/. Disponível também no Bbog Almaacreana: https://almaacreana.blogspot.com/2012/02/era-dos-seringais.html.

1.3 QUESTIONAMENTOS TEÓRICOS NECESSÁRIOS

As lacunas na literatura anteriormente mencionadas resultavam não somente da falta de pesquisa histórica documental cuidadosa sobre a esfera da produção. Resultam também de um debate acadêmico centrado em princípios teóricos cientificistas, em particular em uma visão mecanicista de história e de quem faz história. Essa perspectiva sustenta um enfoque prioritariamente nos aspectos comerciais, financeiros e políticos da economia da borracha, enfatizando o que fizeram e pensaram estrangeiros e brasileiros de países e regiões brasileiras industrializadas.

À parte a influência do legado da política do regime militar de negação da história regional, teoricamente, essas questões refletiam, acima de tudo, o critério mecanicista usado pelo cientificismo desenvolvimentista liberal e marxista para definir quem faz história: a capacidade técnica para domesticar a natureza via tecnologia moderna. Reduzindo o ser humano a uma natureza humana genérica e universal, cujo estágio superior de desenvolvimento teria se personificado no homem industrializado tido como o fazedor "racional" de riquezas, em decorrência de sua capacidade para domesticar e subjugar a natureza e outros seres humanos, por meio de tecnologia moderna, essa perspectiva pressupõe implicitamente que somente pessoas de países e regiões industrializadas fariam história.

Inspirados nesse juízo, nos anos 1950-1970, brasileiros cultos, civis e militares, liberais e marxistas, olharam a região a partir da ênfase em suas florestas, invisibilizando seus habitantes ou tornando-os detalhes insignificantes.

Suas florestas eram tidas como natureza não domesticada, em decorrência, acredita-se, não de uma escolha, mas de incapacidade de seus habitantes para domesticá-la através de tecnologia moderna, refletindo o imperialismo verde europeu, para o qual florestas preservadas por métodos não científicos simbolizam primitivismo, atraso, incivilidade.

Esse colonialismo verde brasileiro assim definiu a região Amazônica: floresta selvagem, que teria sido utilizada unicamente para uma produção de borracha temporária, nômade e predatória, sendo, portanto, um território selvagem, vazio, um problema para o "verdadeiro Brasil" por ser supostamente despovoado; ou uma "terra livre", ou uma terra não ocupada permanentemente, ou não privatizada, uma "fronteira" do "Brasil desenvolvido, civilizado".

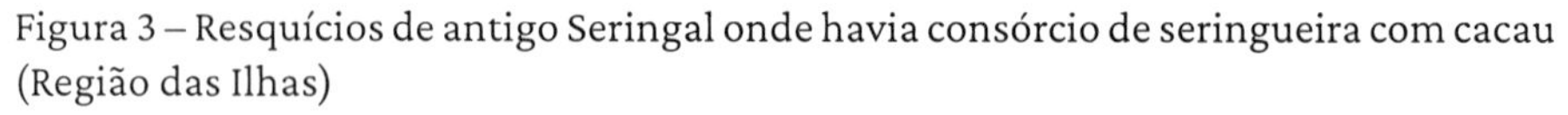

Figura 3 – Resquícios de antigo Seringal onde havia consórcio de seringueira com cacau (Região das Ilhas)

Foto: Rosineide da Silva Bentes (2024)

A discussão liberal e marxista sobre a história da borracha que surge a partir do final da década de 1970 explícita ou implicitamente questionou essa perspectiva de ausência de história. Contudo, enfatizou as relações comerciais, financeiras e políticas e quem distanciou-se dessa ênfase terminou herdando a mesma perspectiva mecanicista de história, a qual inspira a ênfase dos marxistas na ideia de que a existência de terra livre teria colocado dificuldades para os capitalistas estabelecerem seu comando sobre a produção de borracha, de modo que eles teriam estabelecido somente relações comerciais com os produtores diretos da borracha.

A perspectiva liberal refere-se à esfera da produção da borracha por meio da avaliação de seu grau de incorporação de tecnologia moderna, concluindo que os seringalistas teriam fracassado em adaptar suas empresas aos padrões de modernidade e progresso representados pela monocultura, havendo discordâncias quanto às causas. Uns argumentam que a causa desse "fracasso" teria sido a falta de senso empresarial dos seringalistas ou que o chamado *boom* ele mesmo teria fracassado em desencadear a industrialização como o café o teria feito em São Paulo. Outro acha que a causa teriam sido as pragas; um determinismo ambiental que pressupõe ter sido a monocultura um projeto de todos, ignorando as discordâncias de produtores locais e minimizando a importância dessas na não proliferação da borracha de cultivo científico monocultural.

A ênfase na tecnologia, nos interesses e nos investimentos estrangeiros, em detrimento dos habitantes da Amazônia, por sua vez, faz com que a diminuição desses investimentos e a crise de preços da borracha sejam identificados com decadência e/ou desaparecimento da economia de borracha. O interessante estudo que questionou essa ideia de desaparecimento, por meio do estudo da batalha da borracha, terminou adotando, ao invés de questionar, o mesmo paradigma cientificista.

As relevantes tentativas de interpretar teoricamente a empresa de borracha que surgem nos anos 1980 e 1990 inovam ao tratar o seringal como uma empresa permanente, mas perpetuam a visão mecanicista de história. Uma delas olhou o regulamento do seringal e um dos vários livros que compunham a contabilidade dessa empresa por meio da lente de Weber — que analisa empresa capitalista como sinônimo de autoridade racional em oposição à suposta administração "irracional" de empresas pré-capitalistas, seguindo, assim, o entendimento liberal de que processos econômicos capitalistas, considerados não sociais, estariam livres da influência de aspectos subjetivos (tidos como irracionais) das relações humanas — e concluiu: o seringal seria um caso particular no qual relações de trabalho não capitalistas estariam combinadas com uma organização econômica.

Outras adotaram a definição marxiana de relações capitalistas de produção para interpretar casos de violência, fuga e débito como evidência de trabalho compulsório.

1.4 CONSTRUINDO CATEGORIAS DE ANÁLISE APROPRIADAS

O elemento organizador de meu argumento é um significado apropriado de relações sociais capitalistas de produção. A definição foi construída por meio de uma análise das interpretações dos seringais prevalentes à luz dos resultados tanto da investigação histórica como da pesquisa bibliográfica sobre o sentido de relações capitalistas de produção. Faz-se necessária a referência a esse procedimento para mencionar a literatura e precisar meu argumento.

Duas ideias básicas governam, implícita ou explicitamente, as principais interpretações dos seringais: (a) a concepção marxiana de que as colônias europeias seriam "terra livre" (terra não privatizada ou não monopolizada por uma classe social), condição que favoreceria a formação do campesinato (Marx, 1978) e colocaria obstáculos ao estabelecimento do modo de produção capitalista (Macpherson, 1978); e (b) a acepção de Marx de que a história seria uma sucessão de modos de produção, o trabalho assalariado é que define as relações capitalistas de produção, de modo que o dinheiro investido na produção se tornaria capital tão somente quando ele fosse utilizado na exploração do trabalhador assalariado, para a obtenção de mais-valia.

Uma rápida referência aos problemas inerentes a essas visões marxianas é crucial na exposição de meu argumento.

1.4.1 Problemas da visão das colônias como "terras livres"

A percepção das colônias como "terras livres" envolve diferentes conceitos e noções. Primeiramente, mesmo considerando que nos trabalhos de Marx constem pelo menos quatro noções distintas de história (Holton, 1981), a concepção das colônias como "terras livres" está ligada a uma concepção mecanicista de que as mudanças seriam governadas por estruturas impessoais ou "mecanismos" (como as molas de uma máquina) levando a resultados históricos previsíveis, atribuindo um papel central às mudanças tecnológicas. A consequente noção desenvolvimentista de história relaciona "evolução" tecnológica com uma transformação nas relações de troca, de valor de uso para valor de troca, e a ideia de que a industrialização se constituiria no último estágio de desenvolvimento da troca de valor, sendo qualificada como desenvolvimento superior do ser humano e o começo da história (Marx, 1973, 1974; Muszynski, 1996). Segundo Muszynski (1996), a ideia central nesse conceito desenvolvimentista de história é que toda produção, em todo lugar e em todas as épocas, cria valor de uso. É o valor de troca que transforma a produção e, em última instância, o valor de uso em si. Assumindo que o valor de troca-indústria é o ponto inicial da História, então valor de uso-sociedades não industrializadas representam a pré-história, nas quais a capacidade humana teria desenvolvido somente a um leve degrau e em pontos isolados (Marx, 1973). Consequentemente, sociedades como as dos povos indígenas, são consideradas como "tribos" em oposição a sociedades ou nações, e "primitivas" ou "meros povos caçadores e pescadores vivendo fora do ponto onde o real desenvolvimento começa" (Marx, 1973, p. 107; Muszynski, 1996); em contraste com os "sofisticados" e "civilizados" povos das sociedades industrializadas.

Essa visão simplista das sociedades humanas se inspira em ambos (a) na noção ocidental de civilização e (b) na economia liberal. O termo "noção ocidental de civilização" quer dizer interpretações eurocêntricas e monoculturalistas da história do mundo,[11] construídas na nascente sociedade industrial europeia. Segundo essas interpretações, civilização seria o resultado de uma evolução dos métodos usados pelos humanos para dominar a natureza (Mcleish, 1991).

McLeish (1991) enfatiza que, na acepção ocidental de civilização, a sofisticação tecnológica, na medida em que os aspectos culturais e sociais assumem um papel secundário, é o único critério definindo civilização. De acordo com Berki (1988), devido à noção de racionalidade como sinônimo de racionalidade capitalista, a economia liberal traz consigo uma visão simplista das sociedades humanas, por meio da qual o ser humano é concebido como acumulador racional de riquezas materiais, em oposição aos "irracionais" e "inconscientes" seres humanos das sociedades não capitalistas e não ocidentais.

Mais evidências da influência dessas visões simplistas de sociedades não industrializadas no pensamento de Marx podem ser detectadas em seu conceito de valor de uso. Esse conceito está associado à necessidade e à ideia de uma suposta "dominação" da natureza sobre os seres humanos, em um ciclo, no qual simples povos caçadores e pescadores se encontrariam buscando a sobrevivência do grupo, sem nenhum dos grandes desenvolvimentos do conhecimento que mais tarde iria permitir a eles "dominarem" a natureza e, com isso, a "necessidade" (Marx, 1973).

Esse conceito de valor de uso converge duas noções. Primeiro, uma visão a-histórica dos seres humanos, na qual os esforços dos capitalistas ocidentais para "dominar" a natureza são concebidos como uma expressão de um suposto estágio superior de uma "natureza" humana genérica e universal. Segundo, povos que não "dominam" a natureza — aqueles que vivem em relativa harmonia com o meio físico natural — são considerados "primitivos", "inconscientes" e "irracionais", expressando de algum modo a concepção de natureza não devastada levada a efeito pela noção ocidental de civilização: como um símbolo de selvageria e ausência de civilização.[12]

---

[11] Um debate interessante sobre civilização e eurocentrismo é empreendido por Randall (1940), Toynbee (1946), Quigley (1961), Wilkinson (1987) e Frank e Gills (1996). Veja mais bibliografia sobre perspectivas críticas ao eurocentrismo de Marx na nota de rodapé 20.

[12] Thomas (1983) mostra isso na Inglaterra Tudor e Stuart em que "civilização humana era virtualmente sinônimo de conquista da natureza". A ideia de natureza significando homem incivilizado governou as ações de migrantes ingleses no Séc. XVII (Thomas, 1983). Finalmente, ele diz que "A dominação do homem sobre a natureza era o autoproclamado ideal dos primeiros cientistas modernos" (Thomas, 1983, p. 29).

O caráter discriminatório de tal visão torna-se cristalina no argumento de Mecleish (1991). Ele afirma que os povos indígenas da América do Sul construíram cidades muito superiores ao tamanho de Londres, no tempo de Henry III. Eles tinham uma língua escrita (no caso dos hieroglifos Mayas), produziram obras de arte e joias, o calendário e a ciência deles superava aquela dos acadêmicos europeus do mesmo período e, no que concerne à aritmética, eles estavam milhares de anos adiantados em relação à Europa.

Os povos indígenas da Amazônia não tinham apenas um método para extrair o látex, mas também procedimentos para o manufaturar em diferentes subprodutos, os quais foram registrados tão cedo quanto 1511 (Coates, 1987; Woodruff, 1958). Os franceses, ingleses, alemães e norte-americanos tomaram conhecimento dos métodos manufatureiros dos povos indígenas e começaram esforços para aprender e adaptar esses métodos à produção de mercadorias em larga escala somente por volta da metade do Séc. XVIII, por meio de um relatório de Fresneau, que aprendeu aqueles métodos com um homem do Pará (Coates, 1987; Woodruff, 1958; Drabble, 1973). Isso porque, no Pará, produtores vinham desde há muito tempo modificando e adaptando métodos indígenas à produção de mercadorias. Desde o início do Séc. XVIII eles produziam bombas, seringas, pequenas figuras de animais, bolas e outros subprodutos da borracha, para exportação (Coates, 1987; Woodruff, 1958; Drabble, 1973; Whittleesey, 1931). Pequenas fábricas foram estabelecidas em Belém para produzir artigos à prova d'água, tais como sacolas para munição, sapatos ou botas, casacos e garrafas, bem como seringas e bolas para exportar para Portugal e para os Estados Unidos da América do Norte (Cruz, 1973; Mourão, 1989; Santos, 1980; Westein, 1983; Coates, 1987; Marin, 1985; Dean, 1989). Finalmente, Meggers (1977) menciona as cidades dos povos indígenas da Amazônia, suas ferramentas e técnicas de produção, conservação de alimentos etc.

A questão, então, está em como os europeus e Marx perceberam os povos indígenas. É evidente que eles olharam para esses povos a partir do ponto de vista de que o nível de sofisticação tecnológica de suas sociedades não se adequava ao conceito de civilização ocidental. Esses povos controlavam o fogo e cultivavam cereais e frutas, mas não usavam cavalos, bois ou outros animais domésticos como feras de trabalho, nem eles usavam ferramentas e armas de metal ou rodas, com a expectativa de obter mais bens materiais (McLeish, 1991).

McLeish (1991) argumenta que, ao olhar para os povos indígenas dessa maneira, os europeus foram completamente incapazes de entender que de maneira alguma esses povos eram "inferiores à cultura dos recém-chegados europeus". Eles condenaram os costumes e práticas dos nativos como perversões satânicas. Padrões de vida e pensamentos que tinham se desenvolvido há milhares de anos foram destruídos em menos de uma geração, por soldados e exploradores europeus e por missionários cristãos (McLeish, 1991).

Miles (1993) não considera isso uma "falha" ou "fracasso", mas um ato intencional de subordinação de classe, identificando a destruição dos povos indígenas com a destruição do campesinato feudal no oeste da Europa. Desse modo, a definição ocidental de civilização teria sido usada como uma ferramenta para subjugar aqueles que os capitalistas europeus ocidentais e os Estados europeus imperialistas queriam moldar como trabalhadores, não somente fora, mas também dentro da Europa.

De fato, a fabricação de uma classe trabalhadora subordinada no Oeste Europeu envolveu a destruição/subordinação do campesinato feudal.

No continente americano, o processo de fabricar trabalhadores subordinados desorganizou, destruiu e subordinou os povos indígenas.

Contudo, este último processo é específico, porque ele envolveu a invasão de territórios ocupados por povos que possuíam organização econômica, política e cultural próprias, cada uma possuindo um idioma específico etc. Nesse caso, a implicação é que o conceito ocidental de civilização negou o status de civilização àquelas sociedades.

Para Muszynski (1996), a autodenominação dos capitalistas europeus como "raças civilizadas" em oposição aos "nativos selvagens" ou "precursores da civilização" implica em povos sem religião ou cultura, portanto, na interpretação da integração forçada dos povos nativos à condição de trabalhador subordinado como tendo sido parte de um processo "civilizatório" da Colúmbia Britânica.

Esses são processos cruciais indicadores do caráter discriminatório e simplista da referência marxiana às "colônias" como "terra livre". Isso envolve três significados ou noções: (a) da expansão capitalista europeia no exterior como uma "colonização" de territórios "vazios", visão que foi reforçada mesmo pelo recente debate interessante sobre a propriedade da terra moderna feita por McPherson,[13] (b) dos povos indígenas como povos "primitivos" e "incivilizados" e (c) de "ausência" de propriedade privada da terra ou da propriedade da terra como monopólio.

[13] Veja o debate sobre "A teoria moderna da colonização" feito por Marx (1973) e Macpherson (1978).

Na obra *O Capital*, a referência às "colônias" como "terra livre" supostamente favorecendo o florescimento do campesinato e obstruindo o modo capitalista de produção foi usada como um exemplo, na defesa da tese de Marx de que a propriedade da terra como um monopólio de uma classe social e a consequente expropriação das pessoas de suas terras seria uma pré-condição necessária para o nascimento do modo capitalista de produção (Marx, 1978, 1989; Macpherson, 1978). Mas, logo em seguida, Marx menciona o trabalho assalariado na colônia (Macpherson, 1978). Como então esse trabalho assalariado emergiu nas "colônias", considerando que essa seria uma categoria que surge historicamente da situação de sem-terra da força de trabalho, originada do monopólio da terra por uma classe social? Assim, ao invés de confirmar a tese de Marx, aquele exemplo de trabalho assalariado gera mais dúvidas.

Estudos recentes levantaram questões importantes àquele postulado marxiano. Primeiro, a emergência e expansão do campesinato ou produtor familiar nos Estados Unidos da América do Norte tem sido explicada não como um resultado mecânico de "terra livre", mas como um dentre outros processos sociais próprios do contexto do capitalismo pós primeira metade do Séc. XIX (Abramovay, 1992; Malagodi, 1995).

Segundo, o esquema "campesinato de fronteira" usado para focar na Amazônia brasileira é questionado por minha pesquisa anterior sobre a formação de produtor familiar naquela região (Bentes, 1992), a qual revelou pontos essenciais para esse debate. Nesse trabalho mostro que o produtor familiar amazônico é um fenômeno gerado no processo histórico do capitalismo, de modo que esse não é um fenômeno pré-capitalista como foi o campesinato feudal no Oeste Europeu.

Mostro, igualmente, que a emergência do produtor familiar na Amazônia brasileira não é um resultado automático da "terra livre", mas está ligada (1) à imigração do produtor familiar de alimento para o mercado interno, autônoma ou oficial, (2) ao apoio oficial a famílias nativas produtoras de alimento para a colônia e (3) à resistência de nativos e imigrantes em se tornar trabalhador escravo ou trabalhador livre tutelado ou trabalhador assalariado.

O esquema do "campesinato de fronteira" ignora que a Amazônia brasileira não era "terra livre", mas, sim, o território de muitos povos que falavam cerca de 700 línguas diferentes. Um território que foi "limpo" da ocupação e existência da grande maioria desses povos, por um processo de apropriação ecológica das terras de melhor qualidade, as quais se tornaram quase monopólio de empresários (veja o Capítulo 2, deste livro). Desse modo, os produtores familiares imigrantes recentes de outras regiões do Brasil não são "pioneiros" seja da ocupação permanente da terra seja de relações comerciais.

Finalmente, os resultados das investigações para este livro levantam questões quanto à suposição de que nas "colônias" a separação do trabalhador de suas raízes, o solo, não teria existido (Macpherson, 1978). A privatização dos seringais é demonstrada ter sido um processo que reafirma e continua o padrão histórico de privatização da terra na Amazônia, iniciada pelo processo efetivo de apropriação da terra pela metrópole portuguesa (veja o Capítulo 2, deste livro), que começa com a tomada das melhores terras que eram ocupadas pelos povos indígenas e ligada a múltiplos processos históricos de fabricar o tipo de trabalhador requerido pelos negócios produtores de mercadorias (Capítulo 3).

Outra descoberta foi que a maneira preconceituosa como os britânicos percebiam povos que não "dominavam" a natureza serviu de ferramenta ideológica em processos importantes relativos à produção de borracha no Séc. XIX e início do Séc. XX. O uso dessa percepção preconceituosa como ferramenta ideológica está presente nas ideias expostas pelo Cônsul Britânico Roger Casement,[14] no Pará (1907-1908) (F.O. and the Board of Trade, 1908), durante a Primeira Exposição Internacional da Borracha, em Londres, em 1908, ao se referir à forma como os seres humanos se relacionavam com a floresta seringueira na Amazônia, explorando-a economicamente sem a massiva destruição da natureza. A floresta nativa de *Hevea brasilienses* não devastada, mas manejada de maneira ecologicamente sustentável, foi associada com "selvageria" ou com um "estágio inferior de evolução tecnológica". Essa visão emergiu em um momento em que a noção ocidental de civilização tinha sido empoderada pela teoria de Spencer da "sobrevivência do mais apto, ou mais competente, ou mais forte"[15].

---

[14] Os diários desse cônsul, um irlandês, publicados recentemente (Mitchell; Izarra; Bolfarine, 2023), indicam uma certa mudança no seu pensamento sobre as florestas. Mas é importante enfatizar que, em 1908, ele estava engajado nas campanhas de promoção das *rubber plantations* pelo império britânico e comungava, em grande medida, dos pressupostos ideológicos que governaram essas campanhas. Afinal, ele era representante desse governo imperial na Amazônia.

[15] Como já mencionado em outros trabalhos (Bentes, 2021, 2022), em 1862, Herbert Spencer (1820-1903), filósofo, sociólogo, biólogo, antropólogo e educador inglês, criou o que denominou evolucionismo social. Ele defendia o positivismo de Comte. E, como Comte, percebia as sociedades como organismos biológicos. Então, ele se inspira em tipologias e sistemas de classificação da biologia para explicar as diferenças entre

Bowler (1992) demonstra que essa interpretação de Spencer é, na verdade, uma reinterpretação da teoria da evolução de Darwin, à luz das ideias e princípios que governavam o imperialismo Britânico, após a década de 1870. Desse modo, sociedades não industrializadas ou "selvagens" significavam, para aqueles que as olhavam através do viés dessa teoria, sociedades "fracas", "incapazes", "incompetentes".

A visão triunfante da acepção ocidental de civilização e progresso colocava povos "incapazes" interagindo com uma natureza "selvagem" em contraste com aqueles que tinham "dominado" a natureza e, portanto, eram considerados os mais aptos, mais competentes.

Através dessa lente, ocorre uma reedição da noção ocidental de civilização, através da qual a produção monocultural de borracha em larga escala foi usada como ferramenta para exaltar o suposto triunfo da civilização Britânica sobre os povos e a natureza "selvagens". Em correspondência consular em que responde às críticas ao seu relatório, o cônsul britânico classifica a demanda dos *seringalistas* por intervenção do governo central como "*childish*" (F.O. 368/274, 1909) ou criancice. Esse termo surgiu com o discurso evolucionista do Séc. XIX para se referir aos povos indígenas originais ou remanescentes que nem seres humanos não bem desenvolvidos ou "espécies inferiores" (ver Capítulo 3).

O elemento comum entre os seringalistas e os povos indígenas da Amazônia era o uso de métodos de extrair o látex e produzir borracha não baseados na ideia de "dominar" a natureza, mas, sim, manejá-la ecologicamente. Assim, a classificação de "*childish*" e a referência aos seringais como "pântanos e florestas desoladas" — portanto incompatíveis com a noção

povos e sociedades humanas. Desse modo, ele concluiu que os elementos constitutivos da vida passam por modificações, alavancadas pela redistribuição da matéria e do movimento, provocando mudanças que ocorrem em um *continuum* do menos ao mais complexo, por meio de diferentes estágios (ou fases), em um processo evolutivo. Esse processo evolutivo, segundo esse autor, é universal, pois inclui os organismos e as sociedades. Ele difere de Darwin, para quem a evolução representa apenas uma mudança, pois entende evolução como um progresso social. Para que esse progresso ocorra, os indivíduos têm que competir entre si e, nesse processo, somente o mais apto sobrevive. Ele enfatiza, portanto, a competição, o progresso pela briga. Com base nessas ideias, Spencer classificou os povos em uma linha contínua de evolução dos inferiores aos superiores: os europeus são posicionados no polo superior de evolução e os indianos e indígenas no inferior. Essa classificação está assentada na ideia de que a industrialização representa o estágio ou fase mais civilizada e mais evoluída de sociedade, em decorrência de suas formas de organização e divisão do trabalho. As demais sociedades são classificadas como primitivas, com base na suposição de que seriam homogêneas, simples, pois seus membros não teriam capacidade de alterar artificialmente, por meio de ciência e tecnologia moderna, as condições de existência e, dessa maneira, provocar diferenciações econômicas (Spencer, 1904). Uma das implicações dessa explicação é que conviver harmoniosamente com a natureza preservada não é considerada uma escolha, mas uma decorrência de incapacidade para criar ciência e tecnologia de controle e domínio sobre a natureza "selvagem".

moderna de propriedade privada (ver Capítulo 2) — expressa a visão preconceituosa do cônsul britânico sobre povos e pessoas que não "dominam" a natureza,[16] a qual foi utilizada na época na tentativa de varrer do mercado internacional a borracha amazônica, como é abordado no Capítulo 5.

1.4.2 Dificuldades da definição de capital centrada no trabalho assalariado

No Capítulo 4, é demonstrado que a empresa de borracha na Amazônia brasileira empregava diferentes categorias de trabalhadores e, particularmente, as empresas localizadas em seringais mais distantes, até por volta de 1912, recrutavam também trabalhadores imigrantes — cuja contratação envolvia débito inicial e obrigação de pagamento da dívida antes de deixar o seringal. O foco da literatura exclusivamente em relações comerciais e no débito tem resultado na associação do trabalho imigrante envolvendo débito como forma de trabalho compulsório (Silva, 1982; Paula, 1980), imobilização do trabalhador (Oliveira, 1985) ou relações pré-capitalistas de produção (Paula, 1980, 1981; Silva, 1982; Duarte, 1987; Oliveira, 1985).

Essa voz corrente inspira-se em autores que estudam a escravidão como um modo de produção (Gorender, 1985), ou não capitalismo (Dias, 1970), ou identificam o trabalhador imigrante endividado nas plantações de café de São Paulo como débito peonagem e trabalho contratado (Holanda, 1982; Dean, 1976; Lamounier, 1993) ou como formas de servidão (Costa, 1982). Existe um ponto interessante nessas interpretações: a explicação do fim da escravidão como um resultado de múltiplos processos históricos. A exemplo da conjuntura de constante redução dos preços do açúcar após meados do Séc. XVIII, mudanças tecnológicas e movimentos abolicionistas no Brasil, particularmente a resistência pacífica dos escravos africanos por meio da organização de quilombos — que eram vilas organizadas por escravos fugitivos, em terras distantes e de difícil acesso.

Não obstante, essas apreciações sustentam-se tanto na concepção marxiana de história — uma sucessão de modos de produção —, como na definição de relações capitalistas de produção centrada no trabalho assalariado.

[16] Essa é uma noção não mencionada por Anderson (1990), em sua interessante discussão sobre nacionalismo. Ele interpreta a discriminação da metrópole contra os "Creoles" ou criolos (o autor usa esse termo para se referir aos descendentes de europeus nascidos nas colônias espanholas), na burocracia colonial das colônias espanholas na América do Sul, ligada à floresta não devastada, como uma distorção da afirmação de Rousseau e Herder de que o clima e a ecologia têm um impacto na cultura e no caráter.

Tais acepções permeiam até os estudos sobre contratos de parceria, os quais argumentam contra a identificação do trabalho imigrante endividado das plantações de café com débito peonagem (Stolcke, 1988; Stolcke; Hall, 1983). O foco nos contratos de parceria, a partir do ponto de vista de uma "transição" para o trabalho livre ou para um Mercado de trabalho livre, esconde diferenças importantes entre as diferentes regiões do Brasil. Ao mesmo tempo, essas interpretações enfatizam exageradamente a proibição do tráfico de escravos em 1852. E atribuem importância secundária aos múltiplos processos históricos internos ao Brasil mencionados por estudos anteriores. Lamounier (1993) considera as diferenças entre o uso de diferentes categorias de trabalhadores em Cuba e no Brasil. Contudo, ela trabalha com a noção de "transição" e "experimentos" com diferentes categorias de trabalhadores e, embora argumente que um "Mercado de trabalho livre" pode não ter sido o objetivo pretendido pelos plantadores de café do Séc. XIX, ela não trata as questões teóricas postas à mesa.

A ideia de que empresários teriam começado a "experimentar" diferentes categorias de trabalhadores somente após a proibição do tráfico de escravos é insustentável, pois o uso de diferentes categorias de trabalhadores era uma constante desde há muito. Em minhas pesquisas anteriores e no Capítulo 3 deste livro, eu demonstro que o trabalho escravo nunca foi a forma exclusiva de trabalho na região amazônica nem mesmo a forma predominante. Desde o início do período colonial, o trabalho não escravo e o trabalho livre eram predominantes. E o número de trabalhadores livres aumentou gradualmente, particularmente após 1755, devido à proibição da escravização de nativos. Ademais, a produção colonial empregava trabalho assalariado em funções administrativas. Segundo Furtado (1959), essa era uma característica comum em todo o Brasil.

No que concerne aos seringais, embora se encontre algumas poucas referências ao uso de trabalho escravo por alguns arranchamentos, não existe registro algum de tal prática nas empresas de borracha, como definidas neste trabalho. Em contraste com as plantações de açúcar e café, a empresa de borracha não começou empregando trabalho escravo em combinação com trabalho livre, mudando para um sistema de trabalho livre mais tarde. Desde o surgimento dessa empresa na Amazônia brasileira, na década de 1840, ela utilizava diferentes categorias de trabalho livre.

Como discutido no Capítulo 3, os seringueiros não eram propriedade do comandante do processo de produção. Ao contrário, eles eram trabalhadores livres — não escravos. Não eram propriedade privada de ninguém, não tinham dono. Nessa condição, eles eram responsáveis pela sua própria manutenção, mesmo no período de entressafra e, no caso de trabalhadores imigrantes, desde o momento em que deixavam sua terra natal.

O estudo das relações de trabalho focado exclusivamente no aspecto dívida tem ignorado o fato de que o débito inicial se originava no empréstimo a ser pago com juros. E tem, inevitavelmente, associado débito com uma visão particular que considera "anormalidade" ou incompatibilidade com capitalismo aspectos das relações de trabalho, tais como: a interferência da subjetividade do patrão, o caráter individual de patrões e empregados, como também situações de opressão em geral.

Figura 4 – Seringueiro sangrando a seringueira para extrair o látex

Fonte: Chaves (1913, p. 46)

Essa interpretação particular resulta de inspiração na visão da economia neoclássica de que os processos econômicos não seriam fenômenos sociais. Ela se origina também da associação do capitalismo com "civilidade", "bem-estar", "racionalidade" e ausência de violência e opressão, em oposição ao que seria o não ou pré-capitalismo.

Ao abordar esse fenômeno, eu tenho me referido a estudos que mencionam diferentes graus de violência e opressão, bem como a interferência da subjetividade e do caráter individual de patrões e empregados, por exemplo, em empreendimentos capitalistas na Inglaterra e nas próprias plantações de borracha nas colônias britânicas. Faço isso tão somente para alertar para um fato: o processo histórico do capitalismo envolve, sim, tais ocorrências. Afinal, os empreendimentos capitalistas nas metrópoles também são organizados e geridos por seres humanos (que são objetivos e subjetivos, racionais e irracionais e, acima de tudo, emocionais) e têm suas relações de produção assentadas em relações sociais.

Os resultados de minhas pesquisas não autorizam a conclusão de que, nos *seringais*, débito significava imobilização do trabalho. Houve uma intensificação da rotatividade do trabalho nessa empresa ao longo do tempo. E elementos de opressão nas relações de trabalho podem ser compreendidos em um contexto de frágil poder de barganha dos trabalhadores na época. Além disso, os resultados das investigações mostram que, nos seringais, relações comerciais e dívida não eram os elementos centrais que moldavam as relações de trabalho, mas eram, ao invés disso, simples expressões de condições históricas e geográficas particulares. Os elementos que realmente definiam as relações de trabalho nos seringais eram os procedimentos administrativos por meio dos quais o comando da produção era exercido, os quais implicam em mecanismos de contratação de trabalhadores e de controle e disciplina de seu trabalho e da produção de borracha.

Os seringais empregavam diferentes categorias de trabalhadores livres (não escravos). O produtor direto da borracha, definido como seringueiro, era um trabalhador especializado e dedicado, exclusivamente, à produção de borracha, engajado no seringal, como trabalhador individual subordinado ao comando do seringalista e pago por produção. O seringueiro não era trabalhador autônomo. Apropriadamente, os donos dos seringais e comandantes do processo de produção eram chamados de patrão, termo que significa empregador ao invés de patronagem, conforme abordado no Capítulo 4, caracterizando relações sociais de classe nos seringais. O termo seringalista é largamente utilizado neste livro. Esse termo expressa muito bem a condição de dono do seringal e empregador, bem como comandante em última instância do processo de produção.

Essas características definidoras da condição de seringalistas demandam uma referência à ampla controvérsia acerca da definição das relações capitalistas de produção.

Primeiro, a controvérsia entre a visão desenvolvimentista e a dualista do capitalismo, em que, por um lado, uns defendem a tese de que nas colônias as relações de produção seriam não ou pré-capitalistas (Banaji, 1972, 1977; Brenner, 1977, 1985; Rey, 1971, 1975; Brewer, 1990). Essas definições decorrem da combinação da acepção marxista de relações capitalistas de produção com uma ênfase exagerada nas abordagens da nação-estado, em que a nação-estado é percebida por meio de uma concepção desenvolvimentista e dualista centro-periferia.[17] Esse tipo de esquema de análise inspira-se também em duas outras percepções. Primeiro, a visão errônea de que o capitalismo no Brasil teria começado na São Paulo industrializada e, a partir daí, teria se expandido para o resto do país, seguindo uma expansão geográfica linear até atingir a Amazônia, que é considerada uma "terra livre" e uma "fronteira" de capital comercial e produtivo,[18] desconhecendo ou ignorando completamente a história desta região. Segundo, o esquema do "capitalismo tardio" (Mello, 1987; Cano, 1981), o qual acredita que, antes da emergência e expansão da indústria em São Paulo, a economia brasileira teria sido uma simples economia comercial colonial.

Por outro lado, tem-se as interpretações que não questionam nem a visão triunfante da industrialização/tecnologia moderna, nem o esquema do estado-nação e do dualismo centro-periferia. Ao contrário, tem-se

---

[17] Esse entendimento se originou na visão triunfante de industrialização/tecnologia moderna, que a percebe como uma expressão de "superioridade", "avanço" e "desenvolvimento", de modo que a pobreza é automaticamente associada às regiões e aos países não industrializados. Os problemas das abordagens "des envolvimento"/"subdesenvolvimento" não estão diretamente ligados ao tema deste livro. Contudo, vale a pena mencionar dois pontos que são bem aparentes em Brewer (1990). Por um lado, ele não considera os efeitos negativos da tecnologia moderna nos países industrializados, tais como poluição do ar, chuva ácida, barulho etc. na avaliação das condições de vida (na Europa somente 1% das terras permanecem em seu estado original, enquanto 99% são exploradas economicamente de maneira predatória, de modo que, nestes 99% de terra, a floresta e outros elementos do meio natural foram destruídos, como mencionado por Buckley, 1992). Por outro lado, Brewer (1990) centrou seu argumento na questionável afirmação de que os benefícios do crescimento da produtividade permitido pela tecnologia moderna e pelas relações capitalistas de produção não teriam sido partilhados com a classe trabalhadora e outros grupos sociais nos países "subdesenvolvidos", mas teria sido compartilhada nos países "desenvolvidos" e "avançados". Essa repartição de benefícios com a classe trabalhadora teria sido garantida, por meio dos sindicatos e de organizações democráticas burguesas (Brewer, 1990). Observa-se um esforço do autor para definir as diferenças entre os países europeus e os países da América Latina, a partir da perspectiva de que os últimos seriam "mais atrasados", em relação aos primeiros. Essa percepção das diferenças entre esses países esconde o fato de que os benefícios da maior produtividade gerada pela tecnologia moderna/industrialização não têm sido divididos com a classe trabalhadora e com outros grupos sociais em nenhuma parte do planeta terra. Aliás, a produção capitalista não é pensada para compartilhar benefícios e, sim, para gerar lucros para garantir a acumulação de capital. Ademais, o autor não considera nem a análise crítica de Cain e Hopkins (1994) sobre a visão triunfante do processo histórico do capitalismo na Grã-Bretanha, nem o debate sobre a crescente pobreza e as desigualdades sociais na Inglaterra (Green, 1992; Kaur; Lingayah; Mayo, 1997; Edwards; Flatley, 1996).

[18] Esse é o entendimento mais importante no esquema "campesinato de fronteira" previamente mencionado.

interpretações que simplesmente tentam explicar o "subdesenvolvimento" ou "capitalismo dependente", como se fosse um elemento gerado pelas relações capitalistas de comércio e produção. Esse é um ponto interessante colocado por Frank (1967, 1969, 1978) e outros teóricos da "teoria da dependência" que se juntam a ele, como Maurine (1973), Cardoso (1972, 1977), Cardoso e Falleto (1970) e Santos (1973). As críticas a essa teoria têm se concentrado no ambíguo e impreciso conceito de "dependência", devido a uma hesitação "entre o esquema do estado-nação e a abordagem de classe social" (Weffort, 1978; Figueiredo, 1978).

Finalmente, a definição alternativa de capitalismo proposto por Wallerstein (1974, 1983) é problemática, devido a duas características. Primeiro, a noção de que o sistema mundial seria uma estrutura mecânica impessoal (uma máquina). Segundo, a importância secundária atribuída às relações sociais de produção, que resulta do argumento equivocado de que nas regiões da América do Sul caracterizadas por alta densidade de população indígena, o produtor direto não teria perdido a propriedade dos meios de produção (Wallerstein, 1983). Essa visão ignora o processo histórico previamente mencionado relativo à destruição dos povos indígenas para torná-los mão de obra para os empreendimentos coloniais.

A controvérsia sobre a definição de relações capitalistas de produção no debate sobre empresas rurais no Brasil pós-colonial também apresenta dificuldade. Esse debate reluta em usar descobertas históricas sobre relações de trabalho assentadas em diferentes categorias de trabalhadores, pois elas colocam em dúvida a definição marxista de relações capitalistas de produção. A consequência tem sido duas interpretações opostas: a tese da natureza não capitalista *versus* capitalista de produção agrícola. Alguns autores enfatizam características distintas da organização do trabalho em empreendimentos rurais para argumentar a natureza não capitalista deles. Outros se opõem a isso, por meio do argumento marxista de que aquelas relações de produção estariam integradas e seriam partes do processo amplo de reprodução do capital, sendo capitalista na perspectiva ampla de expansão do capital. Desse modo, mesmo quando essas características não parecem capitalistas, elas seriam relações de trabalho, produtos da lógica de expansão do capital (Bruit, 1982).

Estudos sobre os contratos de parceria das plantações de café, previamente mencionados, têm tentado fugir desse debate, ignorando as questões teóricas postas à mesa. As plantações de café continuaram a utilizar trabalhadores não assalariados, inclusive após a década de 1880. Mesmo depois do fim da escravidão, no período entre 1888 e 1930, o produtor familiar representava 50 a 75% da força de trabalho nas plantações de café e o trabalho assalariado era contratado somente em pequena escala e para realizar tarefas específicas (Sallum Junior, 1982; Lamounier, 1993). Finalmente, as plantações de café e açúcar empregavam trabalhadores assalariados mesmo quando eles se baseavam principalmente em mão de obra escrava (Furtado, 1959). Diante disso, a literatura que questiona Marx, direta ou indiretamente, é bastante útil para a construção de uma definição de relações capitalistas de produção apropriada. Mudanças no pensamento histórico[19] e antropológico[20], no Séc. XX, enfatizando uma visão histórica multicultural, que é mais adequada do que a percepção eurocêntrica para a compreensão da multiplicidade e diversidade que caracteriza a história humana, tem permeado de várias maneiras o debate sobre a definição das relações capitalistas de produção em áreas rurais.

Malagodi (1995) discute a problemática visão de Marx sobre economia rural, expressa em dois pontos. Primeiro, Marx percebe o capitalismo nas áreas rurais tal e qual fosse uma extensão ou desenvolvimento de um modo de produção que teria se originado no ambiente urbano, mas esse pressuposto já foi amplamente questionado. Segundo, ele internaliza a teoria da renda como o único modo de tratar a economia rural, gerando a concepção questionável de que as formas de produção distintas daquela baseada na relação capitalistas-trabalhadores assalariados seriam remanescentes do passado ou deformações das relações capitalistas de produção.

---

[19] Iggers (1997) discute mudanças no pensamento histórico no Séc. XX, trazendo a) a ideia de pluralidade de civilizações (um dos primeiros autores a falar sobre isso foi Spengler, 1926); (b) uma mudança no foco em uma sequência de eventos para o exame das condições durante um período de tempo específico (Bloch, 1964; Braudel, 1972); (c) a nova ideia de que mesmo uma época específica não constitui uma unidade integrada ou que os tempos históricos variam com o objeto de estudo, cada um com uma velocidade e um ritmo diferentes (Braudel, 1972); (d) a noção de que, mesmo dentro de um quadro social definido, diferentes concepções de tempo coexistiam ou competem (Le Goff, 1980; Thompson, 1967); e (e) novas histórias, às vezes integradas a uma narrativa maior, mas, muitas vezes, separadas dela, resultantes de reivindicações de minorias excluídas das narrativas históricas (mulheres e minorias étnicas). Particularmente, os estudos sobre diferentes identidades implicam no reconhecimento de diferentes culturas interferindo na história humana, levantando questões sobre a ênfase marxista no papel central da política e da economia como *locus* de poder e exploração (Iggers, 1997).

[20] O debate antropológico sobre civilização e eurocentrismo (Randall, 1940; Toynbee, 1946; Quigley, 1961; Wilkinson, 1987; Frank; Gills, 1996) argumenta uma continuidade fundamental entre o mundo antigo e o moderno, mesmo quando a especificidade das relações capitalistas de produção é considerada (Ekholm; Friedman, 1996), e enfatiza a abordagem histórica multicultural. A possível fraqueza nesse debate está no uso da noção tradicional de sistema e na visão dualista centro-periferia para explicar sociedades antigas.

O problema nessa discussão interessante está em explicar a visão de Marx sobre relações de produção diversas daquela capitalistas-trabalhadores assalariados como se fosse um simples resultado da teoria da renda.

Na economia clássica (Green, 1992; Aspromourgos, 1995; Malagodi, 1993a, 1995), a referência à economia rural por meio da teoria da renda se origina no interesse em explicar processos econômicos somente quando ocorrem investimentos de capital e do ponto de vista daquele tipo de investimento.

Em Marx, ao contrário, o foco nos investimentos de capital, que são identificados na relação entre capitalistas e trabalhadores assalariados, resulta e envolve duas questões básicas. Primeira questão: existe uma contradição na tentativa de Marx de definir relações de produção. Por um lado, guiado por suas críticas à concepção dos economistas clássicos de que a economia seria um fenômeno natural e não social, ele define a produção como relações sociais de produção. Contudo, ao mesmo tempo, ele pensa que as mudanças são fenômenos governados por mecanismos universais permanentes, semelhantes a uma "lei" da natureza. Segunda questão: Marx traduz essa noção mecanicista de mudanças sociais em uma visão desenvolvimentista de história, na qual a relação entre capitalistas--trabalhadores assalariados é considerada uma "lei do movimento", de modo que essa relação seria necessariamente generalizada, eliminando qualquer outra forma ou relação social de produção.

Na década de 1970, críticas à noção clássica de que os processos econômicos seriam fenômenos não sociais levaram à primeira proposição de uma abordagem institucional pelos economistas (Clark, 1995; Tool, 1993). Clark (1995) argumenta que Marx empresta a teoria do valor natural (ao invés de valor social) dos economistas clássicos para entender economia. Isso se expressa em sua explanação dos preços. Ao abordar os preços, ele concebe oferta e demanda que nem um tipo de lei natural regulando toda a economia, fortalecendo a interpretação dos preços independentemente de considerações sobre a sociedade e a história. Essa seria uma fragilidade do assim chamado "problema da transformação" (Young, 1978; Pack, 1985; Potier, 1991), à medida que se constitui em uma tentativa de apreender processos econômicos por meio da utilização de uma medida invariável do valor, na qual a contradição marxiana é considerada um problema puramente lógico, como se as forças que governam a economia fossem de fato universais (Clark, 1995).

Contudo, esse autor propõe uma abordagem institucional, a fim de atender a uma preocupação disciplinar em prevenir que a teoria econômica se torne irrelevante (Clark, 1995). Assim, ele renova a concepção de econômico/economia como se fosse um assunto impessoal, separado do "social".[21]

Métodos institucionais utilizados por estudos neoclássicos sobre empresas representam um passo à frente em relação aos estudos neoclássicos, devido a adotarem a ideia de que processos econômicos têm uma natureza política (Harris; Hunler; Lewis, 1995). Não obstante, segundo Adelm (1994), a ênfase desses estudos nos motivos que governam decisões individuais sob diferentes regimes de propriedade leva à velha visão a-histórica de relações sociais capitalistas, geradas no problema ontológico de perceber os empresários como indivíduos que representam uma suposta "natureza" humana. A contribuição de Adelm para o debate está no uso da noção de relações de propriedade ao invés de direitos, evidenciando as relações sociais como sendo a substância do direito de propriedade e não vice-versa. Porém, ele está interessado em diferentes padrões de "desenvolvimento" e se refere às relações sociais a partir da perspectiva dos "agentes", sem definir quem são esses "agentes". Finalmente, os estudos institucionais sobre propriedades produtoras de borracha na Malásia fornecem um relato descritivo, opondo grandes e pequenos proprietários nativos, por meio do destaque exclusivo dado à tecnologia de produção monocultural da borracha em larga escala, de acordo com a estrutura tecnológica de plantações (Mchale, 1967; Barlow, 1978), atribuindo importância secundária às relações sociais de produção.

Nesse debate, os estudos que evidenciam uma noção desenvolvimentista de história na definição marxista de relações sociais capitalistas de produção representam um avanço. Tem sido dito que a previamente mencionada noção desenvolvimentista de história de Marx envolve uma generalização de descobertas sobre as especificidades do processo histórico do capitalismo industrial na Grã-Bretanha, que passam a ser consideradas "leis" do capitalismo. Marx adotou esse procedimento sem fazer a necessária distinção entre as características genéricas e as específicas do capitalismo britânico.[22] Ao mesmo tempo, para ele, o capital seria um

[21] O mesmo autor mostra que, de fato, a concepção dos economistas clássicos de que a economia é uma disciplina que visa "ordenar" e "estabilizar" elementos na sociedade, em oposição às ciências sociais que lidam com elementos de "desordem" e "instabilidade", governa o foco econômico nas instituições, em que as instituições têm sido identificadas com forças duradouras da sociedade (Clark, 1995).

[22] Isso tem sido mencionado por Holton (1981) e no debate, a partir da perspectiva crítica ao eurocentrismo de Marx, em Amin (1989), Bernal (1987) e Frank e Gills (1996).

fenômeno inglês. Wallerstein (1993) contesta esse entendimento, afirmando que ele não se sustenta, mesmo quando se considera a hegemonia da Inglaterra no processo de industrialização. De mais a mais, marxistas e não marxistas têm contestado a definição de que capital seria sinônimo de industrialização (Wallerstein, 1993; Cain; Hopkins, 1994; Malagodi, 1993b).

A novidade no trabalho de Muszynski (1996) está na tese de que a acepção de Marx de que a relação entre capitalistas e trabalhadores assalariados é a "lei do movimento" é tão somente uma decorrência da busca consciente dele pela lei do movimento; ou, em outras palavras, o modo pelo qual o capitalismo guardaria a semente de sua própria destruição.[23] A consequência foi que o novo elemento no processo histórico do capitalismo na Inglaterra — a relação entre capitalistas e trabalhadores assalariados — foi retirado de suas condições históricas e interpretado como contendo em si mesmo a "lei do movimento" ou a força geral (como uma mola de um sistema mecânico) que engendra mudanças históricas.

Essa visão desenvolvimentista (mecanicista e evolucionista) de história implica a expectativa de homogeneização da relação capital-trabalho assalariado, em todo o mundo, de modo que relações de produção diferentes desta iriam necessariamente desaparecer.

De acordo com Muszynsk (1996), essa é a razão pela qual, ao olhar para a sociedade rural, Marx foca exclusivamente na relação capital-trabalhador assalariado ou no processo de proletarização. Esse olhar é moldado pela procura dele por sinais da existência da relação capital-trabalhador assalariado ou do capitalismo "puro". O motivo está em que ele considerava a relação capital-trabalho assalariado, o suposto "capitalismo puro", a expressão por excelência da modernidade, ou de um estágio superior de desenvolvimento, sinal de civilização, ou, ainda, elemento portador das sementes de transformação para um novo modo de produção. Esse era o interesse de Marx, ao invés de almejar elucidar o capitalismo real — ou o modo específico em que o capitalismo se apresentava no processo histórico de sua época, na Inglaterra, o local que ele estudava.

Consequentemente, a definição marxiana de relações capitalistas de produção não se sustenta, diante do caráter variado e multicultural do processo histórico do capitalismo. Aliás, não existe evidência de homo-

[23] Essa seria a contradição entre forças produtivas e relações sociais de produção, a qual seria resolvida por meio de conflitos de classe, habilitando a transformação do capitalismo por meio de lutas de classe revolucionárias levando, primeiro, a sociedade socialista, finalmente, ao comunismo (Muszynski, 1996). Veja também Berki (1988).

geneização nesse processo. O debate mundial sobre o pequeno produtor familiar revela que foi justamente o processo de expansão do capitalismo que criou as condições que permitiram a emergência do campesinato e de formas de produtores familiares (Abramovay, 1992; Malagodi, 1995). Foram as condições criadas pelo processo de expansão do capitalismo que transformaram a migração em uma estratégia de sobrevivência do campesinato (Garcia JR., 1990; Woortmann, 1990; Meillassoux, 1977; Menezes, 1995). Essa expansão do capitalismo envolveu também a emergência do fenômeno produtor familiar-proletário, como uma condição social híbrida estável de ser campesino e, ao mesmo tempo, proletário, portanto, apresentando uma identidade específica.[24]

Minha investigação anterior sobre a emergência do fenômeno produtor familiar autônomo na Amazônia brasileira, como já mencionado, revelou que o processo histórico do capitalismo na região envolveu múltiplos processos (Bentes, 1992). O transcurso inicial de "limpar" a terra da ocupação dos povos indígenas, que foi, ao mesmo tempo, um processo de fazer o tipo de trabalhador requerido pelos empreendimentos dedicados à produção de mercadorias coloniais, significou a destruição desses povos.

Esses povos foram completamente destruídos ou removidos à força das melhores terras que, eram, em geral, as terras férteis localizadas às margens de rios piscosos. Mas isso resultou em múltiplos fenômenos. A exemplo dos povos indígenas remanescentes, da emergência do produtor familiar autônomo e de diferentes categorias de trabalhadores escravos, tutelados e livres, incluindo o trabalhador assalariado, como é tratado no capítulo três.

Esses encadeamentos se constituem em um rol de transformações engendradas pelo processo histórico do capitalismo que, na Amazônia, ocorreu de maneira diferente daquele da Grã-Bretanha, onde o campesinato feudal foi destruído completamente. Na Amazônia brasileira, não havia campesinato feudal. Havia, sim, muitos povos indígenas que falavam cerca de 700 idiomas distintos. Essas eram as sociedades que habitavam a região antes da sociedade capitalista. Os povos indígenas remanescentes, o produtor familiar autônomo e as diferentes categorias de trabalhadores são engendrados e são partes intrínsecas ao processo histórico do capitalismo.

[24] Menezes (1995) demonstra isso no Nordeste brasileiro. Holmes (1983) e Sozan (1976) dizem que o fenômeno do trabalhador camponês não é novo, mas que ocorreu já no Séc. XVII, na Itália e na Hungria, constituindo-se em uma categoria teórica e histórica de uma natureza socioeconômica relativamente estável.

Figura 5 – Barco a vapor Marcial, da firma de Belém, Guilherme Augusto de Miranda Filho

Nota: em 2013, a foto original do Álbum de FALCÃO foi digitalizada e disponibilizada pela Fundação Cultural Elias Mansour, do Acre.[25]
Fonte: Falcão (1907, p. 155) (fotos de 1906-07)

O reconhecimento desse processo histórico do capitalismo específico a essa região coloca em dúvida a pressuposição de que haveria tão somente capitalismo comercial nas "colônias" (Wellestein, 1974; Holton, 1981). A transformação dos modos como a produção e o trabalho eram organizados e comandados foi colocado em curso desde 1615-16, na Amazônia. Ao mesmo tempo e como parte do mesmo longo processo de nascimento de uma economia capitalista transnacional e interdependente, o capitalismo foi forjado na região, não somente um capital mercantil, mas também relações sociais de produção governadas pelo objetivo de obter lucros a fim de garantir a acumulação de capital.[26] Isso indica a necessidade de considerar tal processo como capitalismo inicial. Isso

[25] Veja mais em: https://www.flickr.com/72157635065343758/.

[26] Existem amplas evidências de investimentos em novas tecnologias de produção de açúcar e rum, por exemplo na Amazônia, como mencionado por Bentes (1992). Cruz (1964) afirma que em 1751 existiam 24 moinhos reais de açúcar no Pará. Os moinhos reais eram aqueles baseados na tecnologia mais sofisticada daquela época.

implica o reconhecimento de que, no Oeste Europeu, o capitalismo é um fenômeno forjado por meio da transformação da sociedade feudal. Não obstante, esse foi somente um dentre uma multiplicidade de processos históricos nos quais o capitalismo foi construído na condição de uma economia transnacional interdependente.

Finalmente, existem evidências da não homogeneização social em relações industrialistas-proletários, bem como da existência de relações de trabalho coercitivas e opressivas, mesmo no processo histórico do capitalismo na Inglaterra, onde Marx concentrou seu estudo. Abordagens feministas têm insistido em que o conceito marxiano de capital considera tão somente a classe trabalhadora europeia masculina, ignorando o caráter brutal do trabalho infantil e feminino na Inglaterra, durante a revolução industrial (Muszynski, 1996; Kuhm; Wolpe, 1978; Mcdonough; Harrison, 1978). Considerando capital como sinônimo de trabalho assalariado, Cain e Hopkins (1994) afirmam que, na Inglaterra, pelo menos até 1914, as atividades capitalistas do setor de serviços eram acompanhadas por serviços que não eram capitalistas em si mesmos. Na realidade, todas as formas de capitalismo conectavam serviços e serventes não capitalistas a si mesmas e podem também ser objetos de governantes que também não são capitalistas.

Ademais, a literatura econômica tem abandonado a definição de capitalismo centrado no trabalho assalariado, passando a considerar traços fundamentais do capital: seja a característica de ser uma produção de mercadoria voltada para a maximização de lucros e renda, a fim de assegurar a acumulação de capital (Sabato, 1990), seja, simplesmente, a característica de lucratividade (Miller, 1990).

O debate sobre o conceito de classe questiona justamente o uso de estruturas ou categorias de análises impessoais. Thompson (1978) argumenta que "classe no seu uso moderno surge no Séc. XIX nas sociedades capitalistas industriais" com suas "instituições de classe, festas de classe, cultura de classe etc.". Segundo esse autor, esse seria o "conceito maduro de classe", sendo específico em relação aos sentidos prévios de classe. Ele menciona a dificuldade em se utilizar a categoria classe, no mesmo sentido em que ela se apresenta na sociedade industrial, para analisar sociedades anteriores à industrial na Inglaterra. Nessa perspectiva, classe não seria uma categoria de análise estática e formal, mas, sim, um fenômeno histórico. Porém, ele foca no processo histórico experiencial de formação de classe. E não distingue entre duas noções de classe implícitas em seu trabalho: (a) classe como uma condição social e (b) consciência de classe. Esses dois sentidos de classe são fenômenos históricos. Uma clara faceta da noção de classe é que ela indica uma condição social na qual o indivíduo está inserido, muitas vezes sem sua vontade. Outra coisa é a consciência e o comportamento político do indivíduo em relação a essa condição de classe.

O trabalho de Muszynski (1996) expressa a conjuntura pós-anos 1960, nos Estados Unidos da América do Norte (Iggers, 1997), na qual concepções marxistas de classe pareciam inadequadas, devido a uma crescente conscientização sobre outras divisões sociais, tais como de gênero, raça, etnia e estilo de vida. Aliás, ela questiona a noção de classe como um fenômeno impessoal e enfatiza a influência de elementos subjetivos das relações sociais. A exemplo da discriminação de gênero, idade e raça nas relações de produção na indústria de peixes da Colúmbia Britânica. Ela amplia o conceito marxista de classe por meio do uso do conceito de patriarcado. O argumento dela é que a atitude do patrão originada na mentalidade patriarcal europeia, no que diz respeito a gênero, raça e idade influenciou, em grande medida, a categorização dos trabalhadores. Com base nessa categorização eram atribuídos valor e diferentes níveis de salário aos trabalhadores.

Sumarizando, a investigação histórica sobre a produção de borracha na região amazônica, ao focar particularmente a empresa de borracha, sua organização de trabalho e administração do seringal, bem como suas interconexões comerciais e com o Sistema financeiro na economia da borracha, indica, claramente, três importantes características: (1) essa era uma produção de mercadoria para o mercado internacional e, mais tarde, também para o mercado nacional; (2) essa era uma produção baseada em formas especiais de adaptação/manejo do meio físico natural como meio de produção e subjugação da força de trabalho por meio de um processo técnico de trabalho centrado e administração/gerenciamento centralizado; (3) as formas de subjugar o meio físico natural e a força de trabalho expressadas e nascidas em relações de propriedade e não propriedade dos meios de produção pelo seringalista e pelos trabalhadores respectivamente.

A análise de estudos recentes (até 1998) sobre a teoria do valor e a economia clássica em geral, combinada com uma investigação cuidadosa sobre a empresa de borracha na Amazônia, indica os limites da definição de relações capitalistas de produção centrada nas relações entre capitalista e trabalhadores assalariados, nas quais lucro seria uma categoria derivada desta forma particular de força de trabalho.

Faz-se necessário recuperar uma noção ampla de capitalismo em duas direções centrais: (1) como uma rede internacional de produção, comércio e finanças, baseado em uma divisão do trabalho, a qual pressupõe a interdependência entre os diferentes produtores e agentes situados em diferentes partes do globo, cuja interdependência é expressa por meio de trocas dos seus respectivos produtos e serviços, os quais assumem a forma de mercadorias nesse mercado — a característica de interdependência entre os diferentes produtores situados em diferentes partes do globo, gerando uma rede de trocas, é uma das características fundamentais do capitalismo; (2) a organização social de produção é baseada em diferentes situações em relação à propriedade ou não dos meios de produção por capitalistas e trabalhadores — o capitalista é dono dos meios de produção e os trabalhadores não; (3) consequentemente, o processo de produção sempre é caracterizado por formas de subjugar a natureza como meio de produção e dos trabalhadores como força de trabalho pelo proprietário dos meios de produção e patrão dos trabalhadores.

Desse modo, os resultados da investigação que sustenta este livro indicam que a racionalidade governando a empresa de borracha na Amazônia era claramente capitalista em sua busca de geração e maximização de lucros, que guiava todo o processo de administração e gerenciamento da empresa pelo seringalista. Isso envolvia não somente uma forma de propriedade da terra e subjugação do meio físico natural como meio de produção, mas também formas de controle e subjugação de várias categorias de trabalhadores por meio de um processo técnico de produção e administração centralizada.

Os lucros derivavam e se sustentavam na extração de mais-valia, taxa de aluguel e de frete, bem como na diferença de preços da borracha na compra e venda de borracha. Os lucros resultavam também do pagamento de juros de empréstimos em dinheiro (débito inicial do trabalhador imigrante). Os lucros se tornavam capital ao serem reinvestidos na esfera da produção (capital produtivo), ou do comércio (capital comercial), ou capital usurário (dinheiro destinado aos empréstimos iniciais a juros a trabalhadores imigrantes até por volta da década de 1920).

1.4.3 Definições e conceitos apropriados

Três definições ou termos básicos norteiam meu argumento.

1.4.3.1 Capital como uma relação social de produção construída historicamente

A definição de relações sociais capitalistas de produção que guia meu argumento é a seguinte: essa é uma relação social de produção construída historicamente e definida pelos seguintes traços: (a) produção organizada para produzir mercadorias, visando à obtenção de lucro, a fim de assegurar acumulação de capital; (b) relações sociais de produção definidas por relações de classe social, que indica condições sociais opostas proprietários *versus* trabalhadores não proprietários dos meios de produção da borracha (a propriedade seringueira e a empresa) e comandantes da organização e do processo de produção *versus* trabalhadores subordinados a esse comando. Relações de classe são necessariamente influenciadas por elementos objetivos/subjetivos das relações sociais, assim como por circunstâncias históricas e geográficas específicas. Consequentemente, nunca se pode esperar que as relações capitalistas de produção sigam os mesmos padrões industriais de relações de produção típicas do Oeste Europeu.

1.4.3.2 Apropriação ecológica da terra

A condição de classe dos seringalistas, de donos dos meios de produção e, em geral, a influência das relações sociais de propriedade da terra no processo de emergência de um mercado de trabalho, para os seringais, são compreendidas por meio da categoria apropriação ecológica da terra. Em minha pesquisa anterior e na tese de doutorado, usei o termo apropriação geomercantil da terra para expressar o altamente seletivo modo como ocorreu a privatização da terra na Amazônia (Bentes, 1992). Contudo, esse foi um processo que apresentou conotações profundamente ecológicas. Na apropriação dos seringais, a conotação ecológica é ainda mais acentuada. Isso porque a seletividade na privatização dos seringais era definida não pela fertilidade do solo, mas, prioritariamente, pela densidade de árvores de goma elástica de melhor qualidade e pela localização e facilidade de acesso pelas aquavias. Isso significa que a floresta seringueira, ela mesma, foi transformada em terra-floresta de melhor qualidade, a ser apropriada, de acordo com o sentido moderno de propriedade privada da terra.

O termo apropriação ecológica da terra envolve três diferentes elementos sociais: (1) as relações sociais de propriedade da terra, nas quais as terras de melhor qualidade tenderam a ser privatizadas pelos empresários, os quais, além de privatizar as melhores terras, criaram estratégias para prevenir o produtor direto de fazer o mesmo e, desse modo, influenciaram indiretamente a emergência e consolidação de um Mercado de trabalho livre, como é discutido no capítulo três; (2) nessa relação de propriedade, a terra era apropriada na condição de propriedade privada no sentido moderno; (3) a relação convergente/amigável com a natureza, em que a busca por lucros não necessariamente implica "dominar" ou destruir o meio físico natural.

O conceito de MacPherson (1978) de propriedade moderna foi adotado neste trabalho por ser um conceito que reflete a condição do seringal: uma propriedade privada no sentido moderno. Para ele, a propriedade privada moderna é uma propriedade individual, que se constitui em um direito legalmente reforçado pelo Estado e não mais pelo costume ou por convenção, como ocorria nas sociedades pré-capitalistas na Europa; ou, podemos dizer, na Amazônia brasileira, não mais como uma propriedade coletiva legitimada pelos costumes dos povos indígenas. Essa nova forma de propriedade é legitimada também como um "direito individual, independentemente de quaisquer exigências de exercício de funções sociais, e transferível livremente" (Macpherson, 1978, p. 10).

De mais a mais, a discussão do autor sobre propriedade privada enfatiza o traço distinto da abordagem de Marx acerca da propriedade privada em relação à visão liberal: a implicação social da propriedade privada dos meios de produção. Isto é, a transformação histórica dos meios de produção no Oeste Europeu em propriedade privada da classe social que comanda o processo de produção, independentemente de quaisquer obrigações sociais.

Não obstante, esse é um ponto ligado à interpretação da condição especial da terra como monopólio de uma classe social, na Inglaterra, como uma suposta "lei" do capitalismo ou uma pré-condição necessária para o nascimento das relações capitalistas de produção. A consequente visão das "colônias" como "terra livre" é contestada neste trabalho. Primeiro de tudo, por meio da demonstração de que a Amazônia não era "terra livre"; o que ocorreu nessa região foi um lento processo histórico de remoção dos povos indígenas das terras de melhor qualidade, seguido por um desenrolar da apropriação ecológica seletiva da terra pelos "colonizadores".

Segundo, por meio da consideração de que isso não determina relações capitalistas de produção como um resultado mecânico desse processo histórico; porém, esse acontecimento se constitui, sim, em um elemento importante no longo e múltiplo processo em que foi forjado o tipo de trabalhador demandado pela produção empresarial de mercadoria.

A visão seletiva do meio físico natural resultante de uma relação amigável com esse meio físico foi debatida pela economia clássica por meio da teoria da renda diferencial. Ricardo (1962) define renda como o valor pago ao proprietário da terra como uma contrapartida pelo uso do seu poder original e indestrutível. A renda seria a diferença entre a produção obtida por meio do emprego de duas quantidades iguais de capital e trabalho. O ganho extra acima da média de lucro obtido na terra de melhor qualidade se originaria da diferença entre o custo de produção na terra de melhor qualidade e o preço de mercado, desde que os preços seriam determinados pelo mais alto custo de produção nas terras de qualidade inferior.

Segundo Malagodi (1993b), o problema com essa teoria é que ela considera a economia rural exclusivamente do ponto de vista do capital, ignorando outras formas de renda ou produção. A Teoria Marxiana da renda absoluta, que tenta explicar investimentos distintos do investimento capitalista, de acordo com esse autor, não se sustenta e a contribuição marxiana para a discussão sobre questões rurais estaria restrita a um certo melhoramento à teoria da renda diferencial de Ricardo, quando ele levantou questionamentos, tais como fertilidade natural do solo e localização como sendo condições históricas, à medida que mudanças tecnológicas podem modificá-las. Além de ele ter feito a distinção entre lucro e mais-valia. Malagodi conclui que do inteiro debate sobre economia rural por meio da renda diferencial, incluindo economia clássica e Marx, somente a Teoria de Ricardo da renda diferencial se sustenta, desde que o contexto histórico em que isso foi criado seja levado em conta, do ponto de vista de que ela explica o porquê os capitalistas investem na terra e com a consideração de que essa abordagem foca exclusivamente na terra de melhor qualidade, condição que pode propiciar a geração de renda capitalista (Malagodi, 1993a e 1993b). Isso não significa que o investimento de capital necessariamente levaria a uma homogeneização de toda a economia para a produção capitalista. A afirmação dele é útil para chamar a atenção para a existência de diferentes formas de produção na economia rural, particularmente, a produção familiar autônoma, como foi previamente mencionado. Ainda assim, o autor reproduz a contradição marxiana de tentar explicar capital como um fenômeno social, ao mesmo tempo em que concebe capital como sendo governado por leis mecanicistas, como foi previamente mencionado.

Além de ignorar outras formas de produção, a teoria da renda está baseada em uma compreensão mecanicista de processos econômicos, como se eles não fossem fenômenos sociais. Essa perspectiva mecanicista de fenômenos sociais aparece claramente na tentativa de explicar preços como se eles fossem resultados mecânicos do custo de produção em terras de qualidade inferior; isto é, os preços nessa explicação não são considerados como um fenômeno socialmente construído.

Ademais, a teoria clássica da renda diferencial expressa o processo histórico particular do capitalismo na Inglaterra rural, onde o ganho extra nas terras de melhor qualidade era convertido em renda a ser paga aos donos das terras. Esse era um contexto específico, no qual os capitalistas tiveram que alugar terras da aristocracia rural.

Embora exista evidência da locação de propriedades seringueiras, essa não era uma característica significante da economia da borracha, pelo menos até a década de 1920, como foi discutido no Capítulo 2. Assim, o ganho extra gerado em condições de qualidade superior do solo ou de condições naturais superiores não aparece como renda, mas como lucratividade superior que justificava a apropriação de seringais distantes. Toda vez que os preços de um produto aumentaram em decorrência de aumento de demanda no mercado, essa condição favoreceu a transformação de faixas de terras ou florestas em terras valiosas, porque altos preços poderiam cobrir altos custos de transporte de terras distantes para centros consumidores ou portos de exportação.

1.4.3.3 O movimento duplo: negociantes de borracha estrangeiros, em particular, os ingleses, versus seringalistas

Esse termo "movimento duplo" refere-se à relação de seringalistas ou marchantes seringalistas *versus* negociantes estrangeiros, a qual foi focada, porque as respostas dos seringalistas aos movimentos dos negociantes estrangeiros de borracha para a economia de borracha revelaram pontos importantes, tais como (a) seus projetos para a economia da borracha e (b) as razões para isso.

Nosso argumento é que a discussão centrada unicamente nas relações de trabalho não é suficiente para provar relações capitalistas de produção. Faz-se necessário demonstrar a lucratividade e a acumulação de capital.

Esse assunto tem sido negligenciado pela literatura por várias razões, tais como a percepção dos seringalistas como simples comerciantes-usurários não desejosos em investir na esfera da produção ou a noção de que os seringalistas teriam "falhado" em adaptar seus empreendimentos ao padrão de modernidade e progresso representado pela tecnologia de monocultura da borracha moderna.

Eu não nego que os seringalistas não adaptaram seus empreendimentos ao padrão de modernidade e progresso representado pela produção monocultural de borracha em larga escala. O que argumento é que a literatura não considera os projetos de mudanças econômicas e políticas dos seringalistas. Aliás, a literatura nem cogita a possibilidade de que eles tivessem seus próprios projetos de mudanças econômicas e políticas. Os projetos dos seringalistas incluíam a monocultura da borracha? Na verdade, a literatura não oferece evidência de como os seringalistas investiram ou reinvestiram os lucros obtidos de seus negócios com a borracha, nem o porquê. Embora esse assunto demande novas pesquisas específicas, o assunto é considerado por meio da identificação do projeto de mudanças econômicas e políticas para a economia da borracha dos seringalistas e por meio da demonstração de reinvestimentos, mudanças e acumulação de capital em uma empresa seringueira — o Seringal ITU —, situado no trecho maior produtor de borracha, no estado do Acre (ver o item fontes históricas).

Os projetos dos seringalistas foram construídos paulatinamente ao longo do tempo, de acordo com o modo como eles concebiam e respondiam aos obstáculos à lucratividade e à acumulação de capital impostos pelas circunstâncias históricas, nas quais eles tomavam suas decisões. Uma das circunstâncias históricas mais importantes impondo obstáculos para a retenção de lucros da produção de borracha pelos seringalistas era a maneira como eles tinham que se relacionar com os negociantes de borracha estrangeiros. Eles dependiam dos serviços de exportação e navegação fluvial e marítima monopolizada pelos negociantes de borracha britânicos até 1906. Eram eles que ofereciam, também, parte considerável do crédito à produção de borracha disponível na época e, ademais, eles usavam essa posição para impor baixos preços aos produtores locais, além de, de fato, usarem essa posição para provocar constantes oscilações nos preços da borracha, em Belém, como é discutido no Capítulo 5.

As relações entre capitalistas locais e estrangeiros têm sido objeto de controvérsias, as quais têm que ser mencionadas, a fim de especificar meu argumento.

Pelo menos três abordagens estado-nação podem ser identificadas. Primeiro, a "Teoria do Desenvolvimento" e "Dualismo Estrutural" (Furtado, 1954, 1959, 1960), no final da década de 1950 e início dos anos 1960. Furtado (1959) oferece uma interpretação brilhante sobre o modo como tratados comerciais com a Inglaterra afetaram a economia de exportação brasileira indiretamente. Não obstante, a abordagem nação-estado resulta em uma sorte de link "externo" entre nações, ao invés de relações interclasses sociais de interdependência.

Segundo, a "Teoria da Dependência" (Frank, 1967; Maurine, 1973; Cardoso, 1972, 1977; Cardoso; Falleto, 1970; Santos, 1973), a qual enfatiza características do que ficou conhecido como "capitalismo dependente", tais como industrialização incapaz de produzir meios de produção, o que caracterizaria dependência tecnológica, a presença de corporações estrangeiras e assim por diante. Mas essa perspectiva apresenta muitas dificuldades, como tem sido discutido por vários autores.

Terceiro, a tese de Gallagher e Robinson (1953) do imperialismo do mercado livre. Essa interpretação apresenta dificuldades práticas para compreender as relações entre *seringalistas*/comerciantes-*seringalistas versus* negociantes da borracha estrangeiros. Por exemplo, Graham (1976) usa termos genéricos, tais como "América Latina", "brasileiros" e "britânicos". A convergência de interesses de classe entre certos brasileiros e capitalistas britânicos em torno de certos princípios do liberalismo econômico são interpretados como uma "imitação" de valores imperialistas ingleses. Isso representa uma generalização das ações de uns poucos homens de negócios brasileiros e britânicos para todos os brasileiros e todos os britânicos. Ao mesmo tempo, isso expressa a interpretação de traços do capitalismo como imperialismo de estado-nação. A racionalidade e os princípios capitalistas são entendidos erroneamente como "valores, atitudes e instituições da nação expansionista infiltradas e subjugando aqueles da nação receptora" (Graham, 1969, p. 29). A consequência é que a convergência dos interesses de classe entre uns poucos homens de negócio brasileiros e ingleses é superenfatizada e qualificada como "colaboração nativa", ignorando a longa história de convergência/divergência de interesses, envolvendo conflitos entre capitalistas brasileiros e ingleses, bem como entre a diplomacia de ambos os países, como é discutido no Capítulo 5.

Cain e Hopkins (1994) reconhecem a importância da tese recente, revelando o papel de sociedades locais em resistências a forças imperialistas ou em negociações com elas. Todavia, essas tentativas têm sido interpretadas como uma afirmação de que a causa fundamental do imperialismo tem que ser buscada na chamada "periferia" ela mesma. A consequência é que diferentes autores têm tentado reduzir a importância de mudanças econômicas na "metrópole" e direcionar a causação para a "periferia".[27]

O ponto a ser enfatizado é que as abordagens estado-nação têm alimentado explicações eurocentristas do mundo, confundindo assuntos distintos. Quer dizer, se a causa para o movimento imperialista do império britânico para outros países e civilizações deve ser encontrada na metrópole, isso não implica que ela pode explicar relações de exploração, como um elemento intrínseco da expansão do capitalismo. O capitalismo, após a segunda metade do Séc. XIX e desde há muito, foi um assunto transnacional, no qual o imperialismo dos poderes do Oeste Europeu constituíram-se em apenas um dos elementos a serem considerados.

Ademais, mesmo o debate baseado na abordagem estado-nação tem levantado questões. Taylor (1976) enfatiza que o imperialismo no Séc. XIX tinha um caráter especial e que império significava governar outros, no qual o poder imperial tem ou pensa que tem força e civilização superior. Embora os ingleses diplomatas e negociantes de borracha pensassem que eles eram superiores e quisessem dominar e governar a economia local, eles não governavam nem a Amazônia nem a economia da borracha. Realmente, os negociantes de borracha ingleses controlavam cerca da metade da borracha exportada pela Amazônia, mas em parceria com alemães e portugueses. Platt (1973) mostra a diferença entre imperialismo e incidentes imperialistas envolvendo uns poucos investidores britânicos em diferentes países e tempos. Ele discorda da qualificação de imperialismo mesmo o assim chamado "imperialismo de livre mercado" para falar sobre a América do Sul (Platt, 1968, 1976a, 1976b).

Finalmente, o movimento dos capitalistas europeus e norte-americanos para a economia da borracha na Amazônia tem que ser especificado em relação ao movimento próprio do Estado do país natal desses capitalistas em direção a essa economia. Bowler (1992) enfatiza o imperialismo próprio dos poderes do Oeste Europeu, no qual ciência e tecnologia tinham um papel proeminente. Ele menciona o esforço do poder imperialista

[27] Cain e Hopkins (1994) mencionam Platt (1973) e seu próprio trabalho como tentativas nessa direção.

britânico para controlar tecnologias por meio da ciência natural como um elemento fundamental em seu movimento para a economia da borracha na Amazônia. Nesse processo, ciências naturais como um instrumento de poder e ciências sociais como criadoras de ferramentas ideológicas capazes de garantir esse poder foram cruciais, tais como a ideia de evolução progressiva, constituindo-se em uma das ferramentas ideológicas mais importantes do imperialismo, formando uma fundação natural para a crença de que a civilização europeia representava o ponto mais alto de realização humana, destinada a espalhar seus valores para todo o mundo por conversão ou por conquista.

Isso cria a possibilidade de se fazer distinções importantes. Primeiro, a distinção entre o movimento dos negociantes de borracha estrangeiros, apoiados de perto e influenciados pelos Estados de seus países de origem, e o movimento do Estado Imperial Britânico. Segundo, o reavivamento da noção europeia de civilização por meio da teoria de Spencer da "sobrevivência do mais apto" como ferramenta ideológica, como previamente mencionado. Meu interesse aqui é com as ações dos negociantes de borracha, ao invés de com os poderes estatais europeus.

As alternativas às abordagens Estado-nação são basicamente duas. Primeiro, o debate sobre o "Sistema colonial" (Novaes, 1974, 1989), que rompe com as cercas nacionais. Todavia, isso está baseado na noção de "Sistema" formado por estruturas impessoais, impondo dificuldades para a análise de relações sociais, e a superênfase nas dinâmicas do capitalismo internacional não permite um entendimento das especificidades das relações sociais internas.

Segundo, o debate marxista sobre imperialismo[28] tem incorporado a noção de que a ideia e as ações de oposição dos capitalistas contra relações de exploração no exterior seria um elemento intrínseco ao nascimento, consolidação e permanente expansão do capitalismo. Os modos como isso foi feito variou ao longo do tempo. O imperialismo tem sido identificado com a formação de monopólios e carteis, apoiados por poderes estatais europeus, após os anos 1870.

Mas o modo, os motivos e as ideologias que guiavam os negociantes de borracha estrangeiros e o movimento dos poderes estatais do Oeste Europeu para a economia da borracha são objetos diferentes da relação efetiva *seringalistas*/marchantes-*seringalistas versus* negociantes de bor-

[28] Consulte o debate sobre teorias marxistas de imperialismo em Brewer (1990).

racha estrangeiros. A convergência de interesses de classe entre eles se manifestava na busca comum por lucros, a fim de acumular capital, que cimentava suas relações comerciais-financeiras, em torno da produção e exportação da borracha na Amazônia.

Figura 6 – Barco a vapor Antimary, da firma do Pará, Kalkman Zeizing & Cia

Nota: em 2013, a foto original do Álbum de Falcão foi digitalizada e disponibilizada pela Fundação Cultural Elias Mansour, do Acre.[29]
Fonte: Falcão (1907, p. 50) (foto de 1906-1907)

No entanto, suas relações envolviam também interesses divergentes, provocando confrontos. *Seringalistas*/marchantes-*seringalistas* se constituem em segmentos diferentes da classe capitalista em relação aos negociantes de borracha estrangeiros. Os primeiros investiam na esfera da produção da borracha, o que envolvia interesses ligados ao lugar onde seus empreendimentos estavam situados, enquanto os últimos perso-

[29] Veja mais em: https://www.flickr.com/72157635065343758/.

nificavam marchantes e financiadores, os quais investiam em negócios móveis, facilmente transferíveis para qualquer outro lugar ou país, sendo seus capitais principalmente na forma de dinheiro e navios ou barcos.

O movimento dos negociantes de borracha estrangeiros colidiu com processos econômicos e políticos locais, inclusive com as formas específicas de lucrar e acumular capital dos *seringalistas*/marchantes-*seringalistas*. A reação a isso pelos capitalistas ligados, principalmente, à esfera da produção desenhou um movimento duplo, envolvendo muitas ações, incluindo a demanda por intervenção do governo central brasileiro, bem como influenciou decisões de reinvestimentos pelos capitalistas investindo na produção da borracha.

Essas questões detectadas nos documentos históricos dirigiram minha atenção para a noção de movimento duplo de Polanyi (1975), porque a relação entre *seringalistas*/marchantes-*seringalistas* e negociantes de borracha estrangeiros é essencialmente uma relação interclasse social. Essa perspectiva implica reconhecer a importância da influência indireta dos negociantes de borracha estrangeiros, na medida em que os *seringalistas* foram construindo seu projeto de mudanças econômicas e políticas, bem como foram tomando decisões de reinvestimentos, em grande medida agindo-reagindo às ações desses negociantes de borracha. No entanto, a ênfase é no papel crucial desempenhado por investidores locais, ao mesmo tempo em que as circunstâncias históricas, com as quais eles estavam lidando são consideradas.

Todavia, a noção de movimento duplo desse autor precisa ser repensada, a fim de torná-la adequada a este estudo. Essa noção implica uma visão mais complexa sobre a sociedade capitalista, à medida que ela é percebida não somente pelos conflitos entre classes sociais distintas, mas também por confrontos interclasses sociais sustentados por diferentes ideologias capitalistas. Mas a ênfase é no mercado e nas instituições para explicar processos econômicos, nos quais a lei parece determinar processos sociais, ao invés de simplesmente expressar padrões de relações sociais. Como resultado, Polanyi (1975) enfatiza ideologias mais do que os criadores delas ou as relações sociais, dentro das quais essas ideologias são construídas.

Consequentemente, a primeira especificidade da noção de movimento duplo usada neste trabalho é a mudança de ênfase de ideologias e instituições para a relação social entre capitalistas da esfera da produção e os negociantes da borracha estrangeiros. Os negociantes de borracha ingleses eram proeminentes entre esses últimos. Em parceria com portugueses e alemães, eles controlavam metade da borracha exportada da Amazônia, a qual era levada para Liverpool, onde era reempacotada e reexportada para o mercado internacional; ao mesmo tempo, os ingleses tinham a hegemonia na navegação marítima que levava a borracha da Amazônia para os portos do Oeste Europeu, até os anos 1910. Assim, o foco do movimento duplo é colocado nas ações-reações entre negociantes de borracha ingleses *versus seringalistas*/marchantes-*seringalistas*.

Por outro lado, os negociantes de borracha estrangeiros usavam o princípio econômico do liberalismo, com o fim de estabelecer o mercado autorregulado como sua ideologia e adotavam largamente os métodos do *laissez-faire* e do mercado livre. Os capitalistas da esfera da produção, por sua vez, usando princípios de proteção social, tendo como meta a conservação da organização produtiva, que era afetada imediatamente pelas ações deletérias dos negociantes de borracha estrangeiros, usavam a legislação, associações restritivas e outros instrumentos de intervenção como seus métodos.

Porém, essa relação interclasse social era transnacional, envolvendo necessariamente certo nível de permissão-intervencionismo dos Estados de origem dos envolvidos. Os negociantes de borracha ingleses não entraram no país como recém-chegados autônomos. Pelo contrário, seus investimentos foram permitidos por mudanças na legislação interna e estavam ligadas às lutas internas contra desigualdades coloniais, as quais eram marcadas pela absorção de princípios do liberalismo de uma maneira redefinida pelo nacionalismo que sustentava aquelas lutas. Ademais, os negociantes de borracha estrangeiros adentraram o país sob regras estabelecidas, por meio de tratados comerciais. Desse modo, as relações seringalistas/marchantes-seringalistas *versus* negociantes de borracha estrangeiros não podem ser compreendidas unicamente por meio da perspectiva do expansionismo econômico e político dos poderes estatais ingleses ou de outros países, seja qual for a forma que eles tenham assumido. A dinâmica governando a permissão e a intervenção do Estado brasileiro nessas relações é igualmente fundamental.

A permissão e a intervenção do Estado brasileiro nas relações seringalistas/marchantes-seringalistas foram redefinidas no contexto da assim chamada política da Primeira República (1889-1930), cuja perspectiva priorizando a economia nacional e dando importância secundária às economias regionais, em grande medida, acabou reduzindo o poder dos seringalistas diante dos negociantes de borracha estrangeiros, frustrando suas demandas por intervencionismo estatal e deixando-os praticamente sozinhos em suas decisões de reinvestimentos.

Além disso, sendo uma relação interclasse internacional, ela envolvia ideologias particulares. O princípio econômico do liberalismo dos negociantes de borracha ingleses estava misturado com o princípio de Spencer da "sobrevivência do mais apto" e do "progresso pela briga", bem como com a mentalidade imperialista que dominava o império britânico. Eles se moviam em ambas as direções. Eles fizeram esforços para alijar os capitalistas locais, impondo preços da borracha, causando profundas oscilações nos preços e fazendo tentativas para evitar o estabelecimento de novas regras na economia da borracha, além de tentarem impor seus próprios princípios e autoridade e, portanto, desrespeitando as instituições brasileiras.

A noção de mentalidade imperialista é útil, porque ela expressa um comportamento imperialista, mesmo em uma situação de não imperialismo factualmente estabelecido. Na Amazônia, a afirmação de Platt (1968) de que os comerciantes e investidores britânicos não procuravam nem esperavam intervenção governamental não se sustenta. Eles pediram por intervenção militar britânica em processos políticos internos à Amazônia, a exemplo da Cabanagem, nos anos 1830, justificando essa intervenção como medida de proteção aos seus negócios, nos quais atuavam juntamente a certos capitalistas e governos locais em uma clara convergência de interesses de classe social, como é discutido no Capítulo 5. Eles pediram tratados comerciais com o governo brasileiro que os colocassem em igualdade de condições com outros comerciantes estrangeiros, cujos governos tinham tratados comerciais com o Brasil.

Na década de 1920, eles enfaticamente requisitaram ao governo britânico por intervenção diplomática em questões relacionadas à economia da borracha interna, como é demonstrado nos Capítulos 5 e 7, usando argumentos nacionalistas. Tais acontecimentos históricos desmistificam a suposição de que os comerciantes britânicos e os negociantes de borracha levavam o princípio do liberalismo tão a sério. Ao contrário, esse princípio era usado como ferramenta ideológica para procurar impedir e prevenir o estabelecimento de regulamentos internos na economia da borracha amazônica.

1.5 A INVESTIGAÇÃO HISTÓRICA

Pesquisei, exaustiva e cuidadosamente, em mais de 30 arquivos e bibliotecas situadas no Brasil (em Belém, Manaus, Rio Branco, Xapury, Brasília e Rio de Janeiro) e no Reino Unido, bem como em arquivos mantidos por famílias de seringalistas, primeiro, para a tese de doutorado, no período do início de 1994 ao início de 1997, e, após o término do Ph.D., por meio de três pesquisas complementares: em 2000, nos arquivos e bibliotecas do Rio de Janeiro; em 1999 e em 2001, pesquisa bibliográfica nos Estados Unidos e, finalmente, no período de agosto de 2003 a julho de 2006, a pesquisa "Natureza e tecnologia: o simbolismo da Amazônia para o império britânicos nos anos 1900-1915 e as políticas para a borracha", nos arquivos de Belém-PA.

A investigação da propriedade privada da terra-seringal se baseia na análise de documentos relativos ao processo de privatização das áreas mais importantes de produção de borracha no estado do Pará e do Acre, as quais são ilustradas no Mapa 1, tais como (a) os nove municípios mais importante produtores de borracha no Pará; (b) o Distrito do Rio Acre, o trecho onde se situavam as florestas de seringueiras mais densas, sendo a área maior produtora de borracha.

A primeira área foi definida usando estatísticas da produção de borracha constantes das *Revistas da Associação Comercial do Pará* (ACP). Em seguida, foram analisados os registros de posse e de títulos de propriedade relativas à privatização da terra-seringal, nos nove municípios maiores produtores de borracha no Pará, disponíveis nos arquivos do Instituto de Terras do Pará (Iterpa), em Belém. Um total de 2.927 propriedades produtoras de borracha foram identificadas nos municípios Afuá, Anajás, Altamira, Cametá, Chaves, Curralinho, Gurupá, Itaituba e Melgaço. Os períodos nos quais essas propriedades foram legalizadas variaram levemente em cada município, como discutido no Capítulo 2.

Todavia, a prioridade foi dada ao Distrito do Rio Acre, chamado Departamento do Alto Acre, na divisão administrativa do Território do Acre, em 1912,[30] compreendendo áreas acessadas pelos rios Abunã, Rapirrã, Iquiry, up Acre, Xapury, Riosinho e Alto Antimary. Em 1912-13, esse Departamento produziu uma média de 5.000.000 quilos de borracha anualmente,

---

[30] O Decreto 1.181, de 15/02/1904, e o Decreto 5.188, de 07/04/1904, deram a primeira organização administrativa do Acre como um território federal, a qual foi alterada pelo Decreto 6.901, de 26/03/1908. A Lei n.º 9.831, de 23/10/1912, dividiu o território em quatro departamentos, tais como Alto Acre, Alto Purus, Alto Juruá e Tarauacá (Chaves, 1913).

a qual era muito maior do que a soma da produção dos Departamentos do Alto rio Purus e Alto Juruá juntos. Era a área maior produtora de borracha do Brasil (Brasil, 1913; Chaves, 1913; Martinelo, 1988). A maior densidade de seringueiras encontrava-se ao longo do rio Acre, particularmente nos médios e altos cursos (Cunha, 1986; Labre, 1887; Tocantins, 1961; Chaves, 1913; Brasil, 1913). Nesse trecho, foram instaladas as empresas de borracha mais opulentas (Brasil, 1913).

Figura 7 – Municípios e Área Maiores Produtores de Borracha no Pará e no Acre, 1900-1920

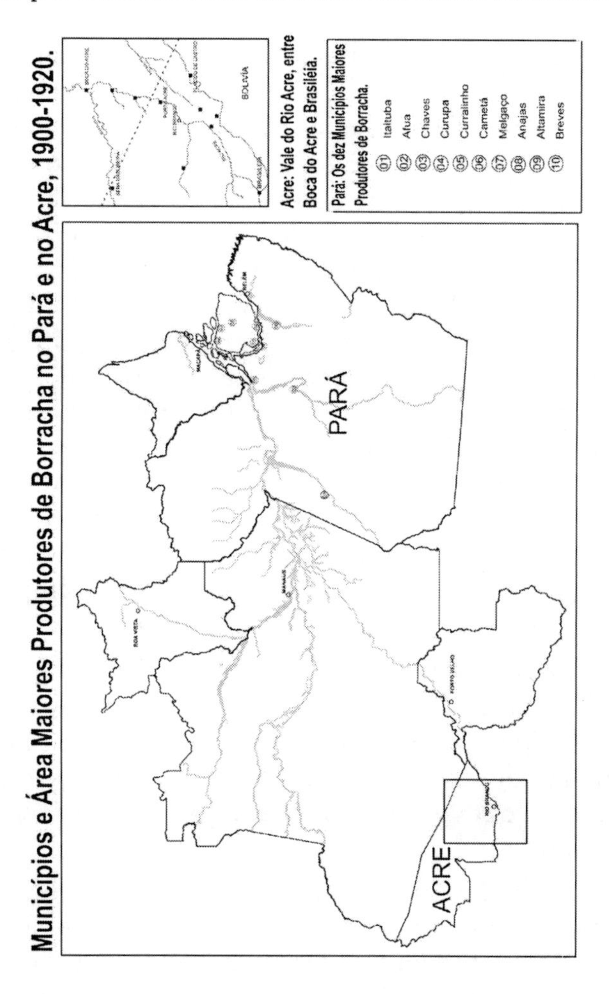

Fonte: Bentes (1998), mapa refeito pelo Dr. Carlos Jorge Nogueira de Castro, Programa de Pós-Graduação em Geografia (PPGG-UEPA)

Investigação do Instituto Nacional de Colonização e Reforma Agrária (Incra), da cidade de Rio Branco, capital do estado do Acre, sobre a situação legal dos seringais naquele Estado, em obediência à Lei n.º 6383 de 7/12/1976, detectou 105 antigos *seringais*, no Distrito do Rio Acre. Os dados foram coletados usando dois formulários. Os formulários preenchidos foram analisados utilizando o pacote estatístico Excel versão 5, convertida mais tarde para a versão 7. A análise de variáveis cuja definição demandava cruzamento com outras variáveis foi feita por meio do programa *Statistical Package for Social Scientists (SPSS), versão 6.*

Fontes complementares interessantes foram encontradas no Arquivo Nacional do Rio de Janeiro, a respeito da legislação voltada para os *seringais*, e em ações legais em torno de disputas por terra-seringal no Distrito do Rio Acre, nos anos 1903-04. A investigação sobre as relações sociais de produção nos seringais focaram particularmente o Distrito do Rio Acre, por duas razões: (1) os processos relativos a ações judiciais do Incra-Acre fornecem informações não apenas sobre questões de terra-seringal, mas também sobre outros aspectos como a economia, a topografia etc. dos 105 antigos *seringais* situados no trecho de maior produção de borracha no Acre; esses processos resultam de uma investigação sistemática desenvolvida por um grupo formado por agrônomos, advogados, historiadores, economistas, sociólogos e topógrafos, nos arquivos de cartórios e instituições oficiais na Bolívia, em Manaus, no Rio de Janeiro, em Rio Branco e em Xapury, bem como em arquivos privados de famílias de seringalistas; (2) a disponibilidade de documentos de contabilidade de vários antigos seringais situados naquele Distrito, no Museu da Borracha, em Rio Branco/ Acre. Os resultados das análises dessas fontes foram comparados com a literatura mencionada na bibliografia.

Outra fonte primária foi o registro de firmas voltadas para a borracha, disponíveis nas Juntas Comerciais do Pará e do Acre (Junta Comercial do Pará (Jucepa), Registro de Firmas; Junta Comercial do Acre (JCA), Registro de Firmas). Tais registros contêm informações sobre as firmas voltadas para a produção e o comércio da borracha e as mudanças nas mesmas ao longo do tempo.

Nos arquivos do Cartório Chermont (CC), em Belém, a investigação concentrou-se nas escrituras relativas às transações feitas por casas exportadoras e casas aviadoras, suplementando crédito e dinheiro em espécie para seringais do Distrito do Rio Acre, tais como escrituras de parceria, escrituras de transferências, escrituras de empréstimos etc., no período de 1812 a 1932 (Cartório Chermont (CC), Índice de Escrituração).

Finalmente, ações legais (Tribunal de Justiça do Estado (TJE), Autos Civis) a respeito da economia da borracha foram analisadas nos Arquivos do TJE, em Belém, assim como livros de Direito Comercial importantes na época, disponíveis na Livraria do TJE.

A análise dessas fontes foi útil para selecionar uma empresa de borracha para análise mais detalhada de aspectos, como relações de trabalho, lucratividade e acumulação de capital – Seringal ITU-Palmares (Veja mapa de localização a seguir). Essa era uma empresa de borracha de médio porte, originalmente se estendendo por 40,592,0554 ha,[31] situados em ambos os lados das margens do rio Acre, no trecho desse rio onde se situavam as propriedades seringueiras que possuíam a maior densidade de árvores de goma elástica de melhor qualidade (ver Mapas 1, refeito pelo Dr. Carlos Jorge Nogueira de Castro, Programa de Pós-Graduação em Geografia (PPGG-UEPA), com base no mapa originalmente publicado na tese de doutorado (Bentes, 1998) e Mapa 2, confeccionado pelo setor de cartografia do INCRA/Acre, em 1983). O Seringal ITU-Palmares produzia inicialmente cerca de 100 a 120 toneladas de borracha por ano. Tal produção foi reduzida, mais tarde, para cerca de 80 toneladas, em consequência da divisão da propriedade.

A contabilidade quase completa do Seringal ITU-Palmares está disponível para três importantes períodos: (a) o ano de 1910, quando os preços da borracha atingiram o pico, seguida do aumento da produção, como discutido no Capítulo 5; (b) os anos de 1913 a 1915 até meados do ano de 1916, período no qual ocorreu o maior decréscimo dos preços da borracha, provocando dificuldades econômicas e falências de empresas em toda a região norte do Brasil; (c) o ano de 1930, que é considerado o período no qual se consolidaram as mudanças que foram sendo implementadas nos seringais em resposta às dificuldades impostas pelos baixos preços da borracha.

A contabilidade dos seringais era composta dos seguintes documentos: (a) *Livro de Conta-Corrente*; (b) *Diário do Seringal* (registro diário de transações comerciais, pagamento de salários e todo e qualquer movimento administrativo e financeiro da firma); (c) *Livro de Balanço Geral Anual*; (d) *Livro-caixa* (movimento financeiro em dinheiro); e (e) *borrões*, que eram cadernos contendo notas fiscais ou recibos, lista de mercadorias, quantidade, datas, preços etc.

[31] Em 1983, a investigação do Incra-Acre sobre a situação legal dos seringais antigos no Acre resultou no reconhecimento de uma área de 27.207,7726 ha como uma propriedade legal do Seringal ITU-Palmares. Isso significa que uma área de 13.384,2828 ha de terras devolutas (terra sob a condição legal de terra do Estado) foram incorporadas ao seringal. O assunto é abordado no Capítulo 2.

Figura 8 – Mapa 2: Seringal ITU-PALMARES e Propriedades Vizinhas

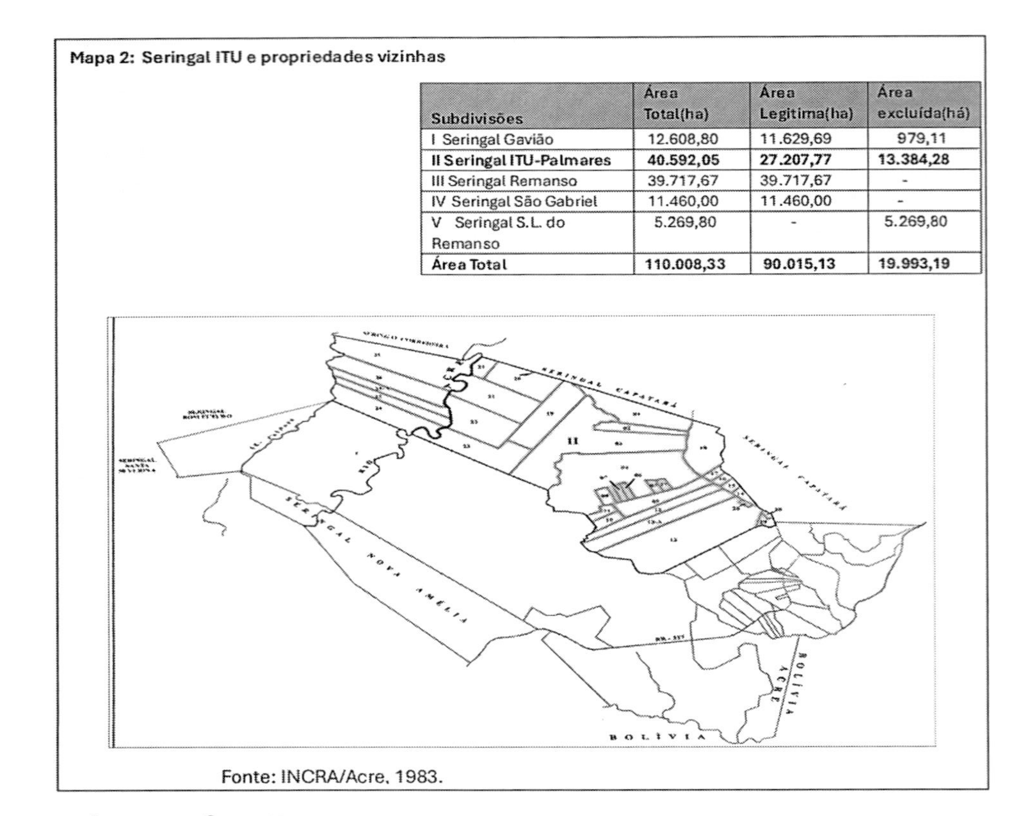
Mapa 2: Seringal ITU e propriedades vizinhas

Subdivisões	Área Total(ha)	Área Legitima(ha)	Área excluída(há)
I Seringal Gavião	12.608,80	11.629,69	979,11
II Seringal ITU-Palmares	**40.592,05**	**27.207,77**	**13.384,28**
III Seringal Remanso	39.717,67	39.717,67	-
IV Seringal São Gabriel	11.460,00	11.460,00	-
V Seringal S.L. do Remanso	5.269,80	-	5.269,80
Área Total	**110.008,33**	**90.015,13**	**19.993,19**

Fonte: INCRA/Acre, 1983.

Fonte: INCRA/Acre, setor de cartografia, 1983

Eu localizei todos esses documentos do Seringal ITU-Palmares para os períodos anteriormente mencionados, com exceção dos borrões.

Figura 9 – Diário do Seringal ITU

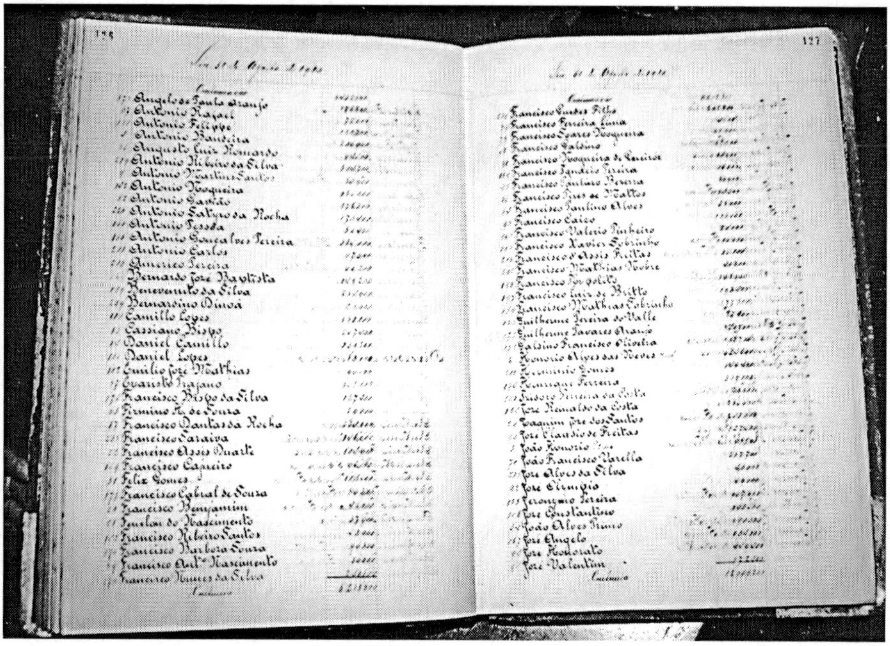

Foto: Rosineide da Silva Bentes (1996)

O principal herdeiro do Seringal ITU — que nasceu dentro do seringal, estudou Agronomia no Rio de Janeiro e assumiu o controle da empresa, após a década de 1950 — estava vivo em 1996, quando estive realizando pesquisa documental em Rio Branco, com 94 anos de idade, lúcido e sadio. Ele, gentilmente, deu-me acesso aos arquivos da família e permitiu-me entrevistá-lo (entrevista semiaberta). A entrevista teve o objetivo de resolver dúvidas em relação ao significado de alguns termos utilizados na contabilidade do seringal e em outros documentos históricos, ajudando, assim, a esclarecer vários aspectos dos documentos históricos.

O Seringal ITU era administrado pelo seu dono e pelos seus descendentes, individualmente ou em parcerias, desde as últimas décadas do Séc. XIX até recentemente, o que ilustra a continuidade da produção de borracha, na Amazônia.

A análise do tema disponibilidade de mão de obra baseou-se em resultados de minha pesquisa anterior para a dissertação de mestrado, já mencionada, e, principalmente, em documentos históricos disponíveis em arquivos situados em Belém, incluindo relatórios de presidentes da Província do Pará (e, mais tarde, de governadores do estado do Pará) referentes ao período de 1838 a 1907 e literatura histórica.

As formas de engajamento, disciplina e controle da mão de obra, bem como as mudanças ocorridas ao longo do tempo, foram abordadas por meio do foco na análise da contabilidade do Seringal ITU, em particular o Diário desse Seringal para os anos de 1910, 1913 e 1930. O Diário era um livro de contabilidade, manuscrito, com mais de 500 ou 600 páginas, contendo todos os movimentos de conta corrente de cada trabalhador, gerentes e proprietários, da casa comercial-financeira e/ou bancos com os quais o Seringal ITU realizava transações.

O Diário, juntamente ao livro de Balanço, era apresentado ao juiz responsável pelo assunto na cidade de Rio Branco, o qual o avaliava, confirmando ou não a legalidade desses documentos e de todos os documentos de contabilidade anexos a tais livros. Estando a contabilidade em acordo com todos os requerimentos legais, o juiz assinava, atestando isso; de modo que esses documentos poderiam ser usados como prova em ações legais e julgamentos. Toda contabilidade do Seringal ITU analisada por mim possuía a assinatura do juiz.

As contas correntes de trabalhadores contêm informações, tais como tipo de mercadoria produzida, preços, tempo e meios de venda, tipo de trabalhador e modo como este era remunerado, transações entre trabalhadores e modo como eles eram admitidos e como eram demitidos ou deixavam o Seringal.

Porém, o Diário não descreve item por item as compras dos trabalhadores, ao invés, menciona compras mensais somente informando o valor total delas. A descrição das mercadorias era feita nos cadernos de Borrões, como previamente mencionado. Uma vez que não encontramos os Borrões para todos os períodos já mencionados, não foi possível definir até que ponto as oscilações de preços das mercadorias compradas pelos trabalhadores e não somente as oscilações de preços da borracha afetaram a remuneração dos trabalhadores.

A análise das contas correntes de seringueiros e de trabalhadores assalariados ou pagos semanalmente foi feita por meio da utilização de uma amostragem. Uma vez que o objetivo era não somente detectar características das relações de trabalho, mas também as mudanças nessas relações ao longo dos períodos analisados, o critério para a composição da amostragem foi estar no Seringal, desde o início de fevereiro de 1910 até março de 1913, quando o ano fiscal começava. Um total de 64 seringueiros que trabalhavam no Seringal ITU, em fevereiro de 1910, ali ainda permaneciam em março de 1913. Isso representa 32% do total de 202 seringueiros em 1910 e 40% do total de 160 seringueiros em março de 1913. A amostragem para 1930 foi formada por 65 seringueiros, representando 30% do total de 215 seringueiros naquele ano. Essa amostra foi selecionada por sorteio, considerando que a proporção de seringueiros que permaneciam no seringal desde março de 1913 era mínima — somente dois.

A amostra de trabalhadores assalariados representa 30% do total de 27 em 1910 — ou 8 trabalhadores. Verificou-se uma mais alta rotatividade entre esses trabalhadores quando comparada àquela dos seringueiros. Alguns deles saíram e voltaram, de modo que em 1910 a amostra de trabalhadores assalariados era de sete (7) trabalhadores, porque um dos oito (8) considerados apresentou movimento em 1910, mas não apresentou movimento em 1913. Dos 8 trabalhadores que compunham essa amostra, somente dois permaneceram no Seringal durante todo o ano de 1913, pois um deles se tornou seringueiro nesse ano e 5 deixaram o Seringal. Aliás, o número de assalariados aumentou de 27, em 1910, para 40, em 1913, e 52, em 1930. Como nosso foco é nos seringueiros, que eram pagos por produção, trabalhadores assalariados são mencionados tão somente por que permitem especificar melhor as características da empresa de borracha e a condição do seringueiro.

Essas amostras foram analisadas usando o pacote estatístico Excel versão 7. Ao mesmo tempo, a análise do total das contas-correntes de trabalhadores focou em questões tais como o grau de rotação desses trabalhadores e o modo como eles deixaram a empresa.

A casa comercial-financeira dentro do Seringal ITU atuava como três negócios diferentes ao mesmo tempo — banco, casa comercial e escritório da empresa de borracha. Considerando que o seringal é estudado na perspectiva das relações sociais de produção, os diários foram avaliados visando responder a perguntas como: o que as informações disponíveis revelam sobre as relações de produção? Até que ponto essas relações de produção reverberam com o debate teórico sobre relações de produção da borracha? Quais eram as especificidades da condição do seringueiro, como trabalhador pago por produção, em comparação com os trabalhadores assalariados?

Figura 10 – Casa comercial do seringal Guanabara

Fonte: Chaves (1913, p. IV)

Os resultados da investigação nos Diários foram comparados e complementados com o estudo da literatura sobre a produção de borracha (Cabral, 1949; Castro, [1930] 1955), que relataram relações de trabalho em um seringal situado no Distrito do Rio Acre, em 1897-1907, e outro situado ao longo das margens do rio Madeira, em 1913-14, respectivamente, do ponto de vista dos trabalhadores. Considerou-se, ademais, publicações de seringalistas-marchantes (Neves, 1981; Mendes, 1910; Chaves, 1913), que fornecem estatísticas e informações gerais sobre as principais questões relativas à economia da borracha, particularmente a produção da borracha no Distrito do Rio Acre.

As estatísticas disponíveis sobre a imigração no Acre têm sido bem analisadas por várias teses de doutorado — elas são mencionadas por Santos (1980) e Martinelo (1988), bem como exaustivamente analisadas por Calixto (1993) e mencionadas em dissertações de mestrado (Oliveira, 1985; Duarte, 1987; Paula, 1980, 1981). As dissertações de mestrado foram consideradas importantes fontes, porque, no Brasil, na época de minha pesquisa, uma dissertação tinha que estar baseada em pesquisa original e em uma abordagem teórica bem delineada. Como consequência, existem algumas dissertações que fornecem valiosas informações inéditas.

O movimento duplo estrangeiros, especialmente os ingleses, negociantes da borracha *versus* seringalistas-marchante-seringalistas foi visualizado por meio da análise dos seguintes documentos: (a) documentos da Associação Comercial do Pará (ACP), como atas de reuniões, correspondências, livros, coleção de arquivos sobre a borracha publicados no mundo todo, relatórios anuais e jornais mensais dessa associação; (b) *Revista da Associação Comercial do Amazonas* (ACA); (c) correspondências oficiais dos governos do Pará, disponíveis no Arquivo Público do Pará, em Belém; (d) documentos históricos disponíveis no arquivo do Palácio do Itamaraty, no Rio de Janeiro, tais como correspondência e relatórios consulares do Consulado Brasileiro em Liverpool e sua representação em Londres; (e) documentos históricos disponíveis no *Public Record Office*[32] (*PRO*), situado no bairro de Kew, no oeste de Londres, tais como documentos oficiais do Serviço Diplomático, o *Foreign Office*[33] (*F.O.*) e o Almirantado, como correspondência de cônsules britânicos no Pará (Belém) para o período aqui estudado; correspondência do ministro da Embaixada Britânica, no Rio de Janeiro, para o *Foreign Office* (*F.O.*), bem como da *British Legation em Petrópolis*[34]; (f) relatórios anuais do Consulado Britânico no Pará no período de 1910 a 1916, disponíveis na Biblioteca da London School of Economics and Political Sciences (LSE), Universidade de Londres, Inglaterra.

Quando comparado com essas fontes, particularmente com a correspondência consular confidencial, os relatórios anuais do Consulado Britânico no Pará se revelam fontes de caráter fortemente político-ideológico. Jornais locais disponíveis também foram investigados.

Logo após a defesa da tese, em novembro de 1998, mudei-me para os Estados Unidos, após negociação com o Conselho Nacional de Pesquisa Científica e Tecnológica (CNPq). A residência nos Estados Unidos da América, até agosto de 2003, propiciou a grata satisfação de ter acesso às excelentes bibliotecas de universidades e aos serviços de *interlibrary loan* (empréstimo entre bibliotecas). A pesquisa direta nas bibliotecas das três universidades nas quais lecionei e em outras universidades por meio do *interlibrary loan* permitiu ampliar e aprofundar a pesquisa bibliográfica para este livro, inclusive analisar alguns documentos fornecidos

32 Arquivo Público.

33 Ministério das Relações Exteriores de Londres.

34 Representação consular.

por arquivos norte-americanos. Antes da mudança de Wisconsin para a Califórnia, por vários meses, em 2000, realizei pesquisa complementar em bibliotecas e arquivos localizados no Rio de Janeiro.

Em maio de 2003, descobri, na Califórnia, que tinha um sério problema de saúde. Após cirurgia, decidi retornar à Amazônia, no segundo semestre daquele ano, buscando a vantagem do ar puro e do contato fácil com a natureza que caracteriza extensas áreas da região. Com bolsa de Desenvolvimento Científico Regional (DCR) e financiamento parcial do CNPq, realizei, enquanto sediada como bolsista DCR no Museu Emílio Goeldi, a pesquisa "Natureza e tecnologia: o simbolismo da Amazônia para o império britânico nos anos 1900-1915 e as políticas para a borracha", que possibilitou aprofundar vários aspectos da tese, em particular o debate em torno da monocultura da borracha no início do Séc. XX. Nesse trabalho, pesquisei também na biblioteca e arquivo do Museu Paraense Emílio Goeld.

CAPÍTULO 2

A PROPRIEDADE SERIGUEIRA

Como já mencionado, a empresa de borracha tem sido entendida pela literatura predominantemente como um acampamento temporário ou empreendimento unicamente comercial. Os autores que tornaram essa ideia hegemônica no debate sobre a Amazônia nunca pesquisaram a empresa de borracha propriamente dita, nem o processo de apropriação da terra na região. É possível que eles tenham simplesmente reproduzido, talvez sem o saber, a fala do cônsul britânico do Distrito Consular do Pará, durante a Primeira Exposição Internacional de Borracha, em 1908 (F.O. and The Board of Trade, 1908).

Nesse evento, o cônsul britânico no Pará (1907-1908), Roger Casement, tentou descaracterizar o seringal como propriedade privada, argumentando que ele não se adequaria aos padrões de propriedade privada europeus, pois não teria limites precisos, área total bem definida, nem títulos de propriedade claramente definidos e não existiria ocupação permanente de florestas seringueiras. Os resultados de minhas pesquisas, todavia, revelaram que o seringal era, sim, propriedade privada no sentido moderno.

Para compreender o caráter de propriedade privada da empresa de borracha na Amazônia brasileira, é preciso considerar dois aspectos importantes: primeiro, a privatização da terra-seringal era um processo altamente seletivo, uma vez que a procura não era pela terra-solo, mas pela terra-floresta das melhores espécies de árvores de goma elástica; segundo, em grande medida, foram as florestas ricas em *Hevea brasiliensis* — a espécie de árvore de goma elástica que fornecia látex para o preparo da borracha de melhor qualidade — que se tornaram propriedade privada de empresários mais do que de pequeno produtor familiar. A apropriação da terra altamente seletiva e socialmente desigual se constituía em um padrão histórico de relações sociais de propriedade da terra na Amazônia.

Para apresentar esse argumento claramente, o capítulo está organizado da seguinte maneira: (a) o contexto histórico de nascimento e expansão da propriedade seringueira; (b) a propriedade privada moderna do seringal; (c) a apropriação ecológica da terra-seringal e suas consequências legais; (d) a questão de soberania e domínio no Acre; (e) seringal, propriedade privada majoritariamente empresarial.

2.1 CONTEXTO HISTÓRICO DE NASCIMENTO E EXPANSÃO DA PROPRIEDADE SERINGUEIRA

Antes da década de 1840, a produção de goma elástica não induzia, por si só, à apropriação privada da terra-seringal. As florestas de goma elástica exploradas ou eram parte de propriedades agrícolas escravistas, privadas ou estatais, de propriedade agrícola familiar, ou de terras indígenas, ou a maioria estava na condição institucional de terra devoluta. Terra devoluta é uma definição jurídica para terras na condição legal de patrimônio do Estado, mas sem uso de fato pelo Poder Público e que, em nenhum momento, se tornaram propriedade particular.

As terras devolutas poderiam estar ocupadas de maneira não legalizada, fosse por comunidades indígenas, fosse por pequeno produtor familiar, ou serem terras não ocupadas permanentemente, de uso público comum, em particular pelos *arranchamentos* (empresas privadas temporárias).

Tanto a produção familiar como a empresarial baseavam-se em métodos indígenas de extração e manufatura do látex, registrados desde 1511, na Amazônia peruana,[35] e do Séc. XVII, no Grão Pará, modificados e adaptados à produção de mercadorias. Na Amazônia brasileira, na primeira metade do Séc. XVIII, por meio do aperfeiçoamento dos métodos autóctones, produtores locais do Pará vinham produzindo artigos à prova d'água, como borrachas, bombas, seringas, pequenas figuras de animais, bolas ocas de alto ou baixo relevo, panos encerados e outros pequenos artigos para exportação (Documentos Parlamentares, 1915; Reis, 1957; Coates, 1987; Drabble, 1973; Whittlesey, 1931; Santos, 1980). À época de Pombal (1750 a 1777), chegaram de Portugal vários técnicos, cientistas, aventureiros e estudiosos interessados no látex. A exemplo de Francisco

[35] Os povos pré-colombianos usavam o látex desde épocas remotas. A civilização de Teotiuacan (300 a.C. a 600 d.C.) usava bolas de caucho em um jogo ritualístico, o que foi registrado pelos primeiros cronistas espanhóis, ainda nos Séc. XVI e XVII. Entre 1690 e 1701, o português carmelita Frei Manuel da Esperança registrou a manipulação do látex pelos Omáguas do rio Solimões. O francês Charles Marie de la Condamine relatou em carta à França, em 1736, suas primeiras experiências com a goma elástica no Equador. (Loureiro, 1985). Era utilizada no México também, onde os indígenas coletavam o látex em cabaças de tamanhos variados. Eles preparavam o ulli, que era uma espécie de tecido elástico. O ulli solidificado serve para couraças, que protegiam contra flexas mais aguçadas. O ulli era usado também para fabricar sapatos, capas impermeáveis, revestimentos de panos, à guisa dos encerados, cujo aspecto dos de couro era dado pela defumação (Documentos Parlamentares, 1915).

Xavier de Oliveira que contribuiu bastante para a ampliação da utilização de artefatos de borracha brasileira (Loureiro, 1985). No final do período colonial, já havia um vívido comércio de borracha principalmente com Lisboa e com a Inglaterra (Quintiliano, 1963). Paulatinamente, pequenas fábricas manufatureiras de artefatos de borracha foram sendo estabelecidas em Belém. Elas produziam vários artigos à prova d'água, a exemplo de sacolas para munição, sapatos, casacos, garrafas, além de seringas e bolas para exportar para Portugal e USA.

A produção e exportação de calçados foi "em 1840 de 47.787 pares; em 1841, de 69.252 pares, aumentando para 138.873 pares em 1850" (Cruz, 1973). No exterior, nos anos 1755-1791, a goma elástica passou a ser utilizada na fabricação de algalias, tubos e fios, raspagem de traços de lápis, de "onde veio o nome inglês *rubber*" (Documentos Parlamentares, 1915). Mais tarde, surgiu a indústria de roupas impermeáveis, com base na descoberta da propriedade da nafta para dissolver a goma. De 1829 a 1840, surgem os tecidos elásticos, para-choques, molas de máquinas e outros subprodutos da borracha. Em 1830, a Grã-Bretanha importou da Amazônia 211kg de artefatos de borracha.

Não havia ainda uma tecnologia apropriada à grande indústria. Uma das razões era que os solventes, então, utilizados tornavam a borracha dura e quebradiça, quando em contato com o frio do inverno e pegajosa em altas temperaturas de verão. Mas, em 1839, o norte-americano Goodyear descobriu o processo de vulcanização, com base na mistura da goma elástica ao enxofre, por meio da exposição ao calor. Isso tornava a borracha mais estável, o que permitia a sua utilização na fabricação de muitos objetos. Esse acontecimento provocou o crescimento do interesse internacional pela matéria-prima borracha (Loureiro, 1985).

É justamente a partir de 1840, com o aumento da demanda resultante da descoberta da vulcanização e, conjuntamente, dos preços da matéria-prima borracha, que surge, na Amazônia, a empresa voltada para a produção exclusiva ou principal da matéria-prima borracha. E, somente, em 1844, inicia-se, na região, a exportação específica da matéria-prima borracha. Em 1857, a Grã-Bretanha já havia importado 10.000kg da matéria-prima borracha, no formato de *pélas*[36]; e, em 1874, quando a borracha passou a ser utilizada nas linhas telegráficas, essa importação cresceu para 50.710kg (Dean, 1989).

[36] Pélas nomina a matéria prima borracha no formato de bola de *rugby*.

Figura 11 – Pélas de borracha

Fonte: Falcão (1907)

Com o aumento da demanda e dos preços da borracha, desenha-se também a crescente procura pela terra-seringal, que se valoriza no mercado como capital produtivo e mercadoria valiosa. No século XVIII e início do século XIX, a coleta do látex ainda estava mais ou menos concentrada nos arredores de Belém e em regiões das ilhas do arquipélago do Marajó. E, de modo geral, as melhores terras já eram em grande parte propriedade privada. A privatização de terras era promovida pela coroa portuguesa.

No vale do Amazonas, os portugueses começaram a se apropriar de terras em 1615 por meio da construção de um posto militar, às margens do rio Guamá e igarapé Piry, planejado desde 1580, quando o capitão português Castelo Branco veio à região saindo da Capitania de Pernambuco, cumprindo ordens do Rei do Manuel, então soberano da União Ibérica (Portugal e Espanha). Mais tarde, esse posto foi substituído pelo Forte do Castelo, logo em seguida, ocorreu a fundação de Belém.

Para assegurar a posse do território, o rei Felipe II de Portugal criou a Capitania do Grão-Pará e o estado do Maranhão, com sede em São Luiz. Como Belém experienciou uma crescente importância econômica, em

1751, o estado do Maranhão foi transformado em estado do Grão Pará e Maranhão com capital em Belém, e, em 1772, houve a separação do Grão Pará do Maranhão, com a criação do estado do Grão Pará.

Figura 12 – Forte do Castelo

Foto: Lucilene Viana de Souza (2024)

Figura 13 – Panorama do Forte do Castelo

Foto: Lucilene Viana de Souza (2024)

O local onde foi construído o Forte do Presépio, mais tarde chamado Forte do Castelo, foi cuidadosamente escolhido com base em interesses geopolíticos e comerciais. Nele, havia um antigo movimentado povoado, chamado Mairi, onde predominavam os indígenas Tupinambás e Pacajá. Era um "entreposto" indígena (Pereira; Almeida, 2020), onde já ocorriam múltiplas relações de troca desses povos com alguns europeus, em torno de pedras preciosas verde e das chamadas "drogas do sertão" (cacau, guaraná, pau-cravo, urucum e castanha).

No início, as relações dos portugueses com os Tupinambás eram pacíficas. Vários deles se tornaram inclusive mão de obra para as construções dos portugueses. Em 1618, porém, surgiu o primeiro motim interno aos militares portugueses e, no ano seguinte, em 1619, os Tupinambás se revoltaram. Ao reagir aos Tupinambás de forma extremamente violenta, os portugueses inauguraram as violentas guerras contra povos indígenas que se negavam a entregar suas terras e tornarem-se mão de obra para os empreendimentos coloniais, as quais atravessaram os Séc. XVII, XVIII e XIX (Rocque, 2001; Souza, 2002; Santos, 1999; Moreira Neto, 1988; Hemming, 1987; Bentes, 1992).

Em meio a essas guerras, os portugueses apropriaram-se das melhores terras, na grande maioria das vezes pela força. Essa apropriação era seletiva. A base para isso foram os conhecimentos autóctones aprendidos por meio de expedições de conhecimento (Acunã, 1698; Medina, 1934; Ferreira, 1970; Fonseca, 1875). Em dezembro de 1616, logo após a fundação de Belém, ocorreu a expedição de Castelo Branco à foz do rio Amazonas[37], com a tarefa de reconhecimento da área (Annaes da Bibliotheca e Arquivo Público do Pará, 1902). Esse relato informa sobre a fertilidade da terra, tipos de madeira própria para a construção naval, a produção indígena que era comercializada com os holandeses, as condições de navegabilidade e a ocupação indígena, além de montar uma fortaleza em ponto estratégico. Em 1626, deu-se a expedição de Pedro Teixeira, depois outra, em 1637, para o rio Amazonas com o objetivo de fazer o reconhecimento minucioso de todo o rio amazonas até Quito, identificando os melhores pontos estratégicos para a construção de fortes e fortalezas, entregando presentes aos povos indígenas ribeirinhos visando assegurar sua amizade, além de fundar uma povoação logo depois dos Omáguas, que moram entre os rios Negro e Juruá, que sirva como marco do limite da soberania portuguesa no rio Amazonas (Cruz, 1973).

[37] Essa expedição era composta de 150 homens e três companhias, além do capitão-mor, em três embarcações.

A expedição ao Amazonas até Quito, em 1637, possuía 60 soldados lusitanos, cerca de 2.500 indígenas guerreiros trazidos do nordeste e alguns religiosos (Cruz, 1973). Inúmeras expedições de reconhecimento eram enviadas ao interior, especialmente após 1640. A partir de 1644, com a liberação do Maranhão da ocupação dos holandeses, inicia-se o período propriamente ou mais intenso do que os portugueses chamavam de colonização do Pará, intensificados ainda mais durante a política pombalina, de 1751 a 1777.

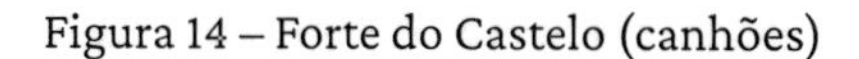
Figura 14 – Forte do Castelo (canhões)

Foto: Rosineide da Silva Bentes (2024)

Não eram somente expedições oficiais. Muitas foram as expedições particulares, com ajuda de custo e soldos reais. Em 1722-1723, o sargento-mor Francisco de Matos Palheta verificou a possibilidade de comunicação com as áreas espanholas e de articulação comercial do Pará com as minas de Mato Grosso. O sargento-mor João de Souza Azevedo, comerciante, viajou "em várias missões oficiais [...] tendo realizado mais de uma viagem entre Mato Grosso e Pará, com ajuda de custo e soldo reais [...]" (Lapa, 1973). A expedição que pela primeira vez ligou de fato Pará-Mato Grosso, em 1742, baseou-se no trabalho de 50 escravos negros (Lapa, 1973).

Esse foi um processo muito complexo, pois os portugueses precisavam não somente tomar as melhores terras dos povos nativos, mas também transformá-los em mão de obra para seus empreendimentos coloniais.

Eles necessitavam igualmente dos conhecimentos valiosos dos nativos sobre o meio físico natural e suas técnicas de produção de alimentos e de artefatos, bem como do apoio dos nativos para expulsar outros poderes europeus,[38] a fim de garantir sua dominação sobre o território.

Desse modo, as expedições faziam um trabalho não somente de observação direta, mas de apropriação dos conhecimentos especializados dos indígenas sobre o meio natural e suas técnicas de plantios de várzeas e de terras firmes, manejo de florestas, extração/coleta e beneficiamento de produtos extrativos. Eram feitos relatos dessas práticas e, numa relação cordial com os indígenas, especialmente por meio dos religiosos, tudo indica que muitos indígenas prestavam todas as informações solicitadas.

Desse modo, os portugueses estabeleceram seu poder colonial sobre o território amazônico por meio do uso seletivo da força física com diferentes estratégias de violência não física. Eles expulsaram os estrangeiros por meio da utilização de soldados portugueses e de guerreiros indígenas trazidos do Nordeste. As severas medidas contra os Tupinambás implicaram em que os portugueses fizeram inimigos entre os povos nativos. Havia uma alta densidade demográfica desses povos, 14,6 habitantes por quilômetro quadrado nas áreas de várzeas e somente 0,2 habitantes por quilômetro quadrado nas áreas centrais[39]. Então, os portugueses decidiram enfraquecer os nativos por meio de investigação cuidadosa sobre suas rivalidades internas, encorajando e promovendo guerras entre eles, promovendo, assim, mortes e autodestruição.

Os povos indígenas tinham profundos conhecimentos milenares sobre a diversidade e complexidade do meio físico natural. Os portugueses observavam cuidadosamente e aprendiam técnicas e conhecimentos indígenas (Noronha, 1856). Os povos indígenas ocupavam conjuntos particulares de solos e rios localizados em meios naturais diversificados:

---

[38] Franceses, ingleses e holandeses haviam montado pequenas plantações de cana-de-açúcar, na foz do rio Amazonas.

[39] Oliveira (1983) mostra a divergência de Donald Lathrap com Meggers (1977), no que se refere ao conceito de "cultura de floresta tropical". No entanto, Clifford Evans, Betty Meggers e Donald Lathrap, além dessa autora, concordam em um ponto: as aldeias indígenas mais populosas, possuindo, inclusive, cidades, estavam concentradas nas margens dos rios (Oliveira, 1983). O relato da expedição à foz do rio Amazonas em dezembro de 1616 afirma: "Há neste rio em todas as partes delle muito gentio por extremo, de diversas nazões [...]" (Annaes da Bibliotheca e Arquivo Público do Pará, 1902, p. 7). Relatórios de viajantes do período 1542 e 1692, consultados por Meggers (1977), mostram grande quantidade de população Omágua (nos rios Negro e Juruá) e em um povoado Tapajônico na margem esquerda do rio Amazonas. Segundo Carvajal, Heriarte e Asburn (*apud* Meggers, 1977), nesse povoado tapajônico, a população era tão numerosa que "davam medo aos exploradores europeus". Eles mencionam a existências de várias aldeias relativamente perto umas das outras, assim como, mais para o interior, grandes cidades. Uma aldeia possuía 20 e 30 casas, enquanto a capital, localizada na foz do rio Tapajós, era a mais populosa. Essa capital podia facilmente fornecer 60.000 guerreiros. Em 1628, uma expedição inglesa ao Baixo Amazonas relatou a existência de "muitas cidades bem populosas", uma vez que algumas tinham 300, outras 500, 600 ou 700 habitantes.

a costa Atlântica, os vales dos rios e lagos, tanto no interior da floresta como em campos e várzeas (Oliveira, 1994; Balée, 1989; Roosevelt, 1994; Porro, 1994). Essa ocupação seletiva estava baseada em conhecimentos sofisticados milenares sobre o meio físico, pois, como pesquisas recentes revelam, 88% do solo Amazônico é do tipo pobre em nutrientes, enquanto 12%, moderados ou extremamente férteis, representam 50 milhões de hectares, área equivalente ao total da terra dedicada à agricultura e ao pastoreio no resto do Brasil (Nascimento; Homma, 1984).

Figura 15 – Forte do Castelo – canhões e balas de canhões

Foto: Luciene Viana de Souza (2024)

A dependência não só dos conhecimentos, mas também do trabalho dos indígenas e de sua transformação em súditos leais, uma vez que a população portuguesa era muito pequena para povoar a Amazônia, fez com que os portugueses tivessem atitudes variadas e, muitas vezes, dúbias em relação a eles. Isso fica claro quando se considera o aspecto ideológico. Apesar da admiração inicial, os portugueses perceberam os povos indígenas por meio da noção greco-romana de "bárbaros"[40] e, a partir do Séc. XVIII, da noção iluminista de "selvagem", povo inferior incapaz de pensamento racional (Gondim, 1994).

[40] Do Latim *barbarus* — um povo ou um estrangeiro não identificado com os costumes romanos, primitivo, não civilizado, rude, estúpido, ignorante (Houaiss, 2004; Davies, 1999; Pagden, 1995).

Figura 16 – Panorama da face do Forte do Castelo para o rio

Foto: Lucilene Viana de Souza (2024). Foto editada no SNAPSEED.

Eles escravizaram inúmeros nativos, ao mesmo tempo em que utilizaram-se de várias outras estratégias que lembram aquelas usadas pelo império romano, em relação aos povos cujos territórios invadiam: aprendizado de conhecimentos autóctones, esforços para incorporar nativos na sociedade colonial, a partir de meados do Séc. XVIII, criação de política de incentivo ao casamento entre portugueses e nativos, políticas de incorporação de nativos como súditos leais e cidadãos portugueses, visando transformá-los em aliados contra povos indígenas e potências europeias inimigas.

Essas estratégias implicaram a tomada paulatina da terra com a construção de fortes e fortalezas. Após a fundação de Belém, a apropriação de terras passou a ser mediada por missionários que convenciam os indígenas a deixarem suas terras e mudarem-se para aldeias católicas. Àqueles que recusassem a oferta eram declaradas guerras, durante as quais, eles eram mortos ou capturados na condição de prisioneiros de guerra. E, nessa condição, eram escravizados, pois a escravização de prisioneiros de guerra era legítima, prevista em lei.[41] Negociações ocorriam para legitimar as terras ou doar novas a grupos que tivessem chegado a um acordo com o governador.

Inicialmente, empresas eram organizadas nas cercanias dos fortes e fortalezas. Seguindo a visão científico-territorial de terra, as empresas açucareiras praticavam o rodízio de solos para o plantio da cana e competiam com os molinotes (produtores de aguardente) pelos solos férteis.

Essas empresas e os ranchos desmatavam para a monocultura da cana e para plantio de pastos. À medida que enfrentavam problemas de degradação de solos, aprendiam sobre a diversidade e localização de recursos naturais, bem como sobre métodos autóctones de plantio-manejo ecológico de solos férteis de várzea e de terras firmes. Eles criaram tecnologia própria por meio da combinação de conhecimentos e métodos indígenas com aqueles trazidos de Portugal; país que, segundo vários autores (Lapa, 1966; Arnold, 2002; Russel-Wood, 1998), tinha o costume de absorver conhecimentos e técnicas de outros povos

Entre os povos indígenas havia aqueles que praticavam métodos produtivos ecológicos e aqueles que praticavam também certos métodos produtivos antiecológicos, embora em pequena escala. Vários desses povos inventaram o plantio-manejo ecológico de solos, vegetais e animais com base em posse e uso comum da terra, inclusive, como vários estudos demonstraram, fazendo florestas.

À medida que os empresários aprendiam com os nativos sobre as melhores terras, em especial as terras mais férteis e métodos ecológicos, eles passavam a incorporar e adaptar essas tecnologias à produção de mercadorias, visando maximizar lucros. Os moinhos e molinotes descobriram as várzeas férteis onde podiam cultivar cana, no mesmo pedaço de terra por até 25 anos ou 30 anos. Os colonizadores permaneceram na foz do rio Amazonas até cerca de 1640. Em 1696, como parte da ação catequética de "pacificação" dos indígenas feita pelos padres mercedários, eles passaram a montar fazendas de criação de gado nas campinas naturais da Ilha do Marajó (Bentes, 1992), por meio de manejo ecológico desses ecossistemas, abandonando a prática predatória de derrubar florestas para o cultivo de pastos e de produtos agrícolas.[42]

[41] Reis (1942) discute fortes e fortalezas e Bentes (1992) mostra o processo de criação de trabalhadores para o projeto colonial e de formação do pequeno produtor familiar. Moreira Neto (1988), Hemming (1987) e Santos (1999) revelam o impacto da colonização portuguesa sobre as populações indígenas.

[42] Essa prática de criar gado somente em campinas naturais, manejando-as, persistiu até a década de 1960, em praticamente toda a região Amazônica tradicional, ocorrendo algumas exceções em alguns seringais do Acre, a partir da década de 1920.

Essa experiência apresentou grande produtividade levando particulares a desmembrar ou transformar a criação de gado em uma atividade especializada no leste da Ilha do Marajó, pois antes havia muitas fazendas mistas — pecuária e agricultura ou extrativismo — e mesmo a plantação de cana-de-açúcar no interior. Os senhores escravistas pedem terras de pastos naturais ao rei, que, em outubro de 1702, em Carta Régia, autoriza

> [...] aos moradores da Capitania do Pará, e ainda a minha fazenda de passarem para a Ilha de Joannes alguns gados, dos que tem nas suas Rossas, por ser tanta a fertilidade das terras da dita ilha, que pode sustentar inumeráveis curraes de gado de toda a espécie, o que se não acha na terra firme, (onde) os gados não produzem por falta de mantimentos, e na ditta ilha multiplicão com grande vantagem, como se tem experimentado (no) gado, que já nella apassentão os Padres das mercês [...] (Annaes da Bibliotheca e Arquivo Público do Pará, 1902, p. 118).

Ao longo do tempo, foi ocorrendo a diversificação e especialização das atividades econômicas por unidade de produção autônomas, sofrendo incremento com a política pombalina e a liberação para instalação de unidades fabris. Isso significa que as populações vão se dedicando exclusivamente a determinadas atividades, especialmente nas vilas e cidades, mas também no campo. Dedicadas a essas atividades particulares, essas populações demandam os produtos que não produzem, colocando como consequência a gestação e alargamento do mercado interno para produtos alimentares e outros. Isso significa uma mudança interessante, pois desde o início a economia colonial estava voltada à exportação para o mercado mundial. A partir do início do Séc. XVIII, mais claramente, pode-se falar na existência de um mercado interno no interior da colônia.

A partir do Séc. XVIII, intensificou-se a apropriação de campinas naturais para a criação de gado[43] (Serrão, 1986; Moura, 1989; Éden; Mcgregor; Vieira, 1990) e de ecossistemas variados em toda a região,

[43] Em 1783, havia já 153 fazendas de gado vacum e cavalar no Marajó; que em 1803 eram já 226, com 500.000 cabeças de gado bovino. As áreas de campos naturais do Marajó e Médio Amazonas Paraense, além daqueles dos rios Araguaia, baixo Tocantins e baixo Amazonas, além do Amapá foram os locais onde inicialmente se estabeleceu a pecuária. Depois, essa atividade espraiou-se para os campos naturais do rio negro e Solimões. Nos territórios do rio branco (hoje Roraima), a pecuária se iniciou em 1797, nas fazendas S. José, S. Bento e S. Marco, com gado enviado por Lobo d ´Almada. No Território Federal do Guaporé (hoje Rondônia), a pecuária iniciou com a construção da ferrovia Madeira-Mamoré, ligando a cidade de Porto Velho à Guajará-Mirim. No Amapá, o gado bovino foi introduzido em 1757, por Mendonça Furtado (Rocha, 1952). No Pará, em 1880, havia um total de 348.881 cabeças de gado vacum; 29.477 cavalar, totalizando 378.358 cabeças, na Ilha do Marajó, Cintra, Gurupá, Monte Alegre, Santarém e Óbidos (Associação Commercial do Pará, 1918).

a exemplo dos cacauais[44] e de outras florestas valiosas. A apropriação ecológica surgia em meio à conhecida brutalidade contra povos indígenas e à ambiguidade ideológica originada na contradição e dubiedade dos colonizadores europeus em relação aos povos indígenas: crescente denegrimento e preconceito contra os povos nativos e dependência não só do seu trabalho, mas dos seus sofisticados saberes e métodos de produção os quais eram absorvidos, retrabalhados e adaptados à produção de mercadorias.

No século 18, ao discutir a prática antiecológica de empresas escravistas de adaptar métodos indígenas de queimada à produção de mandioca em larga escala em terra firme infértil, causando degradação do solo, Padre Daniel[45] manifesta a atitude contraditória, comum entre os eruditos europeus educados no cientificismo iluminista, em relação aos povos indígenas e à apropriação ecológica: chama-os de feras e selvagens, mas mostra a necessidade de retorno aos métodos indígenas mais tradicionais (Daniel, 1976). A visão iluminista europeia de superioridade e autoridade sobre povos nativos mascara, assim, a dependência dos conhecimentos tradicionais desses povos.

A apropriação ecológica também foi objeto de pressões pela coroa portuguesa por considerá-la primitiva. De 1754 a 1777, a política pombalina visou a superar a legacia cultural indígena promovendo a importação de tecnologias europeias, em particular inglesa, às quais atribuía status superior. Cresceu a importação de moinhos de açúcar e de outras tecnologias manufatureiras, mas a monocultura no Grão Pará perdia terreno, pois aprender-recriar métodos ecológicos de plantio-manejo de florestas e campinas naturais tinha se tornado prática comum em uma sociedade que desde o Séc. XVII vinha crescentemente pensando terra como ecossistemas particulares.

---

[44] Os cacauais eram, na verdade, florestas resultantes de práticas agrícolas ecológicas de povos indígenas. Segundo Loureiro (1985), o cacau (*Teobroma cacoa*) era cultivado por povos indígenas em várias partes de várzeas na Amazônia, desde as épocas pré-colombianas, e se tornou um dos produtos agroecológicos exportados pelos amazônidas por séculos.

[45] Padre João Daniel era jesuíta, juntamente a outra figura icônica dos Jesuítas na Amazônia — Padre Antônio Vieira. A Companhia de Jesus era uma ordem religiosa fundada em 1534 por um grupo de estudantes da Universidade de Paris. Na Amazônia, os jesuítas procuravam atrair os indígenas para si, tentando segregá-los dos outros europeus. Eles reforçaram a promoção da introdução da mão de obra escrava africana. O foco inicial dessa ordem religiosa na força religiosa como mais importante que as armas para a conquista dos territórios indígenas transformaram-se, pouco a pouco, em um foco educacional — docente. O objetivo era consolidar um projeto eurocêntrico capaz de garantir a expansão territorial, o acúmulo de riquezas e a expansão do número de almas convertidas à essa ordem (Batista, 2015).

Repensar costumes e técnicas europeias por meio de valores e métodos ecológicos era criticado por representantes da Coroa. Em 1758, o governo dizia que os colonos teriam adotado métodos e costumes indígenas. A Lei de 1755, que incentivava o casamento de portugueses com nativos, teria fracassado, porque, em vez de civilizar os indígenas, os portugueses teriam absorvido seus costumes.

De fato, era costume ocupar a terra seletivamente, porém, diferente dos indígenas, ao escolhê-las, muitos consideravam sua adequabilidade à produção de determinada mercadoria com potencial de geração de lucros. As melhores terras eram aquelas que ofereciam solos férteis, florestas e campinas valiosas próximas aos rios, bem como a costa marítima piscosa e com acesso fácil aos mercados locais e portos de exportação. Na segunda metade do Séc. XVIII, as melhores terras já haviam sido apropriadas tanto nas áreas centrais como nas várzeas férteis[46]. As várzeas férteis são aquelas irrigadas anualmente pela enchente dos rios de água barrenta (Nascimento; Homma, 1984).

Mudanças nos preços de produtos de exportação e nos meios de transporte valorizaram novas terras, exploradas de modos diversos, resultando em zonas ecológico-econômicas distintas. Foi esse o contexto no qual surgiu a propriedade seringueira. A propriedade seringueira nasceu e se expandiu no período que vai da década 1840 à década de 1870 em diante. Como já mencionado, esse período se caracterizou por uma crescente demanda por borracha no mercado internacional, resultando em uma tendência geral ao aumento dos preços desse produto, condições que persistiram até por volta de 1912 (ver Capítulo 5). Essa circunstância econômica possibilitou que a terra-seringal se tornasse uma mercadoria valiosa a ser adquirida e utilizada como meio de produção da mercadoria borracha (Reis, 1953; Bonfim, 1954; Santos, 1980).

Outras conjunções fundamentais para o nascimento e a expansão da propriedade seringueira foram o encorajamento da produção da matéria-prima borracha em larga escala, pelo capital internacional, o estímulo à privatização da terra-seringal pelos governos dos estados da Amazônia, do qual falarei adiante, e a dependência das recém-criadas fábricas de subprodutos da borracha nos Estados Unidos e na Europa da matéria prima borracha da Amazônia.

[46] A localização era um fator muito importante na definição de terra de qualidade. O desenvolvimento tecnológico nos transportes terrestres era rudimentar. A infraestrutura resumia-se a caminhos ou estradas de chão ou pavimentadas com pedras ou outros materiais, percorridos a pé ou com animais. Somente a partir da década de 1870, iniciaram-se as construções das ferrovias, importando tecnologia inglesa. Era o transporte fluvial o mais sofisticado, utilizando o mar e os rios como infraestrutura de transporte e comunicação.

Em 1844, inicia-se na Amazônia a exportação da matéria-prima borracha para atender essa demanda. Ao mesmo tempo, ocorre uma crescente e definitiva falência das manufaturas locais de artefatos de borracha (Santos, 1980; Weinstein, 1983; Marin,1989). Em 1855, toda a produção local de subprodutos da borracha já tinha se transformado em produção de matéria-prima para uso industrial no exterior (Coates, 1987). A pequena manufatura local já tinha desaparecido. Essa mudança representa uma resposta positiva aos esforços capitalistas para fazer com que os brasileiros se dedicassem à produção da matéria-prima borracha, abandonando a produção de manufaturados.

Tais esforços se manifestavam de várias maneiras. Primeiro, exteriorizavam-se por meio de aprendizado e transferência para a Europa e Estados Unidos de métodos artesanais de produção de artigos de borracha pelas manufaturas locais. Segundo, esses esforços se materializavam na oferta de serviços básicos necessários à produção da matéria prima borracha. A exemplo de crédito fácil (Associação Comercial do Pará, 1884; F.O. and Board of Trade, 1901; Santos, 1980; Martinelo, 1988), serviços de comercialização e exportação e, após a década de 1860, até o serviço de navegação interna a vapor passou a ser feito principalmente por uma companhia de navegação inglesa, facilitando o acesso aos seringais mais distantes (Grahan, 1969).

Assim, seguindo o processo de apropriação ecológica da terra-seringal, o processo de apropriação da terra-seringal começa por aquelas mais próximas a Belém. Várias dessas terras-seringais já estavam situadas dentro de propriedades antigas legitimadas pelas sesmarias ou outras doações da coroa portuguesa. Eram propriedades escravistas. Wallace (1939) visitou uma delas em 1848, que consorciava a seringueira com o plantio do cacau, além da produção principal de cana-de-açúcar.

O estado do Pará também possuía fazendas agroextrativistas — consorciamento de cacau, culturas agrícolas de alimentos e extração--beneficiamento do látex. Essas fazendas passam a arrendar as suas terras-seringais, à medida que elas são valorizadas em decorrência do aumento dos preços da borracha. O processo de valorização e apropriação da terra-seringal foi se alargando, sendo intensificado com a adoção da navegação a vapor, em 1852, tornando valiosas as terras-seringais mais distantes acessíveis pelos rios navegáveis.

> [...] as grandes distâncias e as dificuldades de transporte forão por muito tempo obstáculos insuperáveis à (extração da borracha); no exercício de 1851-52 o valor da exportação deste produto não excedia de 1.850$000$000. Veio a navegação a vapor e, entretanto, levou o trabalho e a actividade a paragens longínquas e às mais abundantes dessa riqueza, onde até então não havia a indústria, sequer, penetrado (Pará, 1882, p. 52).

Fluxos humanos se instalaram em direção ao Oeste, para os rios Xingú e Tapajós, onde novos seringais haviam sido identificados. Especialmente no período de 1850 a 1870, o ímpeto migratório se intensificou, transpondo a fronteira interprovincial Pará e Amazonas, chegando aos rios Madeira e Purus. A criação da Província do Amazonas, a 5 de setembro de 1850, a partir da separação da parte ocidental do Grão Pará, desencadeou uma busca pela terra-seringal em territórios ainda ocupados somente por povos indígenas. A exemplo das bacias hidrográficas do rio Juruá e do rio Purus e mesmo da Amazônia Pré-Andina, com limites fronteiriços com o Brasil imprecisos[47] e, naquela época, abandonada pelos vizinhos Peru e Bolívia. A partir de Manaus, a capital da nova Província do Amazonas, saiam inúmeras expedições de reconhecimento de rios, como o Purus em 1852 e 1857 e o Purus e o Aquiri (antigo nome do Acre) entre 1861 e 1864; as expedições aos rios Purus, Japurá, Madeira e Negro em 1861 etc. (Loureiro, 1985)

As expedições primeiro usaram a navegação regional a remo. E, a partir de 1843, o barco a vapor. Essas embarcações possibilitaram o acesso a novas florestas seringueiras e ao florescimento da indústria de borracha no baixo rio Purus e no rio Solimões (Loureiro, 1985). Sob tais circunstâncias, a produção de borracha para a exportação aumentou. Em 1836-7, a produção do Amazonas era de somente 185.251 quilos de manufaturados de borracha. Em 1850-51, já era de mais de um mil quilos (1.466.550) de matéria prima. Com a criação da Província do Amazonas, observa-se essa produção começando a superar aquela do Pará. Em 1853, a província do Amazonas exibia uma produção pequena de borracha — 1,5 toneladas para 2,365 toneladas do Pará. Mas a partir de então a sua produção passou a subir bastante para mais de 3.500.000 quilos em 1863 (Cordeiro, 1920; Santos, 1980; Martinelo, 1988). O Reino Unido importou 381 toneladas em 1850 e tem sido estimado que o consumo de borracha desse Reino cresceu 20 vezes, nos 28 anos entre 1850 e 1878 (Coates, 1987).

[47] Sobre o longo período histórico de imprecisão das fronteiras com a Bolívia e o Peru, veja Pinto (2015).

A crescente exportação de matéria-prima borracha pode ter ocorrido devido a que os investidores buscavam lucratividade em uma economia local exposta à instabilidade. A economia local era dependente, em maior medida, da exportação de produtos não industrializados, principalmente. A dependência na exportação de produtos não industrializados resultava em severas flutuações econômicas, pois o mercado internacional era fortemente influenciado pela interferência política e econômica de poderes europeus coloniais ou por monopólios europeus.

A herança do período colonial se manifestava não somente na dependência de exportação de produtos não industrializados, mas também em tratados comerciais. O empobrecimento e as dificuldades políticas experimentadas nas décadas de 1830 e 1840 foram provocadas por flutuações no mercado internacional e agravadas pela influência indireta de tratados comerciais com a Inglaterra, herdados da política colonial (Furtado, 1959). As dificuldades decorrentes de tal circunstância foram particularmente acentuadas no Nordeste e na Amazônia. No Sudeste, elas foram minimizadas pela emergência da economia exportadora do café, na década de 1830. No Nordeste, todavia, as principais economias exportadoras — açúcar e algodão — foram intrinsecamente afetadas pela persistente queda de preços (Furtado, 1954, 1959, 1960; Sodre, 1976; Cano, 1981). A queda de preços do açúcar e os consequentes efeitos sociais, os quais começaram no último trimestre do Séc. XVIII, continuou ao longo da primeira metade do Séc. XIX, e além.

Na Amazônia, os produtores de açúcar tiveram que lidar não apenas com a crescente queda dos preços do açúcar. Eles enfrentavam outras dificuldades tais como o difícil transporte para os portos de exportação, situados no Nordeste. E a herança da política desencorajadora do Marquês de Pombal[48], de 1751 a 1777, a qual deu prioridade para a economia do açúcar no Nordeste (Bentes, 1992). O fruto dessas dificuldades foi a gradual mudança da produção do açúcar para a produção de aguardente.[49] O açúcar

[48] O Marquês de Pombal (1699-1782), cujo nome era Sebastião José de Carvalho e Melo, foi primeiro-ministro de Portugal de 1750 a 1759 (Azevedo, 2004). Ele defendia a monarquia absolutista e vários ideais iluministas. Residiu em Londres por seis anos, atuando na embaixada de Portugal, primeiro como funcionário e, mais tarde, como diplomata. Ele era um admirador da revolução industrial inglesa e da sociedade inglesa, que considerava culta, inteligente e liberal. E, ao se tornar primeiro-ministro de Portugal, em 1750, assumiu a bandeira da modernização industrial ao estilo inglês. Seu irmão, Mendonça Furtado, governou o estado do Grão-Pará e Maranhão, no período de 1750 a 1777, procurando modernizar o Grão-Pará, inclusive criando políticas e medidas severas para obrigar todos os seus moradores a falarem a língua portuguesa. Mendonça Furtado trocou significativa correspondência com o Marquês de Pombal sobre a administração do Grão-Pará e Maranhão, que constitui valiosa fonte de pesquisa histórica.

[49] Sobre essa economia, veja Anderson (1991).

foi exportado pela Amazônia somente até 1864 em quantidades gradativamente menores, sendo que, mais tarde, a produção não era mais suficiente nem para abastecer o mercado interno (Bentes, 1992; Cordeiro, 1920; Lima, 1986). Por volta de 1860, essa região já importava açúcar e café, produtos que antes eram produzidos localmente (Associação Comercial do Pará, 1868).

A economia exportadora, cujos principais produtos eram cacau (oriundo de agroecologia), arroz (agrícola)[50], algodão (agrícola) e diferentes produtos extrativos, era caracterizada por flutuações de preços durante toda a primeira metade do Séc. XIX (Cordeiro, 1920; Associação Comercial do Pará, 1867, 1868, 1869, 1870; Pará, 1878a). A manufatura local de subprodutos da borracha não recebeu incentivo especial algum por parte dos governos e não havia sistema de crédito para a produção agrícola (Associação Comercial do Pará, 1868).

Diante dessa situação, vários investidores passaram a perceber o encorajamento à produção da matéria-prima borracha pelos estrangeiros como uma boa oportunidade de investimento. Inicialmente, eles eram pequenos investidores das províncias do Pará e Amazonas. A partir de 1857, alguns poucos pequenos investidores nordestinos que fugiam da seca de 1845, como João Gabriel de Carvalho Melo, estabeleceram-se no rio Purus. Esses últimos passaram a apropriar seringais principalmente na Província do Amazonas ou de seringais bolivianos, mas que, até o momento em que a Bolívia começou a reagir sob o argumento de que aquele território lhe pertencia, eles pensavam serem dessa província brasileira, alguns deles trazendo famílias de trabalhadores com eles, para suprir a carência de mão de obra. Para a província do Amazonas, foram também vários pequenos investidores e trabalhadores da região do baixo amazonas paraense.

Em 1868, a borracha já tinha assumido a liderança entre os produtos de exportação (Associação Comercial do Pará, 1868; Reis, 1953; Cordeiro, 1920; Santos, 1980; Martinelo, 1988; Weinstein, 1983). A partir dos anos 1860, os presidentes do Pará e do Amazonas, primeiro, estimularam a privatização empresarial de seringais devolutos, alegando que a exploração predatória pelos arranchamentos resultava da falta de senso de propriedade, pois os proprietários preservavam suas florestas (Bentes, 1992). Ademais, arranchamentos produziam borracha em precárias condições econômicas e de higiene (Cordeiro, 1920).

[50] A introdução do cultivo efetivo do arroz no Brasil ocorreu por volta de 1745. No Séc. XVIII, o arroz alcançou destaque como cultura de exportação no Pará, Maranhão, Bahia, Rio de Janeiro e São Paulo, mantendo posição de destaque na pauta das exportações do final do Séc. XVIII e começo do Séc. XIX (Santos, 1978).

Segundo, os governos tentavam resolver a carência de alimentos. A demanda por alimentos constituiu-se em uma das justificativas para a política oficial de imigração de pequenos produtores familiares de alimentos, iniciada a partir de meados do Séc. XVIII, sendo essa política uma das condições históricas mais importantes para a proliferação do pequeno produtor familiar na Amazônia (Bentes, 1992, 1996). A carência de alimentos no Mercado interno persistiu durante todo o Séc. XIX e foi agravada pela crescente produção de borracha, particularmente no período da década de 1870 até a década de 1910 (Bentes, 1992, 1996; Lima, 1986). O nascimento e a expansão da produção em larga escala da matéria prima borracha engendraram uma tendência à carência de cereais e ao alto custo de vida (Cordeiro, 1920; Lima, 1986; Bentes, 1992).

A produção de borracha atraiu investidores e trabalhadores antes dedicados à atividade agrícola, provocando um decréscimo na produção de cereais (Pará, 1858, 1863). Concomitantemente, a produção de borracha levou a um aumento da demanda por alimentos. O aumento populacional resultante da crescente imigração de trabalhadores para os seringais ocorreu em um contexto em que uma considerável proporção da produção de borracha ocorria em empresas voltadas exclusivamente para essa atividade. Como pode ser visualizado no capítulo 7 deste livro (Tabela 18), até a década de 1920, cerca de 67% dos antigos seringais situados nas áreas de maior produção de borracha, no Acre, produziam somente borracha. De acordo com os arquivos do Iterpa, no Pará, por volta de 41.5% dos antigos seringais situados nos nove municípios maiores produtores de borracha também produziam somente borracha.

Em 1871, o presidente da Província do Pará analisou essa situação como uma inversão da economia anterior, porque, diferentemente de outros empreendimentos rurais, que costumavam suprir de alimentos o mercado regional, as empresas de borracha demandavam alimentos (Pará, 1871). Em 1870, houve carência de cereais no mercado interno (Associação Comercial do Pará, 1870). Em 1872, ocorreu um aumento na importação de alimentos (Pará, 1872). A condição de redução da oferta interna de alimentos em um contexto de aumento da demanda foi tratada de duas maneiras: (a) juntamente à política de imigração de mão de obra, a partir da década de 1870 a 1910, o governo local adotou uma política de imigração de pequeno produtor familiar de alimentos[51]

[51] Sobre a política de imigração de pequenos produtores familiares e de pequenos empresários para a microrregião da Bragantina, a partir da década de 1870 até a década de 1910, veja Penteado (1967), Lima (1986), Moraes (1984) e Conceição(1990).

e (b) o estímulo à privatização dos seringais para produzir não somente borracha, mas, sim, para produzir borracha em associação com a produção de cereais.[52]

Terceiro, os governos do Pará estavam preocupados em fixar a população do Estado e estancar o fluxo migratório para outras províncias. Além dos seringais situados no estado do Pará, também a crescente produção de borracha, juntamente à expansão de atividades urbanas em outras províncias, atraia e absorvia trabalhadores e investidores do Pará.

Não existe estatística antes de 1872, mas as estatísticas para o período de 1872 a 1890 mostram que o Pará perdeu cerca de 32,000 habitantes que migraram para o estado do Amazonas e para as áreas que se tornaram os estados do Acre e de Roraima.[53] O Censo de 1920, cobrindo o período de 1872 a 1890, mostra que, enquanto a população de Manaus, a capital do Amazonas, cresceu em 32%, a população de Belém, a capital do Pará, decresceu em 19% (Brasil, 1926).

Finalmente, os governos objetivavam aumentar a renda pública por meio da venda de seringais devolutos e por meio da cobrança de impostos da economia da borracha. Antes de 1891, o governo local direcionou aquelas propostas ao governo central do Brasil, que era responsável pela administração das terras, ao mesmo tempo em que eles encorajaram a privatização da terra-seringal, por meio da oferta de suporte público à imigração de trabalhadores para os seringais. Isso foi feito por meio da implementação de políticas voltadas para povos indígenas, para o subsídio da navegação interna etc., como já mencionado. Os governos da Província do Amazonas fizeram o mesmo, objetivando, além disso, aumentar a população da província e expandir a economia. A conjuntura era de hegemonia política e econômica do Pará, na Amazônia (Calixto, 1993).

A privatização da terra-seringal na área hoje denominada estado do Acre representa uma expansão do processo de privação de florestas seringueiras no estado do Amazonas, seguindo os cursos dos rios. Essa expansão foi apoiada pelos governos da Província do Amazonas (Calixto, 1993). Em 1891, a administração das terras foi transferida para os governos estaduais, como resultado da instauração do sistema político republicano no país. Os governos do Pará e do Amazonas passaram a legislar, encorajando e legitimando a privatização dos seringais devolutos.

[52] Veja Relatório do Presidente da Província do Pará e proposta de Silva Coutinho analisados por Calixto (1993). Veja também o Capítulo 7 deste trabalho.

[53] Veja a análise de estatísticas disponíveis por Calixto (1993); veja também Santos (1980).

2.2 A PROPRIEDADE PRIVADA MODERNA DO SERINGAL

Como já mencionado, em 1908, o cônsul britânico no Pará, Roger Casement, argumentou em um evento internacional que o seringal não podia ser considerado propriedade privada na acepção moderna. Ele diz que

> Como empregado, é enganador para leitores europeus, que entendem pelo termo "*estate*"[54] (propriedade rural) uma propriedade com limites escrupulosamente definidos, área exatamente definida, e títulos claramente estabelecidos. Em nenhum desses particulares a média dos estratos amazônicos produtores de borracha preenchem o padrão ou as definições europeias.
> Os limites de um distrito pertencente a um indivíduo e trabalhado por seus empregados [...] são aqueles de pântanos, impenetrabilidade da floresta, falta de árvores de seringa, ou ausência de reivindicações vizinhas. Muitas das chamadas propriedades seringueiras têm a natureza de pretensões constituídas pela "preempção" a um direito prescritivo e não por títulos de propriedade de uma propriedade constitucional (F.O. and The Board of Trade, 1908, p. 21-22).

Nessa época, ainda predominava entre os europeus a concepção de progresso, civilização e desenvolvimento como sinônimos de industrialização, estilo de vida urbano ou de meio rural devastado e dominado pelo homem, por meio de tecnologias modernas antiecológicas. Esse tipo de homem europeu civilizado ficava impactado quando olhava para os habitantes das florestas amazônicas que conseguiam explorá-la economicamente sem devastá-la ou dominá-la totalmente. Tratava-se de uma maneira diferente de se relacionar com o meio físico natural que não poderia ser bem compreendida pelo europeu civilizado acostumado com o uso massivo de tecnologia moderna para a produção em larga escala. Era justamente a terra-solo desflorestado que permitia o estabelecimento de limites de propriedade visíveis a olho nu.

Esse tipo de europeu civilizado acreditava que a Europa industrializada era o modelo de sociedade humana mais evoluída e sábia do planeta e que, portanto, toda humanidade tinha necessariamente que a imitar. Essa crença no evolucionismo social, em particular de Spencer, como já

---

[54] O *Longman Dictionary of Contemporary English* (1992, tradução minha) define *estate* como "1. Um grande pedaço de terra no meio rural, usualmente com uma grande casa e um proprietário; 2. Um pedaço de terra no qual os edifícios (de um tipo declarado) foram todos construídos juntos de forma planejada: um parque industrial tem fábricas e um conjunto habitacional tem casas nele".

mencionado, levava-o a perceber tudo e todos que não se encaixassem nesse modelo europeu de sociedade industrializada como "primitivo", "inferior", "burro", "incapaz" etc. A presença de florestas preservadas era vista como resultado de "incapacidade" tecnológica de seus habitantes para dominar a natureza "selvagem". Essa ideia era muito forte em particular entre os britânicos, devido à sua forte tradição de ciência descritiva que remontava ao filósofo Francis Bacon, no seu conceito de ciência, como uma técnica de dissecação da natureza, visando a criação de tecnologia de controle e domínio do meio físico natural como um meio para gerar recursos propiciadores de vida confortável e bem-estar para as sociedades humanas. Ao mesmo tempo em que essa visão gerou benefícios econômicos, em particular para a Europa industrializada, ela também acabou propiciando o surgimento do preconceito verde contra florestas manejadas por meios tecnológicos agroecológicos. E, portanto, também, contra os habitantes dessa natureza manejada, pois eles passaram a ser percebidos como seres sem capacidade científica e tecnológica para inventar "conhecimento e ferramentas tecnológicas de controle e domínio sobre seu meio físico natural" (Bentes, 2021).

É compreensível, por conseguinte, que o cônsul tenha escrito que "é aparente ao observador mais casual que nenhuma legislação poderia ter possivelmente conferido direitos individuais de propriedade sobre imensas áreas de pântanos e florestas desoladas" (F.O. and The Board of Trade, 1908). Tais afirmações manifestam a ideia de que propriedade privada moderna é incompatível com florestas preservadas ou que a modernidade em si não pode existir em sintonia com florestas preservadas. Afinal, as florestas preservadas, não devastadas, eram percebidas como "selvagens" ou "incivilizadas", por não terem sido dominadas pelo homem por meio de tecnologias modernas.[55]

Além desse preconceito verde, o cônsul falou que desconhecia a legislação de terras brasileiras. Considerando a legislação e os processos legais práticos que norteavam a privatização de terras, os resultados de minhas pesquisas mostram que o *seringal* era, sim, propriedade privada no sentido moderno. No estado do Pará, as florestas seringueiras estavam localizadas dentro de propriedades escravistas, propriedades do estado,

[55] Em seus diários já mencionados, escritos anos depois, em 1910 e 1911, durante sua viagem as regiões fronteiriças do Brasil, Peru e Colômbia, para investigar denúncias de atrocidades e de escravidão cometidas pela empresa britânica Peruvian Amazon Company contra indígenas brasileiros, peruanos e colombianos, o cônsul Casement demonstra certo viés preservacionista e simpático para com as florestas amazônicas. Mas isso acontece dois a três anos depois (Mitchell; Izarra; Bolfarine, 2023).

propriedades ou posses de pequenos produtores familiar, em terras indígenas e em terras devolutas (Bentes, 1992). Por volta dos anos 1850, na área que compõe o hoje chamado estado do Pará, a borracha era produzida principalmente nas Ilhas situadas às proximidades de Belém, nas áreas que compreendiam os rios Jari, Capim, Guamá, Acará, Moju e Xingu e nas ilhas que compõem o Arquipélago do Marajó (Cancela, 2012).

Como já foi mencionado, tanto o pequeno produtor familiar ou povo indígena quanto a fazenda de açúcar exploravam suas florestas seringueiras. Contudo, para todos eles, a produção de borracha era secundária em relação às suas atividades econômicas principais. Para o pequeno produtor familiar, a produção de borracha era secundária em relação às atividades agrícolas de farinha, milho, arroz, entre outros, e a criação de animais domésticos em pequenos espaços de terra. As fazendas escravistas de açúcar, por sua vez, alugavam seus caminhos de seringueiras somente durante a safra para trabalhadores autônomos. Também para elas, a produção de borracha era uma atividade econômica subsidiária. Não eram empresas de borracha.

A empresa de borracha, aquela que produz unicamente ou principalmente borracha, surge somente a partir da década de 1840. Nesse período, além dos altos preços da borracha, ocorreu uma facilitação dos meios de transporte fluvial. Nas décadas de 1840 e 1850, quando surge a propriedade seringueira, os seringais disponíveis eram, na maioria, terras devolutas, conforme definição já mencionada. Essa é uma das categorias da legislação fundiária portuguesa adotada pela legislação fundiária do recém-nascido estado brasileiro. Uma vasta literatura nacional e internacional tem tratado do contexto de surgimento da legislação de propriedade de terras portuguesa e a principal motivação para os princípios legais que estabeleciam os direitos de propriedade, que começa na Reconquista de Portugal e continua através do Império e das nações estados que surgiram nesse processo. A crença básica era de que a aquisição da propriedade da terra seria a motivação primária que levaria à exploração, ao uso econômico e ao assentamento populacional, bem como à defesa do território.

Como bem me alertou o Dr. Angus Wright, por e-mail, esse é um problema comum a todas as nações imperiais europeias, e elas todas aplicavam, em graus variados, a ideia de efetivo uso e assentamento como padrão para a aquisição e propriedade fundiária. O problema era particularmente severo para Portugal por causa do enorme espaço físico reivindicado por uma nação imperial de população excepcionalmente pequena, sendo que somente uma pequena porção dessa população estava motivada a engajar-se na expansão imperial ultramar. Assim, o padrão para uso efetivo e assentamento era especialmente abrangente e liberal, de modo a dar o máximo incentivo aos potenciais proprietários de terra e assentados, e era, portanto, especial e facilmente manipulado.

Seguindo essa perspectiva, a Lei de Terras de 1850 (Lei 601/1850) estabelecia diferentes passos para apropriar terras devolutas. Primeiro, o futuro proprietário teria que ocupar a terra de fato obedecendo a regras estabelecidas pela legislação: o tamanho em hectares previstos em lei e fornecer evidências de residência e exploração econômica da terra — definida como benfeitoria em termos jurídicos. Ademais, a terra ocupada teria que ser medida formalmente.

Segundo, o posseiro tinha que requerer título provisório de propriedade junto a instituições governamentais responsáveis, as quais eram localizadas longe dos seringais, em cidades ou, principalmente, nas capitais, como Belém, Manaus ou Rio de Janeiro, no caso do Território do Acre.[56] Mais tarde, o título provisório seria substituído por título definitivo. Terceiro, os títulos definitivos teriam que ser registrados em Cartórios também localizados em cidades ou nas capitais anteriormente mencionadas, pois a legislação de terras brasileira previa que toda propriedade deveria ser registrada em cartórios para poder ser reconhecida formalmente como propriedade legalizada.[57] Todos esses passos compunham um processo burocrático moroso (Reis, 1953). No tempo entre o requerimento do título provisório de propriedade e a expedição do título definitivo pelo estado, a empresa de borracha era instalada e passava a funcionar normalmente como um empreendimento privado.

Havia três problemáticas em torno da legalização da propriedade seringueira: (a) o modo ecológico de apropriar a terra como terra-floresta seringueira, ao invés de terra-solo propriamente dito, provocava indagações quanto à definição de benfeitorias (ou “efetivo uso e ocupação”) no direito brasileiro; (b) a questão do domínio no Acre, envolvendo circunstâncias históricas relativas à soberania, uma vez que era, originalmente, parte do

[56] O Acre era um território federal, portanto, administrado pelo governo central brasileiro, na época sediado no Rio de Janeiro, capital do Brasil até o início dos anos 1960.

[57] Veja Magalhães (1977) para uma análise compreensiva das leis que compõem a chamada Lei Hipotecária 1.237, de 24/09/1864, Decreto 169-A, de 19/1/1890, e 370, de 2/5/1890; modificada pelo Decreto 4.657, de 9/2/1939, a chamada Lei de Registros Públicos.

território boliviano; e (c) mesmo depois do Acre ter se tornado território brasileiro, o domínio tomou feições próprias por causa do *status* legal das terras — terras localizadas em uma região de fronteira nacional.

Figura 17 – Carta ao governador do Acre sobre Demarcação de um Seringal

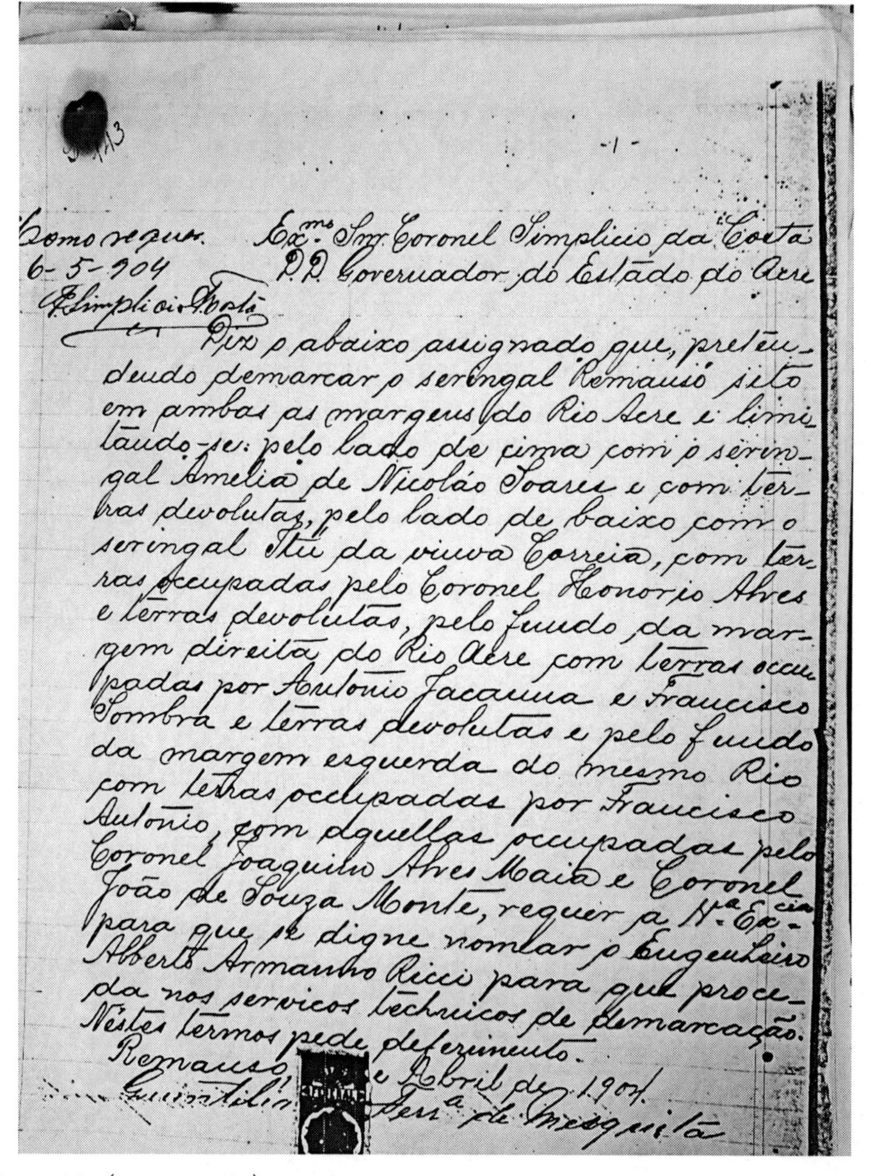

-1-

Como requer.
6-5-904
F. Simplicio Costa

Exmo. Snr. Coronel Simplicio da Costa
D.D. Governador do Estado do Acre

Diz o abaixo assignado que, pretendendo demarcar o seringal "Remanso" sito em ambas as margens do Rio Acre e limitando-se: pelo lado de cima com o seringal Amelia de Nicoláo Soares e com terras devolutas, pelo lado de baixo com o seringal Itú da viuva Correia, com terras occupadas pelo Coronel Honorio Alves e terras devolutas, pelo fundo da margem direita do Rio Acre com terras occupadas por Antonio Jacauna e Francisco Sombra e terras devolutas e pelo fundo da margem esquerda do mesmo Rio com terras occupadas por Francisco Antonio, com aquellas occupadas pelo Coronel Joaquim Alves Maia e Coronel João de Souza Monte, requer a V. Excia. para que se digne nomear o Engenheiro Alberto Armando Ricci para que proceda nos serviços technicos de demarcação. Nestes termos pede deferimento.

Remanso, [illegible] de Abril de 1904.

[illegible] de Mesquita

Fonte: JCA (ca. 1904-1930)

2.3 PROPRIEDADE SERINGUEIRA ECOLÓGICA E SUAS QUESTÕES LEGAIS

O processo de privatização das florestas de seringueiras, que se inicia na década de 1840, representa a persistência do padrão ecológico de apropriação da terra, na Amazônia, tratado em minhas pesquisas anteriores e já mencionado no item anterior deste trabalho. A alta seletividade na apropriação da terra, que caracteriza a apropriação ecológica da terra, não foi criada pelos investidores capitalistas. Os povos indígenas que aqui moravam já tinham um modo altamente seletivo de ocupar a terra, como já mostrado. Eles preferiam as terras com solos mais férteis, situadas às margens dos rios piscosos.

Essa particularidade se constitui em um consenso, mesmo entre autores com análises divergentes sobre os primeiros povos indígenas na região. Clifford Evans, Betty Meggers, Donald Lathrap e Adélia Engracia de Oliveira concordam que as nações indígenas mais populosas se concentravam ao longo das terras férteis situadas às margens dos rios (Oliveira, 1983; Meggers, 1977 *apud* Bentes, 1992). Denevan (1976) estima que os povos indígenas, quando da chegada dos europeus, na Amazônia, regiões centrais do Brasil e da Costa Atlântica do nordeste, eram de 6,8 milhões de pessoas. Na Amazônia, ele estima uma alta densidade populacional de 14,6 habitantes por quilômetro quadrado nas áreas de várzeas e de, somente, 0,2 habitantes por quilômetro quadrado nas áreas centrais.[58]

O padrão geográfico altamente seletivo de ocupação da terra desses povos não indicava propósitos comerciais, mesmo considerando que havia troca de produtos entre eles e, no período de 1500 a 1615-16, vários desses povos costumavam trocar alguns artigos, particularmente, tabaco, com mercadorias dos viajantes europeus. A produção desses povos destinava-se, massivamente, ao autoconsumo. A localização em relação a mercados, portos e rios navegáveis não fazia sentido para esses povos.

A preferência por terras bem localizadas em relação a mercados, portos e rios navegáveis nasce dos propósitos mercantilistas dos europeus. Os portugueses selecionavam terras apropriadas à produção de mercadorias a serem exportadas para o mercado internacional e que fossem condizentes com seus propósitos geopolíticos. Eles haviam invadido um território bem povoado e queriam garantir o controle efetivo da região, eliminando povos nativos e competidores europeus.

[58] Veja sobre esse debate também em Cunha (1992).

Desse modo, os portugueses procuravam as melhores terras para seus propósitos coloniais. E isso implicava em expulsão dos povos indígenas, uma vez que esses ocupavam as terras mais férteis, ricas em rios piscosos e em florestas ricas em alimentos e possuíam um sistema sofisticado de caminhos para comunicação por terra entre os povos aqui residentes e com toda a América do sul. Os portugueses, inclusive, apropriaram-se de toda essa rede de comunicação por terra (Bentes, 1992).

Foi dessa maneira que a apropriação ecológica da terra foi iniciada (Bentes, 1992). Nela, a seletividade passou a expressar a visão geopolítica e empresarial do meio físico natural. O contexto era aquele em que a tecnologia de transporte fluvial era a mais prática e rápida. E a produção de mercadorias coloniais não estava sustentada em máquinas pesadas e, talvez, nem em agrotóxicos, pelo menos não na intensidade de hoje (Bentes, 1992). Os empresários coloniais tentavam maximizar os lucros, por meio da racionalização do espaço e da utilização dos recursos naturais, visando reduzir investimentos e custos de produção.

Ao apropriar seringais, os seringalistas reproduzem a mesma percepção ecológica de terra. Contudo, embora mantendo esse padrão de apropriação ecológica da terra, a privatização da terra-seringal guarda peculiaridades. Na seleção da terra a ser privatizada, os seringalistas consideravam os critérios de localização, em relação aos portos de exportação, condições de navegabilidade e de transporte como os demais proprietários de terra. Todavia, era a prevalência das melhores espécies de árvores de goma elástica que determinava a escolha da terra (Guedes, 1920; Reis, 1953; Magalhães, 1977).

Isso significa que a densidade das melhores espécies de árvores de goma elástica, por si só, passou a se constituir no fator central na seleção da terra a ser privatizada, pois a floresta de goma elástica tornou-se a melhor terra a ser apropriada. Terra deixou de significar apenas terra-solo em si, para assumir o sentido de terra-floresta de árvores de goma elástica — o seringal. Desse modo, a extensão de terra-solo não é fundamental para a compreensão da lógica que governou a privatização dos seringais nessa região. A apropriação seletiva das melhores terra-floresta de árvores de goma elástica ocorreu, simultaneamente, em toda a região.

Juntamente à localização e à distribuição geográfica das seringueiras, havia também outros critérios para definir a qualidade da terra-floresta, exigindo conhecimento profundo da ecologia. Primeiro de tudo, a espécie de goma, pois as diferentes espécies forneciam látex para a produção de diferenciados tipos de borracha, cujos preços variavam, como é discutido no capítulo quarto. Segundo, o nível de densidade da distribuição das melhores espécies de árvores de goma elástica, assim como a topografia e a qualidade do solo, pois essas condições afetavam a produtividade das árvores e a qualidade da borracha a ser produzida.

Portanto, particularidades ecológicas afetavam a produtividade do seringal. A produtividade e qualidade do látex dependiam também da idade da árvore (tempo de exploração de 30 a 70 anos, muitas vezes até 100 anos). O período de safra variava levemente em cada microrregião. Nesse contexto, mudanças nos preços de mercadorias de exportação favoreciam a transformação de diferentes extensões de solo em terras valiosas, as quais eram privatizadas, vendidas ou usadas como meios para produzir mercadorias por meio de variados métodos agroecológicos, desenhando zonas econômico-ecológicas.

Tais variações nas condições naturais influenciavam grandemente a definição da produtividade dos diferentes seringais. Em 1908, essa circunstância era expressa em termos monetários. Por exemplo, a produtividade diária de um trecho equivalente de floresta de seringueiras situada ao longo do rio Acre era de cerca de 0$791 (£12.00), aquele localizado no baixo rio Purus 0$363 (£ 5.50), a produtividade diária de trecho equivalente de seringais do rio Madeira 0$462 (£ 7.00) e os do rio Javary 0$263 (£ 4.00) (Benoliel, 1908). Além disso, a qualidade da matéria-prima feita da mesma espécie de árvore de goma elástica podia variar dependendo do tipo de solo (IBGE, 1907). A exemplo do látex da *Hevea brasiliensis* da região das ilhas do estado do Pará, que permitia a produção de borracha mais macia e com maior elasticidade, em comparação com a mesma espécie localizada nas terras centrais do Acre (Benoliel, 1908).

Em termos gerais, as diferentes características e incidências de árvores de goma elástica representavam valorações diversificadas dos seringais no sentido de terra-seringal. E, como tal, essa terra era vendida ou utilizada para produzir a mercadoria borracha com tipos e preços diferenciados. Segundo estatística do IBGE (1907), os seringais localizados ao longo do rio Amazonas e seus afluentes se estendiam por uma área de um milhão de quilômetros quadrados, cerca da metade na Amazônia brasileira, sendo os seringais mais importantes localizados no Pará, Amazonas e Acre.

Os seringais com maior densidade dessas árvores situavam-se às margens dos rios. Porém, as melhores espécies de goma elástica podiam ser encontradas em regiões centrais com altos níveis de chuva. Ademais, a espécie caucho era típica de terras centrais (Associação Comercial do Pará, Revista da ACP, 1927; IBGE 1907; Mendes, 1910; Souza, 1914; Benoliel, 1908; Folha do Norte, 1913; Cunha, 1946; Bonfim, 1954; Silva, 1962; Silva, 1982; Duarte, 1987; Falcão, 1907; Guedes, 1920; Reis, 1953; Magalhães, 1977). Todavia, quando as árvores de goma elástica estavam localizadas a certa distância das margens dos rios, tornava-se necessário avaliar sua localização em relação aos rios com boas condições de navegabilidade. Os produtores de borracha eram dependentes da navegação para transportar borracha para os portos de exportação.

Essas condições desenharam a privatização ecológica da terra-seringal. Extensas propriedades foram montadas nas melhores terra-seringais — aquelas com alta densidade das melhores espécies de árvores de goma elástica e situadas às margens dos rios próximos ou com fácil acesso aos portos de exportação e aos mercados. A privatização dos seringais como terra-floresta, na forma de extensas propriedades, situadas, principalmente, às margens dos rios, pode ser observada na Tabela 1. A tabela mostra que, em 1906-07, somente duas das 80 empresas de borracha situadas nos seringais mais densos do Acre estavam localizadas em terras centrais. Vários autores têm mencionado essa característica (Cunha, 1946; Bonfim, 1954; Silva, 1962; Silva, 1982; Duarte, 1987).

A preferência por terras férteis ou florestas e campinas valiosas situadas ao longo dos rios navegáveis, com proximidade e/ou fácil acesso aos portos de exportação e aos mercados locais, ainda se mostrava claramente em 1950, em mapa publicado nesse ano pelo IBGE, mostrando a distribuição da população amazônica (ver Mapa 3).

A apropriação ecológica da terra-seringal significava que a densidade e a distribuição geográfica das árvores de goma elástica definiam o tamanho e os contornos de uma propriedade seringueira (Reis, 1953; Magalhães, 1977). A distribuição não gregária das árvores (Akers, 1914; McHale, 1967; Costa, 1913; Santos, 1980; Weinstein, 1983) era usada como justificativa para a apropriação dos seringais em grandes extensões. De acordo com Bonfim (1954):

> [...] uma propriedade extrativa para ser lucrativa tem que ser uma grande propriedade. Devido à heterogeneidade da floresta tropical e a dispersa distribuição geográfica das

> árvores, um seringal com 30 seringueiros, por exemplo, o qual é considerado uma pequena propriedade, tem que ter pelo menos 9.000 seringueiras. Isto significa que a extensão deste seringal seria por volta de 10.000 hectares.

Esse mesmo argumento foi usado por Reis (1953). Mesmo na área com a mais alta densidade das melhores espécies de goma elástica, em volta do rio Acre, na qual era possível organizar 16 caminhos de seringueiras em uma légua quadrada, era estimado que uma propriedade de tamanho médio, com 200 caminhos de seringueiras, atingia 15 léguas quadradas (Cunha, 1946).

Tabela 1 – Seringais no Acre: Rios Purus e Acre – 1906-07

Denom. da Propriedade	Proprietário	Localização	Produção Anual de Borracha.
1.Sebastopol	A.O. Cezar	Margem esquerda Rio Purus	
2.Cachoeira	Commendador Hilario	M. esquerda rio Purus	
3.Realeza	Coronel A.E.Fayal	Ambas as margens do rio Purus	80 ton.
4.Luiz de Mamoria	Coronel J.Luiz	M. direita rio Purus	
5.Serury	P.V.Nascimento	M. direita rio Purus	12 ton.
6.Entre Rios	Coronel M.F.Maciel	M. direita rio Purus	15 ton.
7.Campinas	J.B.Silva(businnes-man from Pará)	M. esquerda rio Purus	15 ton.
8.Porto Central	S.F.Mello(business-man from Manaus)	M. esquerda rio Purus	150 ton.
9. Novo Axioma	Capitão R.C.Falcão	M. direita rio Purus	de 100 a 130 ton.
10.Central Putiary	Capitão R.C.Falcão		
11. S. José	Capitão R.C.Falcão	No interior	
12. Foz do Acre	Major A.O.Lima	M. direita rio Acre	de 130 a 150 ton.
13.Boa Vista	M.M.Hall	M. direita rio Acre	de 25 a 30 ton.
14. S. Francisco	Capitão M.Cunha	M. direita rio Acre	de 80 a 100 ton.
15. Novo Encanto	Capitão M.A.Bezerra	M. direita rio Acre	De 40 a 50 ton.

Denom. da Propriedade	Proprietário	Localização	Produção Anual de Borracha.
16. Mundo Novo	Nogueira & Irmãos	M. esquerda rio Acre	80 ton.
17. Granada	J.I. Dos Santos	M. direita rio Acre	70 ton.
18. Macapá	Marques N.& Cia.	M. direita rio Acre	de 180 a 200 ton.
19. Caquetá	Coronel J.Victor		de 25 a 30 ton.
20. Andirá	Anna U. Pontes	M. esquerda rio Acre	50 ton.
21. Lua Nova	Anna U. Pontes	M. esquerda rio Acre	30 ton.
22. Redenção	Cor.F.P.Franco (comerciante em Manaus)		de 30 a 35 ton.
23. Floresta	G.A. Miranda (Casa Comercial de Belém)		40 ton.
24. Glória	G.A. Miranda (Casa Comercial de Belém)		de 10 a 15 ton.
25. Bom Destino	Coronel. J.V. da Silva	M. direita rio Acre	de 120 a 150 ton.
26. Carupaty	Capitão A.L.Barbosa	M. esquerda rio Acre	80 ton.
27. Huaytha	Capitão A.L.Barbosa	M. direita rio Acre	25 ton.
28. Boa União	Herdeiros de J.F. Silva	M. esquerda rio Acre	De 20 a 25 ton.
29. Transwaal	Moreira & Irmão	M. direita rio Acre	40 ton.
30. Baixa Verde	L.de Mendonca & Cia	M. direita rio Acre	de 40 a 50 ton.
31. Sem denominação	L.de Mendonca & Cia	Interior	
32. Nova Olinda	Capitão P.da P.Sa	M. direita rio Acre	de 120 a 150 ton.
33. Vista Alegre	D. M. R.Azevedo	M. direita rio Acre	De 35 a 40 ton.
34. Catuaba	S.F.Mello(business-man from Manaus)	M. direita rio Acre	de 150 a 200 ton.
35. Alto Alegre	M.P. Vianna	Interior	15 ton.
36. Panorama	Alves Braga & Cia (de Belém)	M. esquerda rio Acre	de 25 a 30 ton.
37. Nova Empreza	Alves Braga & Cia		40 ton.

Denom. da Propriedade	Proprietário	Localização	Produção Anual de Borracha.
38. Recreio	Alves Braga & Cia		
39. Esmeralda	Alves Braga & Cia	Rio Acre	
40. Empreza	Lopes Brito & Cia (do Pará)	M. esquerda rio Acre	de 80 a 100 ton.
41. Forte de Veneza	Coronel A. J. Silva	M. esquerda rio Acre	de 40 a 50 ton.
42. Bage	Coronel P.E.Ferreira	M. esquerda rio Acre	100 ton.
43. Riosinho I	Coronel Dias & Cia	M. esquerda rio Acre	100 ton.
44. Riosinho II	Herdeiros de F.A. Santos	M. direita rio Acre	30 ton.
45. Benfica	Pedro Braga & Cia	M. direita rio Acre	100 tons
46. F.C. Mourão	F.C. Mourão	M. esquerda rio Acre	de 30 a 40 ton.
47. ITU	Honorio Alves & Cia	M. direita rio Acre	De 100 a 120 ton.
48. Remanso	A.F. Mesquita	Ambas M. rio Acre	de 120 a 130 ton.
49. Santa Severina	A.F. Mesquita	Ambas M. rio Acre	
50. S. Luiz	F.A. Sombra	M. direita rio Acre	50 ton.
51. S. Gabriel	Major A.F.S.Jacanna	M. direita rio Acre	60 ton.
52. Nova Floresta	Soares & Hermanos	M. direita rio Acre	de 15 a 20 ton.
53. Santa Flora	Coronel J.S. Monte	M. esquerda rio Acre	de 35 a 40 ton.
54. Perseverança	Coronel A.A. Alencar	M. direita rio Acre	50 ton.
55. S. Francisco de Iracema	F.A. Brito	M. esquerda rio Acre	de 90 a 100 ton.
56. Joao de Iracema	F.A Brito	M. esquerda rio Acre	de 30 a 50 ton.
57. Iracema	Coronel R.V. Lima	M. esquerda rio Acre	100 ton.
58. Liberdade	Coronel R.V. Lima		
59. Independência	P.J. de Araujo	Ambas M. rio Acre	de 45 a 50 ton.
60. Pao Mary	J.R. da Cunha	M. direita rio Acre	20 ton.
61. Paris	A.P. Mesquita	Ambas M. rio Acre	de 30 a 40 ton.
62. Carao	Fiuzas & Cia (do Pará)	M. direita rio Acre	de 50 a 60 ton.

Denom. da Propriedade	Proprietário	Localização	Produção Anual de Borracha.
63. Mucuripe	Fiuzas & Cia	M. direita rio Acre	200 ton.
64. Aquidabam	Fiuzas & Cia	M. direita rio Acre	100 ton.
65. Soledade	Souza & Cia	M. esquerda rio Acre	de 180 a 200 ton.
66. Equador	Coronel C. Silva	M. direita rio Acre	de 20 a 25 ton.
67. Vista Alegre	Pio & Irmão	M. direita rio Acre	10 ton.
68. Boa Vista	Pimenteira & Fernandes	M. esquerda rio Acre	de 70 a 80 ton.
69. Esperança		M. esquerda rio Acre	
70. Sibéria	J.Soares & Sobrinho	M. esquerda rio Acre	de 30 a 35 ton.
71. Porto Manso	Coronel Maia		230 ton.
72. Tupã	Coronel Maia		
73. S. Pedro	Coronel Maia		
74. Pindamonhangaba	Coronel Maia		
75. Riozinho	Coronel Maia		
76. S. Cristóvão	Coronel Maia		
77. Primavera	Coronel Maia		
78. Floresta	Sa, Dutra & Cia		de 100 a 120 ton.
79. Santa Anna	Sa, Dutra & Cia		
80. Villa Nova	Sa, Dutra & Cia		

Fonte: Falcão (1907)

É preciso enfatizar que, ao invés de ser o resultado direto da biodiversidade, a extensa propriedade seringueira expressa, ao contrário, a racionalidade empresarial: produzir borracha para lucrar, a fim de acumular capital. É essa racionalidade que requer certo nível de produtividade. Foi esse tipo de racionalidade que transformou as florestas de goma elástica em terra-floresta. A distribuição dispersa das árvores se constitui somente em uma circunstância natural, na qual a terra-floresta tinha que ser privatizada em grandes extensões pelos capitalistas. A noção de terra-floresta levantou algumas questões legais na época.

> Para colher o látex, em porção comercial, havia necessidade de operar-se a extração em milhares de árvores. Os seringais não podiam, é óbvio, ser constituídos dentro daquelas medidas que a legislação estabelecia. Não tinha cabimento, portanto, qualquer fixação preliminar de área [...] O que importava num seringal, não era, em si, a sua extensão (em solo) [...] mas a riqueza em árvores que oferecesse [...] A grande propriedade constituía, assim, [...] um imperativo geográfico e econômico. O latifúndio [...] passou a ser a característica maior do seringal. A legislação, nesse particular, depois daquelas tentativas [...] de 1860 e 1874 (de limitar a área do seringal em lotes) cedendo à realidade e abandonando a finalidade agrária, aceitou o imperativo econômico autorizando o latifúndio (Reis, 1953, p. 80).

Figura 18 – Distribuição da População Amazônica Segundo Dados Gerais do Recenseamento do IBGE de 1950

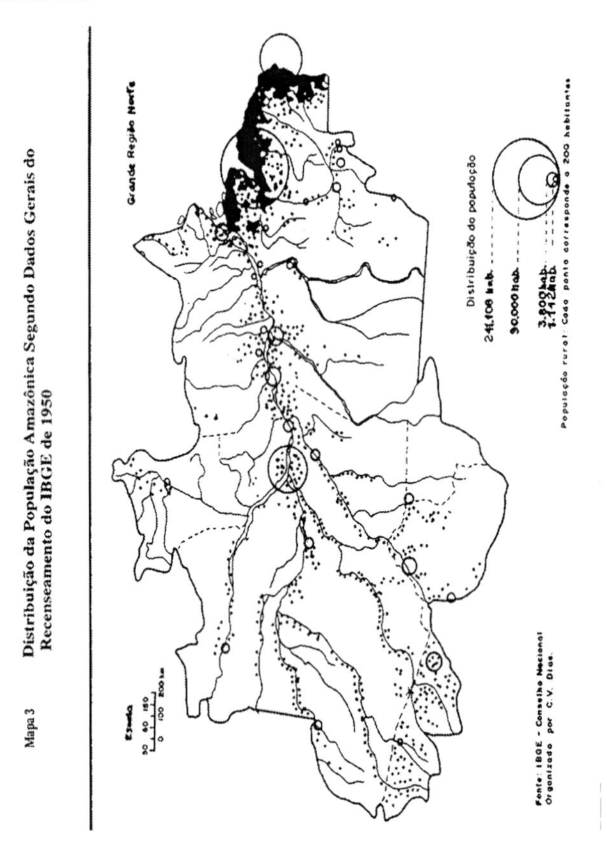

Fonte: IBGE – Departamento de População, 1950

A propriedade seringueira resulta de um processo de privatização de terras devolutas, que era estimulado pela Lei de Terras (Lei 601/1850). Contudo, essa propriedade não foi utilizada para a produção de mercadoria com base em tecnologia moderna de última geração na época, nem no sentido de produção de monocultura agrícola em larga escala, nem no sentido de processo mecânico de produzir a matéria-prima borracha. Ao contrário, a empresa de borracha estava baseada em métodos ecológicos de plantio-manejo de florestas nativas e em métodos não mecanizados de extrair e manufaturar o látex. Consequentemente, os donos de seringais enfrentaram certas dificuldades para que esses processos produtivos fossem reconhecidos como benfeitoria, segundo a acepção constante da lei.

O Direito brasileiro era baseado na noção europeia de civilização. Como já mencionei em outro trabalho (Bentes, 2021), uma vasta literatura brasileira tem mostrado, com base na análise de pronunciamentos e relatórios de governos centrais e provinciais, bem como de políticas fundiárias e de desenvolvimento, que, no século XIX e início do século XX, os governos enfatizavam a necessidade de se consolidar as ideias de progresso e civilização cientificistas, cabendo ao poder público a tarefa de promover ações de desenvolvimento modernizante do país. Modernidade incluía também o exercício de um controle mais sistemático do Estado sobre a apropriação e uso da terra, em particular sobre a agricultura. Na Amazônia, modernidade estava atrelada da mesma forma, mais especificamente, à necessidade de estabelecer um maior domínio sobre a atividade agrícola, sobre a floresta e sobre o que era chamado de "colonização" da região — promoção de uma ocupação da terra por meio da formação de vilas e cidades, de colônias agrícolas e da propriedade agrícola moderna.

Com base nessa ideologia, a partir de meados do século XIX, a apropriação e a utilização ecológica dos seringais da Amazônia passaram a ser alvos do olhar cientificista modernizante, principalmente do imperialismo verde — ações justificadas pela ideia de que florestas ricas em produtos naturais valiosos não manejadas cientificamente estariam em estado bruto e sendo usadas inadequadamente por povos primitivos (Dryaton, 2000; Bowler, 1992; Brockway, 1979 *apud* Bentes, 2022).

É essa perspectiva que, em meados do século XIX, inspira Wallace (1939). Em sua viagem pela Amazônia, ele manifestou o desejo em estabelecer controle sobre os recursos naturais amazônicos, manifestado em sua visão de como seria fácil para os "os povos superiores" dos climas temperados transformarem as florestas e as campinas amazônicas em monocultura, trazendo civilização para a região, enquanto atribuía a quase inexistência da monocultura à indolência e à falta de mão de obra.

É justamente essa perspectiva ideológica cientificista que moldou em grande medida o direito de propriedade brasileiro. Para esse direito, os métodos de manejo ecológico dos seringais e os processos não mecânicos de produzir borracha seriam formas "primitivas", "pré-históricas" e "incivilizadas" de produção. O direito de propriedade brasileiro desestimulava tais métodos de produção, por meio da não consideração deles como benfeitoria. Consequentemente, a infraestrutura da empresa de borracha — que era composta basicamente de ferramentas e espaços próprios de utilização de métodos de plantio manejo ecológico de florestas, extração e beneficiamento do látex, transformando-o na matéria-prima borracha; casas de seringueiros, casa comercial, escritórios, armazéns e portos — poderia caracterizar benfeitoria, parcialmente.

Antes de 1912-13, esse ajustamento parcial da empresa seringueira à lei de terras impôs certas dificuldades para que os seringalistas, cujas empresas produziam somente borracha, legalizassem suas propriedades. Como foi mencionado anteriormente, 67% dos 105 seringais situados no Distrito do Rio Acre, 41,5% daqueles localizados nos nove (9) municípios maiores produtores de borracha no Pará produziam somente borracha. Eram especializados em produção de borracha.

Os seringalistas questionaram os critérios legais para definir benfeitoria e os governos locais procuraram atender suas demandas. Depois de 1891, quando o regime republicano foi inaugurado no país, os governos das províncias do Pará e do Amazonas mudaram a definição de benfeitoria nas suas legislações. No Pará, ainda em 1891, essa definição de benfeitoria foi expandida para incorporar também a conservação e manejo de florestas extrativas e de campinas naturais, desde que a área fosse objeto de efetiva e permanente ocupação e exploração econômica (Decreto 410/1891, artigo 6º). Em 1903, o Amazonas fez o mesmo (pelo Decreto 644, de 01/12/1903, Art. 12). Esse decreto foi reforçado pelo Decreto 79, de 31/12/1926, Art. 7º, e Lei 112, de 28/12/1926, art. 7º-C. Esse assunto foi tratado também por Antônio Lando, no artigo "O seringal nativo – síntese histórica e jurídica", publicado pelo *Jornal O Guaporé*, em 24 de julho de 1977.

No Pará, as modificações da definição de benfeitoria foram associadas à fixação do máximo de 545 ha para propriedade privada em áreas extrativistas (Decreto 410/1891). Essa área foi expandida para 1.098 ha, em 1918, pela Lei 1741/1918. Desse modo, as posses de seringais passaram a ser legalizadas de acordo com essa legislação.

Mais tarde, em 1920, o governo criou outras formas de estimular a privatização empresarial de terras devolutas restantes no estado do Pará (Lei 1.947, de 11 de novembro de 1920). Essas mudanças ocorreram no sistema de atribuir preços a elas[59] e no estabelecimento da regra de que a concessão de terras mais extensas que duas léguas quadradas seria feita somente para empreendimentos industriais e agrícolas. Além disso, áreas extrativistas com *status* de terras devolutas receberam tratamento especial, devido ao objetivo do governo de controlar o pagamento de impostos pelo empreendimento extrativista, mais efetivamente.

O Estado começou a alugar terras devolutas de alta densidade de florestas de produtos extrativistas valiosos, ao invés de vendê-las. O Art. 2° daquela lei criou o chamado título de aforamento, que significava a perpetuação da condição do Estado de proprietário de áreas extrativas situadas em terras devolutas. O Estado alugava essas terras e o valor do aluguel era equivalente a 2% do valor da produção extrativista em 10.000 hectares. E de 1% em qualquer extensão de terra além disso. Essa nova legislação deu base legal à privatização de algumas terras em áreas de produção de borracha, mas foi mais efetiva e generalizada em áreas de castanhais, nas quais se produzia castanha do Brasil para exportação (Emmi, 1988; Bentes, 1992a).

Todavia, a questão acerca da definição de benfeitoria assumiu complexidade no Acre. Esse estado era, inicialmente, parte do território boliviano. Mais tarde, ele foi incorporado ao território brasileiro na condição de Território Federal, portanto, regulado pela legislação Federal de terras e submetido à administração do governo federal. Ademais, esse Território Federal estava localizado em áreas de fronteira nacional entre Brasil e Bolívia, sendo objeto de regulações especiais.

2.4 A QUESTÃO DE SOBERANIA E DOMÍNIO NO ACRE

Como já mencionado, inicialmente, o estado do Acre estava localizado em áreas de limites fronteiriços imprecisos entre o território boliviano e o território brasileiro, mais especificamente o estado do Amazonas. A

---

[59] A Lei 1.947, de 11 de novembro de 1920, mudou o modo como a terra era avaliada e o seu preço definido de acordo com a Lei 82, de 15 de setembro de 1892, Art. 15, o qual reforçou a Lei 1.741, de 18 de novembro de 1918, Art. 5.

partir de 1848, brasileiros começaram a exploração de seringais nessa área. Além da imprecisão nos limites fronteiriços Brasil-Bolívia, diferentemente do direito fundiário brasileiro, o direito fundiário boliviano não considera devolutas as terras não privatizadas. Segundo o Código Civil boliviano, no seu Art. 285, terras que não estejam privatizadas são mercadorias desocupadas ou livres. Aqueles que as ocuparem adquirem o direito de ter sua ocupação legalizada (Magalhães, 1977).

Desde as décadas de 1850 e 1860, a conjuntura era de crescente aumento de preços da borracha, particularmente após 1895, com o desenvolvimento da indústria automobilística, como é discutido no capítulo cinco (Furtado, 1959; Santos, 1980; Duarte, 1987). E o Acre era a região com a mais alta densidade das melhores espécies de árvores de goma elástica, de modo que, mais tarde, ele se tornou o produtor de borracha mais importante do Brasil (Prado Junior, 1956).

A consequência dessas condições foi que o número de brasileiros que passaram a investir na produção de borracha no Acre aumentou. Em 1887, os seringais situados às margens e às proximidades dos rios Alto Purus e Acre já produziam 500.000 quilos de borracha, atingindo uma população de 10.000 habitantes (Labre, 1887; Tocantins, 1961). Isso sem considerar a população de povos indígenas. Os processos legais do Incra-Acre, referentes a 94 do total de 105 antigas propriedades seringueiras situadas no Distrito do Acre,[60] fornecem informação sobre a data da primeira aquisição. Desse total, 60% foram adquiridos no período de 1848 a 1907, e 70% até 1913. Além disso, 52% foram adquiridos no período de 1895 a 1907. Desde o início desse processo, os seringalistas ocupavam e exploravam esse território boliviano e comercializavam a matéria-prima borracha com comerciantes de Belém e Manaus. Ademais, a maioria deles pagava impostos e tentava legalizar suas posses de terra, de acordo com a legislação fundiária do estado do Amazonas.

A Bolívia, a partir de certo momento, passou a considerar esse comportamento um desafio à sua soberania sobre aquele território. Apesar da imprecisão nos limites fronteiriços, no início, os governos brasileiros procuraram paz com esse país e, portanto, não encorajavam formalmente aquele comportamento. Ao contrário. Os governos brasileiros fortaleceram a soberania boliviana sobre aquela área, primeiro por meio do Tratado de Ayacucho, de 1867, o qual durou até 1903. E, segundo, por meio

[60] Onze dentre os processos legais dos 105 seringais originais não oferecem informação sobre a data de sua primeira aquisição.

de um Tratado assinado em 1895 entre o governo brasileiro e o governo boliviano, estabelecendo novos limites, os quais expandiam ainda mais a soberania boliviana.

Em 1896, o governo boliviano criou o Sindicato da Borracha e, em 1899, instalou alfândegas para cobrança de impostos no Acre (Duarte, 1987). Ao mesmo tempo, os seringalistas foram chamados a legalizar suas posses de seringais, de acordo com o direito fundiário boliviano (Neves, 1981). Os seringalistas reagiram a essas medidas, de diversas maneiras. Uma delas foi a luta armada, que aconteceu em 1899 e, mais tarde, no período de 6/8/1902 a 24/1/1903, a qual recebeu suporte do estado do Amazonas e de comerciantes de Belém e Manaus.[61]

Quando o Sindicato da Borracha boliviano se tornou uma realidade, após 1901, países vizinhos, como o Peru e o Brasil, reagiram a isso. O motivo era que esse sindicato se constituía em um consórcio norte americano e inglês, cuja sede estava situada em Nova Iorque. Esse consórcio tinha um contrato com o governo boliviano, o qual previa que o Sindicato administraria as questões fundiárias e os impostos sobre a produção de borracha naquela área. Foi justamente nessa conjuntura política que o governo brasileiro mudou sua posição, em relação à reivindicação dos seringalistas e comerciantes que comandavam lutas armadas naquela área: que o Acre fosse integrado ao território brasileiro.

Mesmo assim, muito tempo se passou até que uma solução se tornasse realidade. No meio-termo, até 1903, as posses de seringais no Acre foram legalizadas, de acordo com o Código Civil boliviano, segundo o qual o Acre era um território com *status* de fronteira nacional (Magalhães, 1977). Quando, finalmente, aquele território foi incorporado ao território brasileiro, em novembro de 1903, por meio do Tratado de Petrópolis,[62] os governos boliviano e brasileiro acordaram em respeitar a propriedade fundiária de brasileiros e estrangeiros naquela área. Ademais, as terras ainda não privatizadas assumiram a condição legal de terras devolutas, de acordo com a legislação fundiária brasileira.

A Lei de Terras de 1850 proibiu a doação de terras devolutas pelo Estado. Contudo, o Acre passou a ter a condição legal de área de fronteira do Brasil com a Bolívia. E, portanto, suas terras devolutas tornaram-se uma exceção à regra prevista pela legislação fundiária. A legislação fundiária

[61] Sobre a Revolução Acreana, veja Calixto (1993).

[62] O Tratado de Petrópolis foi assinado em 17/11/1903, quando o Acre se tornou parte do território brasileiro. E foi aprovado pelo Congresso Nacional por meio do Decreto 5.161, de 10/03/1904.

brasileira prevê que é proibido adquirir terras devolutas por outro meio que não a compra. Exceto aquelas terras situadas em áreas de fronteira do Império do Brasil com países estrangeiros, em uma zona de dez léguas, as quais podem ser doadas pelo Estado livremente.

Essa mesma legislação prevê não somente a concessão grátis de terras situadas em áreas de fronteira nacional. Ela prevê também a possibilidade de doação de estratos dessas terras com subsídios do governo àqueles empresários desejosos de povoar essas áreas de fronteira. Desse modo, o governo poderia financiar colonos brasileiros e estrangeiros, nessas áreas (Associação Comercial do Pará, set. 1919; Magalhães, 1977). O Direito brasileiro permitia até a formação de extensas propriedades em terras devolutas localizadas em áreas de fronteira nacional. O Decreto n.º 1.318, de 30/01/1854, prevê o máximo de dez léguas quadradas ou seu equivalente, por colônia de 1.600 pessoas.

Dessa maneira, era fácil legalizar grandes extensões de terra em áreas de fronteira nacional. O Acre era uma área de fronteira nacional. O forte controle sobre o tamanho de uma propriedade privada de terra, assim como mudanças na noção de fronteira com outros países, são elementos inseridos no Direito brasileiro, somente depois das Constituições e Emendas Constitucionais de 1934, 1937, 1946 e, particularmente, de 1964 (Magalhães, 1977). Consequentemente, os novos conceitos e as mudanças na definição de fronteira nacional e nos modos por meio dos quais as terras de fronteira poderiam ser privatizadas não são úteis para a compreensão da questão do seringal como propriedade privada no Acre, em épocas anteriores a 1930.

O Acre foi formalizado na condição legal de Território Federal brasileiro, somente em 1904 — Decreto 5.188/1904. Além disso, somente em 1906, cartórios foram instalados localmente. No período de 1903 a 1906, o registro de títulos de propriedade no Acre era feito em cartórios situados em Manaus ou no Rio de Janeiro. Contudo, ainda existiam conflitos acerca de assuntos fundiários, porque o território do Peru se estendia para algumas áreas situadas às proximidades dos Rios Alto Purus e Acre. Somente em 1909, o governo brasileiro assinou um tratado com o governo do Peru, terminando com questões fronteiriça no Acre. A partir de então, uma área de 152.000 km^2 foi incorporada ao território brasileiro, sem quaisquer questionamentos pelos países vizinhos.

Após a resolução de todas as questões fronteiriças com países vizinhos no Acre, surge uma questão de jurisdição interna entre o governo central brasileiro e o governo do estado do Amazonas. O Acre estava localizado em uma zona de fronteira entre a Bolívia e o estado do Amazonas. Os seringalistas começaram a privatizar os seringais nessa área como uma expansão do mesmo processo no estado do Amazonas. Para isso, eles receberam apoio dos governos desse estado, desde o início, como mencionado no Capítulo 1 e anteriormente neste capítulo.

Além disso, a Constituição Federal de 1891, que estabelece o Sistema político republicano no país e transfere a administração de terras devolutas para a alçada dos governos estaduais, provocou controvérsias acerca de áreas de fronteira. A discordância nascia do fato de que essa constituição não especifica se as zonas de fronteira poderiam ser consideradas áreas de *status* jurídico diferente daquele das terras devolutas. Caso elas tivessem um *status* diferente daquele das terras devolutas, teriam que ser administradas pelo governo federal e não pelos governos estaduais. Diante dessa não definição explícita, os governos estaduais continuaram a sustentar suas ações na Lei de Terras de 1850, para a qual as zonas de fronteira nacional são uma exceção às regras válidas para as terras devolutas.

Dessa maneira, os governos estaduais interpretavam essa lei com base no argumento de que não se pode dizer que tais terras não sejam terras devolutas, mas somente que elas são um caso especial de terras devolutas. E terras devolutas são administradas pelos governos estaduais, de acordo com a Constituição de 1891.

Com base nessa interpretação da legislação, os governos do estado do Amazonas (Associação Comercial do Pará, set. 1919) legalizaram posses de terra no Acre, no período entre 1867 e o final do processo de incorporação do Acre ao território brasileiro como um Território Federal. Simplesmente era natural para eles agirem desse modo, considerando que eles ofereceram suporte político e institucional à privatização de seringais nessa área. Ademais, eles reivindicavam que o Acre fosse incorporado ao território do estado do Amazonas. Eles levaram essa reinvindicação à corte federal. Quando o Acre, finalmente, tornou-se um território federal, todos os antigos títulos de propriedade foram reconhecidos pelo Direito brasileiro.

Dessa maneira, as propriedades seringueiras no Acre possuem categorias diferentes de títulos de propriedade. A exemplo de títulos bolivianos, títulos provisórios fornecidos pelos governos do Acre durante o período de transição de *um* território boliviano para um território brasileiro[63]; assim como títulos de propriedade brasileiros baseados na legislação brasileira de legalização de posses de terra ou na legislação que regula a compra e venda de terras.

Como pode ser observado na Tabela 2, de um total de 66 títulos de propriedade dentre os títulos dos 105 antigos seringais do Distrito do Acre, os quais possuem informação sobre a fonte do título, 42% foram fornecidos pelo governo do estado do Amazonas e 40% de outras fontes. Outros tipos de títulos incluem aqueles diferentes dos títulos originais, os quais se originaram em transferências de propriedades seringueiras em toda a sua extensão ou em parte, por meio de compra e venda, permuta, concessão ou herança. Esses títulos de propriedade foram fornecidos por cartórios como parte do processo legal relativos a tais transações.

O ponto a ser enfatizado é que o processo de privatização da terra-seringal era garantido pelo Estado, de modo que a propriedade individual de trechos de terras se constituía em um direito. A existência de diferentes títulos de propriedade de modo algum desqualifica esse direito. Ao contrário, os diferentes títulos expressam duas questões originadas em condição especial do Acre: uma área de fronteira nacional.

Primeiro, havia uma disputa entre Brasil e Bolívia concernente à soberania sobre aquele território. Segundo, a incorporação do Acre como um território brasileiro provocou uma disputa legal entre o governo federal e o governo do estado do Amazonas em torno da jurisdição da área. Não obstante, nem a primeira, nem a segunda questão podem ser confundidas com domínio. Domínio diz respeito ao direito individual sobre pedaços de terra, enquanto as duas outras se constituem em matérias políticas relacionadas ao poder do Estado sobre uma população e à administração de questões públicas.

A existência de diferentes títulos de propriedade materializa dois aspectos. Primeiro, o desejo do dono de terra a ter seu direito de propriedade garantido pelo Estado, por meio de um título formal de propriedade. Segundo, o Estado, seja o Estado boliviano, seja o Estado brasileiro, reforçou esse direito de propriedade. A distinção entre domínio e soberania e, em seguida, entre domínio e jurisdição serviu como justificativa para o Direito brasileiro reconhecer antigos títulos de propriedade no Acre (Magalhães, 1977).[64]

---

[63] Veja sobre a organização governamental e o sistema judicial durante esse período em Calixto (1993).

[64] Esse autor comenta o Decreto 4.657, de 9/11/1939, a chamado Lei dos Registros Públicos.

Tabela 2 – Origem de títulos de propriedade de seringais no Distrito do Rio Acre

Fonte	Quantidade de títulos	%
Governo Boliviano	6	9%
Governo do Estado do Amazonas	28	42%
Governo Provisório do Acre	5	8%
Outros títulos brasileiros	27	41%

Fonte: processos legais do Incra/Acre

Apesar disso, a definição jurídica de benfeitoria ou efetivo uso e assentamento, uma condição para a legitimação do domínio sobre estratos de terra, não foi totalmente resolvida pelos governos federais até 1912-13. Os governos eram contraditórios nessa matéria. Eles tentavam tratar de pontos específicos, sem alterar a definição de benfeitoria em si.

Em 1860, uma Lei Federal tratou do assunto da extensão da propriedade seringueira por meio da fixação de um máximo de extensão da propriedade em ½ légua por ½ légua (Lei 1.114, de 27/09/1860). Em 1874, um decreto (n.º 5.655 de 3/06/1874) visou abordar as especificidades da economia extrativa, mas terminou reproduzindo a mesma velha perspectiva de tentar fazer as pessoas adotarem tecnologia moderna, abandonando o que os governos percebiam como métodos "primitivos" de produção. Em 1890, mesmo não mudando a definição de benfeitoria, um outro decreto previu que propriedades seringueiras poderiam ser registradas e poderiam ser oferecidas como hipoteca (Decreto 370, de 02/05/1890).

Somente em 1912, por meio do Plano de Defesa da Borracha (Lei 2.543-A, de 05/01/1912, regulamentado pelo Decreto 9.521, de 17/04/1912), o governo federal previu modificações na definição jurídica de benfeitoria, para incorporar as especificidades das economias amazônicas. Em 1913, isso foi feito por meio de um decreto (n.º 10.105/1913), que postulava: pastos naturais, quando usados por meio de manejo para criação de gado, assim como seringais e castanhais, quando objetos de ocupação efetiva e exploração econômica, são definidos como benfeitoria.

Consequentemente, antes de 1913, a situação dos seringais no Acre, no que diz respeito à legislação, era diferente do Pará e Amazonas, onde a redefinição de benfeitoria, que ocorreu desde 1891-3, permitia um processo relativamente fácil de legalização de posses de áreas extrativistas. No Acre, o problema da definição de benfeitoria pela legislação federal, que persistiu até 1913, criou dificuldades para transferir propriedades seringueiras.

Nesse Território Federal, quando da transferência de propriedades seringueiras — por venda, herança, dissolução de parceria comercial e outros —, a propriedade era avaliada e atribuída preço na condição de terra-floresta de goma elástica. A maioria dos processos sobre essas transações constantes dos arquivos de cartórios menciona somente a terra-floresta ou o número de caminhos de seringueiras. A propriedade seringueira era vendida por meio de escritura pública, na qual somente os limites em termos de número de caminhos de seringueiras eram mencionados (Magalhães, 1977). Portanto, ninguém tinha uma ideia exata da extensão da propriedade em metros ou hectare. Somente algumas escrituras públicas antigas referem-se ao tamanho da terra-solo em quilômetros ou metros quadrados.

Em alguns casos, a extensão em terra-floresta não coincidia com o tamanho em terra-solo, indicando que uma extensão de terras devolutas foi incorporada ao seringal, sem cobertura legal pelo título original (ver nota de rodapé 28). Contudo, essa situação não poderia ser considerada de todo ilegal, pois o registro em cartório caracterizava um procedimento de legalização de propriedade privada. No Acre, propriedades seringueiras eram registradas em cartório de Manaus ou do Rio de Janeiro e, desde 1904, em cartórios locais. Isso significava que elas eram legitimadas pelo sistema jurídico. O Decreto 4.657, de 9/22/1939, a chamada Lei de Registros Públicos, Art. 293 e 294, que foi mantida pela Lei 6.015, de 30/6/1975, Art. 250 e 252, reconhece e fortalece registros prévios.

A consequência prática dessa circunstância era que ninguém poderia questionar a legalidade de propriedades seringueiras registradas em cartórios por outro meio que não através da tentativa de anular o registro da propriedade em cartório. E isso só poderia ser feito levando o caso à justiça, resultando em um processo legal muito lento e complexo. Ademais, os seringalistas poderiam argumentar que eles estavam em processo de privatização de terras devolutas, situadas em área de fronteira nacional, que era encorajada pelo Direito brasileiro, como já mencionado.

Além disso, os governos brasileiros e as instituições governamentais reconheciam o caráter de propriedade privada da propriedade seringueira. Eles compravam essa propriedade no Acre (Magalhães, 1977). Bancos oficiais, por exemplo, o Banco do Brasil e o Banco da Amazônia, sempre consideraram a propriedade seringueira propriedade legítima, comprando, vendendo e aceitando-a como hipoteca (Magalhães, 1977).

Ao analisar os processos do Incra, constatei o *status* de propriedade privada do seringal. Esses processos mostram que 44% dos 105 seringais originais no Distrito do Rio Acre foram objeto de transferência, uma ou várias vezes, por herança, dissolução de parceria empresarial e/ou venda, desde o início do século XX. Informam também que 16% daqueles seringais foram transferidos por venda, uma ou várias vezes, desde as últimas décadas do Séc. XIX, enquanto 18% foram mantidos por seus herdeiros até por volta das décadas de 1960 e 1970, quando, então, começaram a ser vendidos no todo ou em parte.

Assim, o seringal era um direito individual, no sentido abordado por MacPherson (1978): ao proprietário não é requerido que preencha quaisquer funções sociais para ter essa propriedade e ele/ela pode transferi-la livremente. O significado do seringal de propriedade individual revela que são errôneas as afirmações do cônsul britânico, em relatório de 1908, mencionado previamente. De fato, na Amazônia, havia exploração nômade da espécie Castiloa, que fornecia látex para a produção de caucho. Mas a produção de caucho representava somente 20% da produção de borracha na região. Aliás, a afirmação dele não foi confirmada pelas minhas investigações, nem sobre o direito de propriedade brasileiro, nem sobre os procedimentos formais para a legalização de posses de seringais.

O cônsul falou: "I am not acquainted with the terms of Brazilian land legislation" (F.O. and Board of Trade, 1908, p. 21). As cartas dele, posteriores a essa afirmação, defendendo-se das críticas ao seu relatório feitas por jornais paraenses (Jornal A Província do Pará, 1908; Benoliel, 1908), são contraditórias. Ele argumenta que ele estava se referindo a questões relativas à propriedade seringueira no Acre (F.O.368/274, 1909). Mas, como já sabemos, a questão entre Brasil e Bolívia concernente àqueles seringais já havia sido resolvido desde 1903-4. Ademais, a soberania sobre aquela área é um assunto diferente daquele do seringal como propriedade privada, a qual se refere a domínio.

Além disso, como já foi mencionado anteriormente, o relatório do cônsul britânico, Roger Casement, afirma que "Very many of the so-called rubber estates are in the nature of claims set up by 'pre-emption' to a prescriptive right rather than by title deeds to a constitutional property" (F.O. and The Board of Trade, 1908, p. 21-22). Isso é verdade em parte, considerando que vários donos de seringais possuíam título provisório de propriedade e aguardavam emissão de título definitivo, o que poderia demorar vários anos. Porém, desde o momento em que alguém requeria o título definitivo, a propriedade passava a ser legalmente reconhecida.

O cônsul utilizou-se também de referências rápidas, feitas por Bates e Wallace, a acampamentos temporários de produção de borracha, no baixo Rio Tocantins. Porém, eles mencionaram os acampamentos em 1848, quando esse fenômeno ainda ocorria em terras devolutas. Em 1908, quando o relatório consular foi redigido, a situação era completamente diferente, uma vez que a grande maioria das florestas seringueiras já eram propriedade privada. Finalmente, o relatório expressa uma interpretação distorcida e, talvez, maliciosa das dificuldades que as empresas que produziam somente borracha tiveram para ter sua propriedade legalizada, devido ao conceito de benfeitoria da Lei de Terras.

O cônsul britânico manifestou um fenômeno comum na época: a estigmatização de florestas preservadas. E isso era somente uma decorrência natural da noção evolucionista de civilização. O cônsul associa a floresta de seringueiras preservada a primitivismo e sua suposta inadequação à noção europeia moderna de propriedade da terra, como já foi abordado.

Ao associar extrativismo com ausência de propriedade da terra, a literatura acadêmica brasileira dos anos 1950-1980 deixa aquele estigma manifestado na afirmação do cônsul britânico inquestionado. Do mesmo modo, não coloca em discussão a visão preconceituosa de natureza preservada e de tecnologia de plantio-manejo ecológico de florestas, intrínseca ao Direito brasileiro.

Assim como o cônsul britânico, essa literatura ignora o processo histórico de privatização da terra-florestas seringueiras, devido à falta de investigação histórica. Isso permitiu que sobrevivessem às noções de acampamentos temporários, mesmo quando o contexto histórico no qual eles existiram não subsistisse mais.

Quintiliano (1963) chama de arranchamentos expedições empresariais a seringais distantes, durante as décadas de 1850 e 1860. Ele registra a mudança dessa realidade de arranchamentos para empresa assentada em propriedade privada. Outros autores apenas mencionam a produção empresarial de borracha temporária, nas safras (Cordeiro, 1920; Reis, 1993; Bonfim, 1954).

Os arranchamentos deixaram de existir por volta das décadas de 1850 e 1860, quando começa a se intensificar o processo de privatização da terra-seringal devoluta (Quintiliano, 1963; Bonfim, 1954; Reis, 1953). Em 1850-70, o processo de privatização dos seringais devolutos já tinha atingido os distantes rios Madeira e Purus, na Província do Amazonas (Santos, 1980). Como já foi mencionado, a instalação das empresas de borracha, baseadas na propriedade privada, começou por volta de 1848, mesmo no Acre, cujas florestas de seringueiras eram mais distantes da foz do rio Amazonas.

A historiografia mencionada é mais descritiva que analítica. Mesmo assim, essa historiografia indica o processo de privatização dos seringais, claramente. Assim, a ausência de investigação histórica e a prática comum entre acadêmicos brasileiros do Centro-Sul, semelhante a muitos estrangeiros, de negligenciar e ignorar os autores amazônidas, ou aqueles que não fazem parte dos círculos acadêmicos de poder; ou seja, tratá-los com preconceito, também contribuíram para que essa história fosse esquecida pela literatura nacional da suposta "Amazônia terra livre" e "Amazônia fronteira do Brasil".

2.5 SERINGAL, PROPRIEDADE PRIVADA MAJORITARIAMENTE EMPRESARIAL

A noção de seringal como propriedade privada no sentido moderno será inútil, se não for analisada a partir da perspectiva da história das relações sociais de propriedade da terra. Como já foi mencionado, em minhas pesquisas anteriores, constatei que, na Amazônia, as melhores terras tenderam a ser privatizadas por empresários. Essa tendência foi intensificada no processo de apropriação dos seringais. A posse factual de estratos de terras-seringais devolutos era uma condição fundamental para privatizá-los, pois a doação de terras devolutas terminou com a Lei de Terras de 1850.

No delta do Rio Amazonas, despesas iniciais eram necessárias para comprar seja um título de propriedade, seja um título de posse de antigos donos. E a apropriação dos seringais situados em terras devolutas requeria o pagamento ao Estado, bem como gastos com transporte, localização, investigação do potencial produtivo da terra-floresta e a organização da empresa de borracha na terra-seringal desejada. Além disso, como já discutido no capítulo anterior, terras devolutas eram as terras mais distantes dos mercados locais e dos portos.

Assim, a produção de borracha nessas terras requeria despesas iniciais com alimentos e outros produtos necessários para a sobrevivência durante a safra inteira, que durava de seis (6) a sete (7) meses, e a instalação de uma estrutura física mínima, tais como casas, casa comercial, depósito e porto. Isso requeria também investimentos iniciais na contratação de trabalhadores especializados em tarefas iniciais, tais quais o reconhecimento das espécies de árvores de goma elástica, o nível de densidade dessas e feitura de um plano físico de organização da empresa.

Esse trabalho durava no mínimo dois dias em pequenos seringais, possuindo alta densidade de árvores de goma elástica de boa qualidade, quando desenvolvido por um mateiro (trabalhador especializado na tarefa de localizar e reconhecer espécies de árvores de goma elástica) e dois toqueiros (trabalhador com a tarefa de traçar os contornos dos futuros caminhos de seringueiras). A realização desses serviços requeria muito mais tempo em extensos seringais ou em seringais com baixa densidade de árvores de goma elástica. Em 1913, um mateiro recebia cerca de um mil réis por árvore localizada, e o toqueiro era um trabalhador assalariado, que recebia cerca de 150$000 a 180$000 por mês. Desse modo, "uma estrada, depois de aberta e concluída, não fica ao patrão ou proprietário por preço inferior a 400$000 ou 500$000" (Chaves, 1913).

Tais requerimentos econômicos qualificavam aquelas pessoas que tivessem capital inicial ou crédito para privatizar as melhores terras-seringais. Crédito era oferecido pelo capital comercial-financeiro local, representado pelas casas comerciais, normalmente apoiadas por negociantes estrangeiros, ou por bancos privados brasileiros, ou por associações de crédito, como é discutido no Capítulo 7. Casas exportadoras requeriam a hipoteca de propriedades valiosas de fácil acesso, tais como propriedades urbanas, barcos importados e títulos financeiros oficiais. Consequentemente, as casas comerciais se tornaram as intermediárias no fluxo de crédito das casas exportadoras para os seringalistas, pois elas tinham o tipo de propriedade aceita em hipoteca pelas casas exportadoras. Ao mesmo tempo, casas comerciais aceitavam seringais e borracha em hipoteca, os quais constituíam as principais propriedades dos seringalistas.

Os seringalistas tinham capital inicial e crédito. Principalmente nas primeiras décadas do processo de apropriação dos seringais, os seringalistas eram, na maioria, mercadores e investidores do Pará e do Amazonas, além de mercadores ambulantes e alguns poucos imigrantes do Nordeste. No Território do Acre, existem evidências de alguns trabalhadores assalariados, realizando trabalhos administrativos em propriedades seringueiras, que conseguiram se tornar seringalistas. Como é mencionado no Capítulo 5, trabalhadores assalariados assumindo posições importantes na administração dos seringais poderiam fazer poupança significativa.

Existem dois casos publicados de trabalhadores assalariados de seringais que se tornaram seringalistas. Primeiro, o irmão de Cabral, que, segundo a descrição de Cabral, era um contador de um seringal no Acre, na década de 1890; e, segundo, o dono do Seringal ITU (Neves, 1985). Em ambos os casos, poupança de salário foi adicionada à poupança trazida de suas terras natais. O valor obtido dessa soma foi transformado em capital em expansão por meio de investimento em negócio de comércio ambulante no Acre. Depois disso, eles conseguiram comprar seringais pequenos, situados em terras-seringais de menor importância.

No caso do dono do Seringal ITU, ele conseguiu comprar um seringal de médio porte, mas muito importante por estar situado no Distrito do rio Acre, no trecho onde existia a terra-seringal de maior densidade das melhores espécies de árvores de goma elástica.

Mas ele teve condições especiais para isso. Ele se casou com a filha adotiva do dono desse seringal, em 1896, e esse prévio dono era um idoso que planejava retornar para o nordeste. Então, ele conseguiu comprar o seringal, por meio de pagamento em parcelas, obtendo a transferência legal da propriedade, quando ele finalizou o pagamento, em 1902. Nesse mesmo ano, ele requereu a transferência legal do título de propriedade, por meio de compra, recebendo o título de propriedade no seu nome somente em 1906, quando o Acre já era um Território Federal brasileiro (Neves, 1985; Diário Oficial El Acre, 1902; Cartório do Tabelião Manoel Antônio Lessa, 1906; processo legal Acre-Incra referente ao Seringal ITU situado no Distrito do Rio Acre).

A produção e exportação de borracha foi se tornando cada vez mais importante economicamente, movimentando muito dinheiro nas províncias do Pará e Amazonas, em particular em Belém e Manaus.

Chegou a se tornar o segundo maior produto de exportação brasileiro, só perdendo para o café. À medida que isso acontecia, pessoas e firmas de outros locais do Brasil e do exterior, inclusive, libaneses, vieram para a Amazônia atraídas pela possibilidade de enriquecer com o investimento na produção e exportação da borracha. Bastava que alguns desses investidores enriquecessem para a notícia espalhar-se, influenciando a vinda de novos investidores e fazendo com que tradicionais fazendeiros e negociantes de Belém e Manaus passassem a investir também na produção e/ou exportação da borracha.

Cancela (2012) oferece um bom exemplo de uma família bastante rica do Pará que passou a investir na borracha: a família Pombo. Essa família chegou ao Pará, vinda da Galízia na Espanha, fronteira com Portugal, no Séc. XVIII, e se tornou proprietária de terras, fazendas de gado, engenhos de açúcar, escravos, animais e ricos imóveis em Belém. Em 1810, Joaquim Clemente da Silva Pombo foi ouvidor da Comarca do Pará. Ele era fazendeiro de gado nas Ilhas Mexianas, localizadas no Arquipélago do Marajó. Essa família possuía título de nobreza. Em 1830, o filho de Joaquim Clemente, Ambrósio, recebeu o título de barão de Jaguari. Ele era dono do Engenho Jaguari localizado próximo a Belém. Em 1865, os Pombos começaram a investir e atuar no negócio da borracha. Com o tempo, a borracha chegou a se tornar o principal e mais importante negócio da família.

Além disso, casas comerciais de Belém e Manaus, assim como companhias estrangeiras, cada vez mais compravam seringais, particularmente na década de 1910. Em 1903-04, várias casas comerciais de Belém requereram a legalização de seringais situados no Distrito do Rio Acre (ANRJ, SDA, 1903-1904, Cód. 988). Como pode ser visualizado na Tabela 1, em 1906-07, dezessete casas aviadoras possuíam propriedades seringueiras nos seringais de maior densidade das melhores espécies de árvores de goma elástica no Acre, sendo oito delas de Belém. Em 1913-15, durante uma das crises de preços mais profundas da borracha, casas aviadoras receberam vários seringais em pagamento de débitos por seringalistas (CC, Índice de Escrituração 1812-1975).

Segundo Dean (1989), em 1903-13, investidores europeus e norte-americanos aumentaram seus investimentos na Amazônia. E as Leis do Pará em 1909 e os crescentes preços da borracha em 1910 encorajaram várias companhias norte-americanas e europeias a comprarem seringais. De fato, embora esse fenômeno tenha sido mais frequente na década de 1910, desde a última década do Séc. XIX, companhias estrangeiras e capitalistas individuais costumavam comprar ou alugar seringais. Em 1899, uma casa comercial de Belém vendeu 35 de seus seringais para uma companhia de Nova Iorque. A área total era de 800 milhões de metros quadrados, tendo 2.475 caminhos de seringueiras, todos eles situados às margens de rios, no estado do Amazonas (CC, Índice de Escrituração 1812-1975, Livro 66). No início da década de 1900, empresários ingleses alugaram propriedades seringueiras no Pará (TJE, *Autos Civis 1877-1921*). Em 1909, duas casas comerciais de Belém, que possuíam várias propriedades seringueiras no Acre, constituíram parceria comercial com capitalistas ingleses (TJE, Autos Civis 1877-1921).

Desse modo, o segmento empresarial seringalista, na acepção de donos de propriedades seringueiras e empresários da borracha, emerge a partir de 1848, na Amazônia. Eles tinham acesso a crédito e eram estimulados a privatizar seringais, pelos governos locais, como já abordado no Capítulo 1. A Lei de Terras de 1850 também encorajava a privatização empresarial de terras devolutas, ao mesmo tempo que criava obstáculos para que pequenos produtores familiares pudessem fazer o mesmo (ver Capítulo 4) e a política para a economia da borracha da década de 1910 encorajava investimentos empresariais. Em tais circunstâncias, os seringais com maior densidade das melhores espécies de árvores de goma elástica e, portanto, mais produtivos terminaram sendo transformados em propriedade privada majoritariamente de uma classe social — a classe capitalista, personalizada em seringalistas individuais, firmas e companhias comerciais e financeiras.

Weinstein (1983) afirma que, na Amazônia, a figura do patrão com seus vastos domínios poderia ser um produto dos últimos anos do chamado *boom* da borracha, quando os distritos de rios mais distantes tinham se tornado as zonas de borracha mais produtivas, e o controle dos melhores seringais tinha sido dividido entre as maiores casas comerciais e um pequeno grupo de poderosos seringalistas. Ao contrário, ela argumenta, nos municípios produtores de borracha com pesada ocupação humana, como Breves, Anajás e Melgaço, situados na área mais antiga de produção de borracha no Pará, pequenos produtores controlariam os seringais, por meio da ocupação de pequenos estratos de terra e organização familiar do trabalho (Weinstein, 1983).

Essa afirmação não reflete a realidade mostrada pelos resultados de minhas pesquisas. Primeiro de tudo, porque seringais, como sinônimo de extensas propriedades emerge no Acre, em 1848, portanto, não somente nos últimos anos do chamado *boom* da borracha, embora o estabelecimento dessas propriedades tenha sido mais intensa no período de 1895 a 1913, como já mencionado no Capítulo 1. Ademais, naqueles municípios paraenses anteriormente mencionados, membros de uma única família possuíam muitos plotes de terra, uma única pessoa era dona de quatro propriedades seringueiras. A existência de diferentes tipos de proprietários não é útil para definir quem tinha o efetivo controle sobre as florestas seringueiras.

Como já foi mencionado no Capítulo 1, realizei a análise dos registros de posses nos nove municípios mais importantes produtores de borracha no Pará. O município de Breves não foi incluído nesta análise, porque os formulários preenchidos foram danificados durante o transporte marítimo de Belém para Londres. Como pode ser observado na Tabela 3, identifiquei 2.927 propriedades produtoras de borracha nesses municípios. Os anos nos quais se concentram os registros indicam também a intensificação do processo de privatização dos seringais, de modo que aqueles que tinham posses procuraram obter o título de propriedade. Nos seis municípios mais antigos produtores de borracha, mais de 80% de propriedades seringueiras foram legalizadas em 1892-1898, enquanto em Melgaço 85% foram legalizados em 1895-1904; Anajás 91% em 1900-11 e, finalmente, em Altamira 82% foi legalizado em 1914-15.

A Tabela 4 mostra que o número de propriedades não coincide com o número de proprietários. Havia 2.383 proprietários para um total de 2.927 propriedades, uma vez que 316 proprietários em 8 municípios possuíam um total de 910 propriedades, cada um deles sendo dono de 2 a 12 propriedades. O número de pessoas tendo dois ou mais propriedades é até maior, considerando que não foi possível analisar esse aspecto particular em Altamira. O processamento dos dados não pôde ser concluído em Belém e, no transporte marítimo dos formulários de Belém para Londres, os formulários relativos a Altamira foram parcialmente danificados.

Desse modo, a definição dos proprietários da terra-seringal em Altamira não inclui a análise daqueles que possuíam dois ou mais propriedades, que eram, de fato, empresários assim como constatei nos demais municípios. Isso significa que o número de empresários em Altamira provavelmente era menor do que o número ilustrado na Tabela 3, pois um mesmo empresário podia ser proprietário de mais de uma propriedade seringueira.

Nos oito municípios mencionados, o tipo de proprietário foi definido por meio da correlação de variáveis, tais como benfeitoria, tipo de proprietário, se individual ou companhia, e quantidade de propriedades possuída. Na análise da benfeitoria, títulos mencionando uns poucos caminhos de seringueira foram considerados prováveis propriedades de pequeno produtor familiar. Títulos contendo casa residencial e abarracamentos (casas de seringueiros) ou somente abarracamentos foram consideradas propriedades empresariais, pois abarracamento era a denominação para as casas-barracos dos seringueiros — as colocações. O termo seringueiro denomina o trabalhador-produtor da borracha, que realizava seu trabalho na condição de trabalhador subordinado ao comando do seringalista (ver Capítulo 4).

Tabela 3 – Registros de seringais – 1891-1942

Município	Total de Registros	Período	Concentração do Período
Itaituba	619	1891-1911	71% in 1892-1894
Afua	474	1891-1915	62% in 1892-1895
Chaves	231	1891-1905	87% in 1892-1897
Gurupa	297	1891-1903	97% in 1892-1898
Curralinho	224	1892-1903	84% in 1892-1898
Cameta	459	1891-1905	92% in 1893-1898
Melgaco	223	1891-1904	85% in 1895-1904
Anajas	264	1900-1928	91% in 1900-11
Altamira	136	1913-1942	82% in 1914-15
Total	2927		

Fonte: registros de propriedade do Iterpa

Os resultados indicam que nos seringais situados nos nove municípios mais importantes produtores de borracha no Pará, particularmente, em oito deles, 55% dos proprietários eram empresários e 45%, pequenos produtores familiares. Porém, no total de 2.927 propriedades produtoras de borracha, 63% eram empresas e 37%, propriedades de pequenos produtores familiares. Em Itaituba, 85% eram propriedades empresariais, em Gurupá 72%, em Cametá, 70% e, em Anajás, 62%. Nos demais municípios, 50% ou mais eram propriedades empresariais, com exceção de Altamira, onde a grande maioria parece ser, provavelmente, propriedade de pequeno produtor familiar e somente 18% empresariais.

O controle empresarial de seringais pode ter sido muito mais significativo, quando se considera o caráter geoecológico da privatização da terra — apropriava-se a terra-floresta das melhores espécies de árvores de goma elástica, como já mencionado.

Como o Gráfico 1 ilustra os resultados da correlação entre as variáveis "número de caminhos de seringueiras" e "benfeitoria" mostra que a floresta de seringueiras era massivamente possuída por empresários mais do que por pequenos produtores familiares. Existe uma lacuna quanto ao número de caminhos de seringueiras em cerca de 25% das propriedades de pequeno produtor familiar e 19% de propriedades empresariais. Os casos válidos ilustram que, no total de cerca de 19.915 caminhos de seringueiras, somente cerca de 18% estava localizada em propriedade familiar, enquanto mais de 82% situavam-se em propriedades empresariais.

Além disso, enquanto nas propriedades empresariais um caminho de seringueira tinha entre 100 e 150 árvores de goma elástica, nas propriedades de pequeno produtor familiar, o caminho de seringueira tinha de 40 a 80 árvores de goma elástica. Assim, embora o pequeno produtor familiar possuísse uma razoável percentagem de propriedades produzindo borracha, empresários detinham a maioria das propriedades e mais de 80% das florestas de goma elástica. Esses resultados mostram que no Pará não eram os pequenos produtores que controlavam os seringais, de acordo com pequenas propriedades de terra e organização familiar do trabalho. Os seringais, no sentido de terra-floresta de goma elástica, eram majoritariamente propriedade privada empresarial.

Quando as variáveis "número de caminhos de seringueiras" e "benfeitoria" são consideradas, constata-se uma maior percentagem de produção de borracha empresarial em pequena escala no Pará. Por volta de 75% dos casos válidos, quando comparado com o Acre. Todavia, deve-se considerar que 316 ou 24% dos empresários eram proprietários de mais de uma propriedade seringueira — entre 2 e 12 propriedades.

Deve-se considerar também que pequena escala de produção de borracha em uma propriedade não significa necessariamente pequena escala de produção empresarial em geral. Somente 41% do total de 2.927 propriedades produziam somente borracha; ou seja, era especializada nessa produção. Isso quer dizer que 59% das propriedades seringueiras produziam borracha em associação com a produção de outras mercadorias. Em Gurupá, cerca de 60% das propriedades seringueiras produziam somente borracha, em Itaituba, 54% e, em Melgaço, 50%.

Tabela 4 – Categorias de proprietários – 1891-1942

Município	Propriet.	Empres.	%	Camp.	%	Propried.Empres.	%
Itaituba	*485*	*395*	81%	90	19%	529	85%
Afua	*428*	*215*	50%	213	50%	261	55%
Chaves	*188*	*79*	42%	109	58%	122	53%
Gurupa	*223*	*139*	62%	84	38%	213	72%
Curralinho	*160*	*47*	29%	113	71%	111	50%
Cameta	*405*	*268*	66%	137	34%	322	70%
Melgaco	*153*	*37*	24%	116	76%	107	50%
Anajas	*209*	*109*	52%	100	48%	164	62%
Altamira	*132*	*20*	15%	112	85%	24	18%
Total	2383	1309	55,00%	1074	45,00%	1853	63%

Fonte: registro de legalização de seringais do Iterpa

Mas, em Altamira e em Cametá, somente as propriedades produtoras de borracha em associação com a produção de cacau chegavam a 85% e 42%, respectivamente. Era a agroecologia em pleno funcionamento, pois o cacau se desenvolve bem à sombra das florestas de árvores de goma elástica. Em outros municípios, as propriedades especializadas em produção de borracha representavam menos de 50%.

Conclui-se, assim, que, embora a maioria das propriedades empresariais que produziam borracha no Pará possam ser consideradas empresas de produção de borracha em pequena escala, produção de borracha em pequena escala não significa, automaticamente, produção de pequeno produtor familiar. Muitos empresários agroextrativistas possuíam pequenos trechos de floresta de goma elástica dentro de suas propriedades, os quais eram organizados em caminhos de seringueiras e alugados para seringueiros, durante as safras.

Gráfico 1 – Donos de estradas de seringueiras

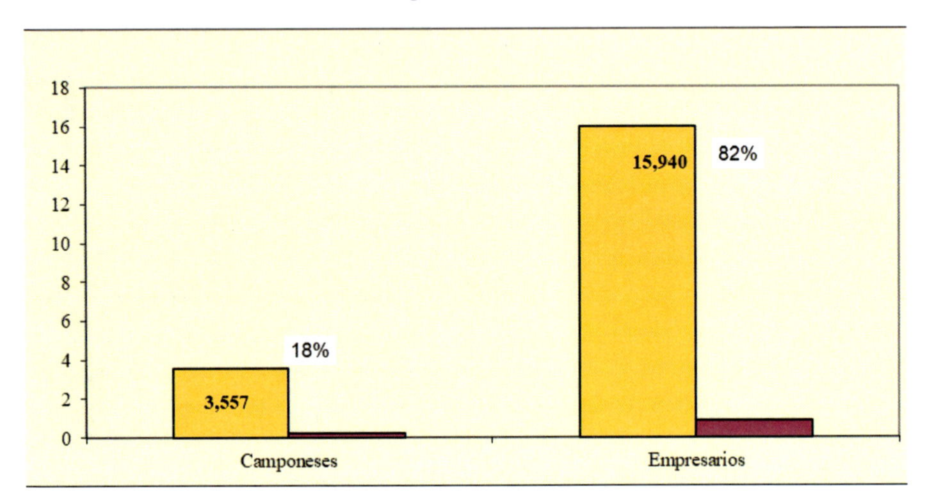

Fonte: registros de legalização de propriedade, Instituto de Terras do Pará (Iterpa)

Em minhas pesquisas anteriores, descobri que isso era feito mesmo por fazendas estatais agroextrativistas, na década de 1860 (Bentes, 1992). Wallace (1939) menciona empresários cultivando cacau em associação com a produção de borracha, às proximidades de Belém, em 1848. No Distrito do Rio Acre, no Território Federal do Acre, o trecho de florestas com maior densidade de árvores de goma elástica de melhor qualidade foi privatizado somente por empresários. Os processos do Incra-Acre sobre as empresas de borracha originais naquela área mostram a existência de somente 105 propriedades seringueiras, mas que ocupavam 1.592.676,5378 ha de extensão.

Esses dados corroboram com informação prestada por Falcão (1907) referentes aos anos 1906-1907. Em 1907, ele mencionou 80 seringais situados ao longo dos rios Purus e Acre, que se constituía no trecho onde se localizavam os seringais mais importantes do Distrito do Rio Acre (Cunha, 1946). Como já foi mostrado na Tabela 1, em 1906-07, havia 80 propriedades seringueiras nesse trecho. Desse total, 74 produziam cerca de 4.540 toneladas de borracha, considerando que não existe informação sobre esse assunto para seis (6) delas.

Entre os donos dessas propriedades, 39 eram seringalistas individuais e 17 eram firmas comercial-financeira, sendo oito (8) firmas de Belém, as quais possuíam 15 propriedades seringueiras, e quatro (4) negociantes de Manaus e Belém. Assim, os seringais mais importantes do Pará foram transformados em propriedade privada principalmente de empresários, enquanto o trecho de maior densidade das melhores espécies de árvores de goma elástica no Distrito do Rio Acre, no Território Federal do Acre, tornou-se propriedade privada somente de empresários, de acordo com extensas propriedades seringueiras.

Os Censos de 1920 e 1940 mostram a concentração de terra-seringal no Acre, conforme ilustra a Tabela 5.

Tabela 5 – Propriedade de terra no Acre – Censos de 1920 e 1940

Proppriet./área(ha)	Quant. De estabelecimentos				Area (ha)			
	1920		1940		1920		1940	
	Quant.	%	Quant.	%	Ha	%	Ha	5
Categoria de propriet.								
Individuo	1128	96,4%	460	43,9%	3.617.429	87,2%	4.089.692	59,2%
Outros propried.privadas	42	3,6%	195	18,6%	530,154	12,8%	2.678.894	38,7%
Instituições Públicas			377	36,0%			30,108	0,4%
Sem Informação			15	1,5%			116,015	1,7%
Responsável pela propriedade								
Dono	864	7,8%	294	28,0%	1.222.460	29,5%	2.599.033	37,6%
Inquilino	185	15,8%	479	45,8%	1.753.433	42,3%	3.456.693	50,0%
Ocupante			144	13,8%			14,702	0,2%
Administrador	121	10,4%	118	11,2%	1.171.690	28,2%	770,201	11,1%
Sem Informação			12	1,2%			74,08	1,1%
Área de Propriedade(ha)								
Menos que 100	647	55,3%	540	51,6%	11,402	0,3%	12,067	0,2%
100 a menos de 1.000	303	25,9%	124	11,8%	116,420	2,8%	44,149	0,6%
1.000 a menos de 10.000	150	12,8%	137	13,1%	508,189	12,2%	515,608	7,5%
10.000 ou mais	70	6,0%	197	18,8%	3.511.572	84,7%	6.342.885	91,7%
Sem informação			49	4,7%				
Total	1,170	100%	1,047	100%	4.147.583	100%	6.914.709	100%

Fonte: IBGE (1940, 1950, 1979, p. 2-3) e Duarte (1987, p. 28-29)

Pode-se ver nessa tabela que, em 1920, a proporção do número de propriedades com mais de 10.000ha era de somente 6% do total. Mas essas propriedades representavam 85% das terras privatizadas no Território Federal do Acre. Em 1940, a concentração de terras foi intensificada. As propriedades com mais de 10.000ha representavam 19% do total das propriedades, cobrindo quase 92% da área de terras privatizadas.

No que diz respeito à pessoa responsável pela propriedade, em 1920, 74% era o próprio proprietário, 16% inquilino e 10% administrador. Mas, em 1940, o número de propriedades sob a responsabilidade de inquilinos atingiu 46%, enquanto somente 28% permanecia sob a responsabilidade do dono da propriedade. Isso indica um aumento no fenômeno do aluguel de seringais pelos seus proprietários, depois da década de 1920. Em 1940, uma nova categoria era o ocupante, representando quase 14% dos responsáveis pela propriedade seringueira.

2.6 CONCLUSÃO

A propriedade seringueira emergiu na Amazônia, a partir da década de 1840, e expandiu-se intensamente, particularmente durante e após a década de 1870. Esse fenômeno foi favorecido por três conjunturas. Primeiro, pelo momento de tendência geral de aumento dos preços da matéria-prima borracha, que resultou da crescente demanda industrial por borracha. Segundo, não menos importante, pela circunstância de oferta de dois serviços básicos: serviços de crédito fácil e serviço de exportação da borracha em larga escala. E, terceiro, pelo encorajamento dos governos locais.

Seringal significa propriedade seringueira ou propriedade privada, no sentido moderno. A característica específica a ser enfatizada é que a privatização das florestas de árvores de goma elástica representou uma continuação no tempo de um padrão histórico de propriedade da terra na região, no qual as melhores terras tenderam a ser privatizadas por empresários. O trecho possuindo a maior densidade das espécies de árvores de goma elástica de melhor produtividade e qualidade do látex foram privatizados, de acordo com extensas propriedades empresarial. Ademais, ao contrário da ideia de que a propriedade seringueira empresarial seria um fenômeno dos últimos anos do chamado *boom* da borracha, no Acre, esse era um evento que emergiu a partir da década de 1840 em toda a Amazônia, incluindo Acre. Além disso, no estado do Pará, a terra-seringal situada nos nove (9) municípios mais importantes produtores de borracha foi privatizada, em grande medida, por empresários, individualmente, ou sob a forma de companhias. Embora o pequeno produtor familiar tenha sido dono de uma razoável proporção das propriedades que produziam borracha, as melhores florestas seringueiras eram propriedade privada majoritariamente de empresários.

O material apresentado neste capítulo revela que a associação entre extrativismo e ausência de propriedade privada da terra não se sustenta. Representa tão somente uma negligência com relação ao processo ecológico histórico de apropriação da terra-seringal, assim como uma visão preconceituosa de florestas preservadas e de métodos ecológicos de plantio-manejo de florestas nativas, intrínseca à visão europeia de civilização.

Essa visão preconceituosa sobre florestas preservadas estava presente inclusive no direito fundiário federal brasileiro, o qual impunha dificuldades para a legalização de seringais especializados na produção de borracha. Essa percepção preconceituosa foi eliminada do direito federal brasileiro somente após 1912, como parte do Plano de Defesa da Borracha. Em consequência, em 1908, essas dificuldades enfrentadas pelos seringalistas puderam ser manipuladas e distorcidas pelo cônsul britânico no Pará, em sua tentativa de descaracterizar os seringais como propriedade privada, apresentando a produção de borracha como sendo nômada, não existindo ocupação permanente, nem privatização legal da terra.

Assim, verificou-se que a associação de extrativismo com ausência de propriedade da terra pela literatura brasileira dos anos 1950-1980 resulta de um reavivamento daquela visão preconceituosa acerca de florestas preservadas disseminada pelo cônsul britânico e presente no direito fundiário brasileiro até 1912. Resulta também de falta de investigação histórica, ignorando o processo histórico de apropriação ecológica da terra na Amazônia, inclusive da terra-seringal. É uma consequência igualmente de desprezo pela literatura produzida por autores amazônidas que mencionam a privatização de seringais.

Ao assim fazer, essa literatura deixou inquestionados tanto a definição preconceituosa de benfeitoria constante do direito fundiário federal brasileiro anterior a 1912, quanto o preconceito verde do cônsul britânico no Pará, em 1908, de modo que essas visões sobreviveram na literatura até o surgimento deste trabalho.

CAPÍTULO 3

A DISPONIBILIDADE DE TRABALHADORES PARA OS SERINGAIS

A apropriação ecológica empresarial da terra-seringal, abordada no capítulo anterior, teve implicações no que diz respeito à disponibilidade ou não de trabalhadores para a empresa de borracha, no período aqui considerado. Malagodi (1995) argumenta que, no capitalismo, assumir o comando do processo de produção, subordinando o trabalho de produtores diretos, requer como uma das condições primeiras a propriedade ou controle dos meios de produção. No padrão ecológico de apropriação empresarial da terra, a propriedade da terra era privada.

A empresa de borracha, como definida neste livro, era propriedade privada. Na Amazônia brasileira, a relação social de propriedade da terra está conectada de alguma forma com o inteiro processo de subordinar produtores diretos ou transformá-los em trabalhadores. O Capítulo 2 mostra que as terras-florestas das melhores espécies de árvores de goma elástica foram transformadas em propriedade privada de empresários, mais do que de pequeno produtor familiar. Isso significa que o seringueiro, para realizar seu trabalho nessas terras, teria que se submeter ao comando dos empresários.

Este capítulo trata da disponibilidade ou não de trabalhador ou a existência ou não de um mercado de trabalho livre, quando a empresa de borracha emerge e se expande na região. Argumenta que, apesar da existência de uma profunda complexidade entre ser livre e ser cativo ou trabalhador não cativo, mas tutelado, vivenciada por descendentes de indígenas e de africanos, por povos indígenas e por escravos recém-libertos, havia, sim, um mercado de mão de obra livre, resultante de um longo processo histórico de fabricar trabalhador. Esse processo envolveu múltiplas relações sociais e processos, nos quais os padrões ecológicos de relações sociais de propriedade da terra teve um papel importante.

Para demonstrar essa circunstância histórica, o capítulo, primeiro, examina o processo histórico formal e informal de fabricar trabalhadores na Amazônia, o que termina gerando uma disponibilidade de trabalhadores livres para os seringais. Em seguida, trata-se do problema da pouca oferta de trabalhadores para os seringais mais distantes, no Acre. Isso foi particularmente significativo no período da década de 1870 até a década de 1910, quando a conjuntura era de intensa produção da matéria-prima borracha e de expansão da empresa de borracha.

3.1 O PROCESSO HISTÓRICO FORMAL DE TRANSFORMAR POVOS NATIVOS EM TRABALHADORES

Na apropriação ecológica da terra, as melhores terras tenderam a ser privatizadas por empresários. Essa tendência expressa relações sociais de propriedade da terra nas quais o produtor direto era, em certa medida, excluído das melhores terras. Essa circunstância teve uma grande influência na fabricação de trabalhadores.

O ponto inicial na história do trabalho na Amazônia é o processo de tomada das terras dos povos indígenas, tornando-as terras livres para a "ocupação" pelos colonizadores, iniciado em 1615-16. Esse processo foi seguido pela privatização ecológica da terra, combinando com a transformação de grande parte dos nativos em trabalhadores. Os portugueses e outros europeus dependiam dos conhecimentos, habilidades e trabalho de povos indígenas, para poder explorar recursos naturais e produzir mercadorias. Os nativos eram a fonte praticamente única de trabalhadores até por volta de 1680, quando o escravo africano começou a ser inserido no processo de trabalho, lentamente. Quando a escravização dos nativos foi proibida, em 1755, seguida da crescente importação de escravos africanos, eles ainda eram a fonte de trabalho predominante (Bentes, 1992).

Desse modo, a história do trabalho, particularmente, até as primeiras décadas do Séc. XIX, constitui-se, fundamentalmente, em um processo histórico de transformar nativos em trabalhadores, à parte a escravidão Africana — que foi um fenômeno mais significativo no período de 1754 a 1888 (embora escravos africanos tenham começado a ser adotados lentamente, desde 1680).

O capitalismo na Amazônia inicialmente assumiu a forma de uma economia colonial, empregando diferentes tipos de trabalhadores, incluindo escravos. Escravo aqui significava aquele que tinha o *status* de mercadoria. O trabalhador foi transformado em uma mercadoria comercializada por um tipo específico de negócio. O comércio de escravos indígenas era um negócio organizado que garantia impostos ao governo e envolvia momentos de alto nível de contrabando pelos comerciantes (Bentes, 1992). Os paulistas tiveram um papel importante nesse comércio, sendo contratados mesmo por poderosos escravistas do nordeste do Brasil (Malheiro, 1867; Lobo, 1952; Moreira Neto, 1988).

Como uma mercadoria, os escravos nativos eram mais baratos que os africanos. Essa era uma das principais razões para a predominância de escravos nativos nas áreas mais pobres em todo o território brasileiro (Sodré, 1979; Lobo, 1952). Os preços mais altos do escravo africano, por sua vez, transformaram esses escravos em uma característica das economias mais ricas, tornando a posse deles em um sinal de status e prosperidade (Gorender, 1985). Nessas circunstâncias históricas, de acordo com Lobo (1952), nativos eram substituídos por escravos africanos tão logo uma economia apresentasse expansão.

A proibição da escravização de indígenas, em 1755, seguida do incentivo à adoção do escravo africano na Amazônia, ocorre em um momento de expansão econômica, em que Belém assumiu papel central como o único porto oficial de exportação de ouro produzido no Mato Grosso (Lapa, 1973). Um evento que teve um papel ainda mais importante nesse contexto de expansão econômica foi a política Pombalina do período de 1751 a 1777, visando à racionalização da economia.[65] Essa política era parte da política da coroa portuguesa de recuperação econômica de Portugal, iniciada em 1640 (Dias, 1970; Lobo, 1952; AN(Brasil), 1985 *apud* Bentes, 1992). Essa política envolveu uma reorganização político-administrativa do Brasil, por meio de centralização da administração, objetivando melhorar o controle sobre o recebimento de impostos (AN(Brasil), 1985 *apud* Bentes, 1992; Lobo, 1952) e a imposição mais forte da racionalidade econômica industrialista europeia.

Não obstante, os escravos africanos não se tornaram o tipo de trabalhador predominante na Amazônia. Em 1823, após a independência do Brasil de Portugal, a população da Província do Pará era de 128,127 habitantes, destes, 22% eram escravos (Baena, 1839)[66]. Os dados apresentados por Santos (1980) sobre o número de escravos africanos na Amazônia, para o período de 1800 a 1840, indicam uma média anual de 30,841, atingindo um pique em 1830, com 39,958 deles. Em 1862, havia 30,847, mas representando tão somente 15.5% do total da população da

[65] Alvara com poder de Lei de 07/06/1755, analisado em Bentes (1992).

[66] Veja análise deste livro como fonte histórica em Marin (1985).

Província do Pará (Pará, 1862). Em junho de 1884, existiam 20,849 escravos trabalhando em 9,872 moinhos de açúcar e de rum, mas em 1888, quando a escravidão negra foi abolida, esse número tinha se reduzido em cerca de 50% (Moraes, 1984 *apud* Bentes, 1992). Essa redução resultou de várias circunstâncias, incluindo fuga de escravos para Quilombos (Salles, 1971; Marin, 1985), morte e venda de muitos deles para escravistas do Sudeste do Brasil (Marin, 1985; Pará, 1871).

Todavia, nas últimas décadas da escravidão no Pará, a situação mais importante para a redução da escravidão negra foi a venda de escravos africanos para o Sudeste do Brasil, expressando o alto custo deles para os escravistas locais. Esse relativo alto custo resultava não somente da grande distância da África e de portos redistribuidores brasileiros, mas também da forte competição entre escravistas que colocava escravistas do Pará em desvantagem em relação àqueles de cidades-portos, tais como Recife, Salvador e Rio de Janeiro (Gorender, 1985).[67] De mais a mais, como Marin (1985) enfatiza, escravistas no Pará enfrentaram dificuldades para manter escravos africanos, não somente devido ao término do tráfico de escravos em meados do Séc. XIX e à pressão política de movimentos abolicionistas, mas particularmente por causa das constantes fugas de escravos e organização de Quilombos. Essa situação demandava investimentos governamentais e privados para capturá-los. Nas últimas décadas da escravidão, o alto custo para manter escravos africanos foi usado como justificativa para os marchantes locais se oporem ao Decreto n.º 6980, de 20/07/1878, e à Lei n.º 2940, de 31/10/1879. Essa legislação previa a taxação do aluguel e da venda de escravos, visando desestimular a ideia e a prática de comercializar seres humanos (Decreto 6980, de 20/7/1878, e Lei 2940, de 31/10/1879). Os marchantes fizeram oposição à Alfândega do Pará, argumentando que:

> [...] a escravidão existe e isto é ruim, mas a lei permite isso. Consequentemente, ela não pode impedir o dono de exercer seu interesse legítimo. Alguém não pode e não deve impedir o dono de transferir escravos se ele/ela não pode mantê-los. Sob tais circunstâncias, a venda de escravos não parece como o estigma de tráfico de humanos (Associação Comercial do Pará, 1881, p. 31).

[67] Sobre a diferença de preços entre escravos índios e africanos no Pará, veja Lobo (1952) e D'Azevedo (1900). Sobre os altos preços de escravos africanos, particularmente durante a ascensão da economia de minas de ouro em Minas Gerais, veja Simonsen (1957).

O declínio no número de escravos africanos era também o resultado do progresso, ainda que lento, em libertar diferentes categorias deles, particularmente após a Lei n.º 2040, de setembro de 1871, que previu fundos financeiros para esse propósito. O presidente da Província do Pará relatou que esse subsídio propiciou a libertação de um total de cerca de 472 escravos africanos em 1882 (Bentes, 1992).

Na Amazônia, o escravo africano era uma forma secundária de trabalhador, usada em conjunção com o importante trabalhador nativo. O trabalhador, em particular o trabalhador rural, pode ser visto principalmente como um fenômeno histórico, criado por meio da tomada das terras dos povos indígenas, seguida do treinamento-constrangimento de nativos a trabalhar na condição de trabalhador subordinado aos interesses do patrão. Esse foi um processo comandado e intencionalmente implementado pela Monarquia Portuguesa e por capitalistas europeus, os quais impunham suas regras e racionalidade na organização do trabalho e da vida. Foi um longo processo histórico, que se estendeu de 1615-16 até, pelo menos, a terceira década do Séc. XIX, envolvendo muitos processos secundários.

A privatização ecológica da terra só podia acontecer depois da tomada das terras indígenas, quando, então, elas passavam a ser consideradas livres para a ocupação europeia. Esse processo se deu em combinação com a fabricação de trabalhadores, por meio de uma combinação de uso da força com estratégias ideológicas de subordinação. A principal estratégia ideológica de subordinação utilizada pelos autodenominados colonizadores se constituiu na apropriação dos conhecimentos dos nativos, seguida da sua despossessão desses conhecimentos. No período de 1500 a 1615, representantes da coroa portuguesa e comerciantes não somente realizavam trocas de objetos com os nativos. Ao contrário, concomitantemente a isso, eles absorviam conhecimentos e habilidades dos nativos sobre o meio físico natural e seus métodos de utilizá-lo economicamente, bem como sobre suas organizações econômica, social, cultural e política. Isso era feito por meio da manipulação da maneira amigável como muitos povos nativos receberam os portugueses e europeus em geral, assim como o modo como aquelas sociedades compartilhavam conhecimento e habilidades — por meio de processos orais, de graça (Bentes, 1992). O conhecimento e as habilidades eram usados para o bem comum, não eram mercadorias.

A despossessão e apropriação das terras dos nativos estava baseada no uso dos conhecimentos desses povos contra eles. Ao apossarem-se desses conhecimentos, os colonizadores passaram a tê-los como seus conhecimentos e a classificar os nativos como "selvagens", "incivilizados" e incapazes de criar conhecimento. Essa exclusão intelectual assumiu forma de ideologia científica e institucionalizada. Nos Séc. XVII e XVIII, intelectuais europeus classificaram os povos nativos do continente americano como não humanos, seres situados no meio caminho de evolução entre humanos e animais (Cunha, 1992). O discurso científico evolucionista do Séc. XIX argumentou que eles tinham desenvolvimento imperfeito, de modo que eles iriam degenerar, sem nunca alcançar maturidade. Por essa razão, eles eram classificados pela ciência como remanescentes de uma humanidade antiga, destinados à extinção (Cunha, 1992; Cunha; Farage, 1987).

Apesar das controvérsias em torno dessa visão evolucionista, as quais nunca evoluíram ao ponto de considerar esses povos seres humanos normais, e embora a legislação brasileira não aceitasse, inteiramente, aquela explicação científica, a classificação dos nativos como seres humanos subdesenvolvidos constitui-se em justificativa ideológica para o estabelecimento de um sistema de tutelagem e "civilização". Na realidade, esse sistema garantiu o processo de transformar os nativos no tipo de trabalhador necessário à produção de mercadorias coloniais para o mercado internacional. A política de "civilização" era realizada para atender as necessidades e as demandas de trabalhadores pelas classes sociais que comandavam o processo de produção de mercadorias coloniais.

A remoção dos povos indígenas de suas terras e a subsequente transformação de seus membros em trabalhador envolveu dois procedimentos legais, comandados por expedições oficiais de guerra. Compondo a tripulação dessas expedições estavam os padres católicos, que eram trabalhadores assalariados da coroa portuguesa. Esses padres eram os primeiros a descer das barcas-navios para tentar convencer o povo nativo visado deixar suas terras pacificamente e mudar para as aldeias católicas. Aos que recusassem essa forma "pacífica" de recrutamento era declarada guerra e aqueles capturados como prisioneiros de Guerra eram vendidos legalmente como escravos.[68] A legislação colonial previa que prisioneiros de guerra podiam

[68] Eles poderiam se tornar prisioneiros por meio de guerras oficiais ou guerras privadas contra eles (Bentes, 1992). Veja sobre formas legais e processos utilizados para transformar nativos em escravos ou trabalhador livre sob a tutelagem de missionários católicos, Raiol (1900), D'Azevedo (1900), Malheiro (1867), Leite (1943), Lobo (1952), Quintiliano (1963) e Cruz (1973).

ser escravizados legalmente. Aqueles que aceitavam a oferta dos padres eram recrutados na condição legal de índio forro, que era um trabalhador assalariado tutelado pelos padres. Eles eram levados, primeiro, para as aldeias católicas, onde passavam por um treinamento especial.

A aldeia era a estrutura institucional primordial sob a qual essas pessoas eram limpas de suas línguas maternas, culturas, modos de vida e eram ensinadas-constrangidas a se comportar de acordo com os padrões portugueses de religião, cultura e modo de vida, e como trabalhadores subordinados. Eles eram treinados em habilidades profissionais e ensinados-constrangidos a adquirir comportamento submisso e pacífico, em respeito à organização hierarquizada do trabalho e da vida na sociedade que estava em construção na região, a qual contrastava com suas organizações sociais de vida e trabalho. Até meados do Séc. XVIII, padres católicos administravam suas vidas e os alocavam como trabalhadores para fazendas e outros negócios.

Mesmo assim, nos primeiros estágios do processo histórico de fabricar trabalhadores, alguns elementos das culturas dos povos nativos sobreviveram parcialmente. Os padres organizaram uma língua comum (a língua geral ou Nheengatu), originada da mistura de diferentes línguas maternas desses povos, na qual predominava o Tupi-Guarani. Devemos lembrar que os mais de 20 milhões de habitantes originais da Amazônia falavam mais de 700 línguas diferentes.

Entretanto, em 1663, começou um lento processo de secularização das aldeias. Esse processo se completou em 1751 (Bentes, 1992; D'Azevedo, 1900), quando as aldeias assumiram a forma institucional de diretórios sob administração secular. Em 1755, isso foi combinado com a proibição da escravidão indígena e encorajamento aos cidadãos portugueses para que se casassem com nativos. Essa política incluiu também a proibição da língua geral e fortes medidas constrangedoras para forçar os nativos a falarem português e adotarem os comportamentos estabelecidos pelos governantes portugueses. A justificativa para essa política foi o objetivo de racionalização econômica e a integração dos nativos à sociedade colonial.

Exceto para aqueles nativos que se casassem com portugueses, a integração era alcançada principalmente por meio do exercício do trabalho sob diferentes formas de tutelagem. A exemplo dos ex-índios forros que receberam lotes de terra às proximidades de vilas e Diretórios, os quais se tornaram pequenos produtores familiares sob a proteção/tutelagem da administração secular dos diretórios, uma condição que perdurou até dezembro de 1831 (Bentes, 1992).

De fato, a maioria dos ex-índios forros foram mantidos como trabalhadores assalariados tutelados. O que mudou foi a forma por meio da qual essa tutelagem era exercida. Eles se tornaram mão de obra tutelada pela administração secular dos *diretórios* (Bentes, 1992), ao invés da administração religiosa dos padres católicos, como era antes. Em 1761, na Capitania do Pará, metade dos 2.520 ex-índios forros estavam distribuídos em fazendas. A outra metade que permanecia em vilas ou diretórios exercia trabalhos em diferentes tipos de negócios oficiais e privados.

Na capitania do Rio Negro, em 1774-5, a situação era similar. Entre os 3.243 ex-índios forros, somente 15% trabalhava em sua própria terra, enquanto 85% trabalhavam em fazendas privadas ou em negócios privados situados em vilas (Bentes, 1992). Além disso, fazendeiros poderiam nessa conjuntura manter aqueles com *status* de ex-escravos, os quais passaram a exercer seu trabalho sob a tutelagem de juízes, uma vez que a legislação previu que o juiz conhecido como "juiz de órfãos" tinha permissão para manter ex-escravos como uma espécie de servos sob sua tutelagem.

À parte a tutelagem, ex-índios forros e ex-escravos eram trabalhadores livres, no sentido de que eles eram trabalhadores nativos aculturados, não proprietários dos meios de produção e dependiam do patrão para exercer seu trabalho. A maioria deles parece ter continuado sob tal condição mesmo quando eles se tornaram livres de qualquer forma de tutelagem, na primeira metade do Séc. XIX.

Após meados do Séc. XVIII, nativos ex-índio forros e ex-escravo se constituíam na principal fonte de trabalho livre na região. Eles eram trabalhadores livres em ambos os sentidos de não escravos e de não possuidores de meios de produção. Eles crescentemente se casavam com pequenos produtores familiar europeus imigrantes espontâneos ou por meio dos serviços oficiais de imigração, que se intensificaram a partir de meados do Séc. XVIII. A miscigenação populacional se expandiu ainda mais, à medida que escravos e ex-escravos africanos chegavam na região.

Esse processo coincide com o surgimento de pessoas na condição de trabalhadores temporários e desempregados. Em 1793, era estimado que trabalhadores sazonais ou temporários morando em Belém tinham chegado a 13% da população. De acordo com as classificações racistas das estatísticas oficiais, a população "negra", "índio" e miscigenada atingia o total de 1.099 pessoas. Em 1822, essa população constituía 9% da população de Belém (Salles, 1971).

Segundo Marin (1985), as dificuldades dos patrões em impor suas próprias regras sobre esses trabalhadores se expressavam em lei que tratava as pessoas sem trabalho permanente como indolente e nômade, nominando-os vagabundos, que era a justificativa ideológica para tratá-los como casos de polícia. Para essa autora, foi com base nessa perspectiva que o presidente da Província do Pará afirmou que o problema do Pará não era a falta de trabalhadores, mas o fato de que os trabalhadores não queriam trabalhar nas plantações (Marin, 1985).

Importante lembrar que essa população de trabalhadores sazonais e temporários era herdeira do estigma originado no preconceito racial contra os povos indígenas ou contra escravos africanos, dos quais se esperava nada mais do que se tornar trabalhador subordinado. Isso os tornava suscetíveis àquele tipo de classificação e a certas formas de recrutamento compulsório oficial, mesmo sendo eles livres, não escravos.

Em 1838, todas essas circunstâncias levaram à criação do chamado Corpo de Trabalhadores, que era uma organização para aglutinar trabalhadores, combinando o uso da força com contratos de locação de serviços. Essa organização, segundo Marin (1985), representa a persistência, até meados do Séc. XIX, da concepção oficial de criar trabalhadores por meio de instituições oficiais, combinando tutelagem e organização institucional hierarquizada. O Corpo de Trabalhadores recrutava, treinava e distribuía trabalhadores para fazendas e fábricas, além de outros negócios públicos e privados, em vilas, cidades e em Belém, onde havia carência de trabalhadores no período posterior à Cabanagem[69].

Essa organização era muito similar àquela do Diretório (a forma institucional secular que assumiram as antigas Aldeias Católicas), uma vez que os trabalhadores eram treinados nas habilidades profissionais demandadas pelas manufaturas, pelo comércio e pelos empreendimentos rurais, por meio de administração hierárquica central. Em 1848, o Corpo de Trabalhadores era composto de 5.562 trabalhadores, 62 oficiais e 56 subalternos; em 1853-54, esse Corpo possuía 2.544 trabalhadores, 41 oficiais e 299 subalternos e, em 1855, 4.064 trabalhadores 47 oficiais e 280 subalternos (Marin, 1985). Contudo, essa organização não absorveu

[69] Sobre a cabanagem, ver nota de rodapé 70, adiante, e o Capítulo 5.

todos os trabalhadores temporários e desempregados. Em 1849, o presidente da Província do Pará afirmava que havia cerca de 60.000 homens livres disponíveis, sem emprego permanente, os quais representavam ¾ da população da província (Pará, 1849). Em 1850, havia 9 corpos de trabalhadores que subsistiam em virtude de diferentes Leis Provinciais, cujas disposições pela maior parte tinham caído em desuso, até serem totalmente abolidas. Ainda assim, como ainda subsistiam os batalhões da guarda policial e os Corpos de Trabalhadores, desligados da sujeição das autoridades civis, e sob a inspeção dos Comandos militares, a redução do número desses tinha sido retardada (Pará, 1850).

3.2 O PROCESSO HISTÓRICO INFORMAL DE TRANSFORMAR O PRODUTOR DIRETO EM TRABALHADOR

Concomitante à política oficial de criar trabalhadores por meio de instituições como aldeias, diretórios e Corpo dos Trabalhadores, havia um processo econômico e político informal de atingir esse objetivo. Esse processo informal ocorria por dois caminhos: primeiro, por meio do estreitamento da oferta de condições por meio das quais os interessados pudessem se tornar produtor autônomo; segundo, por meio da redução do número dos povos indígenas. As terras de florestas densas distantes das margens dos principais rios navegáveis e dos portos que tinham o *status* de terras devolutas constituíam os espaços onde os povos indígenas remanescentes conseguiam sobreviver. E para onde os escravos africanos manejavam fugir e organizar quilombos. Era também o espaço onde o trabalhador familiar pobre conseguia apropriar trechos de terra com solos férteis e outros recursos naturais valiosos.

Nessas áreas, porém, a vida era, de carta forma, difícil. Antes de tudo, essa população já dependia, de certa forma, de mercado para adquirir os produtos que eles não podiam produzir por si mesmos. Usualmente, eles comercializavam com grandes proprietários de terras localizados em áreas que eles podiam chegar por meio de suas canoas e com casas comerciais que iam comprar seus produtos *in loco*, por meio dos chamados regatões, que passavam com frequência irregular. Em ambos os casos, esse comércio significava comprar produtos com preços altos e vender sua produção a valores baixos. Eles tinham que se submeter aos preços oferecidos por esses comerciantes, pois não havia outra opção. Segundo Salles (Salles, 1971), os moradores de quilombos situados nos municípios de Alenquer e

Óbidos vinham à cidade de Óbidos, escondidos, à noite, para comercializar com regatões. Existem também muitas referências ao fato de que povos indígenas comercializavam com regatões (Bentes, 1992).

Segundo, os moradores das terras distantes estavam confinados a modos de vida relativamente pobre em termos de posse de dinheiro (a riqueza deles estava materializada em bens, como terra, casa de moradia, plantações, criações de animais domésticos ou algum gado, meios de produção básicos, abundância de alimentos naturais — peixes, frutas etc.) e de difícil acesso aos serviços formais de saúde, educação e outros. Em algumas áreas, a ocupação autônoma daquelas terras podia envolver riscos de doenças ou morte, devido a precárias condições de vida. Mesmo os assentamentos oficializados, às vezes, não foram bem-sucedidos, devido a condições sanitárias impróprias em certas áreas de várzeas. Por exemplo, o assentamento privado colonial Nossa Senhora do Ó, em 1858-1859 (Bentes, 1992).

Desde 1705, relatórios oficiais mencionam a disponibilidade de terras devolutas distantes dos centros de consumo. Eles dizem que os produtores familiar pobres tinham acesso somente às terras devolutas distantes, em contraste com pessoas poderosas que possuíam extensas propriedades de terra nas várzeas férteis, situadas às proximidades dos centros de consumo (Bentes, 1992). Quando alguns deles conseguiam ocupar terras de boa qualidade e com boa localização, eles eram vulneráveis à expulsão, dependendo da valorização de diferentes faixas de terra resultante de mudanças no Mercado, bem como de complexidades fundiárias legais. Em 1848, Bates menciona que todas as terras situadas às margens dos rios estavam divididas em extensas propriedades (Bates, 1979). Em minhas pesquisas anteriores, descobri evidências de que a expulsão de pequenos produtores familiar tentando ocupar trechos de terra era uma ação imediata comum por parte de grandes proprietários de terra, como medida para impedi-los de criar as condições legais previstas pela legislação brasileira para legalização de terras.

Nesse contexto, a propriedade ecológica podia servir de barreira para o estabelecimento do produtor familiar em certas áreas. O Direito Fundiário brasileiro pós-1850 criou obstáculos para o acesso do pequeno produtor direto às terras devolutas, uma vez que encorajava a privatização empresarial dessas terras e proibia a sua apropriação por outro meio que não a compra. Desse modo, esse direito restringiu o acesso legal do produtor direto pobre, sem dinheiro, às terras devolutas. Em várias ocasiões, povos indígenas e pequenos produtores familiar foram expulsos de, ou tiveram seu acesso restringido em, terras devolutas que se tornaram valiosas devido a mudanças no mercado. Por exemplo, áreas de livre exploração de seringueiras deixaram de existir a partir de meados do Séc. XIX (Reis, 1953; Oliveira, 1983), quando a terra-seringal se tornou valiosa, assim como áreas de livre coleta da castanha do Brasil situadas no Sudeste do Pará, na década de 1920 (Matta, 1978; Emmi, 1988; Bentes, 1992a).

No que diz respeito aos povos indígenas, a política de legalizar suas terras e/ou doar terras a elas surgiu após meados do Séc. XVIII. Mas essa política estava acompanhada das políticas que visavam transformar seus membros em cidadãos portugueses e colocá-los sob diferentes formas de tutelagem, durante os Séc. XVIII e XIX (Malheiro, 1867; D'Azevedo, 1900; Leite, 1943; Bentes, 1992a). Essas políticas tão somente os colocavam em condições similares àquelas dos povos indígenas de todo o Brasil (Cunha, 1992).

Cunha (1992) não distingue formas de tutelagem sobre povos indígenas daquelas voltadas para índios forros e escravos. Ela fala sobre reservas indígenas como se elas fossem ex-aldeais católicas. Talvez, tenha existido casos de reservas indígenas originadas em aldeias católicas. Não encontrei registro algum sobre isso. O fato é que, na Amazônia, as aldeias católicas foram transformadas em vilas e cidades a partir de meados do Séc. XVIII. Oliveira menciona 42 cidades que se originaram de aldeias católicas (Oliveira, 1983). Câmara (1971) mostra esse mesmo processo no estado da Bahia. As chamadas reservas indígenas emergiram de outro processo histórico, envolvendo luta secular dos povos indígenas para manter seus antigos territórios ou obter outras terras. Mais comumente, eles reivindicaram a legalização dos novos territórios onde eles tinham se instalado, ao fugir do processo de tomada das terras que ocupavam às margens dos principais rios navegáveis.

Não obstante, a política oficial para as terras dos povos indígenas remanescentes era combinada com a intenção de transformá-los em trabalhadores. A tendência, ao longo do Séc. XIX, era de confinar os povos indígenas em áreas de reduzido tamanho, até que eles não pudessem mais sustentar sua organização tradicional de trabalho e vida. Ao mesmo tempo, eram-lhes oferecidos instrumentos de trabalho manufaturados, a fim de que eles se acostumassem e se tornassem dependentes deles, até que eles começassem a comprar esses instrumentos de trabalho. Quando eles começavam a fazer isso, os fazendeiros passavam a tentar tomar suas terras sob o argumento de que eles não seriam mais "índios" (Cunha, 1992).

A partir de meados do Séc. XIX, a legislação brasileira possibilitou que vários povos indígenas fossem expulsos de terras-seringais, quando estas passaram a ser privatizadas por empresários e que alguns deles se tornassem trabalhadores dentro das empresas de borracha (Castro, 1955; Chaves, 1913; Brockway, 1979). Na conjuntura de ascensão da economia da borracha, companhias inglesas e norte-americanas, que construíam linhas de trem, demandaram e causaram a eliminação física, ou a remoção, ou a destruição de povos indígenas remanescentes (The Public Record Office, F.O. 13/492,1872; F.O. 13/543, 1878) — veja também o romance *Mad Maria* (Souza, 2002). Engenheiros ingleses demandaram a remoção rápida do que eles chamavam "*indians*", os quais, segundo eles, estavam "infestando" as áreas onde eles queriam construir ferrovias (The Public Record Office, F.O. 13/492,1872; F.O. 13/543, 1878).

Apesar dessa história, vários povos indígenas sobreviveram. Por exemplo, atualmente, somente no Acre, existem 25 reservas indígenas, cuja área representa 11.5% do total da área daquele Estado (Seplan, 1993 *apud* Drumond, 1996). Esse resultado histórico emerge de diferentes processos, tais como a luta política de povos indígenas remanescentes. No entanto, o padrão ecológico de relações sociais de propriedade teve um papel importante. Após serem expulsos de suas antigas terras, os povos indígenas, usualmente, mudaram-se para áreas centrais, distantes das margens dos principais rios navegáveis. Isso aconteceu à medida que se tornou impossível para eles manterem trechos das melhores terras, que eram objeto de competição pelos investidores europeus e, mais tarde, pelos brasileiros.

No que diz respeito ao produtor direto brasileiro, a apropriação ecológica da terra criou dificuldades para ele, também, manter trechos das melhores terras. As relações sociais de propriedade da terra constituíram-se em uma das principais razões para que o pequeno produtor familiar, como produtor autônomo e vendedor direto de seus produtos, emergisse e se expandisse, por meio, principalmente, de políticas oficiais de criar assentamentos desse tipo de produtor, os quais objetivavam suprir de alimentos os mercados internos (Bentes, 1992). A partir de meados do Séc. XVIII e durante o Séc. XIX, houve uma política permanente de criação de assentamentos (Penteado, 1967; Marin, 1985; Lima, 1986; Moraes, 1984; Conceição, 1990; Bentes, 1992).

O ponto a ser enfatizado, todavia, é que a privatização ecológica da terra estava ligada a formas de transformar produtores diretos em trabalhadores subordinados, como já mencionado. Até a política de imigração era também uma política de fabricar trabalhadores. Durante a vigência da Política Pombalina de imigração, no período de 1751 a 1777, nativos eram assentados às proximidades desses assentamentos sob a justificativa ideológica de "civilizá-los", por meio do contato com imigrantes europeus. Na verdade, os assentamentos de nativos visavam oferecer trabalhadores para os imigrantes europeus que desejassem ascender para a condição de pequeno empresário. Bentes (1992) e Marin (1985) também mencionam assentamentos de nativos. De mais a mais, a Lei de Terras de 1850 autorizava a imigração de trabalhadores sob a iniciativa direta de empresários. Isso reforçou a legislação anterior que concedia faixas de terras do Império para a organização de colônias de trabalhadores (Marin, 1985.).

A imigração privada geralmente objetivava a imigração de trabalhadores, a qual também era encorajada pela legislação. Contudo, os europeus imigrantes normalmente queriam se tornar produtores autônomos. O contraste entre esses interesses dos imigrantes europeus em relação aos interesses dos empresários promotores da imigração terminava levando muitos desses imigrantes a abandonarem os assentamentos privados. Em 1858-59, esse foi o caso da Colônia Nossa Senhora do Ó, que foi abandonada pelos imigrantes estrangeiros, os quais foram substituídos por imigrantes brasileiros (Bentes, 1992).

Além disso, mesmo considerando as dificuldades e falhas de alguns assentamentos europeus oficiais, eles deram uma contribuição importante para o suprimento de trabalhadores. Existem registros do fato de que vários imigrantes europeus abandonavam os assentamentos, devido à grande distância desses dos centros consumidores e portos, baixa fertilidade dos solos, doenças ou até suporte oficial inicial insuficiente (Moraes, 1984; Conceição, 1990; Penteado, 1967). Eles se mudavam para as cidades ou se juntavam à população de trabalhadores, despossuídos da terra, que se originava na mistura de europeus com nativos e ex-escravos africanos.

A existência de trabalhadores livres nos dois sentidos, de não escravo e não possuidor dos meios de produção, não significa uma passagem suave e automática para a condição de trabalhador livre subordinado. Muitos preferem trabalhar como agregados ou trabalhador temporário.

A trajetória seguida pelo indígena — expulso da terra, "prisioneiro de guerra", escravo ou "índio fôrro", servo ou força de trabalho assalariada mas tutelada — transforma-o em um trabalhador livre, no sentido de despossuído dos meios e instrumentos de trabalho, e empobrecido. Nessa condição, ele/ela busca satisfazer suas necessidades econômicas, várias delas adquiridas no contato com os portugueses. Ele foi forçado a aprender a se vestir como "branco", usar manufaturados no processo produtivo e outros, tornando-se consumidor, a aprender ofícios artesanais, a falar a língua portuguesa etc. Todavia, não se transforma em um trabalhador estilo europeu. Muitos deles estabelecem uma relação com o trabalho diferente, pois seu contexto histórico foi de uma passagem das relações típicas da nação indígena a qual pertenciam, onde o trabalho objetivava autoconsumo, para as relações escravistas, nas quais eles eram compelidos ao trabalho à força, realizando uma rotina de trabalho totalmente alheia à sua cultura anterior, além de não usufruir da riqueza gerada. O trabalho nessas relações sociais constituía instrumento de exploração de sua força de trabalho e meio de sua dominação e opressão econômica, política e cultural. Negar-se ao trabalho, portanto, transforma-se no único meio de resistência, como qualquer escravo (Gorender, 1985). O trabalho como instrumento de exploração e meio de dominação permanece, embora reformulado após a escravidão, quando ele/ela se transforma em mão de obra tutelada pelo Estado.

Considere-se, ademais, que as necessidades econômicas dessa nova categoria social também são específicas. Boa parte dela não adquire a noção de riqueza como sinônimo de acumulação de dinheiro ou de bens materiais. Necessidades econômicas para muitos deles restringem-se à moradia simples, à alimentação, a peças básicas de roupas e calçados e outros artigos. Isso se deve à condição de miséria a qual foi reduzido pelas relações escravistas e pela economia colonial em geral. A riqueza gerada nas relações escravistas era, na maior parte, canalizada para a metrópole portuguesa ou para os agentes econômicos no mercado mundial e nacional e para a classe dominante local. Não havia usufruto coletivo justo da riqueza produzida a tal ponto que impedia o trabalhador de adquirir outras necessidades de consumo da economia colonial ou pós-colonial ou mesmo de satisfazê-las se as possuísse. O trabalho não se apresenta para o trabalhador como meio de aquisição de riquezas, mas de exploração e dominação explícita.

Essas condições históricas permitem compreender a tão falada "displicência" e "preguiça" de uma parcela de trabalhadores indígenas e mestiços livres que, apesar de despossuída das condições objetivas de trabalho, não se submete ao ritmo e ao tipo de trabalho padrão europeu tão almejado pelas classes dominantes na Amazônia. Ao invés de empregar-se nos estabelecimentos econômicos, pois há carência de mão de obra, eles preferem permanecer na condição de trabalhador assalariado temporário ou diarista, ou como agregado, mantendo, com isso, certa margem de autonomia na administração de seu tempo.

Essa condição era possibilitada pela existência de grande demanda por serviços temporários — na extração/coleta de produtos extrativos, na capina ou nas colheitas, nos transportes como tripulação ou remeiro etc. Em 1754, antes do fim da escravidão indígena, em carta, Mendonça Furtado se refere a essa população de trabalhadores livres:

> [...] de haver hua quantidade de índios alforriados e livres que andavam sendo vadios sem que o publico tirasse utilidade alguá do seu trabalho (e ainda que o inserisse nos estabelecimentos particulares, fugiam e ele não podia dar tratamento a isso) porque os moradores com o engano deque os poderiam conservar [...] nas suas fazendas (os) escondiam nelas (mas muitas vezes os índios ai permaneciam pouco tempo) ficando desta forma sem (atendimento dos interesses dos fazendeiros) e os índios sem mais lucro pagamento, ou civilização, que apreguissa que por esta forma lhe hiam fomentando (Annaes da Bibliotheca e Arquivo Público do Pará, 1968, p. 168).

Essa população aumenta com o fim da escravidão indígena em meados do Séc. XVIII, o lento processo de alforria do escravo negro e a miscigenação dessas pessoas com o europeu localizado nas vilas e povoados. Em estatística de 1793, na cidade de Belém, esse segmento social representava 12,8% da população, 1.099 pessoas pretas, índios e mestiços. Em 1822, ela representava 8,9% dos habitantes de Belém (Salles, 1971). Não há estatísticas sobre essa população no interior da província.

Mas a passagem da condição de trabalhador livre para trabalhador assalariado era marcado por complexidades, devido também a outras situações. Ainda que em condição estrutural de ser não proprietário dos meios de produção, as pessoas manifestavam reações a se tornarem trabalhadores subordinados, por meio de tentativas de obter pedaços de terra de boa qualidade, individualmente ou coletivamente. Conflitos de terra marcaram o processo de surgimento do capitalismo, na Amazônia, envolvendo povos indígenas querendo manter suas terras, imigrantes tentando manter a posse de pequenos pedaços ou tentando obter faixas de boas terras.

Existe abundante informação histórica sobre esse fenômeno, sendo a cabanagem o evento mais dramático[70]. Durante o tempo em que os líderes desse movimento assumiram poder em Belém, trabalhadores desejosos de terras ocuparam extensas propriedades de produção de açúcar e destruíram moinhos, ocuparam fazendas de gado e extensas propriedades que não eram efetivamente ocupadas por seus donos (Bentes, 1992). Isso não aconteceu somente no Pará, como se conhece hoje, mas em toda a Amazônia, que, na época, compunha o Grão Pará. Embora a solução desse conflito tenha ocorrido por meio de intervenção militar, reforçada por navios de guerra britânicos, ele também envolveu a concessão de terras e títulos de propriedade a muitos dos revoltosos (Quintiliano, 1963).

[70] A cabanagem foi uma revolta popular que ocorreu no Grão-Pará, que, na época, estendia-se por toda a Amazônia Tradicional, no período de 1835 a 1840. Sobre os vários aspectos dessa revolta popular, veja Pantoja (2014), Raiol (1970), Hurley (1938), Chiavenato (1984), Di Paolo (1985), Salles (1971 e 1992), Silveira (1994), Monteiro (1994), Ricci (1996), Pinheiro (1998), Lima (2002, 2004), Ferreira (2010) e Cleary (2002). De modo geral, a cabanagem foi uma das várias revoltas populares que ocorreram em todo o Brasil durante o período regencial que, segundo Lopez e Mota (2008), estende-se da insurreição nordestina de 1817 até a Revolução Praieira, de 1848, em Pernambuco. Outros autores confinam o período regencial ao período 1831-1840. Contudo, o elemento importante desse período é a ânsia por independência do domínio de Portugal (sob forte apoio político e militar da Grã-Bretanha, a maior potência militar da época) por parte dos brasileiros e a falta de força política destes para implementar seus projetos. Os anos 1831-1840 constituíram-se em um intervalo político entre os mandatos imperiais da Família Imperial Brasileira, pois, quando o imperador Pedro I abdicou de seu trono, o herdeiro D. Pedro II não tinha idade suficiente para assumir o cargo. Os liberais e o liberalismo saíram ganhando com aquela abdicação. Contudo, não tinham condições de imediata aplicação de seus projetos, até porque, "à sombra do absolutismo de D. Pedro I, continuavam a operar grupos e facções que propunham o retorno da ordem anterior" (Lopez; Mota, 2008, p. 409). E isso causava instabilidade política em um dos momentos decisivos para a consolidação da independência política do Brasil em relação a Portugal. Além desse contexto nacional, para compreender a cabanagem, é preciso considerar as condições particulares nas quais ocorreu a adesão do antigo Estado do Grão-Pará à independência. Essa adesão só ocorreu em 1823, em resposta à informação falsa prestada por Greenfell, mercenário inglês que compunha a esquadra militar do império, sob o comando do militar inglês Lord Cockrane, de que essa esquadra estaria na barra do Pará, ameaçando bloquear a Província, caso se negassem a aderir à independência sob o comando de D. Pedro I. Isso quer dizer que a adesão do Pará foi feita sob pressão militar, à força. Esse e vários outros episódios, resultantes da ação dos militares ingleses para garantir que os portugueses continuassem no poder, fizeram com que o período que antecedeu à eclosão da cabanagem em 1835 se caracterizasse por crescentes mobilizações militares e populares em resposta ao que esses movimentos entendiam ser contrário aos seus interesses nativistas. Desde 1823, vários episódios trágicos ocorreram em meio à instabilidade política. Eram conflitos entre, de um lado, os nativistas e, de outro, portugueses (em aliança com os britânicos) e brasileiros anti-independentistas (Alves Filho *et al.*, 2001; Dias, 2005; Lopez; Mota, 2008; Palheta, 2004; Souza, 2005). A atuação de militares e capitalistas ingleses em prol da continuidade dos portugueses no poder foi marcante devido aos seus interesses comerciais (ver Capítulo 5).

Uma vez que Marin (1985) avalia a cabanagem na perspectiva da transição da escravidão africana para trabalho livre, ela não distingue as reivindicações dos trabalhadores rurais livres que queriam se tornar produtores autônomos, daqueles clamores pelo fim da escravidão. Mas ela critica a historiografia que analisa esse movimento, a partir do ponto de vista de seus líderes, dizendo que a Cabanagem era um movimento envolvendo diferentes reivindicações e aspirações, tais como movimentos nacionalistas liderados por advogados de altas classes sociais — os quais precisavam do apoio de classes subordinadas, a fim de desafiar a posição ainda dominante dos portugueses, apesar da independência do Brasil de Portugal — e uma disputa social. Além disso, ela amplia essa visão, dizendo que a transição da escravidão africana para o trabalho livre foi muito complexa, envolvendo diferentes fatores como a "revolta dos oprimidos" (cabanagem, movimento político contra a escravidão, incluindo movimentos pacíficos como fuga etc.), demanda por treinamento técnico de trabalhadores para operarem máquinas, dificuldades econômicas, tais como aquelas concernentes a mercado de preços de escravos africanos, e questões políticas, a exemplo dos tratados e da emergência do Estado brasileiro.

Eu faço uma ressalva a tal visão. Marin (1985) centra sua análise na transição da escravidão africana para o trabalho livre. Portanto, ela não considera o processo de fabricar trabalhadores na Amazônia, o qual ocorreu antes e durante a escravidão africana. Durante o tempo da escravidão africana, havia um processo concomitante envolvendo várias categorias de trabalhadores em reação à possibilidade real de se tornar trabalhador subordinado: não escravos, trabalhadores familiar pobres; trabalhadores livres desejando possuir terras para se tornar produtor autônomo.

A aspiração a se tornar autônomo era expressa e persistiu ao longo do tempo, como uma das motivações para a organização política em áreas rurais e para várias propostas técnicas de reforma agrária nas terras férteis de várzeas (Rocha, 1952; Departamento de Imprensa Nacional, 1954).

Embora alguns desses trabalhadores tenham conseguido, de fato, tornar-se produtor familiar autônomo, a maioria deles já estava na condição de trabalhador livre que só podia realizar seu trabalho em condição de subordinação ao comando de patrões. A partir de meados do Séc. XVIII, existem referências tanto a trabalhadores livres labutando em condição de arrendatário dentro de fazendas, como a formas de trabalho assalariado. O trabalho do arrendatário se caracterizava por alta rotatividade. Uma das razões para isso era que o proprietário desejava evitar que ele questionasse seu direito à propriedade da terra.

Lapa (1973)[71] diz que o trabalho assalariado aparece primeiro no negócio de navegação, no qual esse tipo de trabalho já era predominante em 1805, porque era fácil para o escravo fugir durante as viagens. No Séc. XIX, em particular a partir de 1838, houve um aumento na navegação do interior. De 1838 a 1839, o aumento foi de 157 da navegação do interior sobre o ano antecedente; "de 1839 a 1840 aumentou 90 sobre a anterior, vindo a haver em dois anos a diferença de 247 (embarcações)... com uma tripulação de 2.745 pessoas trabalhando nos barcos e navios" (Pará, 1841).

Moinhos de açúcar também empregavam trabalhadores assalariados para realizar tarefas administrativas. Ademais, os chamados índios forros recebiam salários, embora estivessem sob tutela. Desse modo, havia formas de trabalho assalariado desde o início do período colonial.

O trabalhador assalariado livre de tutelagem é um fenômeno mais aparente em cidades em atividades manufatureiras em geral e nas fabriquetas de derivados de borracha, bem como em negócios de navegação. A partir das primeiras décadas do Séc. XIX, ele tornou-se cada vez mais aparente em atividades rurais. Em 1838 e 1839, arquivos de fábricas estatais rurais mostram que essas fábricas estavam baseadas no trabalho assalariado de diaristas (Governo do Amazonas, 1838-1839). Além do mais, em áreas rurais, o pagamento de salários em dinheiro parece ter sido menos comum do que o pagamento em produtos. Quintiliano (1963) menciona o assalariado recebendo em produtos/mercadorias, ao invés de em dinheiro, logo após a independência do Brasil, em 1822. Essa é a forma de remuneração que muitas vezes resultava em débito do trabalhador. Maiores evidências disso são aparentes na revolta da Cabanagem, na qual, ao lado das reivindicações por terra, trabalhadores rurais se negaram a pagar seus débitos (Bentes, 1992). Em meados do Séc. XIX, o presidente da Província do Pará relatou altos níveis de débito de trabalhadores rurais (Pará, 1849). Em 1863, ele relatou que ex-membros de povos indígenas que estavam inseridos em algumas aldeias organizadas pelos governos, na primeira metade do Séc. XIX, estavam trabalhando temporariamente em propriedades seringueiras sob essa mesma forma de pagamento (Pará, 1862a).

[71] Veja análise com outras informações históricas em Bentes (1992).

O predominante emprego de trabalhadores rurais livres era bem claro em 1862, quando o presidente da Província do Pará relatou que havia 2.849 estabelecimentos agrícolas na Província do Pará, os quais empregavam 6.856 trabalhadores livres e 2.391 escravos, mais 556 fazendas pastoris que empregavam 875 trabalhadores livres e 554 escravos. Isso significa que 72% dos trabalhadores empregados em empreendimentos rurais eram trabalhadores livres e somente 28%, escravos. Observa-se também que o uso de trabalhadores escravos era mais acentuado nas fazendas de gado.

Em atividades artesanais e industriais, havia 1.905 estabelecimentos, os quais empregavam 9.708 trabalhadores livres (Pará, 1862a). O total da população era de 167.909, sendo 84,5% pessoas livres e 15,5% de escravos. Analisando esses mesmos dados, Marin (1985) diz que a predominância de trabalhador livre incluía uma variedade de categorias de trabalhadores, desde pequeno produtor familiar livre até trabalhador assalariado. Em meados do Séc. XIX, escravistas e administradores de fazendas escravistas costumavam publicar em jornais os caminhos de seringueiras disponíveis para aluguel dentro de suas fazendas. A seleção final do inquilino era feita em leilão, sugerindo a alta disponibilidade de trabalhadores querendo trabalhar nessa atividade (Pará, 1863).

Belém era o principal mercado de trabalhadores na região. Era aqui que, em 1862, havia o mais alto número de estabelecimentos artesanais e industriais, de modo que, nessa cidade, poderia ser encontrada a maior proporção de trabalhadores livres. De acordo com o presidente da Província do Pará, em 1862, havia 1.905 estabelecimentos artesanais e industriais no Pará, empregando 9.708 trabalhadores, 67% desses negócios e 78% daqueles trabalhadores estavam localizados em Belém (Pará, 1862). Em 1897, o cônsul britânico, Roger Casement, disse sobre o assunto que

> Trabalhadores são abundantes, e para a maioria dos tipos de trabalho pesado os trabalhadores locais são preferíveis aos importados, pois a população nativa suporta a vida com maior alegria e resiste as duas ou três doenças padrões muito mais vigorosamente do que qualquer elemento importado (F.O. and The Board of Trade, 1908, p. 16, tradução minha).

Ele acrescenta:

> Por cabeça de seus habitantes, o Vale do Amazonas é a região muito mais produtiva do Brasil... enquanto a capacidade produtiva de todo o país foi 34$011 reis por habitante, em 1905-06, os Estados do Norte ou Amazonia produziam 559%

> mais do que a produção de qualquer zona e 176% mais do que as propriedades de café (F.O. and The Board of Trade, 1908, p. 10-11, tradução minha).

Embora o cônsul britânico não tenha informado a influência das diferenças de preços entre a borracha e outros produtos incluídos nesse valor referente à capacidade produtiva por habitante, suas informações, inquestionavelmente, indicam a existência de disponibilidade interna de trabalhadores.

3.3 A ATRAÇÃO DE TRABALHADORES PARA OS SERINGAIS

Os seringais crescentemente atraíam trabalhadores. A expansão da apropriação ecológica das terras-seringais significava que o único modo por meio do qual os seringueiros poderiam realizar seus trabalhos nos melhores seringais era sob o comando dos empresários da borracha. Terras-seringais localizadas em terras devolutas eram de distante localização. Como foi discutido no Capítulo 2, a instalação formal de empresas de borracha no Acre iniciou-se na década de 1840. Isso indica que a privatização dos seringais da foz do rio Amazonas em direção ao interior não foi uma expansão linear, como os construtores dos esquemas da Amazônia "fronteira" sugerem, mas um processo seletivo de apropriação das melhores terras, em que essas passaram a ser privatizadas quase que ao mesmo tempo.

Sob tais circunstâncias, a desigualdade no acesso às melhores terras se acentua. O lento e caro sistema de navegação, particularmente antes da introdução da navegação a vapor em meados do Séc. XIX, não eliminou as implicações sociais da longa distância dos melhores seringais situados em terras devolutas. Eram necessários 30 dias para chegar até os melhores seringais do Acre, saindo de Belém. Ademais, as passagens eram caras, como se discute no Capítulo 4, e a privatização daquelas terras envolvia forte competição. Isso é mencionado por Reis (1953). A análise de processos sobre a questão fundiária no Acre, para o período de 1903 a 1904, mantidos pelo Arquivo Nacional do Rio de Janeiro, sob o código 988, confirma isso. Em um total de cerca de 55 processos, 10 se referem a conflitos de terra e, destes, 8 são concernentes a conflitos nos quais as alegações do reclamante são de que o vizinho lhe invadira o seringal, quando um engenheiro estava demarcando uma propriedade seringueira vizinha, ou o acusado explorou caminhos de seringueiras dentro da propriedade do reclamante, deliberadamente.

À parte a competição, coletar látex e preparar borracha requeria um considerável capital inicial para adquirir produtos de subsistência e ferramentas de trabalho durante a safra, que se estende de abril a novembro, quando o produtor direto tinha que permanecer distante dos mercados locais. O processo de privatizar a terra-floresta de goma elástica, em si, exigia a posse de recursos econômicos para cobrir as despesas com transporte de todos que iriam trabalhar no seringal para a terra escolhida. E para pagar a execução de dois trabalhos: (a) se, porventura houvesse ocupação indígena, recursos de pessoal qualificado para expulsá-los e (b) despesas com sondagens necessárias para verificar o que valia aquele trecho de terras e identificar as dificuldades impostas pela espessura da floresta. Essas sondagens teriam que ser realizadas por pessoal qualificado, conhecedor da floresta, homens experientes. Era necessário também possuir recursos econômicos adequados para criar a infraestrutura exigida pela legislação como condição necessária para a legalização da propriedade — construção de casa administrativa e comercial, casas dos seringueiros e recursos para enfrentar a alta competição por essas terras. Deve-se considerar ainda que isso tudo ocorria em um contexto no qual o aparato político-institucional, tais como políticas dos governos locais e do governo nacional, bem como a própria legislação encorajavam a privatização e a exploração empresarial dos seringais, como já mencionado no Capítulo 2.

Esse apossamento da terra-seringal tinha de ser realizado com rapidez, em face da competição que se criava. Daí por diante é que se buscava a proteção das leis para garantia jurídica do empreendimento (Reis, 1953). Nesse contexto, produtores diretos de borracha pobres não possuíam os recursos econômicos necessários para explorar os seringais de melhor qualidade. Ademais, mesmo considerando que a legislação fundiária permitia que eles privatizassem terras devolutas, desde que pagassem por ela ao Estado, o aparato político-institucional considerava as pessoas pobres principalmente pela perspectiva da colonização: esperava que eles se tornassem trabalhador subordinado ou, quando apropriassem terras, transformassem-se em produtor agrícola para suprir o mercado interno de alimentos.

A apropriação ecológica da terra, em si, assumiu a forma de uma espécie de barreira para o produtor direto se apropriar das melhores terras, como já mencionado. Bonfim enfatiza que com a privatização das melhores terras-seringais: “[...] ao longo de todas as margens dos principais rios de navegação, apesar de sua larga extensão e da baixa densidade demográfica, não existe terra livre, porque todas essas terras têm donos" (Bonfim, 1954, p. 15 e 18).

Como discutido no Capítulo 2, a despeito do produtor familiar possuir 37% das propriedades produtoras de borracha situadas nos nove municípios maiores produtores de borracha no estado do Pará, somente 20% da soma de caminhos de seringueiras existentes dentro do total de propriedades produtoras de borracha naqueles nove municípios estavam situados em suas propriedades. O pequeno produtor familiar de borracha não existia no trecho de seringais com maior densidade das melhores espécies de goma elástica no estado do Acre, pelo menos até a década de 1920, como já mencionado.

Sob tais circunstâncias, não se pode dizer que o seringueiro, o produtor direto da borracha, tinha a propriedade ou controlava os melhores seringais, os quais se constituíam no principal meio de produção. De fato, o produtor direto da borracha era um trabalhador subordinado, atraído dentre a população de trabalhadores disponíveis, ou de pequenos produtores familiares.

A grande maioria das primeiras empresas de borracha empregava trabalhadores nativos, tanto indígenas como não indígenas. A forma como os nativos eram inseridos no trabalho de produção de borracha variava dependendo de quem os empregava, do tipo de produção, se caucho ou seringa, da importância da produção da borracha no âmbito da empresa e da região e das características da microrregião. Também era diferente da forma como os nativos eram escravizados na produção da cana e do açúcar.

Caucheiros peruanos nos altos cursos do rio Putumayo, que era uma produção itinerante e predatória, costumavam inserir indígenas em regime de serviço servil. A Peruvian Amazon Company, situada no vale do rio Putumayo, na região fronteiriça entre Colômbia, Peru e Brasil, financiada pela bolsa de Londres, praticava o extrativismo puro, principalmente em cauchais, e explorava indígenas em uma condição deplorável de servos, sem salários e sendo submetidos a açoites (Mitchell; Izarra; Bolfarine, 2023).

Apesar da proximidade espacial da frente caucheira, os Ticunas foram incorporados à produção extrativista de maneira distinta, pois Oliveira Filho (1979) mostra que, após um período de inicial de violências, em que os empresários do caucho exibiam sua superioridade militar e levavam os indígenas a modificarem seu modo de vida e organização social, a tendência se tornava aquela de incorporá-los à produção de caucho na condição de fregueses.

Mais adiante, esse autor, com base no trabalho de Niumenduju, descreve o regime de trabalho em uma empresa produtora de açúcar, cachaça e borracha, dispondo de canaviais de regular extensão. Nessa propriedade,

> [...] o trabalho é feito quase exclusivamente por índios Ticuna[...] o sistema de trabalho utilizado é baseado na constituição de turmas rotativas de trabalhadores – chegando a empregar 60 homens; havendo cerca de 5 brancos ocupando a posição de chefes.
> Essas turmas se ocupavam principalmente com as atividades da sede (cuidar do canavial, realizar o corte e o transporte da cana, trabalhar na usina e alambique, cortar lenha), morando todos os trabalhadores juntos em um grande alojamento. Poucas famílias de índios habitavam próximo ao barracão, servindo mais regularmente que outras famílias indígenas como trabalhadores dessas equipes e prestando serviços diretamente ao patrão e sua família. Algumas vezes essas turmas de trabalhadores se ocupavam em um certo período do ano com o corte da seringa, deslocando-se então para o igarapé Tacana ou mesmo para os altos do igarapé Belém. As demais famílias indígenas habitavam esparsamente o interior dos igarapés, sendo porém forçados a vender para o patrão toda a borracha que produziam.
> [...] a remuneração dos trabalhadores era feita através de diárias, retirado quinzenalmente um pequeno saldo sob a forma de mercadorias. (Oliveira Filho, 1979, p. 72-73).

Esse autor destaca nessa situação o caráter "eventual da produção de borracha pelos índios Ticuna que o faziam só quando precisavam adquirir mercadorias que não produziam eles mesmos e que eram vendidas pelo comércio do seringal" (Oliveira Filho, 1979). É preciso enfatizar que, com base nas informações desse autor, fica claro que ele está descrevendo uma empresa de açúcar que comprava a borracha produzida pelos indígenas ao longo de igarapés vizinhos. Não é uma empresa de borracha como definida neste trabalho — aquela que produz unicamente ou principalmente a borracha.

Na região das ilhas, no Pará, em geral os nativos, tanto indígenas como amazônidas, trabalhavam temporariamente na extração da borracha. Nos 10 municípios mais importante produtores de borracha no estado do Pará, havia empresas de borracha que empregavam o seringueiro, empresas de açúcar que alugavam seus caminhos de seringueiras a seringueiros autônomos durante as safras e pequenos produtores familiares de borracha e de outros produtos.

Nas antigas fazendas escravistas agroextrativistas, com seringais no seu interior, estabelece-se as relações de arrendamento, agora com um trabalhador especializado — o seringueiro. Isso ocorre inclusive nas fazendas rurais do Estado. Na fazenda Graciosa — agrícola do arroz, milho, feijão e agroflorestal do cacau para o mercado —, com 40 escravos negros, em 1863 seu administrador informava:

> [...] foram arrendados ali dois caminhos de seringueiras, de cem árvores cada um, por 6 mezes a contar do 1º de outubro em diante, pagando o rendeiro vinte libras de seringa fina por mez por cada cem árvores. Assigou-se termo do contrato com fiança idônea, e outras seguranças. Trata-se de arrendar alguns caminhos mais, que ali existem [...] o arrendamento (se daria em) mais dois estabelecimentos. Uma dessas fazendas [...] em breve será arrendada, para que o tenho feito publicar edictos nos jornais para arrematação, convidando, os concorrentes para o dia 30 deste mez. (Pará, 1863, p. 13-14).

Audrin (1963) menciona que, a partir de meados do Séc. XIX, trabalhadores sazonais vinham do nordeste do Brasil para trabalhar em propriedades seringueiras situadas ao longo dos rios Araguaia e Tocantins, durante 5 a 6 meses. Logo depois das safras, eles voltavam para casa.

O fluxo de pequenos produtores familiares para os seringais se intensificava ou diminuía de acordo com suas diferentes conjunturas econômicas em relação à economia da borracha. Em 1871, um dos problemas nos assentamentos de pequenos produtores familiares na microrregião da Bragantina era que muitos deles começaram a trabalhar sazonalmente nas propriedades seringueiras (Bentes, 1992; Penteado, 1967). As razões não eram somente algumas dificuldades das políticas oficiais de assentamento, mas também os baixos preços dos cereais, quando comparados com os preços da borracha. Essa mesma questão foi enfatizada pelo diretor da Colônia Benevides, em 1880 (Bentes, 1992). Segundo Bonfim (1954), no início da década de 1870, em Belém, o preço médio de 1kg de borracha estava por volta 1 a 2 dólares. Com a quantia de 1 a 2 dólares, alguém podia comprar cerca de 30kg de arroz, 45kg de açúcar, 10kg de café, 10kg de gordura animal, 1 rede e 10 metros de tecido rústico.

Assim, os altos preços da borracha favoreceram a emergência não somente da propriedade seringueira por volta de meados do Séc. XIX, mas também do trabalhador necessário para trabalhar nela. Castro (1955) menciona que, mesmo empregados em negócios situados em Belém, em particular aqueles que recebiam baixos salários, deixaram esses empregos, preferindo trabalhar nas empresas de borracha.

3.4 O RECRUTAMENTO DO TRABALHADOR IMIGRANTE

À medida que as empresas de borracha se expandiam, intensificava-se a carência de mão de obra. Essa circunstância alimentava a crescente imigração de trabalhadores, bem como de pequenos produtores familiares que se tornavam trabalhadores sazonais nas safras de borracha.

Esses fenômenos se tornaram muito mais aparentes nas áreas mais importantes produtoras de borracha no Acre. Aqui, a grande distância geográfica dos seringais com alta densidade das melhores espécies de árvores de goma elástica em relação aos mercados regionais e aos portos de exportação, acentuava a condição histórica em que a única maneira por meio da qual o seringueiro poderia realizar seu trabalho nesses seringais era sob o comando dos empresários. Essa condição geográfica também intensificava a dependência do trabalhador em relação aos seus patrões, até mesmo para chegar a esses seringais.

Ao mesmo tempo, essa situação transformava o engajamento dos trabalhadores em um procedimento administrativo interno e externo à empresa. Em 1910, o Seringal ITU enviou dois de seus sócios a Belém, duas vezes, para recrutar trabalhadores, ao custo de 776$435 (£12,624.84), como pode ser visto na Tabela 6.

As despesas com recrutamento, ilustradas na Tabela 6, eram parte do capital inicial, no começo da safra, que vai de abril a dezembro. Esse capital assumia a forma de capital financeiro a ser emprestado aos seringueiros, os quais tinham que pagar esse empréstimo com 20% de juros. Ao final, o empresário poderia obter um lucro de cerca de 179$887 (£ 2,924.97). Isso significa que os seringueiros eram trabalhadores livres que, nessa condição, eram responsáveis pelas suas próprias despesas com mobilidade de seu local de origem para a propriedade seringueira. A necessidade de emprestar dinheiro para cobrir tais despesas explica o engajamento do seringueiro na propriedade seringueira na condição de trabalhador endividado com a obrigação de pagar o débito antes de deixar esse trabalho.

Essas características têm sido referidas pela literatura como formas de trabalho compulsório (Silva, 1982; Paula, 1980), imobilização do trabalhador (Oliveira, 1985) ou relações pré-capitalistas de produção (Silva, 1982; Paula, 1980; Oliveira, 1985; Duarte, 1987).

Essas são concepções próprias de uma tendência de perceber a característica dos empreendimentos de empregar diferentes tipos de trabalhadores seja como experimentos de transição para o capitalismo, seja como formas de servidão, por autores que consideram a escravidão como um modo de produção distinto (Gorender, 1985) ou como não capitalismo (Dias, 1970).[72] Essa percepção decorre da visão marxiana de que relações de produção capitalistas seriam somente aquelas baseadas em trabalho assalariado.

Um ponto interessante nesses estudos é a explicação para o término da escravidão como um resultado de múltiplos processos, tais como a conjuntura de constante decréscimo dos preços do açúcar após meados do Séc. XVIII, mudanças tecnológicas e o movimento abolicionista no Brasil, particularmente a resistência pacífica dos escravos por meio da organização de Quilombos.

Mas a concepção de que a história seria uma sucessão de modos de produção parece problemática, como se discute no Capítulo 1. Essas concepções permeiam até os estudos sobre contratos de parceria que argumentam contra a identificação dos trabalhadores imigrantes endividados das plantações de café com débito peonagem (Stolcke, 1988; Stolcke; Hall, 1983). Eles afirmam que o objetivo primordial perseguido pelos plantadores, ao cobrar os custos de transporte e alimentação aos trabalhadores imigrantes, era recuperar os investimentos iniciais. Lamounier (1993), por sua vez, coloca em dúvida a identificação dos contratos de parceria com débito peonagem. Ela argumenta que os aspectos do esquema de parceria que poderiam reforçar sua similaridade com isso não têm sido pesquisados, ainda; por exemplo, o papel e as expectativas das companhias envolvidas nesse negócio de transportar colonos. Porém, ela também não fornece evidências de que o recrutamento de colonos seria um comércio, mencionando tão somente tentativas de estabelecer isso como um negócio.

[72] Costa (1982) refere-se a débito e peonagem nas plantações de café como trabalho compulsório ou servitude.

Tabela 6 – Gastos com recrutamento no Seringal ITU – 1910

Período	Item de despesa	Valor total
Jan-Mar	Passagens, empréstimo em dinheiro, alimentação na viagem	273$554
	Despesas associadas	60$932
December	Passagens, empréstimo em dinheiro, alimentação na viagem	391$309
	Despesas associadas	50$643
	Gasto anual	776$435

Fonte: Diário do Seringal ITU de 1910

A noção de história como sendo uma sucessão de modos de produção, subjacente àqueles estudos, assumiu conotação especial no termo "transição". O elemento comum nessas interpretações é a super ênfase na proibição do tráfico de escravos em 1852, dando importância secundária aos múltiplos processos históricos internos mencionados por estudos anteriores. A visão linear evolucionista da história como uma sucessão de modos de produção tem ignorado situações importantes. A discordância de Stolcke (1988) com Eisenberg (1974, 1977) na explicação para a adoção dos contratos de parceria como um resultado do declínio da lucratividade está baseada no seguinte argumento: os plantadores introduziram trabalhadores livres por causa de sua crescente consciência de que a escravidão estava terminando e como uma estratégia para enfrentar duas questões principais: como encontrar uma nova fonte de trabalhadores para substituírem os escravos e como organizar o controle de trabalhadores livres eficientemente.

A questão é que essa autora não considera que o declínio da lucratividade era um importante problema no Nordeste brasileiro (onde se concentra o estudo de Eisenberg), após meados do Séc. XIX. O progressivo declínio da economia do açúcar no Nordeste levou à venda de muitos escravos para as plantações de café em São Paulo, em ascensão (Costa, 1977; 1982; Marin, 1985), em grande medida devido às dificuldades dos produtores de açúcar em manter seus escravos. Além disso, não havia carência de mão de obra (Eisenberg, 1974, 1977), pois a economia, como um todo, estava em decadência e, portanto, liberando trabalhadores ou gerando desemprego e abundância de oferta de mão de obra. Em São Paulo, ao contrário, a economia em expansão e a carência de trabalhadores colocavam questões distintas para os plantadores de café.

Figura 19 – Seringal Nova Floresta, de propriedade do Sr. Soares Hermanos

Nota: em 2013, a foto original do Álbum de Falcão foi digitalizada e disponibilizada pela Fundação Cultural Elias Mansour, do Acre.[73]
Fonte: Falcão (1907, p. 123)

O estudo comparativo de Lamounier (1993) sobre diferentes categorias de trabalhadores contratados nas plantações de café e o Sistema de *coolies*, em Cuba, considera várias circunstâncias. Porém, a perspectiva de "transição" histórica governa esse estudo, também. Este estudo distingue dois sentidos de transição. Na linguagem da época, isso significava "transição da escravidão para trabalho livre (trabalhador não escravo)", no sentido de um tempo entre dois sistemas ou, possivelmente, como uma quase permanente condição, considerando que a gradual abolição da escravidão era esperado durar por muito tempo, no Brasil e em Cuba.

[73] Veja mais em: https://www.flickr.com/72157635065343758/. Disponível também no Blog Almaacreana: https://almaacreana.blogspot.com/2012/02/era-dos-seringais.html.

No debate acadêmico, "trabalho livre", às vezes, tem sido substituído por "trabalho assalariado" e "transição" é vista como representando um período no qual as bases para um Mercado de trabalho livre estavam sendo estabelecidas. O argumento de Lamounier (1993) é que aqueles experimentos iniciais influenciaram o processo gradual da abolição e a instalação de parâmetros para a "transição para o trabalho livre", como é percebido por contemporâneos. Aliás, essa autora refere-se àqueles contratos de parceria como "experimentos" e, a despeito de argumentar que um "Mercado de trabalho livre" talvez não tenha sido o resultado previsto pelos plantadores de café do Séc. XIX, de fato, ela não enfrenta as questões teóricas postas à mesa.

Em resumo, acredita-se que escravistas teriam passado a utilizar variadas categorias de trabalhadores como formas de experimentos visando a uma transição para a adoção do trabalho assalariado e isso teria acontecido somente após a proibição do tráfico. Essa ideia se torna insustentável, quando se considera a história da Amazônia. Nessa região, a utilização de diferentes formas ou categorias de trabalho constituíram-se em uma prática constante, desde o início da economia colonial. Como já mencionado, o trabalho escravo nunca foi o tipo de trabalho exclusivo na região, nem mesmo a forma predominante.

No que diz respeito aos seringais, embora existam algumas poucas referências ao uso de trabalho escravo em arranchamentos, que eram expedições às áreas extrativas situadas em terras devolutas, nas safras, anterior a meados do Séc. XIX, não existem registros desse fenômeno em propriedades seringueiras. Em contraste com as plantações de açúcar e café, as empresas de borracha não se baseavam na combinação de escravos com trabalhadores livres, mudando para um Sistema de trabalho livre. Desde seus primórdios, essa empresa estava sustentada no emprego de trabalho livre, no sentido de que o trabalhador não era propriedade de um senhor (ver discussão sobre o conceito de trabalho escravo, no Capítulo 4). Até propriedades agrícolas escravistas no Pará que exploravam alguns caminhos de seringueiras existentes em suas propriedades não adotaram escravos para explorar suas seringueiras. Elas alugavam seus caminhos de seringueiras para trabalhadores livres autônomos, como previamente mencionado.

A principal razão para isso era a especificidade da produção de borracha diante do lento desaparecimento da escravidão — o qual se iniciou, de fato, com a proibição da escravidão de nativos em meados do

Séc. XVIII — e as crescentes dificuldades em manter escravos africanos, devido a múltiplos processos que se iniciaram por volta dessa mesma época. A produção de borracha era temporária, durante as safras, de meados de abril a novembro-dezembro, de modo que, durante mais de quatro meses do ano, não havia produção. Uma vez que o escravo era um tipo de trabalhador-mercadoria comprado e mantido pelo seu dono, o qual assumia a responsabilidade pelo cuidado e manutenção dele/dela, do mesmo modo que se cuida de uma propriedade para que esteja sempre em boas condições de venda a qualquer momento, a condição física do escravo interferia em seu preço de mercado.

A adoção de trabalhadores escravos na produção de borracha significaria que o dono desses escravos seria responsável pela sua manutenção, mesmo durante os quatro meses de entressafra, quando eles não estariam trabalhando. Isso seria irracional na perspectiva econômica empresarial, de produzir para obter lucro, a fim de acumular capital, particularmente em uma época em que a escravidão estava em lento desaparecimento e já era muito caro adquirir e manter escravos, como já foi abordado. Ao contrário disso, os seringueiros, por serem trabalhadores livres, eram os únicos responsáveis pela sua própria manutenção, desde o momento em que deixavam sua terra natal, dedicavam-se à produção de borracha, até mesmo durante o período de entressafra, quando não trabalhavam nessa produção. Ambos, seringueiros nativos e imigrantes, eram trabalhadores responsáveis pela sua própria vida.

Na segunda metade do Séc. XIX e início do Séc. XX, o trabalho imigrante se constituía em uma questão sensível, pois, como todo capitalista, o seringalista queria abundância de trabalho barato, uma vez que o nível de oferta de trabalhadores influencia na definição da medida em que podem ser explorados. De acordo com McHale (1967), a abundância de trabalho barato nas plantações de borracha do Oeste da África e da Malásia permitiu aos capitalistas utilizarem mais altos esforços físicos dos trabalhadores, implementando níveis de exploração do trabalho mais intensos.

Barlow (1978) mostra o alto nível de exploração de trabalhadores imigrantes na Malásia peninsular, particularmente, após 1909, pelos plantadores de borracha. Eles eram recrutados por um estrangeiro e empregados sem contrato, como medidas para prevenir que eles deixassem as plantações por causa de outro trabalho (Barlow, 1978), como é mencionado no próximo capítulo. Até categorias de trabalhadores contratados poderiam vir para as plantações já endividados, em consequência das despesas de transporte e subsistência, somadas a uma comissão paga aos contratadores (Barlow, 1978). Essas características ocorriam em um contexto em que os plantadores de borracha nas colônias britânicas atuavam em uma condição de abundância de trabalhadores baratos.

Na Amazônia, ao contrário disso, frequentemente, muitos autores mencionam o baixo nível de oferta de trabalhadores (McHale, 1967; Akers, 1914; Chaves, 1913; Mendes, 1910, 1908; Santos, 1980; Weinstein, 1983; Martinelo, 1988). Isso significa que os seringais do Acre comungavam as características das *rubber plantations* anteriormente mencionadas — com exceção de comissão paga aos contratadores que nunca existiu nos seringais —, uma vez que a contratação de trabalhador imigrante envolvia débitos e o pagamento dos débitos como condição para deixar a propriedade seringueira, como é discutido no Capítulo 4, mas em um contexto de muito menor nível de oferta de mão de obra.

Essa condição de baixo nível de oferta de trabalhadores para os seringais terminou empoderando o grau de poder de barganha dos trabalhadores, requerendo alguma forma de compromisso dos capitalistas. Eles tinham que enfrentar não somente o problema de encontrar trabalhadores, mas também convencê-los a ir trabalhar em empresas de borracha de distante localização. Em determinadas áreas de várzeas, havia uma alta taxa de mortalidade no início da montagem dessas empresas, que persistiu durante a primeira metade do Séc. XIX, devido a condições sanitárias impróprias. Memórias desse tempo (Neves, 1981) fizeram com que as pessoas, morando nas propriedades seringueiras do Acre, considerassem as condições de saúde muito boas em 1912, embora o Dr. Oswaldo Cruz ainda estivesse preocupado com o que considerava um alto nível de doenças (Brasil, 1913).

Os seringalistas alteraram suas estratégias de recrutamento de trabalhadores ao longo do tempo, de acordo com os principais problemas que enfrentavam. Embora em meados do Séc. XIX existam registros de dois investidores nordestinos imigrantes para o estado do Amazonas que trouxeram pequenos produtores familiar com eles, o trabalho de trabalhadores nativos era a principal fronte no início da montagem das empresas de borracha. Calixto (1993) mostra que o engajamento de famílias recrutadas em Manaus e a atração de trabalhadores do Pará são um assunto constantemente mencionado nos relatórios dos presidentes da Província do Pará e já analisado por Santos (1980), como mencionado no Capítulo 2. Não existem séries estatísticas acuradas sobre a população e a imigração do Acre, antes de 1920. O censo incluiu essa área somente em 1920, embora a literatura histórica e fontes históricas apresentem estimativas para períodos anteriores a essa data, as quais são úteis como aproximações.

Calixto (1993)[74] faz uma ótima análise e sistematização de informações quantitativas disponíveis sobre a imigração para o Acre anterior a 1920. Ele mostra que a migração do Pará era uma característica importante. No período de 1872 a 1890, o Pará perdeu cerca de 32.000 habitantes que migraram para o Amazonas, Acre e Roraima (Calixto, 1993). Essa migração do leste para o oeste da Amazônia foi confirmada pelo censo de 1920, o qual informa que, no período de 1872 a 1890, enquanto a população de Manaus, capital do estado do Amazonas, cresceu 32%, a população de Belém diminuiu em 19% no mesmo período, conforme ilustrado na Tabela 7. As estatísticas sobre o total da população do Pará e Amazonas mostram que, enquanto a população da província do Pará se manteve crescendo no período de 1872 a 1920, seu crescimento foi de apenas 19%, enquanto a população da província do Amazonas cresceu em 157% e até 1900 essa província apresentava crescimento populacional maior do que aquele do Pará, como podemos observar na Tabela 7.

A migração interna à Amazônia não foi suficiente para atender a expansão da demanda por trabalhadores para os seringais. Os seringalistas gradualmente intensificaram o recrutamento de trabalhadores no Nordeste do Brasil, o qual, segundo Calixto (1993), foi encorajado pelos governos do Amazonas. Informações sobre imigração fornecidas por Oliveira (1985), Calixto (1993) e Audrin (1963) confirmam que a imigração dessa região para a Amazônia começou lentamente por volta de meados do Séc. XIX. Considerando que os *seringais* no Acre começaram a ser instalados formalmente na década de 1840, como mencionado no Capítulo 2, essa informação indica que a imigração de trabalhadores do Nordeste brasileiro como um fenômeno que caracteriza os seringais do Acre desde o início.

A imigração do Nordeste brasileiro gradualmente se intensificou, transformando os trabalhadores oriundos dessa região na principal fonte de trabalho para o Acre. Esse fenômeno está relacionado não somente à carência de trabalhadores, mas também às respostas dos

[74] Esse autor avalia a seguinte literatura: Bulcão (1973), Graham (1973), Benchimol (1944), Holanda (1982) e Santos (1980).

seringalistas às mudanças de circunstâncias, nas quais seus negócios se realizavam. Como mencionado previamente, as primeiras empresas de borracha no Acre engajavam trabalhador familiar imigrante por meio de remuneração em forma de parceria para realizar várias atividades[75]. Após as décadas de 1870-1880, os seringalistas mudaram o modo como os seringueiros podiam ser engajados e realizar seus trabalhos, em resposta a pressões diretas e indiretas para produzirem matéria-prima barata em larga escala.

Tabela 7 – Crescimento populacional do Pará e Amazonas – 1872-1920

Estado	Quantidade Anual				% de crescimento		
	1872	1890	1900	1920	1872-1890	1890-1900	1900-1920
Amazonas	57,61	147.915	249.756	363.166	157%	69%	45%
Pará	275.237	328.455	445.356	983.507	19%	36%	121%
Acre				92.379			
Total	332.847	476,37	695.112	1.439.052			

Fonte: Ministério da Agricultura Indústria e Comércio. Diretoria Geral de Estatística Recenseamento do Brasil (Brasil, 1926, p. IX-X)

Primeiro, neste contexto, diferentes padrões de acumulação de capital, envolvendo concepções diferentes de tempo e ritmo de produção de capitalistas locais e estrangeiros, materializavam-se *in locus* em uma permanente incompatibilidade entre a produção de borracha local e as exigências de capitalistas estrangeiros. Industrialistas, comerciantes e financiadores estrangeiros perseguiam mais altos e rápidos níveis de acumulação de capital em comparação com os padrões locais. Consequentemente, eles procuravam mais altos níveis de produtividade. Esses propósitos moldavam suas avaliações sobre a densidade demográfica da Amazônia, a partir da expectativa de grande disponibilidade de trabalhadores, de acordo com a qual baixa densidade populacional significa pouca oferta de trabalhadores. E isso poderia ser um obstáculo para a produção da quantidade de borracha capaz de provocar a baixa de seus preços aos níveis que eles desejavam (Akers, 1914; McHale, 1967).

[75] Carta analisada por Bulcão (1973 *apud* Calixto, 1993).

Na década de 1870, o Estado Imperialista Britânico iniciou uma política de pesado suporte ao estudo sistemático, visando criar tecnologia de produção agrícola moderna da borracha, como parte de sua política de controle da produção/comercialização dessa matéria-prima. Mas até que essa tecnologia passasse a existir de fato, na década de 1880, os esforços de capitalistas estrangeiros se concentraram em encontrar novas fontes de extração da borracha, cuja distribuição não gregária das árvores pudesse ser compensada pela abundância de trabalho barato (McHale, 1967). Eles iniciaram a exploração de pobres seringais na África e na Ásia, baseada na exploração física intensa de trabalhadores de baixo custo (McHale, 1967).

Finalmente, eles intensificaram sua presença na Amazônia, instalando casas exportadoras e bancos, mudando o sistema de crédito e interferindo no mercado local de borracha.

A reação dos seringalistas a essa conjuntura foi multifacetária, como discutido nos Capítulos 5 e 6. No que diz respeito ao trabalho, o nível de exploração se intensificou, como é discutido no Capítulo 4, e isso também envolveu modificações no modo como os trabalhadores eram recrutados. Após a década de 1880, trabalhadores eram recrutados como produtores individuais e especializados na produção de borracha, e não como produtor familiar de borracha e de outros produtos, como era antes. A partir desse momento, a coleta do látex e a fabricação da borracha se tornaram tarefas realizadas por produtores especializados, enquanto outras atividades passaram a ser tarefas de trabalhadores assalariados. O recrutamento de produtores de borracha individuais e especializados foi particularmente forte nas décadas de 1890 a 1910.

Consequentemente, o recrutamento de trabalhadores em mercados de trabalho distantes se tornou mais intenso e seletivo. Nesse contexto, Chaves (1913) diz que os patrões no Acre (ele era um deles) recrutavam trabalhadores no Nordeste do Brasil, em Belém e em Manaus. Chaves (1913) e Castro (1955) enfatizam que os patrões preferiam trabalhadores do estado do Ceará. Uma das razões era a alta disponibilidade de trabalho barato. De acordo com Oliveira (1985), a migração do Nordeste do Brasil para a Amazônia, naquele período, era de recrutamento por parte de seringalistas, ao invés de simples migração de produtor familiar deixando suas terras nas estações de seca. Estudo recente mostra que também era abundante a migração autônoma de famílias em geral para Belém, entre elas pequenos produtores familiares, como um fenômeno que extrapolava a questão das estações da seca (Lacerda, 1901). Como vários autores têm mostrado, esse era um fenômeno ligado à formação de "excesso de população" ou trabalhadores desempregados no Nordeste, resultante da decadência da economia açucareira, desde a última quarta parte do Séc. XVIII e, particularmente, após meados do Séc. XIX, assim como da crise da economia do algodão no início da década de 1870. Nessas circunstâncias, as estações secas do Nordeste tão somente agravaram o processo de formação de abundância de trabalho barato, em particular em áreas como o chamado sertão (áreas centrais onde normalmente ocorriam as estações secas), no estado do Ceará (Oliveira, 1985). Pequenos produtores familiares morando nessas áreas do Ceará estavam empobrecidos e, portanto, vulneráveis ao recrutamento dos seringalistas da Amazônia (Chaves, 1913).

Uma questão na historiografia é por que trabalhadores do Nordeste brasileiro preferiam seringais às plantações de café no Sudeste. Santos (1980) lista seis razões, a seguir: (1) repúdio ao sistema de escravidão das plantações de café, (2) expectativas de rápido enriquecimento durante o chamado *boom* da borracha, (3) propaganda dos seringalistas e seus representantes, (4) subsídios dos governos do Pará e Amazonas para seu transporte, (5) fácil acesso a Belém e (6) reduzida oposição à migração de trabalhadores por parte de donos de terras nordestinos. Oliveira (1985) enfatiza duas dessas razões: o recrutamento de trabalhadores por seringalistas e a ausência de alguma resistência por parte de donos de terras nordestinos. A resistência por parte de empresários e donos de terras nordestinos, na verdade, havia, mas eles não tinham controle sobre a forte crise econômica da região (Lacerda, 1901).

Embora todas essas razões sejam encontradas em documentos históricos sobre a indústria da borracha, o principal debate da época era sobre as estratégias dos seringalistas para atrair trabalhadores. Procurando dissuadir a resistência dos trabalhadores sem terra ou pequenos produtores familiares pobres em se tornar forma de trabalhadores subordinados, os seringalistas apresentavam o padrão de trabalho no seringal como compartilhamento dos lucros, em que os seringueiros se constituíam em um parceiro comercial ao invés de simples trabalhador e no qual a remuneração por produção significaria a possibilidade de poupança e ascensão social.

A eficácia desse discurso é perceptível em diferentes fatos. Primeiro de tudo, a remuneração por produção, ao invés de jornada de trabalho, era mediada por relações comerciais, nas quais os seringueiros aparentemente estavam apenas vendendo a borracha que eles produziam para o patrão (ver Capítulo 4). Isso emprestava uma aparência de autonomia ao produtor direto da borracha, no processo produtivo.

Segundo, alguns seringueiros e trabalhadores assalariados conseguiam, de fato, ascensão social. Um livro de memória de autoria de um seringueiro que trabalhou em uma empresa de borracha, no Acre, no período de 1897 a 1907 (Cabral, 1949), destaca a ascensão social de seu irmão da condição de contador de uma empresa de borracha, para gerente e, depois, para seringalistas em uma área de seringais menos valiosos. No Nordeste, o autor e as pessoas pobres locais ficaram tão impressionados com a ascensão social de seu irmão que vários deles também decidiram se tornar seringueiros. Outro caso é de Honório Alves que se tornou dono do Seringal ITU, uma empresa de borracha de médio porte situada no trecho de seringais mais valiosos do Acre, depois de trabalhar como seringueiro e, depois, trabalhador assalariado, como já mencionado no Capítulo 2. De mais a mais, considerando a tendência a crescentes preços da borracha até por volta de 1912, trabalhadores podiam fazer poupança por meio de trabalho intenso, uma vez que sua remuneração era por produção.

Aliás, uma razoável proporção de seringueiros conseguiu isso. Em uma amostra dos seringueiros trabalhando no Seringal ITU, 17% tiveram balanço positivo em dezembro de 1910 e 22% em dezembro de 1913. Além disso, considerando o número total de seringueiros em 1910, 1913 e 1930, a proporção daqueles deixando o seringal com um balanço positivo aumentou de 13%, em 1910, para 26%, em 1913, e 35%, em 1930, como discuto no próximo capítulo.

É importante mencionar que a rotação de seringueiros era razoavelmente mais alta do que aquela dos produtores de café dos cafezais do sudeste de São Paulo. As contas correntes dos seringueiros que estavam no Seringal ITU, em fevereiro de 1910, revelam que a maioria deles conseguiu saldar seus débitos e deixar o seringal dentro de 2 a 4 anos. Do total de 202 seringueiros, cerca de 55% trabalharam por um período de três a quatro anos, enquanto 11% conseguiram deixar a empresa de borracha em apenas dois anos. Aqueles que permaneceram por cinco anos ou mais representam 20%. Nas plantações de café, ao contrário, os meeiros assinavam um contrato para, no mínimo, cinco anos, os quais eram normalmente prorrogados indefinidamente, devido à impossibilidade de saldar débitos (Gorender, 1985; Costa, 1982; Sallum Junior, 1982; Stolcke, 1988).

É importante ressaltar que os poucos casos de ascensão social nos seringais identificados se referem a pessoas que tinham poupança inicial e habilidades que permitiram a eles exercerem trabalhos administrativos nas propriedades seringueiras. Empregados na organização administrativa dos seringais tinham altos salários e não tinham despesas com alimentação, de modo que eles podiam fazer poupança (ver Capítulo 4). Os casos mencionados anteriormente aconteceram na segunda metade do Séc. XIX, em um período em que a borracha não tinha ainda atingido o pico mais alto de preços, que ocorreu no período da década de 1890 até 1910-11, quando à competição pelas terras-seringais era mais intensa.

Não obstante, o efeito positivo dos poucos casos de ascensão social, no Ceará, é aparente. A aspiração pela continuidade da condição de pequeno produtor familiar autônomo ou por se tornar esse tipo de trabalhador ou outros tipos de trabalhadores autônomos se constitui em outra face do fato de que a condição de trabalhador assalariado não era uma escolha. Na Amazônia, existem fortes evidências sobre trabalhadores reagindo a se tornarem trabalhadores subordinados, como previamente mencionado. Isso também interferia nas decisões dos imigrantes de se tornarem seringueiros no Acre. Segundo relatório da Comissão de Senadores e Deputados responsáveis pela elaboração de propostas para a economia da borracha para o Congresso Nacional (1912 *apud* Souza, 1914, p. 3):

> O sertanejo vê o recebimento de um salário não como pagamento de um serviço prestado, mas como a alienação da personalidade, por causa da obrigação de fazer o que é decidido e determinado pelo patrão. Ele identifica isso com a automação de uma besta obediente.

O relatório evidencia que os contratos de meeiros eram um estímulo para o trabalho pesado no Nordeste do Brasil e que os trabalhadores repugnavam a condição de assalariado, ao qual eles se referiam como "trabalhar alugado". A principal causa da migração para os seringais da Amazônia era a expectativa de trabalhar sob formas de contratos de parceria, ao invés de trabalhador assalariado, juntamente a maior proximidade da região Amazônica do Nordeste, em particular do Ceará, em comparação com a região Sudeste. A expectativa de se tornar parceiro na produção e a visão negativa do trabalho assalariado se tornaram uma das principais ideologias da propaganda dos seringalistas para recrutar trabalhadores (Souza, 1914).

Castro (1955) argumenta que os proprietários de seringais preferiam não somente a condição de ser originário do estado do Ceará, mas, particularmente, a combinação dessa condição com o status de ser solteiro ou, quando casado, que os trabalhadores viessem sozinhos, sem suas famílias. Isso porque, nessas condições, o trabalhador imigrante, naturalmente, alimentaria o desejo de ganhar dinheiro o mais rápido possível, a fim de retornar para a família e a terra natal. Esse desejo os movia a intensificar os esforços no trabalho. Além disso, era caro trazer a família e trabalhadores casados, com família, poderiam trabalhar menos intensamente na produção de borracha, preferindo realizar outras atividades na terra. Não existem estatísticas sobre esse assunto para períodos anteriores a 1920. Mas o Censo do IBGE de 1920 (Brasil, 1926; Oliveira, 1985) mostra que a população do Acre apresentava a maior proporção de homens no interior. Em cada 1.000 habitantes do Acre, em 1920, 63% eram do sexo masculino.

Calixto (1993) menciona os requisitos resistência e familiaridade com trabalho intenso, além de comportamento submisso, no processo de recrutamento, como características requeridas pelos recrutadores de mão de obra. Resistência a doenças e robustez física eram importantes, pois a borracha era preparada em um ambiente muito distante de serviços médicos formais, às vezes, em várzeas com condições sanitárias impróprias, como já mencionado. Submissão era uma importante exigência, uma vez que a forma sob a qual o trabalhador era engajado e as circunstâncias sob as quais ele realizava relações comerciais dentro dos seringais envolviam a geração de débitos, e ele tinha que aceitar a exigência de deixar a empresa somente quando saldasse aqueles débitos.

O aumento gradual na imigração para a Amazônia, no período de 1871 a 1900, é confirmada por dados quantitativos organizados por Benchimol (1944), ilustrados no Gráfico 2. Ele apresenta um total de 160.125 imigrantes em 1872-1900, o qual não inclui o período de 1879 a 1891, de modo que esse dado subestima o número total da população. Como pode ser observado no Gráfico 2, a imigração aumentou em 1878 em comparação com 1877, refletindo os efeitos da estação de seca no Nordeste, em 1877. No entanto, no período seguinte, a imigração anual caiu, persistindo até 1897. A imigração, contudo, cresceu de maneira constante em 1898-1899 e, acentuadamente, em 1900, expressando a intensificação do recrutamento de trabalhadores para a crescente produção de borracha, que foi reforçado pela política dos governos locais de imigração de trabalhadores e de pequenos produtores familiares de alimentos, nas últimas décadas do Séc. XIX e início do Séc. XX, fato que tem sido estudado por vários autores, como mencionado previamente.

Calixto (1993) aponta que, no período de 1872-1900, aproximadamente 78% dos imigrantes na Amazônia foram para o Amazonas, Acre e Roraima. Ele estima que uma média de 138.625 imigrantes na Amazônia naquele período, 67% foram para o Amazonas, Acre e Roraima. A crescente imigração a partir da década de 1890 e a tendência de ir para o Oeste da Amazônia reafirma a intensificação do recrutamento de trabalhadores pelos seringalistas, como previamente mencionado.

Gráfico 2 – Imigração na Amazônia – 1870-1900

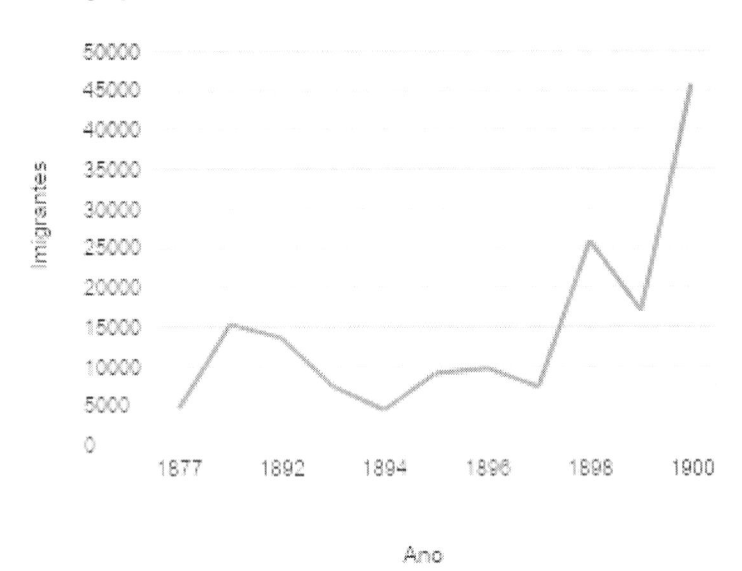

Fonte: Benchimol (1944, p. 38)

Aparte o recrutamento, trabalhadores imigrantes também vieram para Belém espontaneamente (Castro, 1955; Chaves, 1913) ou por meio da já mencionada política governamental de imigração de trabalhadores e de produtores familiares, nas últimas décadas do Séc. XIX e início do Séc. XX. Particularmente, após 1878, essa política ofereceu muitas opções de destino para os imigrantes, que poderiam optar pelos assentamentos, trabalho na indústria de construção, em Belém, ou trabalhar em empresas de borracha no Amazonas e Acre (Bentes, 1992; Moraes, 1984).

Tabela 8 – Vilas e centros populacionais no Acre – novembro, 1912.

Vila	Localização(rio)	Quant. Pop.	Caracteristicas
Seabra	Muru/Tarauaca		O maior centro de seringueiros
Camutana	Purus	400	Perto de um importante seringal
Labrea	Purus	600 a 700	Perto de um importante seringal
Cachoeira Rubber Estate			Porto e ponto de espera de barco ou de contratação para trabalho em seringais.
Antimary or Floriano Peixoto	Acre	500	Próximo a importante seringal.
Porto Acre	Acre	500 a 600	Parada obrigatória de barcos e navios devido a existência de agência de arrecadação federal; próximo a importante seringal.
Xapury	Acre	1.500 a 2.000	Município com extensa produção agricola; no rio Yaco havia produção de borracha quase comparável a do rio Acre.
Senna Madureira	Yaco		this municipality had extensive agricultural production, particularly corn and manioc, and the Yaco river was an important area of rubber production almost comparable to that of Acre river

Fonte: Ministério da Agricultura, Indústria e Comércio – Relatório Oswaldo Cruz (Brasil, 1913)

Nesse caso, eles se instalaram em acomodações oficiais às proximidades de Belém, esperando recrutamento pelos seringalistas. Em 1877-78, relatório do cônsul britânico mostra que 16.000 cearenses foram trazidos para a província do Pará e 7000 ou 44% deles foram para distritos produtores de borracha, enquanto 56% foram alocados em assentamentos agrícolas situados em Benevides e na microrregião Bragantina (F.O., 1880). A imigração espontânea, privada e oficial, reforçou a posição de Belém de Mercado de trabalho mais importante na região, como já informado. De acordo com a Tabela 8, a população de Belém que, em 1872-1890, tinha se reduzido em 19% aumentou em 93% no período de 1890 a 1900 e, em 145%, no período de 1900 a 1920. Belém se tornou o principal local na região Amazônica, onde proprietários do Território do Acre vinham recrutar trabalhadores nativos e imigrantes. Como já sabemos, em 1910, um dos dois sócios do Seringal ITU viajou para Belém duas vezes para recrutar trabalhadores.

3.5 A DISPONIBILIDADE INTERNA DE TRABALHADORES NO ACRE

Documentos contábeis do Seringal ITU mostram que o recrutamento de trabalhadores imigrantes persistiu até por volta de meados da década de 1910. O item de despesa capital inicial para recrutamento de trabalhadores em Belém ou no Nordeste do país não consta mais do Diário do Seringal de ITU referente ao ano de 1913, como constava no Diário de 1910. Relatório de Oswaldo Cruz (Brasil, 1913) menciona vilas localizadas no Acre já em 1912. Como pode ser visualizado na Tabela 8, havia 8 vilas, as quais, juntas, somavam uma população total de mais de 4.200 habitantes, uma vez que o autor não estima as populações de Sena Madureira, seringal Cachoeira e Seabra. O relatório menciona as vilas como centros de moradia de seringueiros, ou pontos onde eles se estabeleciam durante o período de entressafras, ou quando estavam desempregados, ou aguardando barcos para retornar para suas terras de origem. Ademais, a cidade de Rio Branco possuía 2.000 habitantes em 1912.

Oliveira (1985) discute trabalho com base em dados fornecidos por dois autores. Em Costa (1974), há a estimativa de que, quando o Acre foi incorporado ao Brasil, em 1903, sua população era de cerca de 100.000 habitantes. E nos dados de Santos (1980), que estima a população do Acre em somente 75.000. Um ponto questionável no avaliação de Oliveira (1985) é a pressuposição de imobilização de trabalho nas propriedades seringueiras, contradizendo sua própria discussão sobre o alto nível de trabalho masculino nos seringais. Deve-se considerar, além disso, que existem muitas indicações de mobilização de trabalhadores nas empresas de borracha, como outrora mencionado.

A disponibilidade de dados sobre população é significativa quando comparada com o relatório de Oswaldo Cruz, o qual claramente indica o surgimento de uma população de trabalhadores no Acre, que parece ter sido resultado de um lento processo iniciado com a instalação de propriedades seringueiras. Quando aconteceram as chamadas crises de preços da borracha a partir do período 1911-12, esse processo foi intensificado. É que a liberação de trabalhadores pelas empresas de borracha aumentou, e alguns trabalhadores retornaram para sua terra natal, enquanto outros decidiram permanecer no Acre.

Em novembro de 1912, a população do Acre era de cerca de 35.000 a 40.000 habitantes (Brasil, 2013). Dessa população, cerca de 6.000 moravam nos quatro centros mais populosos, tais como da Empresa (um bairro de Rio Branco, a capital do Acre), Xapury, Porto Acre e Brasiléia. Outra parte daquela população estava distribuída nas empresas de borracha e em pequenas vilas. Isso pode ser considerado o mais baixo nível populacional.

Segundo Censo do IBGE, em setembro de 1920, havia cinco municípios e cinco distritos no Acre. Dentre aqueles municípios, três tinham uma população entre 10.001 e 20.000 habitantes, enquanto nos dois municípios restantes a população atingia entre 20.0001 e 60.000 (Brasil, 1926). A população total, então, atingia 92.379 habitantes. Isso significa um aumento populacional de 131% em relação a novembro de 1912. Um outro aspecto importante é que a imigração no Acre não era tão somente do Pará, Amazonas e da região do Nordeste do país, mas também de países vizinhos, particularmente do Peru. Em 1920, para cada 1.000 peruanos morando no Brasil, 23% estavam no Acre (Brasil, 1926).

Soares (1963) sugere que aconteceu um aumento na imigração para os seringais nos anos 1924-25, à medida que o Plano Stevenson, ao restringir a produção de borracha nas colônias britânicas, parece ter melhorado a perspectiva da produção de borracha amazônica, novamente. A estatística referente ao ano de 1936 (INE, 1936) mostra que a população do Acre aumentou de 92.379 habitantes, em 1920, para 99.976, em 1925, 107.511, em 1930, e 115.451 habitantes, em 1935.

População em crescimento significou crescente oferta de trabalho, provocando mudanças na maneira como os trabalhadores passaram a ser engajados nas empresas de borracha. No Diário do Seringal ITU de 1930 não tem registro de viagens para Belém para recrutar trabalhadores. Além disso, esse Diário menciona a presença de trabalhadores que tinham família morando em Rio Branco, ao invés de no Nordeste do Brasil, como era antes. Eles vieram trabalhar no seringal por conta própria. Assim, mudanças no modo como os seringueiros eram engajados nos seringais resultam de uma condição de população do Acre em expansão, gerando disponibilidade local de trabalhadores para trabalhar nas empresas de borracha.

Figura 20 – Casa comercial da Villa Rio Branco, do Sr. N. Maia & Cia. Armazéns dos Sr. Apolinário, Floguel e outros

Nota: em 2013, a foto original do Álbum de Falcão foi digitalizada e disponibilizada pela Fundação Cultural Elias Mansour, do Acre.[76]
Fonte: Falcão (1907, p. 99)

3.6 CONCLUSÃO

Em oposição à noção de terra livre na Amazônia moldando produtores autônomos, não havia terra livre no sentido absoluto. Houve, sim, um processo histórico de tornar as melhores terras livres da ocupação anterior dos povos indígenas, como uma pré-condição para a apropriação ecológica da terra pelos autodenominados "colonizadores", a qual estava atrelada ao processo formal de transformar os nativos despossuídos de suas terras em trabalhadores. O fim da escravidão de povos indígenas, em meados do Séc. XVIII, e o desaparecimento gradual da escravidão Africana, a partir de meados do Séc. XIX, marcam o desaparecimento do processo formal de fazer trabalhadores.

[76] Veja mais em: https://www.flickr.com/72157635065343758/.

A partir de então, permanece somente o processo informal de fazer trabalhadores por meio da ligação entre a privatização ecológica da terra e o processo de transformar produtores diretos em trabalho subordinado. A população livre, não escrava, originada da miscigenação entre nativos e imigrantes europeus e africanos aumentou novamente, à medida que os africanos eram gradualmente libertados da escravidão, o que foi reforçado após a proibição legal de qualquer tipo de escravidão em 1888.

Essa é a população que constitui a fonte de trabalho na região Amazônica. A possibilidade de obter trechos de terras em terras devolutas distantes dos portos de exportação e dos centros populacionais e, particularmente, a persistente política oficial de imigração do produtor familiar de alimentos, a partir de meados do Séc. XVIII, favoreceram a intensificação da emergência do produtor familiar autônomo e não autônomo na região. Ainda assim, o produtor familiar autônomo ou o produtor familiar subordinado ao patrão foram feitos e fizeram a si mesmos como tais como parte do processo histórico do capitalismo, no qual uma grande proporção da população nativa ou imigrante foi transformada em trabalhador subordinado ao comando de empresários. Quando os seringalistas começaram a instalar suas empresas de borracha, já havia trabalhadores a serem recrutados por eles.

Apesar da existência de oferta interna de trabalhadores, essa oferta foi se tornando cada vez menos suficiente para atender à crescente demanda de trabalhadores, particularmente após a década de 1870, para os seringais mais distantes. A carência de mão de obra fez com que o recrutamento de trabalhadores se tornasse uma parte intrínseca do processo de engajamento de trabalhadores no seringal. Os seringais do Acre tinham um problema que era anterior àquele de estabelecer controle sobre o trabalho do produtor direto da borracha. Os empresários tinham que, primeiro, encontrar e recrutar trabalhadores. Desse modo, o primeiro problema principal que o empregador tinha que enfrentar era o de recrutar trabalhadores em número e qualidade adequada ao atendimento de seus projetos de produção. Isso envolvia tarefas, tais como a de atrair trabalhadores com o desejo de aprender as habilidades apropriadas aos métodos de produção de borracha, a promoção do padrão de trabalho e o recrutamento de trabalhadores em áreas distantes.

A condição particular da região Nordeste brasileira, de disponibilidade em abundância de trabalho barato, fez com que essa região se tornasse a principal fonte de trabalho imigrante. Embora não se possa ser preciso estatisticamente, existem fortes indicações de que considerável proporção de trabalhadores imigrantes nos seringais eram, originalmente, trabalhadores familiares que estavam trabalhando, temporariamente, como trabalhadores individuais. Essa era uma estratégia para adquirir recursos visando voltar a ser produtor familiar autônomo, em seguida. Isso não deixa de ser uma estratégia de resistência a se tornar trabalhador subordinado aos interesses de um patrão. Ao mesmo tempo, a constante imigração de trabalhadores que acompanhou a instalação e expansão de empresas de borracha também levou a um gradual aumento da população. População em expansão se constituiu em uma condição necessária para a expansão do mercado interno de trabalho, de onde os seringalistas podiam arregimentar ou atrair trabalhadores. Essa circunstância torna-se particularmente aparente após a década de 1910.

CAPÍTULO 4

FORMAS DE CONTROLE E DISCIPLINA DE TRABALHADORES

No capítulo anterior, foi mostrada a existência de um mercado de trabalho interno na Amazônia, quando do surgimento e expansão da empresa de borracha. Faz-se necessário agora abordar as relações de produção como um aspecto crucial para demonstrar que o produtor direto de borracha era subordinado ao comando direto ou indireto do seringalista.

Resultados da investigação de contratos de parceria e registros de firmas da ACA e da Jucepa revelaram que, embora, em muitos casos, o comando do processo produtivo pelo seringalista variasse devido à utilização de gerentes, seu papel como comandante das atividades produtivas era mais profundo do que as suposições de absenteísmo que a historiografia tradicional (Reis, 1953; Quintiliano, 1963; Bonfim, 1954; Santos, 1980) possa sugerir. As casas aviadoras costumavam investir na produção de borracha, por meio de parceria com seringalistas ou outros, que poderiam administrar a propriedade seringueira, embora alguns deles contratassem gerentes, particularmente após as décadas de 1870-1880. Os seringalistas individuais faziam o mesmo, quando eles tinham mais de uma propriedade seringueira.

Todavia, o seringalista não precisa estar no comando direto da produção para ser considerado capitalista produtivo. Mesmo quando ele contratava gerentes, no ápice da produção de borracha na região, era ele que, em última instância, detinha o controle sobre a empresa. Aliás, a maioria dos seringalistas no Distrito do Rio Acre morava na propriedade seringueira ou em cidades próximas. Particularmente no início, havia casos de seringalistas vivendo sozinhos na propriedade seringueira, sem suas famílias, devido a epidemias de malária (Neves, 1985).

Deve-se considerar da mesma forma que a existência de casa comercial dentro de muitas propriedades seringueiras, não implica que o seringal era tão somente um empreendimento comercial. Até a década de 1910, os seringalistas tinham que investir na montagem de uma casa comercial-

-financeira interna à sua empresa de borracha para efetivar transações financeiras e suprir a empresa com alimentos e outros produtos, devido à localização distante desse empreendimento, em relação a centros comerciais e financeiros. Contudo, a casa comercial-financeira estava ligada e subordinada ao processo de reprodução de capital produtivo. Isso pode ser visualizado na discussão de lucratividade e reinvestimentos, no Capítulo 7. Esse empreendimento lucrava por meio de transações comerciais e financeiras. Mas a principal fonte de sua lucratividade e reinvestimentos era o trabalho de diferentes categorias de trabalhadores subordinados. Curiosamente, no Distrito do Rio Acre, havia seringais que não possuíam casas comerciais. Eles eram supridos por casas de comércio próximas, muitas vezes dentro de outros seringais.

O comando do processo de produção por capitalistas e a condição de classe de formas subordinadas de trabalho são muito evidentes. Considerando que seringueiros constituíam a principal categoria de trabalhadores na produção de borracha, este capítulo discute sua circunstância de classe, na posição de trabalhador pago por produção, por meio do foco, no modo mediante o qual seu trabalho era subjugado aos interesses do seringalista. Nos seringais, como em qualquer empreendimento capitalista, a vontade do capitalista e seu comando sobre o processo de produção assumiram a forma de regras administrativas e procedimentos burocráticos como meios diretos e indiretos de reter, controlar e disciplinar trabalhadores. Ao mesmo tempo, os modos, por meio dos quais trabalhadores eram controlados e disciplinados, constituem as circunstâncias sob as quais eles identificavam questões e construíam respostas, influenciando o curso das relações de classe dentro da empresa seringueira. Esse era o contexto no qual se delineava o poder de barganha dos trabalhadores.

Para tratar das formas de engajamento, retenção, controle e disciplina do produtor direto de borracha, este capítulo foca nos seguintes itens: (a) o engajamento do seringueiro na condição de trabalhador pago por produção; (b) os meios diretos e indiretos de controlar e disciplinar seu trabalho no processo de produção de borracha; (c) os meios indiretos de controlar o trabalhador por meio do controle do crédito/débito; (d) as estratégias dos seringueiros para lidar com débitos: reavaliando débito e fuga; (e) bônus, gratificações e descontos; (f) rotação de trabalhadores e mudanças nas condições de trabalho.

4.1 O ENGAJAMENTO DE SERINGUEIROS NA CONDIÇÃO DE TRABALHADOR PAGO POR PRODUÇÃO

Os seringueiros tinham uma condição de classe especial. Como previamente mencionado, os seringalistas apresentavam o padrão de trabalho nos seringais como sendo uma divisão dos lucros oferecida pelos empregadores. Essa característica tem sido definida como a face distintiva do contrato de meeiro (Eisenberg, 1974; Stolcke, 1988). Da mesma forma que os meeiros das plantações de café de São Paulo, os seringueiros eram trabalhadores imigrantes cujo engajamento envolvia a formação de débito, originada nas despesas suscitadas na sua mudança para a empresa.

Não obstante, a condição de classe do seringueiro era essencialmente diferente daquela do meeiro dos cafezais. Primeiro de tudo, após as décadas de 1870-1880, as relações de trabalho nos seringais sofreram alterações, devido a uma intensificação no engajamento de trabalhador individual, especializado na produção de borracha, como previamente mencionado. Em contraste, nas plantações de café, particularmente, após 1884 e, especialmente, no período de 1888 a 1930, foi o engajamento do produtor familiar não dedicado exclusivamente à produção de café que se intensificou (Sallum Junior, 1982; Martins, 1979; Stolcke, 1988).

Além disso, o papel do débito como ferramenta para subordinar e reter o trabalhador no seringal era diferente daquele das plantações de café. De acordo com Stolcke (1988), o incentivo distintivo ao trabalho pesado dos contratos de meeiros — a ideia de divisão dos lucros pelos capitalistas — foi frustrado nos cafezais, devido às dificuldades do trabalhador para saldar débitos. A perpetuação desses contratos, como consequência de dívidas, era o centro das lutas de classes e de mudanças nas relações de trabalho. Assim, a eliminação do débito inicial após 1884, quando os governos imperial e provinciais começaram a subsidiar a imigração de trabalhadores, parece ter minimizado o papel do débito nas plantações de café. Embora Sallum Junior (1982) demonstre que o débito e a utilização deste, como forma de constranger o trabalhador ao trabalho pesado, tenha persistido por muitos anos.

Nos seringais do Acre, o débito inicial foi sendo eliminado gradualmente, à medida que surgia e se expandia um mercado interno de trabalho, embora a política de imigração de trabalhadores tenha tido um papel significativo nesse processo, como previamente discutido.

No entanto, o débito persistiu como uma característica intrínseca às relações de trabalho. Ainda assim, não era o débito que definia as relações de trabalho nos seringais. Aliás, o débito era simplesmente uma consequência da situação singular, sob a qual o trabalhador era engajado e poderia estabelecer relações comerciais. O que definia as relações de trabalho nos seringais, de fato, eram as maneiras por meio das quais o trabalhador era engajado, tinha seu trabalho controlado e disciplinado.

As empresas de borracha empregavam diferentes categorias de trabalhadores, tais como: (a) trabalhadores pagos por jornada (tempo) de trabalho — assalariados e diaristas — e (b) trabalhadores pagos por produção, como os seringueiros.

Figura 21 – Seringal Remanso, do Sr. Annitiliano Ferreira de Mesquita

Nota: em 2013, a foto original do Álbum de Falcão foi digitalizada e disponibilizada pela Fundação Cultural Elias Mansour, do Acre.[77]
Fonte: Falcão (1907)

[77] Veja mais em: https://www.flickr.com/72157635065343758/. Disponível também no Blog Almaacreana: https://almaacreana.blogspot.com/2012/02/era-dos-seringais.html.

Assim, mais-valia, aluguel e frete se constituíam nas bases do processo de acumulação. Essas diferentes categorias de trabalhadores eram contratadas para realizar diferentes tarefas em um empreendimento caracterizado por uma clara divisão interna do trabalho, na qual mesmo o suprimento interno de cereais e lenha constituíam-se em tarefas exclusivas de trabalhadores específicos. Como mencionado no Capítulo 1, no Seringal ITU, os seringueiros eram a forma dominante de trabalhadores (202, em 1910; 160, em 1913, e 215, em 1930), mesmo considerando que o número de trabalhadores assalariados tenha aumentado ao longo do tempo (de 27, em 1910, para 40, em 1913, e para 52, em 1930).

No que diz respeito aos seringueiros, após as décadas de 1870-1880, eles eram engajados de duas diferentes maneiras, diferindo apenas no nível de sua autonomia no processo de produção-comercialização da borracha. Em uma primeira forma de contrato (Chaves, 1913), os seringueiros tinham que realizar as seguintes tarefas: (1) limpar os caminhos de seringueiras, tarefa que, no caso de limpeza para a primeira exploração feita por um homem, poderia durar de 20 a 25 dias; (2) ser treinado no método de extrair látex e transformá-lo em borracha, por um seringueiro habilitado, o qual normalmente durava 15 dias; (3) quando eles começavam a produzir borracha regularmente, eles tinham que entregá-la periodicamente, conforme o esquema de transporte interno oferecido pelos comboios, cujo serviço era planejado administrativamente pela empresa. Os comboios recebiam a borracha e deixavam um IOU (*I owe you*, em inglês, que quer dizer "eu devo a você"), documento que informava o peso da borracha transportada para o armazém da empresa; (4) o balanço era calculado duas vezes ao ano, em junho e em dezembro.

Usualmente, quando o último recebimento da borracha pelos comboios era feito, no final da safra, o seringueiro ou freguês ia pessoalmente ou mandava um representante seu até a casa comercial para testemunhar o cálculo do peso total da borracha entregue por ele. Nesse momento, os IOUs eram substituídos por um recibo especificando o peso total da borracha entregue, tipos e valores. Esse recibo poderia também conter a autorização do seringueiro para transporte dessa borracha para Belém ou Manaus e registrar sua aceitação de que assumiria a responsabilidade pelos custos desse transporte. Nesse tipo de contrato, o seringueiro pagava de 10 a 15% de sua produção pelo frete e de 10 a 15% dessa produção pelo aluguel dos caminhos de seringueiras de sua colocação. Quer dizer, de 20 a 30% do valor de sua produção de borracha era gasto com frete e aluguel de caminhos de seringueiras.

No segundo tipo de engajamento, os seringueiros eram denominados aviado ou freguês, que significava seringueiro que, de acordo com acertos prévios, trabalhava por conta própria.[78] Eles tinham autonomia no processo de produção. Eles não pagavam nem aluguel, nem frete e eles não tinham que se submeter ao ritmo de produção imposto pelo sistema interno de transporte, pois eles não dependiam dos comboios para transportar sua produção. A qualquer momento, eles poderiam entregar borracha ao proprietário do seringal e ser pago imediatamente por essa produção, a uma taxa de cerca de 50% do preço prevalente naquele momento (Chaves, 1913).

Contudo, aviado era uma condição rara. No Seringal ITU, em 1910 e 1913, havia somente um caso. Quase todos os seringueiros tinham sido engajados de acordo com o primeiro método de engajamento, sob o qual eles tinham que pagar aluguel e frete, bem como o dono do seringal tinha grande controle sobre o processo de produção e comercialização da borracha. O patrão os chamava de seringueiros, que significa o trabalhador dedicado exclusivamente à produção de borracha.

Os seringueiros não eram trabalhadores autônomos no processo de produção. A produção de borracha estava sob o comando do dono do seringal. Apropriadamente, os proprietários de seringais eram chamados de patrão. Esse termo caracteriza, perfeitamente, as relações de classe social nas empresas de borracha. As relações de trabalho nas empresas de borracha não se adequam à classificação dos marchantes como patrões, feita por alguns autores, na tentativa de qualificar relações comerciais entre marchantes e produtores familiares ou indígenas como patronagem ou paternalismo.[79]

O significado de patronagem usado por essa literatura é: (a) dar suporte, tais como caridade ou fundos e (b) o poder que uma pessoa tem de oferecer contratos de trabalho etc.[80] Mas esse significado de patronagem apresenta tão somente uma tênue semelhança com as relações de trabalho nos seringais. A razão é que em relação ao significado (a) "suporte" oferecido pelos seringalistas para o transporte de trabalhadores para sua propriedade, não se tratava de ajuda, de modo algum, mas de um

[78] Sobre as terminologias *aviado, seringueiro, patrão,* veja: Guedes (1920), Santos (1980) e Calixto (1993).

[79] Veja, por exemplo, o debate antropológico sobre patronagem e paternalismo em Meira (1996), Guillaud (1996), Geffray (1996) e Picard (1996).

[80] Para Houaiss (2004, p. 2151), patronagem é o "[...] apoio moral ou material oferecido por alguém ou por uma organização; proteção, patrocínio, patronato".

empréstimo a ser pago com juros de 20%, como mencionado no capítulo anterior. Com relação ao significado (b), esse sentido não é suficiente para definir as relações de classe social entre seringueiros e seringalistas, as quais eram disciplinadas por meio de procedimentos administrativos de controle direto e indireto do trabalho no processo de produção.

Aliás, a terminologia patrão era usada na segunda metade do Séc. XIX e início do Séc. XX para se referir ao seringalista (que era o dono da propriedade seringueira e da empresa de borracha), o qual gerenciava a empresa de borracha. O termo seringalista emergiu somente na década de 1960, em um contexto de conflitos de terra no Acre, quando uma razoável proporção de seringalistas tinha se tornado simplesmente proprietários da terra-seringal, morando nas cidades e alugando ou, em alguns casos, vendendo suas propriedades seringueiras. Assim, a nomenclatura regional patrão e seringueiro expressa características particulares das relações de classe social nos seringais. A apreciação dessas relações de classe requer uma discussão sobre o modo como o seringalista subjugava o trabalho dos seringueiros.

O termo seringalista será largamente utilizado neste trabalho para unificar os significados proprietário de seringal e patrão na empresa de borracha.

4.2 OS MODOS INDIRETO E DIRETO DE CONTROLAR E DISCIPLINAR O TRABALHO NO PROCESSO DE FAZER BORRACHA

A ligação entre questões tecnológicas, controle de qualidade e procura por meios adequados de controlar e disciplinar o trabalho, a fim de maximizar a produtividade, moldou o processo de instalar e administrar as empresas de borracha. A indústria requeria uma matéria-prima particular. E o negociante de borracha impunha um padrão de qualidade,[81] que era garantido por um sistema local de controle de qualidade, envolvendo a classificação da borracha de acordo com diferentes tipos, os quais eram formalmente checados por controles de qualidade institucionalizados, localizados em Belém e em Manaus. Ademais, fabricar a matéria-prima borracha era um processo específico, envolvendo a coleta do látex e a manufatura do mesmo por meio da adaptação de métodos indígenas de fazer artefatos de borracha à produção empresarial. Essa adaptação de métodos indígenas levantou questões específicas.

[81] A borracha deveria atingir o padrão britânico de qualidade, com um grau constante e uniforme de humidade variando de 15 a 20% (Coates, 1987).

Os métodos indígenas foram desenvolvidos a partir de uma interação de convergência e relativa harmonia com o meio físico natural, visando à produção de artefatos de borracha em pequena escala para uso comum. Os indígenas não objetivavam produzir a mercadoria matéria-prima borracha. A característica de interação relativamente harmoniosa com o meio físico natural assumiu uma dimensão diferente nas empresas de borracha, pois o uso daqueles métodos artesanais passou a servir a propósitos diferentes: produzir a mercadoria matéria-prima borracha (*pélas*), em escala suficiente para gerar lucro, a fim de assegurar a acumulação de capital.

A consequência dessa adaptação à produção de mercadoria em larga escala foi que os efeitos dos diferentes ritmos e qualidades da natureza no tempo e na quantidade da produção, intrínsecos àqueles métodos, tiveram que ser minimizados para maximizar a produtividade. A produção de borracha era influenciada diretamente pelos ciclos de safras, pela distribuição não gregária das árvores de goma elástica no espaço e pela incidência de diferentes espécies de árvores de goma elástica. A época da safra variava em diferentes áreas de seringais, dependendo dos ecossistemas locais. No Acre, a safra se iniciava por volta de meados do mês de abril e se estendia até o final de novembro (Chaves, 1913).

Além disso, diferentes espécies de árvores de goma elástica davam base à produção de tipos diversos de borracha, os quais, em seu turno, recebiam preços distintos. A *Fina hard Pará* era feita das melhores espécies de goma elástica, a entrefina do látex de espécies inferiores de goma, *sernamby* do látex não defumado ou de resíduos gerados durante o processo de defumação, coágulos deixados nos recipientes de látex ou formados em volta dos cortes das seringueiras durante a extração. Finalmente, o caucho era feito do látex da *Castillôa* Ulei, uma espécie que requeria um método diferente de extração do látex e de fazer a borracha. Em 1912, o caucho representava 20% da produção de borracha da Amazônia e recebia preços com valores até 50% abaixo do preço da borracha tipo fina, dependendo do seu nível de pureza (Revista da ACA, 1912). Em 1913, a entrefina atingiu o preço equivalente a 84% daquela da borracha *Fina hard Para*, enquanto o tipo *sernamby* atingiu somente 54% (Souza, 1914). Essas porcentagens aumentaram um pouco em 1914, quando eles representavam 85% e 65% do preço da fina, respectivamente (Chaves, 1913).

Juntamente à influência da espécie de árvore de goma elástica, a produtividade dependia da idade da árvore. As árvores eram bastante produtivas no primeiro ano de extração, com o segundo ano mostrando o mais alto nível de produtividade, para, então, o nível de produtividade decair gradativamente, de acordo com a idade da árvore e o tempo de extração. O tempo total em que os caminhos seringueiras poderiam ser explorados, também, variava. Em 1908, o diretor da Associação Comercial do Amazonas estimava esse tempo em 30 e 40 anos. Em 1913, contudo, seringalistas e especialistas locais mencionaram caminhos de seringueiras que estavam sendo explorados há 70 anos (Jornal Folha do Norte, 1913) ou até 100 anos ou mais (ver Capítulo 5).

Os *seringalistas* tentaram minimizar a influência dessas condições naturais no tempo e na quantidade de produção. Eles o fizeram por meio de melhorias nas tecnologias de produção, as quais são tratadas no Capítulo 6, e por meio da racionalização do espaço, construindo caminhos de seringueiras e colocações voltadas para o objetivo de padronizar e aumentar a produtividade. Construir caminhos de seringueiras significava a organização das árvores de goma elástica, de acordo com caminhos ou secções, interligando as árvores localizadas próximas umas das outras em circuitos, irregularmente e mais ou menos elípticos e paralelos aos rios.

Quando algumas árvores estavam distribuídas não de acordo com circuitos fechados, mas às proximidades, um (ou mais) pequenos caminhos poderiam ser construídos, de modo a juntá-las ao circuito. Esses pequenos caminhos eram chamados mangas e um caminho de seringueira poderia conter muitas mangas. O conjunto todo, composto de um a três caminhos de seringueiras, uma casa ou borracha e um defumador, era chamado de colocação (ver Figura 22).

Ruas ou caminhos internos eram construídos para interligar as várias colocações com a infraestrutura administrativa e comercial — que consistia em um escritório, um armazém e uma casa comercial —, a qual era usualmente localizada próximo do porto da empresa de borracha. Não obstante, essa racionalização do espaço e do meio físico natural não padronizou a produtividade. De fato, ela só minimizou as diferenças nos níveis de produtividade entre os caminhos de seringueiras e as colocações.

O livro de Labre, de 1873, intitulado *A Seringueira*, descreve o caminho de seringueira de maneira muito semelhante, informando que, normalmente, somavam-se de 80 a 120 árvores. A curva que se fecha formando quase um círculo era feita de modo que as extremidades ficassem próximas umas das outras, a fim de que, pregadas as tigelinhas[82], iniciasse-se a colheita do leite, no princípio da estrada, finalizando-a ao pé do defumador, para encurtar o tempo na tarefa de defumação.

[82] As tigelinhas eram de estanho ou zinco, fabricadas em Belém; antigamente eram de barro queimado. O formato é de uma espécie de copo com fundo mais ou menos estreito, em diâmetro de boca tem 8 cm; 5cm em diâmetro de base e 8 cm de profundidade.

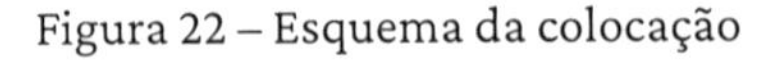
Figura 22 – Esquema da colocação

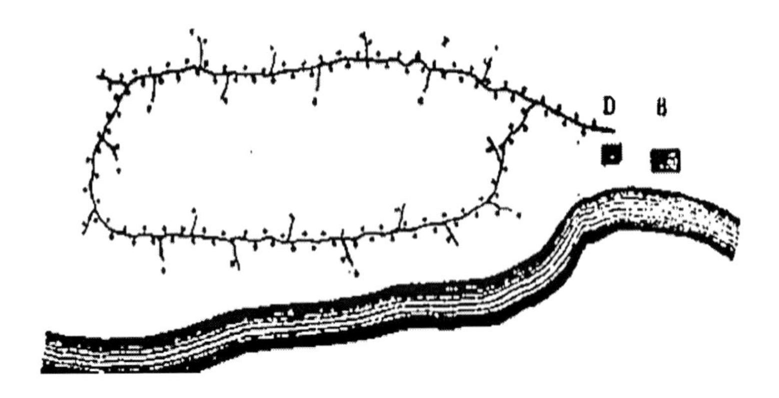

Plano de caminho de seringueira: os pontos pretos indicam as árvores de seringa, B a barraca do seringueiro e D o *defumador* (CHAVES 1913)

Fonte: Chaves (1913, p. 33)

As tigelinhas eram distribuídas ordenadamente de três a oito por cada árvore até a última, conforme o tamanho da árvore, totalizando cerca de 500 a 700 tigelinhas. Observa-se aí, nitidamente, a racionalização do espaço/meio físico natural, pois isso definia o potencial de produtividade dos caminhos e das colocações, estabelecendo as condições em que se daria a inspeção, não somente como um procedimento de controle de qualidade, mas também de controle direto e disciplina do trabalho. A inspeção era justificada como necessária para o controle de qualidade, baseado no fato de que fabricar borracha requeria habilidades especiais na coleta do látex e na manufatura de pélas de borracha.

O produtor direto tinha que ser treinado sob supervisão estrita de controle do método de corte das árvores, necessário para prevenir que elas fossem danificadas (Chaves, 1913; Castro, 1955). Essa supervisão técnica estrita, porém, era combinada com formas de controle do tempo e do ritmo de trabalho dos seringueiros. De acordo com Castro (1955), a inspeção era feita não somente quando novos seringueiros estavam sendo treinados. Os inspetores costumavam ir às colocações para examinar o modo como os trabalhadores estavam fabricando a borracha e para verificar se eles estavam trabalhando com a intensidade requerida pelos patrões. Caso eles não estivessem, isso era relatado para o patrão, que poderia utilizar essa informação para intensificar o controle do crédito do trabalhador relatado na casa comercial. O autor menciona as dificuldades dos trabalhadores em justificar incapacidades para o trabalho devido a problemas de saúde. Além disso, quando os preços da borracha caíram acentuadamente, em 1913-15, e os seringueiros tentaram trabalhar menos na produção de borracha, os proprietários reagiram imediatamente por meio da introdução de inspeção diária (Castro, 1955).

Figura 23 – Tigela

Fonte: Chaves (1913, p. 41)

Desse modo, os seringueiros eram compelidos a adequar seus métodos, tempo e ritmo de trabalho às expectativas dos patrões. Reações ou resistências a essas expectativas eram tratadas de diferentes maneiras, incluindo demissão, expulsão, ações legais etc. No Seringal ITU, um seringueiro foi expulso em 1910, devido a "maus comportamentos". Entre os processos legais sobre seringais disponíveis no Museu Nacional do Rio de Janeiro, código 988, existem alguns que se referem a seringalistas procurando remover seringueiros ou aviados de suas propriedades, por meios legais.

O controle e disciplina administrativos do trabalho nos seringais são evidentes quando esse assunto é considerado como um conjunto de medidas que mudaram ao longo do tempo. Após as décadas de 1870-1880 e, particularmente, na década de 1910, uma das estratégias adotadas pelos seringalistas diante de conjunturas diversas na economia da borracha foi a intensificação da exploração do trabalho dentro das empresas de borracha, o que foi alcançado de várias maneiras.

Primeiro, a preferência pelo trabalhador individual, ao invés de trabalhador familiar, foi combinada com o trabalho especializado do produtor de borracha. O trabalho individual implicava na impossibilidade física do trabalhador individual combinar a coleta do látex e o preparo da borracha com outras atividades econômicas.

A montante do rio Acre, onde se situava a área mais importante produtora de borracha no estado do Acre, a safra durava cerca de 140 dias, e um seringueiro usualmente trabalhava em dois caminhos de seringueiras, os quais eram compostos de um número em torno de 200 árvores de goma elástica, usando 800 a 1.000 pequenas tigelas, obtendo uma média de 6 a 8 litros de látex por caminho de seringueiras por dia. Somente os trabalhadores de rendimento excepcional conseguiam obter 18 litros de látex por dia, em cada caminho. Desse modo, uma jornada de trabalho de mais de dez horas era necessária para a obtenção de cerca de 6 a 8 litros de látex por caminho, de modo a produzir de 45 a 50kg de borracha em um período de 4 ou 5 dias de trabalho (Chaves, 1913). Ademais, a literatura (Cabral, 1949; Brasil, 1913; Castro, 1955) sugere que atividades subsidiárias — tais como pesca e agricultura de subsistência — eram toleradas, desde que essas atividades não afetassem o trabalho exigido na produção de borracha.

Figura 24 – Colocação: maquete da Casa do Seringueiro. Casa de Chico Mendes, em Rio Branco/AC

Fonte: Rosineide da Silva Bentes (1996)

A exigência de inteira dedicação dos seringueiros à produção de borracha é confirmada pelos resultados da análise dos Diários dos Seringal ITU. Em 1910, a renda monetária dos seringueiros se originava exclusivamente da produção de borracha (Quadro 1). Na amostra de seringueiros, somente um seringueiro vendeu lenha e madeira para a casa comercial. O único meio alternativo de conseguir renda extra era vender pertences pessoais ou trabalhar temporariamente como trabalhador assalariado em outras atividades dentro da empresa. O Quadro 1 mostra que, na amostra de seringueiros, somente 3% vendeu pertences, enquanto 11% trabalharam temporariamente como trabalhadores diaristas.

O Quadro 1 indica que, em 1913, quando os preços da borracha estavam caindo, como pode ser verificado no Capítulo 5, uma razoável proporção de seringueiros tendeu a abandonar ou reduzir a produção de borracha em favor do trabalho assalariado. Isso porque 22% da amostra obteve renda extra por meio da realização de trabalho assalariado temporário ou permanente. Dentre eles, 42% deixaram a produção de borracha para se tornar trabalhador assalariado permanentemente, pois a renda deles proveniente de trabalho assalariado atingiu 100% de sua renda anual total, em 1913. Além disso, enquanto em 1910, 11% da amostra tinha parte de sua renda originando-se no trabalho como diarista ou como assalariado, em 1913, 17% fez o mesmo.

Finalmente, a percentagem de renda obtida por esses trabalhadores por meio dessas formas de trabalho aumentou. Enquanto em 1910, essa percentagem variava de 5 a 26%; em 1913, a variação era de 51 a 100%. Havia apenas algumas exceções: um trabalhador com 14% de sua renda total oriunda de trabalho assalariado e três trabalhadores que tiveram a proporção de renda de trabalho assalariado aumentada de 8 a 10%, em 1910, para 61, 69 e 99%, em 1913.

Quadro 1 – Lista de outras fontes de renda no Seringal ITU – 1910, 1913(em mil réis).

	1910					1913				
No.	**Produto**	**Venda**	**Diária**	**Salário**	**P.A.I.**	**Produtos**	**Venda**	**T. Diária**	**Salário**	**P.A.I.**
1		5$217			10%					99%
6				91$849					92$762	100%
9	Lenha 3$889		3$605		11%	feijão 6$335				
14							plantações 30$881 ferramen-tas 7$720			46%
17									37$404	100%
20									56$008	100%
23									9$849	100%
25							¼ carne 4$827			
28		3$656			8%				65$875	69%
30								Trabalho esposa 9$264	131$026	61%

	1910					1913				
No.	**Produto**	**Venda**	**Diária**	**Salário**	**P.A.I.**	**Produtos**	**Venda**	**T. Diária**	**Salário**	**P.A.I.**
32									52$339	100%
40			2$092		5%					
44				7$611	8%				144$167 (filho) 128$320 (pai)	91%
45									58$362	51%
48			9$706		20%					
51								9$855		100%
54								14$351		14%
57							Ferramen-tas 3$090			2%
63				34$943	26%					
64			5$824		8%					

Nota: P.A.I. = Percentagem Renda Anual.
Fonte: diários do Seringal ITU de 1910 e 1913

Assim, no Seringal ITU, em 1910 e em 1913, o seringueiro permaneceu na condição de trabalhador subordinado e produtor exclusivo de borracha, que poderia eventualmente realizar trabalho como diarista ou tornar-se trabalhador assalariado dentro da empresa de borracha. A diversificação das atividades econômicas da empresa de borracha, pelo menos até 1913, como discutida no Capítulo 6, não implicou a diversificação das atividades econômicas do seringueiro, ou o engajamento de seringueiro como trabalhador familiar, ou mudanças nas relações de classe social dentro da empresa de borracha.

Na década de 1910, além do engajamento de produtor individual dedicado exclusivamente à produção de borracha, a empresa de borracha intensificou a exploração do trabalho, de duas maneiras: (a) por meio do aumento do número de árvores de goma elástica, compondo um caminho de seringueiras, de 100 árvores para 120, 150 e 180 (Chaves, 1913) e (b) por meio da redução do número de seringueiros na empresa. O Seringal ITU tinha 400 caminhos de seringueiras. O número de seringueiros foi reduzido de 202, em 1910, para 160, em 1913, de modo que cada seringueiro ou passou a explorar um maior número de caminhos, ou menos caminhos com maior número de árvores a serem trabalhadas.

Essa circunstância se torna ainda mais evidente quando se leva em conta que, em 1930, o número de seringueiros tinha aumentado para 215, 26% mais que em 1913. O mais alto nível de exploração do trabalho nesse ano é indicado pelo fato de que, em 1913, a tendência à diversificação das atividades econômicas do seringueiro, evidente em 1930, era ainda muito tênue. O Quadro 1 ilustra que, em 1913, somente 3% da amostra de seringueiros obteve renda monetária extra pela venda de cereais e pequena plantação de cereais (e ferramentas) para saldar débitos, a fim de deixar o seringal.

4.3 MEIOS INDIRETOS DE CONTROLAR OS SERINGUEIROS POR MEIO DO CONTROLE DO CRÉDITO/DÉBITO

A condição do seringueiro de ser um produtor individual especializado na produção de borracha constitui-se em elemento importante para a compreensão de um aspecto: o significado do controle estrito do débito/crédito na casa comercial interna à empresa de borracha, como uma ferramenta de retenção, controle e disciplina do trabalho. Como produtor individual dedicado exclusivamente à produção de borracha, os seringueiros dependiam do mercado para obter alimentos e as circunstâncias sob as quais eles realizavam transações comerciais favoreciam a formação de débito.

Isso era assim, antes de tudo, porque eles trabalhavam e viviam em uma empresa de localização distante em relação aos mercados, de modo que eles se tornavam dependentes da casa comercial da empresa para adquirir tudo o que eles precisavam e não podiam produzir por si mesmos. A Tabela 9 ilustra a frequência de compras, estima a despesa mensal e as compras anuais da amostra de seringueiros, em 1910 e em 1913. A distribuição da amostra tem desvio positivo, de modo que a dispersão não é atingida diretamente, por essa distribuição, a média do desvio ou o padrão de desvio. Na busca por simplicidade e argumento claro, foi verificado que, em 1910, 32% da amostra fez compras acima da média e 28%, de acordo com a média (dez vezes ao ano). Isso significa que 60% compraram de acordo ou acima da frequência média de compras. Além disso, a proporção daqueles que compraram oito vezes ou mais ao ano atingiu 89%. Assim, a grande maioria dos seringueiros dependia inteira ou grandemente da casa comercial interna à empresa onde trabalhava, para a aquisição de produtos de subsistência.

A Tabela 10 também mostra que essa dependência, possivelmente, era ligeiramente menor em 1913, pois o valor médio de compras (50$629 ou £815.14) era consideravelmente mais baixo do que o de 1910 (75$758 ou £1,215.57) e o valor máximo de compra anual (157$401 ou £2,534.16), em 1913, sendo cerca de 16% mais baixo do que aquele de 1910 (186$750 ou £3,036.56). É possível que esses valores estejam refletindo também alterações nos preços das mercadorias adquiridas.

Mas essa circunstância se torna mais clara ainda quando a distribuição de frequência de compras é considerada. Primeiro de tudo, em 1913, a frequência média de compras era 9, o que é mais baixa do que em 1910. Além disso, não havia seringueiro comprando todo mês. E a percentagem daqueles comprando oito ou mais vezes decaiu de 89%, em 1910, para 64%, em 1913. Mais importante, 21% da amostra não fez compras em absoluto, em 1913.

Esses resultados mostram uma clara tendência para uma menor dependência do seringueiro em relação à casa comercial interna ao Seringal ITU, em 1913, em comparação com 1910. Não obstante, os seringueiros ainda dependiam das compras internas à empresa, considerando que a média da frequência de compras atingiu 9 vezes ao ano, 53% da amostra comprou acima da média (10 ou 11 vezes ao ano), e o valor médio anual de compras atingiu 50$629 (£815.14). A tendência a um decréscimo da dependência de compras internas à empresa é claramente confirmada somente em uma perspectiva de longo prazo, como será discutido mais tarde, enquanto antes de 1913, os seringueiros dependiam inteiramente da casa comercial da empresa para comprar alimentos.

Tabela 9 – Compras de seringueiros no Seringal ITU – 1910, 1913 (em réis)

Estatística	Compras Anuais		Despesa Mensal		Frequência das Compras	
	1910	1913	1910	1913	1910	*1913*
Median	69$238	50$867	6$267	5$258	10	10
Max	186$750	157$401	15$562	15$740	12	11
Min	7$605	1$525	2$427	0$689	2	1
Stdev	34$107	35$980	2$817	1$119	2	3

Fonte: diários do Seringal ITU de 1910 e 1913

Alimentos eram caros na casa comercial da empresa devido a circunstâncias históricas, tais como o alto custo dos transportes ou fretes. O Distrito do Rio Acre era suprido principalmente por casas comerciais de Belém. De acordo com faturas referentes à venda e ao transporte de mercadorias da Casa Aviadora Alves Braga & Cia, em Belém, para o Seringal Guanabara, situado no Distrito do Rio Acre, em março de 1913, as mercadorias chegavam, nesse distrito, 64% mais caras, devido, exclusivamente, às despesas com transporte de Belém e 57% mais caras simplesmente por causa do pagamento de frete, como ilustrado na Tabela 10.

Tabela 10 – Despesas com transporte de mercadorias, 1913

Despesa	Valor (Réis)	% do valor da mercadoria
Mercadorias (1.007$842)		
Transporte p navio + registro oficial	8$235	
Taxa de exportação	20$865	
Frete	579$094	57%
Seguro e outros	37$790	
Total	645$985	64%

Fonte: Chaves (1913, p. 71-72)

Considerando que a casa comercial interna ao seringal deve ter obtido lucro do negócio, o preço final ao seringueiro deve ter sido alto comparado aos preços praticados em Belém e Manaus. Em conformidade com a lei, se o lucro do seringalista oriundo da venda de produtos na casa comercial interna a sua empresa ultrapassasse 140% acima do preço médio dos mesmos produtos em Belém e Manaus, os consumidores poderiam entrar com processo de reclamação junto ao tribunal.[83] Porém, os seringueiros poderiam facilmente se tornar desatualizados com os preços dos produtos em Belém e Manaus, devido à grande distância em que se encontravam em relação a esses mercados e a baixa frequência dos carregamentos, mesmo considerando que eles tinham acesso a rádios e, muitas empresas de borracha, possuíssem serviço telegráfico.

Entretanto, a dependência da casa comercial interna à empresa e o alto custo das mercadorias não explicam o débito em si. Faz-se necessário discutir as circunstâncias sob as quais os seringueiros eram engajados e remunerados pela empresa. Os seringueiros eram engajados na empresa de borracha já na condição de trabalhador endividado. A fonte desse débito era o financiamento feito pelos seringalistas à sua mobilidade de Belém ou do Nordeste brasileiro para suas empresas. Esse financiamento assumia a forma de capital inicial, como previamente mencionado, e o débito inicial do seringueiro deveria ser pago com 20% de juros, como ilustra a Tabela 11.

[83] Isso serviu como argumento de defesa em um processo na justiça de 1904, no qual o reclamante ganhou o caso (ANRJ, 1903-1904, Código 988).

Tabela 11 – Débito inicial dos seringueiros – 1910 (em réis)

No. Pessoas	Passagem	Dinheiro	Despesas abordo	Compras	Juros (20%)	Total
1	6$396	8$947	0$138	2$184	3$533	21$184
1	6$396	9$876	1$807	10$707	5$757	34$545
1		-	-			13$739
1	6$396	-	4$838	12$856	4$819	28$910
1	6$356	1$839	5$840	-	2$709	14$779
1	6$396	9$225	0$476	-	3$218	15$626
1	0$615	14$413	1$033		4$370	26$214
1	6$396	-	0$655		3$333	20$007
1			-			49$162
1	25$346	28$913	0$734		11$036	121$384
2	13$149	17$130	2$388	4$533	7$440	44$642
1	6$396	7$238	1$648	-	3$056	18$340
1	6$491	22$470	3$599	-	6$512	39$070
2	22$407	-	7$905	-	6$062	36$375
1	6$396	-	18$533	-	4$985	24$995
1	6$396	4$854	1$585	-	2$566	15$403
2	12$792	-	9$654	-	4$489	26$936
1	6$396	-	9$813	-	3$241	19$451
1	0$615	-	17$172	-	4$714	28$283
1	0$246	-	1$509	-	1$581	9$487
1	4$966	1$565	-	-	1$30	7$838

Nota: refere-se a dezembro de 1910 + inclui 55$353 de adiantamento de pagamento em Belém, a taxa de juros é somente sobre o total de 54$995. A informação por 2 pessoas refere-se ao seringueiro e sua esposa.
Fonte: Diário do Seringal ITU de 1910

A política oficial de encorajamento à produção de borracha durante a crise mais profunda dos preços de borracha, iniciada em 1911-12, considerou as despesas com ferramentas uma das principais razões para o alto custo da mão de obra. Na amostra de seringueiros para 1910 e 1913, 36% eram de recém-chegados em 1910. Como pode ser visualizado na Tabela 11, a média de débito inicial, incluindo 20% de juros, atingia 29$245 (£ 475.53). O débito inicial incluía itens como *ticket* de passagem de Belém para o Seringal ITU que, em abril de 1910, custava 6$396 para a 3ª classe e 25$346 para a 1ª classe e dinheiro para despesas durante a viagem. O adiantamento em dinheiro, juntamente ao *ticket* de passagem, representava a maior porcentagem do débito inicial. Considerando as despesas reais, sem os juros, o preço do *ticket* de passagem representava uma média de cerca de 45% e o dinheiro adiantado 41% do débito inicial.

Tabela 12 – Preços de Ferramentas do seringueiro – 1913

Ferramenta	Quant.	Preço (Réis)
Tigelinha	1000	180$
Bacia de zinco (28cm)	1	30$ a 40$
Machadinho	1	5$ a 10$
Terçado Collins no. 128	1	20$
Terçado Collins menos	1	15$
Balde de zinco (6 litros)	1	10$
Boião de ferro ou cerâmica	1	20$ ou 40$
Total		280$ ou 315$

Fonte: Chaves (1913, p. 67)

A maioria dos recém-chegados, 61%, pediu dinheiro adiantado em Belém, provavelmente para comprar alimentos e ferramentas de trabalho nessa cidade, com preços mais baratos. Como já mencionado no Capítulo 1, os documentos de contabilidade do Seringal ITU localizados por mim não fornecem os preços de cada mercadoria, mas considerando que somente 15% dos recém-chegados fizeram compras no primeiro mês na casa comercial, em 1910, é quase certo que a maioria deles fez compras em Belém, onde os preços eram menores do que aqueles da casa comercial do Seringal ITU.

Em 1913, as despesas dos seringueiros com ferramentas atingiram o valor de 280$000 ou 315$000 (£ 506.49), no Seringal ITU, como é ilustrado na Tabela 12. Embora os preços em Belém fossem menores, eles ainda eram caros para os seringueiros, pois eles tinham que pagar com dinheiro emprestado a 20% de juros. O Plano de Defesa da Borracha de 1912[84] previu que, na acomodação oficial para trabalhadores imigrantes, deveriam ser disponibilizadas ferramentas a serem vendidas a preço de custo.

[84] A Lei Federal n.º 2.534A, de janeiro de 1912, e sua respectiva regulamentação em maio do mesmo ano.

Chaves (1913) discordava desse plano, dizendo que os preços das ferramentas de trabalho não representavam a maior proporção do débito inicial dos trabalhadores. Contudo, ele informa que os preços das ferramentas eram bastante caros. Esse autor afirma também que o custo de transporte se constituía em um dos itens mais importantes no débito inicial. Isso se confirma, pois ele representava 45% do débito inicial, conforme mencionado anteriormente. Ele dizia que:

> O homem recrutado no Estado do Ceará ou em qualquer outro lugar, deixa o pouco que possui para suas famílias, então, eles dependem do proprietário para tudo para poder vir para o seringal. Do Ceará eles vão para Belém. O transporte para este porto, a acomodação em pequenos hotéis na cidade e o bilhete de viagem em navios a vapor custam 220$000 contos de reis. O bilhete de passagem pode ser ainda mais caro porque os comandantes cobram a cada passageiro 5$000 a 10$000 por dia quando condições ruins de navegação forçam atrasos durante a viagem...Então, as pessoas nunca sabem o valor extra que terão que pagar na chegada. Eles chegam nos seringais do Acre depois de 30 a 45 dias em uma desconfortável e sofrida viagem. (Chaves, 1913, p. 80).

O engajamento de seringueiros como trabalhador endividado persistiu pelo menos até a década de 1910. No Diário do Seringal ITU de 1913, existem evidências de mudanças: os registros são de engajamentos de seringueiros sem débito inicial e não existem registros de gerentes viajando para Belém ou para a região Nordeste do Brasil para recrutar trabalhadores. No Diário de 1930, não existe registro de investimento em recrutamento de trabalhadores em absoluto, não houve engajamento de trabalhador endividado e existem evidências de trabalhadores que tinham famílias morando em Rio Branco, a capital do Acre, ou em pequenas cidades vizinhas, ao invés de morarem na região Nordeste do Brasil, como no passado.

Essa informação confirma o surgimento de um mercado de trabalho interno no Acre, particularmente após a década de 1910. Confirma também a existência de imigração espontânea de trabalhadores, como foi discutido no Capítulo 3. Essas mudanças levam ao desaparecimento do débito inicial. Contudo, o endividamento nas relações de trabalho persiste. A razão está em que o endividamento do seringueiro se originava na forma de seu pagamento: por produção, não por jornada de trabalho, sob circunstâncias particulares. A remuneração por produção significava renda incerta, dependendo não apenas do resultado do trabalho — quantidade e boa qualidade de borracha produzida. A renda dependia também do preço da borracha ao produtor direto, que a vendia sob circunstâncias especiais.

Os preços da borracha variavam diariamente nos mercados de Belém e Manaus e, de fato, várias vezes ao dia (ver Capítulo 5). Não obstante, o seringueiro não podia se beneficiar dessas variações de preços, pois ele vendia sua borracha dentro da empresa de borracha, de acordo com preços internos à empresa e no tempo definido pelas condições de trabalho.

No Seringal ITU, os seringueiros entregavam a borracha produzida no tempo definido pelo calendário seguido pelo sistema interno de transporte. Todavia, ao ser recebida pela empresa, a borracha era pesada, conferida e armazenada. A borracha recebia preços somente quando os navios vindos de Belém chegavam para apanhar a produção. Isso aconteceu quatro vezes em 1910, uma em 30 de abril e três vezes no final de dezembro. Em 1913, esse processo aconteceu mais de duas vezes, no final de janeiro e no dia 4 de abril, assim como existem registros de vendas de borracha para a Bolívia. Além disso, os seringueiros venderam sua borracha nessas ocasiões não de acordo com os preços que vigoravam em Belém, mas de acordo com preços prevalentes dentro da empresa Seringal ITU, os quais eram cerca de 40 a 50% mais baratos que aqueles.[85] Finalmente, do valor total da venda de borracha era deduzido o valor de aluguel da colocação e do frete de cada um dos seringueiros, representando 10 a 15%.

Deve-se considerar ainda que os seringueiros compravam alimentos a preços altos, como anteriormente mencionado. Mais importante, eles produziam borracha durante oito meses ao ano. Nas entressafras, do final de novembro até o final de março ou meados de abril, cerca de quatro meses, eles não produziam borracha. Nesses períodos, eles somente consumiam produtos de subsistência, sem vender borracha. Essa situação se aplicava a todos, inclusive àqueles que iam para casa nos períodos de entressafra. Assim, as condições sob as quais os seringueiros eram remunerados e estavam inseridos nas relações de trabalho terminavam favorecendo o endividamento.

Tais condições tornaram possível o uso do estrito controle contábil do crédito do seringueiro na casa comercial do seringal como um meio de controle administrativo indireto do trabalho, visando retê-lo e cons-

[85] Essa informação sobre preços de borracha no Seringal ITU confirma estimativas feitas por Chaves (1913) e informação de Castro (1955).

trangê-lo ao trabalho pesado. Os seringueiros compravam mercadorias a crédito (fiado) a ser pago com sua futura produção de borracha. Todavia, nessas relações comerciais, os seringueiros não eram vendedores e compradores autônomos. Eles eram obrigados a vender a borracha que produziam para o seringalista, que assumia o papel de proprietário-comprador e comandante do processo de produção. Nesses papéis, o seringalista exercia o controle direto do trabalho dos seringueiros, ao mesmo tempo que atuava como credor por meio da Casa Comercial interna à sua empresa, definindo o nível de empréstimos e de compras a crédito. De acordo com Castro (1955), a regra nessa matéria era: "Aquele que não produz não consome". E afirma que o gerente sempre reduzia a demanda dos seringueiros por mercadorias, quando eles tinham alto débito. Nada lhes era vendido acima do nível de sua produção (Castro, 1955).

No Seringal ITU, todavia, mesmo seringueiros altamente endividados continuavam tendo crédito, desde que eles continuassem a produzir borracha. A razão estava na dificuldade enfrentada pelo seringalista para controlar totalmente o trabalho do seringalista. Reclamações sobre não pagamento de débito poderia ser feitas, segundo o Código Comercial. O credor poderia pedir por arresto, que era o confisco de pertences e propriedades sob a mediação de autoridades. Os seringueiros não tinham pertences ou propriedades valiosas que pudessem ser confiscadas e a prisão deles poderia significar não pagamento das dívidas de qualquer modo. Portanto, o modo usual de recuperar débitos era manter o devedor trabalhando na empresa.

Os devedores, por sua vez, tinham que permanecer na empresa até que todo o débito fosse saldado. Isso poderia forçar os seringueiros a permanecerem no seringal por mais tempo do que eles tinham planejado. Desse modo, o débito também funcionava como um meio de reter o trabalhador na empresa. Porém, a eficiência disso era relativamente limitada. Os seringueiros tinham níveis desiguais de produtividade/consumo, consequentemente, eles possuíam diferentes níveis de remuneração, que desenhavam diversos níveis de renda em relação ao nível de subsistência. Quando conseguiam equiparar sua remuneração com seus gastos na casa comercial, eles tinham uma remuneração ao nível de subsistência, o que se expressava em suas contas correntes, pela ausência de débito ou crédito. Débito, por sua vez, poderia indicar ganhos abaixo do nível de subsistência como uma condição temporária ou por períodos mais longos.

No Seringal ITU, em dezembro de 1910, 70% dos seringueiros que compunham a amostra analisada possuíam débito. Em dezembro de 1913, somente 49 seringueiros ou 76% da amostra de 1910 permaneciam no seringal e 77% desses tinham um balanço negativo. Essa alta percentagem de endividamento expressa a particularidade daqueles que formaram a amostra. Eles foram selecionados entre aqueles que permaneceram no Seringal ITU, no início de fevereiro de 1910 e no início de março de 1913, quando o ano contábil iniciava. Após março de 1913, 21% da amostra deixou o seringal. Apesar da existência de uma considerável proporção de seringueiros que permaneceu no Seringal por anos, mesmo tendo saldo positivo, a maioria daqueles que permaneceram por longos períodos tinha balanço negativo. Finalmente, a percentagem da amostra ganhando acima do nível de subsistência não era baixa. Essa conclusão se baseia na consideração de que 17% tinham balanço positivo em dezembro de 1910 e 22%, em dezembro de 1913 (essa percentagem se refere àqueles que permaneceram no Seringal durante todo o ano de 1913, o que significa um total 21% menor que a amostra de março desse mesmo ano, quando o ano contábil começou).

Além disso, como já mencionado, do total de 202 seringueiros no Seringal ITU, em fevereiro de 1910, cerca de 55% trabalharam por um período de três a quatro anos, enquanto 11% conseguiram deixar a propriedade em apenas dois anos. Os resultados, assim, sugerem a necessidade de se refletir melhor e questionar ou relativizar o caráter de verdade absoluta da crença da literatura de que as relações de trabalho nos seringais se caracterizaram pela imobilização e pela fuga da mão de obra. O passo seguinte nessa direção é a discussão sobre as estratégias dos trabalhadores para lidar com o endividamento, assim como garantir a rotatividade do trabalho.

4.4 ESTRATÉGIAS DOS SERINGUEIROS PARA LIDAR COM A DÍVIDA: REPENSANDO DÍVIDA E FUGA

Os seringueiros tinham diferentes formas de resistência para com o uso patronal do débito como meio de controle, retenção e disciplina da mão de obra. Nos documentos contábeis do Seringal ITU relativos a 1910, 1913 e 1930, existe abundância de evidências das estratégias dos seringueiros para enfrentar o endividamento. A maioria dos casos indica formas coletivas de resistência e ajuda mútua. Os seringueiros e trabalhadores assalariados com saldos positivos em suas contas correntes na casa de comércio interna ao Seringal costumavam emprestar dinheiro aos seus colegas endividados, sem cobrança de juros. Isso significava que os endividados não precisavam obter empréstimos na casa comercial a 20% de juros e podiam comprar bens com dinheiro vivo. E essa possibilidade era crucial para aqueles que estavam altamente endividados e, portanto, tinham o seu crédito controlado por contabilistas, correndo o risco de ter seu crédito para comprar alimentos fiado interrompido completamente.

Em 1910, 25% dos seringueiros da amostra pediram dinheiro emprestado a 27 colegas credores, cujas transações atingiram o montante de 112$896 (£ 1.835,69). Em 1913, 19% fizeram o mesmo, sendo 27 o número de colegas credores. Embora o número de trabalhadores que pediram empréstimo a colegas fosse inferior em 1913 do que em 1910, o montante total envolvido foi superior a 153$381 (£ 2.493,98). Ademais, os trabalhadores do Seringal ITU também costumavam emprestar mercadorias aos seus pares. Ou seja, eles autorizavam a casa comercial a vender mercadorias aos colegas endividados junto à casa comercial e a registrar a dívida daí decorrente nas contas correntes dos trabalhadores credores. O pagamento desses empréstimos em mercadorias era efetuado mediante a autorização de um depósito na conta corrente do credor, geralmente no final do ano, quando os saldos anuais eram calculados.

Especialmente quando desejavam sair da propriedade, os seringueiros costumavam vender seus pertences, incluindo ferramentas, para liquidar dívidas. A lista 1, apresentada anteriormente, ilustra que, em 1910, 3% dos seringueiros da amostra venderam seus pertences. Finalmente, eles realizavam trabalhos dentro dos seringais como trabalhadores assalariados pagos por diárias. A lista 1, anteriormente apresentada, mostra também que 11% dos trabalhadores trabalhavam temporariamente como assalariados mensais ou diaristas, em 1910. Em 1913, havia uma proporção razoável de seringueiros tendendo mesmo a abandonar ou reduzir a produção de borracha em favor do trabalho assalariado, uma vez que 22% da amostra o fazia.

Essa tendência revela igualmente o modo como os seringueiros usaram várias estratégias para lidar com a queda dos preços da borracha em 1913, conforme discutido no capítulo cinco. Nesse cenário, os seringueiros foram diretamente afetados, porque não só venderam borracha a preços mais baixos do que os praticados em Belém e Manaus, mas também compraram produtos de subsistência caros.

Figura 25 – Casa de Chico Mendes, Rio Branco-AC

Fonte: Rosineide da Silva Bentes (1996)

Sob tais condições, trabalhar como trabalhador assalariado parecia uma boa estratégia. Os trabalhadores assalariados tinham vantagens claras. Eles obtinham salários ou ordenados fixos, pagos por diária, e a maioria deles tinha refeições gratuitas. Consequentemente, eles apresentam a tendência de fazer menos compras. Considerando uma amostra composta da renda de 8 trabalhadores assalariados, ganhando de 120$000, 150$000 e 200$000 contos de réis, descobriu-se que sua renda média anual era de 1.077$400 contos de réis, em 1910. Como tal, era maior do que a renda média anual do seringueiro daquele ano que era de 1.017$160 contos de réis.

Mais importante ainda, os trabalhadores assalariados gastavam menos na casa comercial interna. Sua média anual de compras foi de apenas 28$330 (£ 460,78), em 1910, e 20$310 (£ 327,10), em 1913, enquanto a média anual de compras dos seringueiros atingiu 74$750 (£ 1.215,57), em 1910, e 50$620 (£ 815,14), em 1913, como mostra a Tabela 11.

Na seleção de uma amostra de mão de obra assalariada, tentou-se manter o critério de permanência no Seringal ITU, no início de fevereiro de 1910 e no início de março de 1913, mas a rotatividade entre os trabalhadores assalariados era maior em comparação àquela dos seringueiros. Como resultado, em 1910 a amostra de assalariados refere-se a sete trabalhadores assalariados, pois a conta de um dos oito considerados não teve movimento em 1910, mas teve em 1913, e dos oito que compunham a amostra, apenas dois permaneceram no seringal durante todo o ano de 1913, devido a um deles ter se tornado um seringueiro nesse ano e cinco não estarem mais trabalhando naquele seringal.

Além disso, os trabalhadores assalariados tendiam a ter saldos positivos. Analisando a amostra de mão de obra assalariada do ponto de vista da situação final, constatei que 75% deixaram o seringal com um saldo positivo. Também deve ser considerado que os trabalhadores no topo da administração da empresa seringueira sempre tiveram saldos positivos. O contador recebia um salário de 700$000 contos de reis, em 1910, e 1.000$000 contos de reis, em 1913, o que era equivalente ao do contador do Instituto Paulista da Defesa Permanente do Café.[86] O contador tinha um saldo positivo de 25$619 (£ 416,57), em dezembro de 1910, e 777$069 (£ 12.510,82), em dezembro de 1913, deixando o seringal, em junho de 1914, com alta poupança. Outro trabalhador administrativo foi contratado em 1910 com um salário anual de 10.000$000 contos de réis. Existe registro de que ele emprestou muito dinheiro aos seringueiros, sem a cobrança de juros.

Ao lado da razoável tendência ao trabalho assalariado, os seringueiros tiveram que intensificar a extração e fabricação de borracha, uma vez que o proprietário reduziu o número de seringueiros de 202, em 1910, para 160, em 1913, como mencionado anteriormente. Finalmente, os seringueiros enfrentaram a constante queda dos preços da borracha em 1913, por meio do aumento da venda de borracha por consignação. Na amostra, apenas 2% venderam parte da borracha produzida por consignação, em 1910, enquanto 44% o fizeram, em 1913. Isso poderia permitir-lhes obter melhores preços em comparação com o que poderiam obter no final do ano, quando o balanço final de sua produção era feito, considerando a tendência à redução permanente dos preços da borracha. Entretanto, por não serem aviados, não podiam vender toda a borracha que produziam daquela forma.

O material apresentado impõe a necessidade de se questionar as interpretações das relações de trabalho nos seringais centradas no endividamento e na fuga. Calixto (1993) afirma que os seringalistas devem ter sido violentos e arbitrários. Sua declaração se baseia na descrição de Cabral sobre o assassinato de um fugitivo endividado, por um seringalista, no Acre (Calixto, 1993)[87]. O autor critica Castro (1955) e Potyguara (1942) que, segundo ele, tendem a ver as casas aviadoras ou o capital comercial e financeiro como a causa da baixa remuneração e das "relações arbitrárias de trabalho" nos seringais. No entanto, Castro (1955) se refere a isso como sendo a justificativa do seringalista para a baixa remuneração dos serin-

[86] Veja a Lei n.º 2.004, de 19 de dezembro de 1924, comentada em Queiroz (1927).

[87] Esse autor refere-se à descrição feita por Cabral (1949).

gueiros endividados. Além disso, o que essa literatura indica é a existência de diferentes atitudes em relação ao endividamento e à fuga, mesmo por um mesmo seringalista. Castro, na obra já mencionada, descreve duas atitudes diferentes de seu patrão, em 1914. Ele perdoou a dívida de um seringueiro, mas teve uma reação violenta a uma ocorrência de fuga, na qual três seringueiros fugitivos foram capturados (Castro, 1955). Esse autor mostra ainda que, em reação à captura, um antigo ex-escravo que vivia naquele seringal ateou fogo na residência do proprietário, matando-o.

Esse é um elemento importante no romance de Castro. Deve-se considerar que essa obra é um romance, contendo muita imaginação do autor, muitas vezes para acentuar aspectos de sua experiência sobre os quais ele quer refletir ou chamar a atenção. Ele expressa a repugnância, particularmente de trabalhadores e ex-escravos, diante da captura de trabalhadores endividados, em uma conjuntura pós-escravidão em que a liberdade do trabalhador era considerada como um princípio precioso.

Na verdade, essas situações constituíam-se em uma expressão dramática da condição dos seringueiros de trabalho subordinado, em uma circunstância histórica de legislação trabalhista fraca no Brasil, que possibilitava a existência de diferentes padrões de tratamento para com os trabalhadores por parte dos capitalistas. As transações comerciais nos seringais eram regulamentadas pelo Código Comercial, que foi a primeira legislação a ser melhorada pelos brasileiros após a independência de Portugal. Quanto à legislação trabalhista, no entanto, havia leis esparsas sobre aspectos particulares em uma conjuntura na qual até mesmo os grevistas urbanos eram tratados como casos de polícia. A Legislação Trabalhista Brasileira foi promovida como um conjunto de leis somente em 1930.

No início do século XX, Cunha (1946) foi um dos primeiros a questionar as condições de vida dos seringueiros. Ressaltando o tratamento dado ao trabalhador como uma questão de caráter do patrão e enfatizando excessivamente os casos de abuso de poder por parte de certos empregadores, ele se refere aos seringais como “a mais criminosa das organizações de trabalho”. E denuncia a ausência de assistência oficial em termos de saúde e educação, que foram instaladas no campo somente como parte do Plano de Defesa da Borracha, criado depois de 1912.

Entretanto, os comentários de Cunha têm sido utilizados pela literatura de forma acrítica. Os casos de interferência da subjetividade e do caráter individual dos seringalistas nas relações de trabalho têm sido interpretados por meio da perspectiva da economia neoclássica, segundo a qual os processos econômicos não seriam fenômenos sociais, mas, sim, fenômenos racionais, livres da contaminação de elementos de subjetividade. E, com base, também, na acepção ocidental de civilização que acredita ser a sociedade industrial capitalista símbolo de um suposto estágio superior de desenvolvimento humano. Daí decorre a idealização do capitalismo industrial como sinônimo de "racionalidade", "civilização", "bem-estar", "progresso" e "ausência de violência" nas relações de trabalho, em oposição às relações consideradas não capitalistas ou pré-capitalistas, que representariam o "atraso", o "não desenvolvimento".

Essas visões moldaram interpretações tendenciosas das relações de trabalho nas empresas de borracha na Amazônia brasileira e colocaram obstáculos a um debate mais consistente sobre o assunto. Por exemplo, a frágil condição dos seringueiros frente aos seringalistas tem sido tratada como se ela fosse uma situação singular. Mas essa não era uma situação trabalhista singular. Ao contrário, a fragilidade da classe trabalhadora frente aos capitalistas constituiu-se em uma característica geral do capitalismo no período desta pesquisa.

Russel (1991) mostra que na indústria britânica, na qual Marx baseou seu conceito de capital, o tratamento dispensado ao trabalhador dependia do caráter do empregador. Incentivos e gratificações eram distribuídos seletivamente; favores eram concedidos àqueles cujas condutas e atitudes eram julgadas dignas de mérito e privilégio especial e isso visava encorajar inveja e competição nos demais. Aliás, para os trabalhadores rurais, qualquer progresso real começou somente a partir de 1924 e, na Escócia, somente após 1937. Ademais, não era prática comum, para os empregadores, continuar pagando salários aos trabalhadores manuais durante períodos de faltas ao trabalho, devido à enfermidade e, em muitas firmas, pensões por aposentadoria para trabalhadores assalariados ficava a critério do empregador e eram concedidas seletivamente àqueles indivíduos "merecedores" que tivessem se qualificado pelo tempo de serviço e bom caráter.

Segatto (1987) mostra que, no Brasil, até 1930, o tempo de trabalho dependia da vontade e necessidade dos patrões. Em muitas indústrias urbanas, a jornada de trabalho estendia-se por 12, 14 e até 15 horas por dia, e os trabalhadores não tinham o direito de final de semana remunerado ou a qualquer seguro de saúde. Além disso, dizia ele, muitas vezes o proletariado urbano era engajado na empresa e demitido verbalmente, sem contrato formal. Finalmente, segundo esse autor, o proletariado urbano trabalhava sob um rigoroso sistema de coerção e disciplina para garantir a máxima produtividade, o que poderia envolver até mesmo constrangimentos físicos, ameaças e outros tipos de coerção (Segatto, 1987).

A literatura sobre as condições de trabalho do trabalhador assalariado urbano na Inglaterra, no Brasil e em outros países no período desta pesquisa revela que as relações de trabalho assalariadas da época também podem ser caracterizadas como escravidão, não no sentido utilizado neste trabalho — de cativeiro e de mercadoria pertencente ao escravista —, mas no quinto significado apontado pelo Dicionário Houaiss da Língua Portuguesa: "*p. ext. qualquer coisa, situação ou atividade que impõe algum tipo de constrangimento*" (Houaiss, 2004, p. 1210). As mudanças não foram prontamente realizadas ou intrínsecas ao capitalismo, mas foram construídas em lutas de classe complexas, difíceis e violentas.

O sistema de trabalho no qual os "seringueiros" das plantações de borracha na "Malásia Peninsular" estavam inseridos, tidas como símbolo da visão ocidental triunfalista de civilização, particularmente depois de 1909, foi classificado por Barlow (1978) como um "sistema maligno". Essa é uma classificação de relações de trabalho bastante semelhante àquela feita por Cunha (1946). Da mesma forma que a grande maioria dos seringueiros que trabalhavam nos seringais do Acre, os produtores de borracha das plantações de borracha nas colônias britânicas eram imigrantes, cujos contratos de trabalho envolviam débitos. Eles eram inseridos na empresa sem contrato formal, também como uma forma de prevenir que deixassem a propriedade para trabalhar em outra empresa (Barlow, 1978). Além disso,

> Ganhos e outras vantagens eram recuperadas pelos patrões por meio de deduções feitas no pagamento deles [...] Os empregados não eram mantidos bem informados sobre o estado de suas contas, somas extras eram frequentemente debitadas e juros eram cobrados pelos contratantes [...] que não permitiam aos imigrantes deixá-los até que todos os débitos fossem pagos; isto as vezes levava muito tempo, porque despesas eram frequentemente exageradas e inchadas com as cobranças de juros. Débitos eram também aumentados pela prática dos contratantes de cobrar altos preços por alimentos, vender *opium* e administrar estabelecimentos de apostas (Barlow, 1978, p. 46).

Esse autor informa ainda que os patrões das *rubber plantations* da Malásia

> [...] costumavam pagar salários um ou dois meses em atraso, como um meio para desencorajar fugas. Isto tornava difícil para os trabalhadores checar se eles foram ou não creditados pelo número de dias trabalhados. Em consequência dessas práticas, muitos imigrantes ficavam permanentemente sem dinheiro. Ás vezes, eles eram forçados a comprar fiado alimentos e outros produtos, e isto inevitavelmente provocava um círculo vicioso de mais pobreza e maior débito (Barlow, 1978, p. 42).

Até as categorias de trabalhadores contratados poderiam ter seus débitos aumentados com despesas com transporte e subsistência, juntamente a comissões pagas aos contratantes. Finalmente, a reprodução acrítica dos relatos de Cunha (1946) sobre as relações de trabalho em um seringal tem ignorado dois pontos importantes. Primeiro, os seringueiros não eram passivos, mas tinham estratégias para lidar com as diversas questões que envolviam suas condições de vida e trabalho. Segundo, os seringalistas estavam lidando com uma reserva de mão de obra relativamente baixa.

Essas condições impunham certos compromissos aos empregadores, expressos não somente no uso de táticas passivas de convencimento dos trabalhadores para que aceitassem trabalhar em seringais de distante localização, como já discutido em capítulo anterior. Eles também tinham que se utilizar de diferentes tipos de incentivos aos trabalhadores.

4.5 BÔNUS, GRATIFICAÇÃO E DESCONTOS

O trabalho dos seringueiros era controlado e disciplinado não apenas pela inspeção e pelo controle rigoroso do crédito/dívida. Os diários do Seringal ITU mostram que o seringalista também utilizava diferentes estratégias de motivação e formas de reter o trabalho, tais como oferecendo a educação escolar àqueles poucos que, com o tempo, puderam ter seus filhos no seringal ou em vilas vizinhas (Neves, 1985), trazendo padres para dar assistência religiosa aos trabalhadores, fornecendo empréstimos àqueles que necessitassem de tratamento de saúde em cidades ou vilas rurais próximas, oferecendo trabalho assalariado temporário àqueles que estivessem altamente endividados ou a seus filhos jovens ou até mesmo às esposas, as quais podiam realizar serviços domésticos na residência do proprietário ou na limpeza das dependências administrativas do seringal. Além disso, os seringueiros também eram motivados por incentivos e recompensas sob a forma de bônus, gratificações ou descontos.

Os incentivos e as recompensas eram, certamente, ofertados seletivamente aos indivíduos considerados "merecedores", os quais se qualificavam pelo tempo de serviço, bom caráter e comportamento adequado. O Quadro 2 ilustra que os incentivos foram dados a trabalhadores endividados e não endividados. Em 1910, apenas uma pequena maioria dos que receberam incentivos tinha um saldo positivo (56%), enquanto entre os demais predominava aqueles endividados, embora em níveis baixos. Entretanto, em 1913, quase todos os ganhadores tinham dívidas em vez de crédito na casa comercial, e dois dos três casos que tinham um saldo positivo eram ex-seringueiros que tinham se tornado trabalhadores assalariados. Ademais, as recompensas eram muitas vezes desproporcionais aos saldos dos ganhadores. Em 1913, apenas três seringueiros receberam desconto de 50% ou mais de seu saldo e apenas quatro receberam gratificação. Considerando isso e que, em 1910, um seringueiro foi demitido devido a "mau comportamento", pode-se deduzir que havia diferentes padrões de tratamento trabalhista por parte do chefe.

Entretanto, deve-se observar que os incentivos também foram dados de acordo com critérios estritamente lucrativos. O Quadro 2 ilustra que 10% da amostra de seringueiros recebeu incentivos em 1910 e 31%, em 1913. Isso foi feito duas vezes ao ano, no final de junho e no final de dezembro. Com exceção de três casos em 1910 e quatro casos em 1913, incentivos e recompensas foram dados àqueles que tinham alta produtividade e um nível relativamente alto de consumo na casa comercial.

As Tabelas 13 e 14 mostram que, em 1910, o valor médio da produção de borracha dos ganhadores de incentivos é quase o dobro 98$936 (£1.608,71) do valor dos não ganhadores 54$64 (£888,57).

Quadro 2 – Lista de bônus, gratificações e descontos no Seringal ITU – 1910, 1913 (em réis)

Caso no.	Bonus	Desconto	P.A.D.	P.P.B.	bonus	Desconto	Gratificação	P.A.D.	P.P.B.
1	3$974		6%		6$495			5%	
5					7$294			5%	
10						119$656		50%	
11	3$176			53%					
12	2$055	9$495	167%						
13	7$854			11%	7$811			6%	
17							0$772		5%
18	3$8384	16$690	16%		15$079				77%
25		6$979		6%	16$586	35$627		31%	
26									
27					3$883	36$287		37%	
28							6$493	15%	
30					7$898			31%	
34	3$604			22%	5$703			8%	
35	6$564			7%	1$111			1%	
39					38$602			19%	
45							10$629		91%
46					5$21			5%	
47					3$867			1%	
50						1$944		11%	
52						122$370		61%	
55						22$639		15%	
56						117$564		50%	
59						14$390		25%	
61					16$183			7%	
63	2$017		2%		1$330	34$763		46%	
Sum	32$631	33$164			137$062	505$244	0,00		

Nota: P.A.D.= Percentual de Débito Anual. P.A.S. = Percentual de Saldo Positivo Anual.
Fonte: Diário do Seringal ITU para 1910 e 1913

A tendência a níveis mais altos de produção de borracha entre os ganhadores de incentivos é confirmada pela distribuição de dados, na qual, em 1910, 30% têm produção muito acima da média de 98$936 (£ 1.608,71) e cerca de 65% um pouco abaixo da média. Em contraste, a distribuição de dados dos não ganhadores de incentivos expressa níveis mais baixos de produção de borracha, com 41% abaixo e muito abaixo do valor médio e apenas 20% acima.

Em 1913, os ganhadores e não ganhadores de bônus, incentivos e descontos apresentam valores médios de produção de borracha mais altos em comparação com 1910. No entanto, os números são bastante semelhantes. O valor médio da produção de borracha dos ganhadores é de 106$782 (£1.736.28), com a distribuição apresentando 15% muito acima da média, 65% perto da média e apenas 20% abaixo. Os dados dos não ganhadores apresentam uma distribuição desigual, tendendo a valores muito abaixo da média, em 1913, com 31% acima da média e 86% abaixo ou muito abaixo.

Tabela 13 – Produção e compras de recebedores de gratificação – 1910, 1913 (em réis)

Estatisticas	Compras Anuais		Produção de borracha	
	1910	1913	1910	1913
Average	79$086	60$418	98$936	107$843
Median	69$720	62$940	86$595	100$719
Max	139$831	157$401	187$275	202$438
Min	29$127	4$827	28$201	29$931
Stdev	38$278	39$181		
Avedev	32$667	28$414		

Fonte: Diário do Seringal ITU de 1910 e 1913

Uma tendência similar foi encontrada com relação às compras anuais, embora em uma proporção mais leve. A frequência de compra anual dos ganhadores de bônus, gratificações e descontos era maior do que a dos não ganhadores. A frequência média de compras dos ganhadores era 10, em 1910, e 9, em 1913, enquanto a frequência média de compras dos não ganhadores era 9, em 1910, e 6, em 1913.

Além disso, a grande maioria comprava de acordo ou acima da média anual de frequência de compra e as poucas exceções compravam mais de oito vezes por ano. Em adição, os ganhadores tendiam a ter níveis mais altos de consumo na casa comercial interna. Em 1910, as compras anuais dos ganhadores foram de 79$086 (£1.285,94), enquanto as compras anuais dos não ganhadores atingiram 73,764 (£1.199,41). Em 1913, a diferença era maior. A média de compras anuais dos ganhadores alcançou 60$418 (£972,73) e dos não ganhadores apenas 43$288 (£696,95), como pode ser visto nas Tabelas 13 e 14.

Tabela 14 – Produção e compras de não recebedores de gratificação – 1910, 1913

Estatistica	Compras anuais		Produção de Borracha	
	1910	1913	1910	1913
Media maio	69$142	45$113	49$823	79$782
Media	67$606	38$863	41$153	63$237
Max	154$167	134$762	174$346	211$442
Min	7$600	1$525	4$339	0$927
Stdev	30$739	34$288	35$367	53$236
Avedev	22$276	26$675	26$157	44$176

Fonte: Diário do Seringal ITU de 1910 e 1913

Outro aspecto a ser considerado é que as relações de trabalho seringalistas-seringueiros também envolviam negociação de dívidas e mudanças ao longo do tempo, conforme discutido a seguir.

4.6 MUDANÇAS E ROTATIVIDADE DO TRABALHO

Desde as últimas décadas do século XIX e particularmente depois dos anos 1910, os seringalistas responderam às constantes e profundas oscilações nos preços da borracha diversificando as atividades econômicas na propriedade, conforme discutido no capítulo seis. Junto à agricultura e à pecuária, a castanha-do-pará tornou-se cada vez mais um importante produto de exportação, particularmente depois da década de 1920 (Emmi, 1988). Naquelas propriedades seringueiras que possuíam castanhais, a produção de borracha se tornou cada vez mais uma atividade combinada com a colheita da castanha-do-pará. Como discutido no capítulo sete — ver Tabela 17 —, cerca de 6% das primeiras propriedades seringueiras do Distrito do Rio Acre produziam também castanha-do-pará, mas as propriedades que diversificaram a produção de mercadorias atingiram 33%. O dado de 67% de propriedades seringueiras produtoras unicamente da borracha indica, na verdade, que a borracha era a única mercadoria para exportação. A diversificação das atividades econômicas nesse percentual de propriedade seringueira ocorreu em torno de produção de cereais para consumo interno, visando reduzir a dependência do mercado para aquisição de alimentos. A tendência geral à diversificação das atividades econômicas, particularmente depois de 1912-13, é bem registrada pela literatura (Reis, 1953; Bastos, 1958; Oliveira, 1985; Paula, 1980).

Essa tendência à diversificação das atividades econômicas afetou a condição de trabalho dos seringueiros em uma perspectiva de longo prazo. No Seringal ITU, o Quadro 3 ilustra que na amostra de seringueiros de 1930, representando 30% dos 215 seringueiros trabalhando na propriedade, 12% combinavam a produção de borracha com a coleta de castanha-do-pará durante o ano, um caso também vendeu milho, e 5% trabalharam também, temporariamente, como mão de obra assalariada.

Quadro 3 – Outras fontes de renda anual – 1930 (em réis)

Caso no.	Produtos	trab.Temporário	P.T. A.I.
7	Castanha - 16$444		8%
9	Castanha - 29$300; pele de porco 0$967; milho 1$718		19,51%
14		4$836	1,51%
15		319$680	85%
17	Castanha - 13$540		11%
21	Castanha - 46$421		12,56%
30	Castanha - 45$454		18%
45	Castanha - 87$541		7%
46	Castanha - 8$990		82%
48	Castanha - 39$652		14,50%
58	Castanha - 5$320		3%
62		111$160	39%

Nota: P.R.A = Percentual de renda anual.
Fonte: Diário do Seringal ITU de 1930

A diversificação da atividade econômica dos seringueiros lhes permitiu desenvolver um certo grau de autonomia em relação à casa comercial interna. Isso se expressa na tendência a um nível mais baixo de compras em

1930, em comparação com 1910 e 1913. Na amostra de seringueiros de 1930, 12% não fizeram compras durante o ano e 53% fizeram compras apenas três vezes. Além disso, 75% compraram menos de 5 vezes durante o ano.

A Tabela 15 ilustra que o valor médio das compras anuais em 1930 caiu drasticamente. Ele representa 56% da média de compras anuais, em 1913, e 44% desse valor, em 1910. Assim, ao contrário de seus colegas nos outros dois anos considerados, em 1930 os seringueiros diversificaram suas fontes de renda monetária e meios de subsistência, de modo a fazer menos compras na casa comercial interna ao Seringal ITU.

A diversificação das atividades econômicas anda de mãos dadas com um maior nível de rotatividade do trabalho na propriedade. O primeiro ponto a ser enfatizado na discussão da rotatividade do trabalho é que a ideia de imobilização do trabalho absoluta caracterizando as relações de trabalho nos seringais não se sustenta diante dos resultados desta investigação.

Tabela 15 – Compras dos seringueiros – 1930

Estatistica	Compras Anuais	Despesas Mensais	Frequência Compras
Average	99$778	8$821	3
Median	69$669	5$932	3
Max	450$509	40$954	11
Min	13$603	1$236	1
Stdev	91$358	8$190	2
Avedev	67$392	6$094	1

Fonte: Diário do Seringal ITU de 1930

Muitos seringueiros com saldo positivo permaneceram no Seringal ITU por anos, contrariando o dogma que sugere que apenas o trabalhador endividado o fazia. Em dezembro de 1910, 17% da amostra dos seringueiros tinha saldos positivos e todos eles permaneceram no Seringal ITU até 1914 ou meados de 1916. Além disso, apenas um dos 20% que tinha saldo positivo em dezembro de 1913, saiu em fevereiro de 1914, enquanto a maioria permaneceu por muito mais anos. Em 1930, 5% do total de 215 seringueiros permaneceu no seringal, mesmo tendo saldo positivo. De mais a mais, como mencionado anteriormente, alguns seringueiros deixaram a propriedade e retornaram a ela no ano seguinte. Finalmente, muitos seringueiros endividados saíram da propriedade por meio de diferentes formas de negociação, como já mencionado.

Além disso, houve uma crescente rotatividade de mão de obra no Seringal ITU. O Gráfico 3 ilustra que o engajamento (*Engagement*) de seringueiros aumentou de 24%, em 1910, para 56%, em 1913. Ao mesmo tempo, a porcentagem de seringueiros saindo (*Leaving*) da propriedade era 10% maior, em 1913.

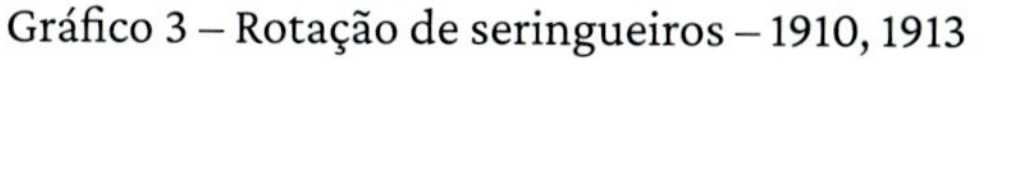

Gráfico 3 – Rotação de seringueiros – 1910, 1913

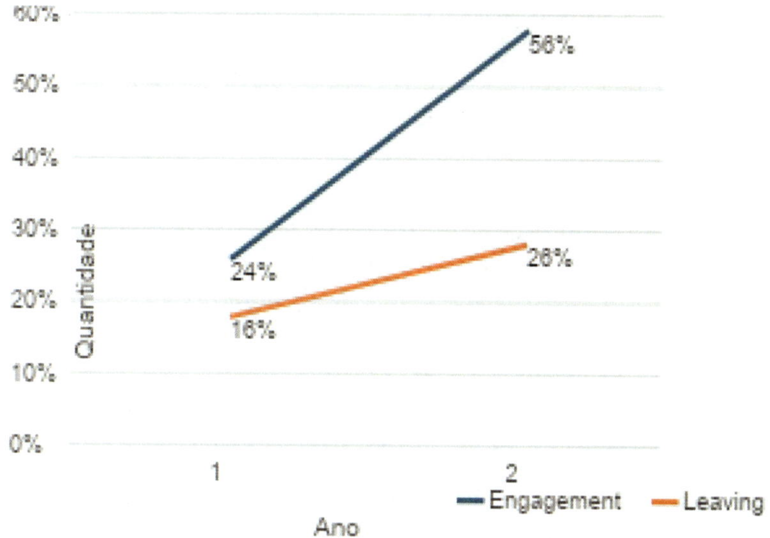

Nota: tradução: *Engagement* (entrada, contratação); *Leaving* (saída)
Fonte: diários do Seringal ITU de 1910 e 1913

O Gráfico 4 mostra uma tendência firme para uma porcentagem crescente de seringueiros que deixa a propriedade quando os três anos (1910, 1913 e 1930) são considerados. Considerando que em 1930 o número total de seringueiros, na propriedade, atingiu 215, 26% a mais do que o total em 1913, além de um percentual maior de saída, houve uma intensificação na contratação de mão de obra. Em outras palavras, houve uma crescente rotatividade de mão de obra no Seringal ITU.

Finalmente, foram encontradas mudanças na maneira como os seringueiros deixavam a propriedade. Em 1910, dois seringueiros morreram, um foi demitido devido a "mau comportamento" e 30 deixaram seus empregos. Entre os que deixaram o emprego, apenas 13% tinham saldo positivo e 3% estavam com sua dívida saldada. Os demais representavam 53% que se mudaram para um seringal vizinho, tendo suas dívidas assumidas pelo novo patrão e 31% de seringueiros endividados que deixaram o Seringal ITU por meio de negociações. Alguns deles tiveram suas dívidas assumidas por outros seringueiros, enquanto outros tiveram uma metade das dívidas assumida por outros seringueiros e outra metade pelo proprietário. Em 1910, o valor de dívidas de seringueiros transferido para a conta Lucros & Perdas atingiu 4.982$680 contos de réis, incluindo as dívidas dos dois seringueiros que haviam morrido. Em 1930, 43% deixaram a propriedade no final do ano e 81% deles possuíam saldo positivo.

Gráfico 4 – Seringueiros deixando o Seringal ITU – 1910, 1913, 1930

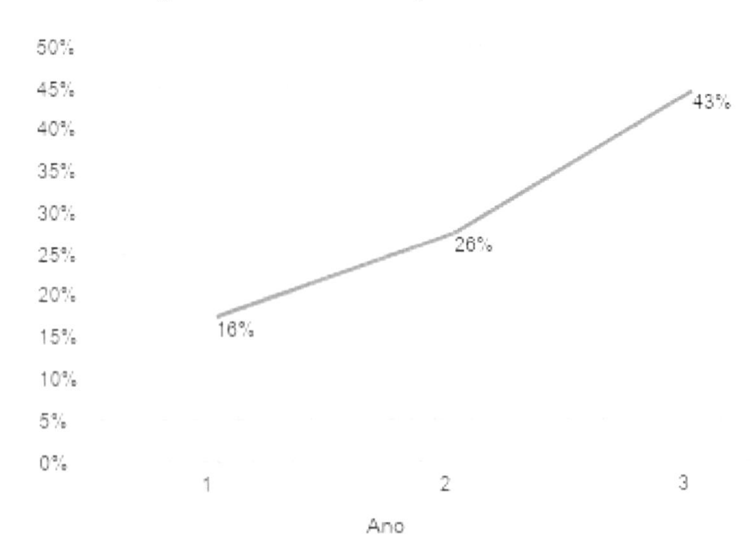

Fonte: diários do Seringal ITU de 1910, 1913 e 1930

4.7 CONCLUSÃO

Os seringalistas comandaram o processo de produção de borracha, ao contrário do que é popularmente sugerido pela literatura. Além disso, as relações de trabalho em seringais não eram definidas pelo endividamento.

Embora os seringueiros fossem contratados como mão de obra imigrante endividada e as circunstâncias em que realizavam relações comerciais dentro dos seringais favorecessem o endividamento ou a perpetuação de dívidas iniciais, o que definia as relações de trabalho eram as formas por meio das quais a mão de obra era subjugada pelo proprietário dos meios de produção e pelo comandante do processo de produção.

Nos seringais, como em qualquer empresa capitalista, a vontade do capitalista assumiu a forma de procedimentos administrativos de retenção, controle e disciplina do trabalho. A busca por melhorias tecnológicas, sistemas eficientes de controle de qualidade e formas adequadas de controlar e disciplinar o trabalho, a fim de maximizar a produtividade, moldaram o processo de criação e funcionamento de companhias de borracha. A organização e racionalização do espaço/natureza em que as seringueiras eram organizadas de acordo com caminhos e colocações, que eram ligadas à administração por caminhos internos, reduziam o tempo de produção e definiam a produtividade potencial do trabalho.

Essa foi a base para a utilização da inspeção como meio de controle de qualidade e de controle direto sobre o trabalho dos seringueiros, que fazia parte de um conjunto de procedimentos administrativos. Os seringalistas controlavam o nível de exploração do trabalho por meio do aumento ou diminuição do número de seringueiros contratados, da alteração do número de caminhos de borracha a serem explorados por cada um deles e por meio do aumento do número de árvores de goma elástica que compunham cada caminho de seringueiras.

Além disso, os seringalistas utilizavam diferentes formas indiretas de controle e de disciplina. Primeiro, como resultado de circunstâncias, tais como a dependência dos seringueiros da casa comercial interna ao seringal para obter alimentos, à medida que eles eram produtores exclusivamente de borracha em uma empresa situada longe dos mercados, o controle rígido sobre seu crédito foi transformado em uma forma indireta de retenção e controle de seu trabalho. Em segundo lugar, foram dados incentivos como bônus, descontos e gratificações que, certamente, foram oferecidos seletivamente a indivíduos "merecedores", os quais se qualificaram não apenas pelo tempo de serviço, bom caráter e comportamento esperado, mas também de acordo com critérios de lucratividade para o seringalista, a exemplo de alta produtividade combinada com alto nível de consumo na casa comercial interna.

Desse modo, o trabalho dos seringueiros foi submetido à vontade e ao objetivo dos capitalistas de produzir borracha como uma mercadoria, visando à geração de lucro, a fim de garantir a acumulação de capital. Os seringueiros não eram autônomos no processo de produção, mas eram trabalhadores pagos por produção. A subordinação do trabalho deles aos interesses do capitalista se manifestava não apenas por meio de medidas administrativas de retenção, controle e disciplina do seu trabalho. Manifestava-se também na exigência administrativa de que a entrega da borracha produzida ao proprietário se desse de acordo com normas internas pré-estabelecidas. Como resultado, a remuneração do seringueiro era definida não apenas pela quantidade e qualidade da borracha produzida, mas também pelas condições de trabalho sob as quais produzia a borracha e condições administrativas sob as quais tinha que comercializar esse produto — regras administrativas pré-determinadas de controle de qualidade e de acordo com a frequência dos embarques.

Essas formas de controle e disciplinamento do trabalho subjugaram o trabalho dos seringueiros aos interesses do seringalista, indicando relações de classe em que patrão e empregado personificavam condições sociais distintas. O seringalista personificava vários papéis: 1. Proprietário ou inquilino[88] da terra-seringal e empresário da borracha; 2. Comerciante (dentro do seringal ou sendo um dos donos de casas de comércio na cidade, as quais, em geral, administravam seus seringais indiretamente por meio de gerentes ou de parceria com seringalistas); 3. Comandante das relações sociais de produção e administrador da empresa seringueira direta ou indiretamente, por meio de gerentes e administradores; 4. Capitalista usurário (ao emprestar dinheiro a juros para os seringueiros imigrantes cobrirem suas despesas iniciais de chegada à empresa). Esses personagens revelam uma realidade mais complexa do que a suposta ausência dos seringalistas na produção de borracha. Aliás, a descrição da organização administrativa e divisão do trabalho no seringal fornecida por Reis (1953) contradiz a ideia de simples empreendimento comercial.

[88] No auge da exportação de borracha eram estrangeiros que mais alugavam seringais; mas o aluguel de seringais se tornou relativamente mais comum, inclusive entre brasileiros, a partir da década de 1920.

CAPÍTULO 5

O MOVIMENTO DUPLO DOS NEGOCIANTES DE BORRACHA *VERSUS* PRODUTORES DE BORRACHA E O PROJETO DE MUDANÇAS ECONÔMICAS E POLÍTICAS DOS SERINGALISTAS

Embora importante, a discussão anterior sobre a condição de classe do seringueiro como trabalhador subordinado não é suficiente para demonstrar que a empresa de borracha era um empreendimento capitalista. Faz-se necessário considerar lucratividade e acumulação de capital. É isso que pode indicar tanto os modos por meio dos quais o seringalista reinvestia o lucro obtido na produção e venda da borracha como a expansão de seu capital. Pode revelar, ainda, de modo geral, os motivos que o levaram a tomar tais decisões.

Tais relevantes aspectos da empresa de borracha têm sido negligenciados pela literatura. Os *seringalistas* têm sido classificados como comerciantes usurários sem inclinação para o investimento na esfera da produção, como mencionado anteriormente. Ademais, as abordagens tecnicistas e economicistas neoclássicas focam somente na não adequação da empresa de borracha aos padrões de civilização e progresso da tecnologia monocultural da borracha em larga escala, para concluir que isto é um fracasso.

Essa é uma visão que se origina na utilização acrítica da noção moderna de civilização e progresso, implicando na pressuposição de que os seringalistas almejavam o mesmo que os promotores da monocultura de borracha em larga escala, mas fracassaram em adotar tal tecnologia. Essa concepção evolucionista e mecanicista de civilização e progresso não permite a percepção dos seringalistas como atores históricos a seu modo próprio, uma vez que a pressuposição é de que todos os seres humanos estariam seguindo obrigatoriamente um caminho linear de civilização e progresso em direção à industrialização. Portanto, essa perspectiva não permite nem ao menos cogitar a possibilidade de que os seringalistas pudessem ter tido seu próprio projeto de mudanças econômicas e políticas, assim como não se perguntar sobre como eles de fato investiram e reinvestiram os lucros obtidos com a produção de borracha e por que o fizeram daquela maneira.

Este capítulo objetiva responder às seguintes perguntas: 1. Os seringalistas tinham ou não um projeto de mudança econômica e política? 2. Se sim, qual era esse projeto? As respostas para essas perguntas foram encontradas no estudo das respostas dos seringalistas aos obstáculos à lucratividade na produção de borracha impostos, em grande medida, pelas relações comerciais complexas com negociantes de borracha estrangeiros, particularmente com os ingleses, o que é considerado, por meio do termo, movimento duplo.

A exposição do argumento está organizada da seguinte maneira: (a) o movimento dos ingleses para a economia da borracha e a contraposição brasileira às inequalidades coloniais; (b) a influência de negociantes de borracha estrangeiros na formação dos preços da borracha em Belém; (c) a oposição dos seringalistas a essa influência dos negociantes estrangeiros de borracha; (d) a demanda dos seringalistas por intervenção do Estado brasileiro e a contra reação dos negociantes de borracha estrangeiros; (e) a demanda por intervenção do Estado e o Plano de Defesa da Borracha; (f) o projeto de mudanças econômicas e políticas dos seringalistas e o padrão de resposta do Estado brasileiro.

5.1 O MOVIMENTO DOS INGLESES PARA A ECONOMIA DA BORRACHA E A CONTRAPOSIÇÃO BRASILEIRA ÀS DESIGUALDADES COLONIAIS

O movimento dos negociantes e do Estado britânicos em direção à economia da borracha não pode ser compreendido unicamente a partir do ponto de vista do expansionismo econômico e político da Inglaterra. Ao contrário. O elemento crucial é o exame do modo por meio do qual a busca por mercado para mercadorias e para o capital ingleses pelo capitalista inglês convergia com demandas e dinâmicas do processo econômico-político no Brasil. Os ingleses não eram autônomos recém-chegados. Ao invés, seus investimentos entraram na então colônia portuguesa por meio da relação complexa de parceria e, em vários momentos de dependência, de Portugal em relação à Inglaterra.

Após a declaração de guerra da França contra a Inglaterra, em fevereiro de 1793, as relações entre Inglaterra e Portugal foram reforçadas por meio de um tratado assinado nesse mesmo ano. Portugal se comprometeu em ajudar a Inglaterra. Os barcos de comércio das duas nações passaram a ser considerados de uma mesma nacionalidade, sendo assim tratados nos portos dessas duas nações. Em caso de ataque da França contra Portugal, a Inglaterra comprometeu-se em vir em sua defesa. Ao mesmo tempo, França e Inglaterra passaram a brigar pelo controle dos portos portugueses. Estrategicamente, Portugal era necessário à Inglaterra como base terrestre e naval (Manchester, 1933).

Quando o príncipe português aceitou a orientação da Inglaterra para mudar para o Brasil, enquanto as forças militares britânicas defendiam Portugal, ele o colocou e a todo o seu reino sob o comando da Grã-Bretanha. Foi nesse contexto que o comércio da Inglaterra com o Brasil, então uma colônia de Portugal, foi reforçado e remodelado por meio de várias medidas favoráveis aos negócios britânicos no Brasil. Primeiro, em 1808, ocorreu a abertura do comércio no Brasil para estrangeiros, mais tarde, houve a remoção das principais barreiras ao investimento estrangeiro constantes da Constituição de 1824, além de tratados comerciais e fortes restrições em muitos setores. Com o passar dos anos, mais privilégios foram sendo atribuídos aos ingleses.

> [...] o monopólio virtual do comércio brasileiro gozado pela Inglaterra durante as guerras napoleônicas prolongou-se até 1827 por meio de taxa de importação preferencial assegurada em 1810; e a abertura dos portos da colônia ao comércio internacional estimulada pelos interesses britânicos. Entre 1808 e 1827 a Grã-bretanha assim assegurou para si uma posição favorável entre os poderes estrangeiros no comércio, investimentos e navegação brasileiros e estabeleceu o *Englishman* como um fator permanente na vida econômica da nação. Politicamente, a Grã-bretanha estava começando a exercer um protetorado virtual sobre o império. Sob a direção convincente do *London Foreign Office* (Ministério das Relações Exteriores de Londres), termos de paz com Portugal que despertaram a desconfiança e o ressentimento da classe Patriota Brasileira foram impostos ao governo do Rio; devido apenas à influência inglesa, o reconhecimento da independência por Portugal e o reconhecimento pelas potências europeias foram alcançados por D. Pedro; um tratado comercial, detestado mas

> tolerado, solidificou os privilégios econômicos britânicos; uma convenção que suprimindo o tráfico de escravos foi imposta a um povo que protestava veementemente e que não conseguia impedir a ratificação; e privilégios extraterritoriais libertaram o inglês da jurisdição brasileira. Assim, em 1827, estabeleceu-se a preeminência econômica e política britânica na América portuguesa (Tradução minha) (Manchester, 1933, p. 220).

As crescentes lutas internas dos brasileiros contra desigualdades coloniais, porém, levaram a uma gradativa perda do poder de ingerência exercido pelos britânicos no Brasil. Em 1845, os favores especiais garantidos à Inglaterra foram revogados, os tratados comerciais e de comércio de escravos foram declarados nulos, e "a corte no Rio de Janeiro estava francamente revoltada contra a pressão exercida pelo *London Foreign Office*" (Manchester, 1933, p. 221). O relaxamento que levou à permissão de investimentos estrangeiros no Brasil, na verdade, esteve em grande medida ligado a lutas internas dos brasileiros contra desigualdades coloniais internas, nas quais o nacionalismo nasceu.

Nesse processo, o liberalismo assumiu um significado particular, pois era usado para fortalecer reivindicações brasileiras em oposição a uma economia colonial na qual a exportação e a importação só poderiam ser realizadas por meio de portugueses. A demanda era uma parte intrínseca do processo interno gradual de ascensão de capitalistas e de classes médias brasileiras a uma posição de governantes em assuntos políticos e econômicos, primeiro caracterizado por lutas contra o domínio português. Nesse lento e complexo processo, o governo imperial era, de fato, um arranjo temporário no qual ainda sobreviviam traços fundamentais da economia e da política colonial (Barman, 1981), a exemplo dos tratados comerciais com a Inglaterra, que, como já mencionado, expressavam o padrão de relações econômicas de Portugal com a Inglaterra desde 1809, quando a Coroa portuguesa se mudou para o Brasil.

Os anos 1830 e 1840 foram marcados por críticas crescentes a esses tratados. Os liberais nacionalistas visavam colocar a Inglaterra em situação de igualdade econômica em relação a outros países. Focavam suas críticas em um ponto: o padrão dúbio da Inglaterra com relação ao princípio do liberalismo e da autorregulação de mercado (Furtado, 1961). Por um lado, os tratados atribuíam privilégios aos produtos e ao capital britânicos no

Brasil, enquanto a Inglaterra tinha aprovado legislação protetiva para com suas indústrias e aos produtos importados de suas colônias; por outro lado, ao capital e aos produtos brasileiros na Inglaterra não tinham sido dados privilégio algum, com base no princípio do liberalismo e do mercado autorregulado.

A diplomacia brasileira questionava esse padrão dúbio e denunciava os resultados econômicos desiguais. Os tratados beneficiavam as empresas de seguro, comerciantes, refinarias e o governo ingleses, por meio de impostos, mas impunham dificuldades à economia brasileira (Furtado, 1961). Esses tratados também tinham efeitos políticos indiretos, eles impediam o governo brasileiro de aumentar impostos, de modo que a única alternativa era tributar a exportação, o que significava taxar os lucros dos agricultores capitalistas que estavam em ascensão política no país (Furtado, 1961). A consequência disso era a redução da autoridade do governo central em um momento de crescentes dificuldades econômicas e movimentos políticos em todo o Brasil, particularmente, por parte de trabalhadores e pequenos produtores rurais autônomos (Furtado, 1961).

Em 1841-5, durante as negociações para renovação do tratado de 1827, o Brasil tentou, por meio da diplomacia, eliminar as desigualdades. A Inglaterra, no entanto, negou-se a aceitar suas propostas. E foi isso, ao invés do tráfico de escravos sugerido por Coates (1987), que levou à não renovação daquele tratado.

Na Amazônia, os investimentos ingleses e seus negócios ganharam ânimo a partir de 1809 e cresceram exponencialmente. Os barcos ingleses tornaram-se proeminentes no transporte do Pará para a Grã-Bretanha e para os mercados europeus de cacau, café, arroz, salsaparrilha, artefatos de borracha, açúcar, melado de cana, pele de animal, madeira e vários produtos extrativos. Por outro lado, eles passaram a ser os mais importantes supridores do mercado interno com carvão, maquinário para a produção de açúcar, barcos para a navegação interna e outras mercadorias. Após a década de 1840, eles aumentaram a oferta de crédito e de serviços de exportação para a economia da borracha. Nos anos 1860, eles trouxeram a principal companhia de navegação interna e começaram a receber subsídios do governo brasileiro que somavam mais de 50% do total de subsídios para esse setor (Associação Comercial do Pará, 1870, 1877, 1879, 1881, 1885, 1909, 1911, 1913).

Os comerciantes ingleses cada vez mais se tornaram os principais intermediários na exportação da matéria-prima borracha, favorecidos também pela posição proeminente da libra esterlina.[89] Somente as cartas de crédito em libras esterlinas eram aceitas no comércio externo e, no Brasil, somente por meio da libra esterlina os ganhos com negócios estrangeiros poderiam ser convertidos em mil réis (Coates, 1987). Todavia, o ponto crucial, no que diz respeito ao movimento dos comerciantes-usurários ingleses para a economia da borracha, é que eles não queriam somente ofertar crédito, comprar e exportar borracha. Eles intentavam fazer isso em seus próprios termos, constrangendo produtores locais de borracha a produzi-la de acordo com a qualidade, quantidade e preços requeridos pelo padrão de acumulação de capital de capitalistas internacionais, além de empreenderem esforços para estabelecer sua própria ordem política e "moral" na comercialização da borracha, impondo sua autoridade por esse meio.

Esses esforços dos negociantes ingleses eram guiados pela mentalidade imperialista e por ferramentas ideológicas. Na época, vigoravam as definições, conceitos e teorias científicas que instruíam as pessoas a acreditarem que o universo era feito de matéria morta, a natureza não tinha consciência, era uma "coisa", com funcionamento mecanicista e que o fenômeno da evolução brotava de mutações casuais e da "sobrevivência do mais apto". Os estudiosos da sociedade aplicavam as mesmas percepções materialistas, mecanicistas e evolucionistas para compreender a sociedade. Essas explicações científicas, juntamente a inspirações em uma visão evolucionista judaico-cristã, certamente influenciaram a construção da noção evolucionista de civilização e progresso e do princípio do liberalismo e mercado autorregulado. Assim como a evolução das espécies se originaria em mutações casuais, as relações comerciais e financeiras também deveriam se dar de modo mecânico, automático, espontâneo, livremente. Tais ideologias (Bowler, 1992) moldaram um modo particular dos imperialistas ingleses fazerem negócios.

Eles tentaram impor essas ideologias localmente, buscando prevenir a criação e implementação de regulamentos no mercado interno, ao mesmo tempo, realizavam seus negócios guiados por um padrão

---

[89] As séries históricas disponíveis sobre as taxas de câmbio libra esterlina/mil réis mostram uma altíssima cotação da libra em relação ao mil réis. Em 1808, era de 70,000 libras para 1 mil reis. Em 1813 e 1814 ela variou de 77,000 a 96,000 libras para 1 mil réis, depois sofrendo um decréscimo paulatino, com as menores taxas ocorrendo nos anos 1890, quando em determinado momento chegou a 6,960 a libra, mas passando a aumentar a partir de 1900, ficando na casa dos 11,000 a 17,000 ou 16,000 libras até 1920. Só então a cotação da libra esterlina em relação ao mil réis foi caindo para menos de 10,000 libras para 1$000 (IPEA. *Macroeconômico/ Séries históricas*. Disponível em http://www.ipeadata.gov.br/Default.aspx; IBGE, 1990).

altamente competitivo, tentando alijar aqueles que eles consideravam seus competidores, o que resultou em uma certa tendência a dominar os serviços na economia da borracha. Esse padrão altamente competitivo de fazer negócio colidiu, primeiro de tudo, com a reivindicação dos brasileiros por autonomia diante dos poderes colonialistas europeus. Capitalistas estrangeiros investiram na região com permissão formal e, muitas vezes, por meio de acordos econômicos ou contratos com o governo brasileiro. Deles se esperava que obedecessem às instituições e às leis brasileiras, porém, esse assunto se constituía em uma das maiores fontes de confrontos não apenas por causa de seus padrões agressivos de fazer negócios, mas também porque eles eram apoiados de perto pelas representações do estado britânico, a maior potência militar da época, no Brasil.

Essas relações mudaram ao longo do tempo, contudo, até os anos 1870 ou mesmo início da década de 1880, havia uma conexão direta entre os comerciantes ingleses e o representante local do estado britânico, ilustrando o prevalente forte caráter de classe social das representações internacionais do estado britânico. Isso se mostra claro em muitas situações. Na escolha de um novo diplomata, a indicação ou o acordo feito pelas firmas inglesas se constituía em um importante quesito. Ademais, quando os diplomatas se ausentavam, o consulado era deixado sob o comando de comerciantes.

Esse mesmo traço responde pela interferência militar britânica na cabanagem. Como mencionado nos capítulos dois e três, durante esse conflito, pequenos produtores rurais contestaram o controle das melhores terras pelos empresários por meio da ocupação de fazendas, incluindo empresas de produção de açúcar de propriedade de ingleses. Além disso, comerciantes ingleses residentes em Belém temiam que suas propriedades privadas pudessem sofrer algum dano durante o conflito. Consequentemente, eles reforçavam a demanda do governo local por ajuda militar. Em um encontro com capitalistas ingleses, o diplomata britânico decidiu apoiar essa demanda. Os ingleses residentes em Belém foram removidos da cidade e levados para Barbados, onde permaneceram por 40 dias, retornando com dois navios de guerra britânicos. Com isso, eles se sentiram protegidos.

Segundo Cleary (2002), nos anos de 1835 e 1836, sete navios de guerra britânicos permaneceram no Pará, como aliados das forças legalistas contra o movimento cabano. O capitão de "um navio de guerra britânico nos anos 1835 e 1836 era oficial da organização militar mais eficiente e poderosa do mundo daquela época" (Cleary, 2002). Pelo menos em duas séries de bombardeios a Belém e em outras partes da Amazônia, em particular em Salinas, contra os cabanos, houve uma participação militar britânica direta, contundente e muito violenta nos anos já mencionados. Após a saída dos legalistas de Belém, em agosto de 1835, parece que essa cooperação militar formal sofreu um arrefecimento. As ações remanescentes podem ter sido, provavelmente, mais de iniciativa solitária de Capitão Home, do HMS Racehorse, "com o apoio interessado dum cônsul querendo salvar material seu num armazém", do que propriamente qualquer política oficial britânica (Cleary, 2002).

A intervenção militar britânica foi fundamental para desmobilizar o movimento cabano, assim como a falta de pólvora que tornou impossível para os cabanos defenderem a cidade. A desigualdade em capacidade militar dos cabanos em relação aos legalistas em aliança com os britânicos era avassaladora. A intervenção militar britânica foi justificada pelos militares como defesa e revanche contra o ataque dos cabanos ao navio de guerra britânico Clio, deixando apenas um jovem escocês como sobrevivente. As ordens de Cockburn ao Capitão Strong eram para

> [...] usar a força, em particular contra os habitantes de Salinas; "no caso de não achar nenhuma autoridade no Pará, o Sr. é autorizado a tomar as medidas que se julgue necessárias [...] ocupando Salinas, prendendo o maior número possível dos habitantes, destruindo as casas e outras propriedades que descobrir na vila e nas redondezas [...] para demonstrar a nossa determinação de provar que não permitiremos que permaneçam impunes, em nenhum país, atos de natureza monstruosa como aqueles perpetrados contra o Clio," É também claro que, se as negociações com os Cabanos não tivessem produzido resultado, a expedição seria capaz de destruir a cidade de Belém (Cleary, 2002, p. 19).

Os documentos consulares que tratam de assuntos comerciais consideram a presença militar britânica em vários momentos na Amazônia como defesa dos interesses britânicos.[90] Os capitalistas britânicos estavam

---

[90] Há indícios de que esse tipo de "proteção militar" aos ingleses na Amazônia persistiu por algum tempo. Detectei um indício desse tipo de "proteção militar": uma Carta do Consulado Britânico no Pará, datada de 17 de setembro de 1872, sobre perturbações sociais durante as próximas eleições. Essa carta alega o medo que capitalistas portugueses, alemães e americanos residentes em Belém demonstravam diante das disputas eleitorais, pois lembravam da revolução cabana que iniciou em 1835. Informa que eles não confiam no governo para tomada de decisões visando a impedir tais tipos de acontecimentos. Diante disso, ele solicita o envio de navios de guerra para Belém como medida de proteção aos ingleses residentes nessa cidade. Ele contatou o consulado britânico no Rio de Janeiro para que providenciasse o envio de navios de guerra. E disse que os franceses fizeram o mesmo. No final, ele argumenta que foi a presença de tais navios de guerra que garantiu que as eleições daquele ano ocorressem sem sérios distúrbios sociais. A carta menciona, ainda, que Elias Jose Nunes da Silva & Co., português, enviou carta agradecendo a esse cônsul pela presença desses navios de guerra.

insatisfeitos também com o elemento nacionalista da cabanagem, por ser um movimento liderado por facções nacionalistas de elites nativas. Os militares britânicos chegaram até a relevar esse aspecto no seu intuito de vingança contra os cabanos que atacaram o Clio, com base na avaliação de que Angelim, um dos líderes cabanos, pareceu em determinado momento "ter mais autoridade para controlar eventos no interior do que a figura patética de Marechal Rodrigues" (Cleary, 2002).[91]

Isso não significa que o Estado britânico era uma simples ressonância dos interesses dos capitalistas britânicos. As demandas desses britânicos para Londres envolveram processos mais complexos e várias delas nunca foram atendidas positivamente. Após a cabanagem e mesmo até os anos 1850, capitalistas ingleses repetidamente demandaram a interferência do *Foreign Office* para convencer o governo brasileiro a compensar os prejuízos daqueles ingleses cujas fazendas sofreram algum dano durante o conflito, demanda essa nunca atendida, com base no direito internacional (The Public Record Office, F.O.13/327, 1824-1905).

Finalmente, em 1882, o cônsul interino desobedeceu à regulamentação aduaneira do Brasil. Ele era dono e administrador da casa importadora e exportadora mais importante em Belém e em Manaus e um dos seus navios chegando de Liverpool não ancorou no porto como mandava a regulamentação aduaneira, desse modo, impedindo que o navio fosse inspecionado. Ele relatou a reação imediata do inspetor da aduana, classificando-a como um desrespeito a um cônsul britânico (Biblioteca e Arquivo Público do Pará, 1882). Em relatório, o inspector da Aduana em questão, por sua vez, acusou o comerciante cônsul interino de não fazer a devida distinção entre sua posição como cônsul interino e aquela de homem de negócio, reportando também comportamento similar dessa mesma firma em várias ocasiões passadas, concluindo que a firma não queria respeitar o direito e as instituições brasileiras, nem obedecer a eles (Biblioteca e Arquivo Público do Pará, 1882).

As ideologias e práticas de comerciantes ingleses tornam-se claras nos conflitos que marcaram o debate sobre regulamentação comercial-

[91] Esse autor mostra que, na verdade, algumas das principais personagens do movimento Cabano no poder por um curto período negociaram com os britânicos, trocaram cartas e fizeram visitas a eles. Ele mostra também o espanto dos britânicos diante do triste papel do Marechal Andrea. Como vários autores já mostraram, esse Marechal, violando as leis brasileiras, prendeu os cidadãos brasileiros acusados de ter atacado o navio de guerra britânico Clio no porão de um navio prisão, o brigue Palhaço, onde todos foram mortos, asfixiados com pó de cal. Nesse momento, os interesses britânicos foram mais importantes àquele Marechal do que os direitos dos cidadãos brasileiros.

-financeira que aconteceu na Associação Comercial do Pará. Capitalistas locais e estrangeiros administrando negócios no Pará eram membros dessa associação com base no interesse comum de classe social. Os capitalistas locais ligados à terra e os investidores do setor de serviços e de administração de negócios em transações comerciais-financeiras de pequeno e médio porte queriam estabelecer regulamentações protetivas, mas os comerciantes ingleses eram contra essa demanda. Então, os embates eram comuns nos encontros da Associação. Uma situação bem ilustrativa dessa situação aconteceu na discussão das propostas da Diretoria para aperfeiçoar as regulamentações relativas a transações comerciais, em 1870.

Os comerciantes ingleses eram contra essas propostas. Eles não queriam respeitar a adoção do sistema métrico decimal e eram contrários à proposta da Diretoria de regulamentar procedimentos relativos a recibos e faturas. Um negociante inglês alegou que ele era contra essas propostas "[...] porque eu não gosto de regulamentos. Eu faço meu trabalho e o comprador que se defenda" (Associação Comercial do Pará, 1870, p. 69 e 71). O presidente da Associação respondeu, afirmando que "[...] é obrigação do vendedor vender qualquer mercadoria de acordo com procedimentos legais e morais".

A concepção spenceriana governando o comportamento e a fala de muitos negociantes ingleses era de que eles poderiam agir de maneira tão agressiva e prejudicial quanto quisessem, uma vez que os prejuízos e problemas decorrentes de seus atos nunca seriam considerados de sua responsabilidade, mas, sim, das suas vítimas. Quando alguém não tivesse condições de se defender isso era interpretado por eles como "fraqueza". O princípio da sobrevivência do mais apto estava assentado na visão de que a exploração do "mais fraco" é "normal" e "aceitável", assim como é aceitável que o leão coma outros animais.

Na Amazônia, capitalistas ingleses tinham condições favoráveis para praticar esses princípios, porque a maioria deles administrava negócios temporários, investindo em capital móvel ou facilmente removível, sem ligação alguma com a terra, a cultura ou a sociedade local. Apesar das diferenças individuais, o frequente enfrentamento entre a defesa de regulamentações aduaneiras e as tentativas de impedir a criação de regulamentações preventivas sobreviveram ao longo do tempo como um padrão geral de fazer negócios. Esse tipo de atitude foi, de alguma forma, favorecido, mais tarde, pela conjuntura nacional da Primeira República

(1889-1930). Esse período foi marcado pela ascensão política do chamado "grupo da oligarquia", que assumiu o poder durante todo o período de 1898 a 1920. Esse grupo representava investidores de plantações de café bem-sucedidos, que estavam bem articulados com a burguesia financeira internacional,[92] defendendo sua ideologia de progresso e civilização (Calixto, 1993).

Essa articulação se manifestou assim que esse "grupo da oligarquia" assumiu o poder, na ocasião em que eles lidaram com as dificuldades financeiras do Estado por meio de empréstimos externos. Em junho de 1898, o presidente da República, Campos Sales, e seu ministro da Fazenda, Joaquim Murtinho, assinaram com capitalistas ingleses o chamado *funding loan* — a concessão de um empréstimo novo para unificar anteriores empréstimos numa só dívida. Isso se deu em um momento em que negociantes ingleses já dominavam a economia de importação (Singer, 1974) e atuavam como um dos mais importantes emprestadores de dinheiro para a nascente indústria brasileira (Graham, 1973).

Artigo do *Jornal do Comércio*, de 5 de março de 1907, informa que a nova companhia de navegação brasileira, Lloyd Brasileiro Co., criada em 1906, contratou um empréstimo de 1.100.000 libras de Messrs. Rothschild & Co., em abril de 1906. Em agosto de 1906, M. Buarque & Co. foi autorizada a iniciar uma linha de navegação para Nova Iorque. O primeiro navio zarpou para Nova Iorque, em 25 de agosto daquele ano. A companhia adquiriu a frota de três linhas costeiras brasileiras; a Companhia Nacional de Navegação Costeira e a Companhia Esperança Marítima também trabalhavam nessa área. Com isso, a Lloyd Brasileiro Co. adquiriu o monopólio do comércio costeiro[93].

Topik (1979, 1980 e 1985) levanta importantes traços do papel do Estado na economia brasileira durante a Primeira República, porém ele define o Estado como um mediador entre poderosos capitalistas estrangeiros e uma fraca burguesia doméstica. Essa definição resulta da estrutura de análise nação-estado combinada com a suposição de que o princípio

[92] Preferi usar esse termo aqui ao invés de "*Haute Finance*", o qual foi usado por Polany (1975) em sua abordagem institucional, e ao invés de "*financial oligarchy*", como Lenin (1979) refere-se a eles. Nesse último caso, o termo "*financial oligar*chy" está ligado à visão de Lenin do capital em sua fase monopolista, no que ele reproduz a visão mecanicista e evolucionista marxiana de História.

[93] Esse artigo menciona, ainda, outros empréstimos que foram feitos em Londres: Manaus obteve um empréstimo de 350.000 libras, o estado do Amazonas 3,360,000 libras, o estado de São Paulo 3 milhões de libras.

do liberalismo e do mercado autorregulado seria um modelo a ser adotado pelos brasileiros.

A consequência disso é que o intervencionismo do Estado brasileiro é interpretado como uma anormalidade ou perda de pureza decorrente de duas circunstâncias: (1) a dependência dos serviços e do crédito oferecido por capitalistas estrangeiros; e (2) o poder dos capitalistas estrangeiros diante da fraqueza da burguesia nativa, uma situação que demandaria fortes ações do Estado, tanto para proteger essa burguesia nativa como para prover a infraestrutura necessária para sua economia agrícola de exportação (Topik, 1979).

Esse modelo de interpretação nação-estado deixa à sombra especificidades da demanda por intervencionismo no Brasil e minimiza as divergências e as variadas ações e ideologias internas a ambos os capitalistas, nativos e estrangeiros. As demandas por intervencionismo no Brasil expressam ambos, (1) o princípio de autoproteção dos capitalistas ligados à terra diante das ações deletérias dos comerciantes-financiadores estrangeiros e (2) a contraposição ao modo spenceriano de fazer negócios dos capitalistas estrangeiros, em particular os ingleses, que foi marcada por lutas contra desigualdades coloniais.

Na cidade e município de Santos, no estado de São Paulo, as reações de comissários dos plantadores de café contra capitalistas comercial-financeiro estrangeiros ocorriam desde 1909 (Font, 1990). Mais importante, ele diz que isso assumiu a forma de demandas por intervencionismo e envolveu processos complexos e variados. Portanto, a política estatal de proteção e valorização do café, que foi uma das mais importantes políticas da Primeira República, era uma questão complexa. Ela envolvia diferentes interesses e circunstâncias históricas, além de oposições por parte de representantes de outros Estados brasileiros.

Ademais, a Primeira República (1899-1930) foi marcada por diferentes pressões e oposições internas (Calixto, 1993; Tannury, 1981; Queiroz, 1984; Weffort, 1991). Diferentes grupos de classes abastadas assumiram o poder durante a Primeira República (Calixto, 1993). O anteriormente mencionado grupo da oligarquia implementou uma política que se opunha ao governo republicano anterior (1889-1897) e a importantes facções políticas.

Isso é crucial para uma compreensão do gradual conjunto de princípios e práticas políticas que caracterizaram seus governos em 1898-1920, tais como: (a) desprendimento dos interesses regionais; (b) tratamento das questões financeiras como se elas fossem o problema fundamental a ser fixado pelo governo; levando à (c) organização de um governo administrativo, banindo a relativa autonomia do Parlamento Nacional e construindo um Presidencialismo Unitário, consolidado nas eleições de 1900 e atrelado à chamada política dos governadores. Existe uma vasta bibliografia sobre essa política (Costa, 1977; Carone, 1988; Singer, 1974; Souza, 1973; Saes, 1985; Bello, 1972; Love, 1982; Queiroz, 1982; Hilferding, 1985; Levine, 1978; Topik, 1979, 1980, 1985).

O governo federal era caracterizado pela relativa autonomia do Estado, que era, de fato, uma autonomia integrada à ordem imposta pelo Presidencialismo Unitário. Essa política atendia aos interesses dos exportadores brasileiros e estrangeiros, bem como dos financiadores, o que provocou reações por parte dos capitalistas nacionais ligados à terra, militares, jornalistas, advogados, banqueiros e industrialistas. A política originou-se na crescente complexidade das questões econômico-políticas internas e do movimento duplo: capital comercial-financeiro estrangeiro *versus* capital nativo ligado à terra. Na economia da borracha, as políticas da Primeira República deram boas-vindas tanto aos esforços de capitalistas estrangeiros para fazer o Brasil produzir borracha como à intensificação de seus investimentos em outros negócios.

A década de 1880 foi marcada pela crescente submissão de capitalistas comercial-usurário locais às casas exportadoras estrangeiras (Westein, 1983; Calixto, 1993). Contudo, o capital estrangeiro investia em crédito, comercialização e exportação de borracha desde o início da exportação dessa matéria-prima. Os privilégios atribuídos à Inglaterra pelos tratados comerciais de 1810 e 1827 permitiram que os capitalistas ingleses se tornassem preeminentes no transporte internacional de borracha para a Europa e, às vezes, como intermediários na exportação de borracha para os USA.

O que mudou após a década de 1880 foi o tipo de capitalistas envolvidos. Antes das décadas 1870-1880, a maioria deles era capitalista comercial-usurário de Liverpool e outras cidades inglesas. Apesar de que alguns deles já viessem investindo no mesmo negócio por décadas, casando-se com portugueses e residindo em Belém ou Manaus, o normal era que eles investissem em negócios temporários, por dois ou três anos, usualmente por meio de parceria.

Após a década de 1880, os investidores ingleses, direta ou indiretamente por meio de financiamento, passaram a ser, também, o que Cain e Hopkins (1994) nominam *gentlemanly* capitalistas (a associação da aristocracia com financistas centrados em Londres que oferecia serviços no estrangeiro). Tudo indica que eram esses os capitalistas aos quais Calixto (1993) e Hilferding (1985) se referem dizendo que eles se constituíam em uma parte intrínseca da elite financeira internacional organizada em trustes e carteis. Essa elite defendia o intervencionismo estatal e tinha uma forma ainda mais imperialista de agir, que era usada como uma ferramenta para garantir seu expansionismo, fazendo mudanças na forma anterior inicial do liberalismo (que era usada como ferramenta ideológica de antigos capitalistas comercial-usurário).

Os *gentlemanly* capitalistas financiavam uma gama de negócios, administrados por empresas e engenheiros ingleses, aos quais eram dados incentivos e contratos de serviço pelo governo central brasileiro ou pelos governos do Pará e Amazonas. Após os anos 1870, companhias inglesas, passaram a cada vez mais investir na navegação e em ferrovias, bem como em infraestrutura urbana em Belém e Manaus por meio da realização de serviços. Companhias inglesas — Amazon Steam Navigation Co., The British Steamship Co. Ltd, Booth Steamship Company, The Amazon Steeamship Navigation Comapany Ltd., H.A. Astlett & Co., The Pará Eletric Railways & Lighting Co. Ltd, London & River Plate Bank Ltd, London & Brazilian Bank Ltd, Port of Para, The Western Telegraph Co. Ltd., The Amazon Telegraph Company Ldt., Alfred Booth & Cy, Gordon & Co., Municipality of Pará Improvements Ltd., The Water Company — ofereciam serviços de telegrafia, navegação, bondes elétricos, gás, eletricidade, fornecimento de água, a construção e a administração dos portos de Belém e Manaus. A The Alves Braga Rubber States and Trading Co. Ltd, domiciliada em Liverpool, intermediava os contratos de construção da maior parte dos barcos que trafegavam os rios da Amazônia (Loureiro, 1985).

Ao mesmo tempo, os *gentlemanly* capitalistas ofereciam crédito para a exportação e o transporte marítimo de borracha, realizado localmente por casas exportadoras. O raio de ação desses negócios era muito maior do que os anteriores. Na economia da borracha, vários desses negócios eram realizados por meio de parceria com capitalistas alemãs e portugueses (Cartório Chermont, 1812-1932; Santos, 1980; Westein, 1983). As ações dos negociantes ingleses eram caracterizadas (a) por tentativas de alijar o capital comercial-usurário local, representado pelas chamadas casas aviadoras, procurando impedir que esse capital se expandisse para os serviços de exportação e importação, e (b) pela realização de esforços para impor seus próprios princípios.

Isso se dava em uma conjuntura na qual o estado britânico estava oferecendo todo suporte para ações imperialistas de capitalistas ingleses no estrangeiro, ao mesmo tempo em que esse estado estava desenvolvendo suas próprias políticas imperialistas, caracterizadas, em grande medida, por esforços para controlar e usar tecnologia como ferramenta política (Bowler, 1992).

Isso dá uma outra dimensão às razões que governavam a política do estado britânico voltada para o desenvolvimento da tecnologia de monocultura da borracha em larga escala nas suas colônias. Essa política começou na década de 1870 quando a indústria automobilística ainda nem tinha se desenvolvido. A demanda por borracha, naquele momento, originava-se no crescimento da indústria britânica e mundial de subprodutos de borracha (Hancok, 1857). Eram as fases das utilidades e dos fios condutores. Isso motivou o império britânico a criar a tecnologia de produção monocultural de borracha em larga escala como uma ferramenta para materializar a sua intenção de firmar o domínio sobre a produção de borracha, estabelecendo controle sobre o suprimento dessa importante matéria prima, ao mesmo tempo em que se tornaria ele mesmo o maior dono-vendedor daquela tecnologia.

Segundo Loureiro (1985), a ideia de cultivo monocultural de árvores de goma elástica na Amazônia foi do major João Martins da Silva Coutinho, o mesmo explorador do Japurá, Purus e Madeira. Ele desenvolveu essa ideia em 1863, no trabalho *Breve Notícia Sobre a Extração da Salsa e da Seringa – Vantagem De Sua Cultura*, publicado como anexo do relatório do presidente provincial Sinval Odorico Moura. Nesse texto, ele alertava às autoridades sobre a produção predatória da salsa e defendia o cultivo monocultural de seringais.

Essa ideia não teve repercussão a nível nacional. Mas foi adotada pelo império britânico e seus cientistas, que se engajaram em mentiras, enganações e contrabando para colocá-la em prática. Loureiro (1985) mostra que a classificação da seringueira foi feita no Jardim Botânico de Kew. E, mais tarde, a Superintendência do Ministério das Índias enviou Henry Wickham para a Amazônia, para recolher sementes das árvores de goma elástica. Wickham estabeleceu residência em Santarém. Socialmente, ele se apresentava como colecionador de orquídeas. Por volta 1875, ele já tinha conseguido acumular 70.000 sementes de árvores adultas, entre o rio Madeira e o Tapajós, as quais foram contrabandeadas pelo vapor inglês Amazonas, acomodadas em pacotes com conteúdo mascarado de orquídeas. Em Kew, brotaram 7.000 sementes que se tornaram as primeiras mudas. Em 1876, essas mudas foram transportadas para o jardim botânico de Heneratgoda, no Ceilão. Esse jardim botânico tornou-se o grande produtor de mudas e sementes de árvores de goma elástica até a sua difusão para o mundo. Mas as ações do império britânico eram mais amplas. Na Amazônia, as estratégias visando malograr a economia local de borracha, particularmente em 1906-08, representam uma das principais manifestações do princípio spenceriano que governava o movimento do Estado britânico em direção à economia da borracha.

Em 1906, a América tropical era a mais importante produtora de borracha (cerca de 60%), África tropical na próxima posição (30 a 35%) e a Ásia era a menos importante, contribuindo com tão somente 3% (Wright, 1907). Além disso, a borracha de melhor qualidade, *Fina Hard Para*, constituía-se na maior proporção de toda a borracha exportada pela Amazônia brasileira (Wright, 1907; Journal of the Royal Society of Arts, 1906; Collins, 1869), e era justamente esse tipo de borracha que normalmente tinha o melhor preço e a maior demanda no mercado (Collins, 1869; Wright, 1907).

Deve-se considerar também que, desde 1888, a demanda por borracha só aumentava, devido à descoberta do pneumático para bicicletas por Dunlop. E, em 1891, aconteceu o aperfeiçoamento dessa descoberta para o tipo desmontável, pelos irmãos Edourard e André Michelin, "que, em 1895, adaptaram-no para o automóvel. Daí em diante a indústria automobilística cresceu vertiginosamente. O mercado mundial exigia sempre mais pneus, e as safras amazônicas não supriam a matéria prima para esse produto a preços baratos" (Loureiro, 1985), como o capital internacional desejava.

Ao mesmo tempo, a posição preeminente da borracha da Amazônia nesse mercado minava o desejo do império britânico de se tornar o mais importante produtor mundial dessa matéria-prima. Como já mencionado anteriormente, as plantações de borracha foram criadas sob fortíssimo apoio institucional, econômico e político do Estado britânico (Journal of the Society of Arts, 1906; Barlow, 1978; Drabble, 1973; Santos, 1980; Dean, 1989).

Todavia, apesar de todo esse apoio institucional, as *rubber plantations* nascem enfrentando dificuldades que foram resolvidas somente após 1909. As tentativas de cultivar borracha falharam em muitas áreas. Por exemplo, o nível de produtividade no Ceilão era baixo no início devido às incertezas quanto aos métodos de extrair o látex e a idade das árvores — muito jovens (Dean, 1989). Ademais, o cultivo de borracha não era visto favoravelmente e isso só começou a mudar após cerca de 1907 (Wright, 1907).

Empresários, em adição ao problema das pragas, exaustão de solos e outros problemas, os quais tinham frustrado suas tentativas de implementar o cultivo do café na Malásia (Barlow, 1978), estavam com medo também da superprodução (WRIGHT, 1907). Ademais, eles pensavam que o cultivo da borracha era um empreendimento a ser desenvolvido mais pelo governo do que pela ação privada de indivíduos, por causa dos altos custos envolvidos (Wright, 1907). Consequentemente, antes de 1909, havia carência de financiamento nos Estados da Malásia (Barlow, 1978).

Sob tais circunstâncias, o governo britânico tinha que não somente investir pesadamente em pesquisa, infraestrutura de transporte e exportação, ofertar crédito etc., mas, igualmente, fazer todo um trabalho de convencimento dos empresários sobre a eficiência da tecnologia de monocultura da borracha em larga escala, tentando direcionar investimentos privados para esse tipo de empreendimento. O princípio spenceriano que governava esses esforços do governo britânico se manifestava, entre outros, na concepção da economia da borracha na Amazônia como um inimigo a ser derrotado. Apesar da demanda sempre crescente de borracha pela indústria em expansão, eles estavam apreensivos sobre o potencial de expansão da produção de borracha na Amazônia.

Aliás, os investimentos estrangeiros na produção de borracha amazônica cresceram no período 1900-10, Loureiro (1985) menciona pelo menos quatro novas empresas criadas em Londres. E a terra-seringal de áreas centrais (distantes dos principais rios navegáveis), com grande potencial de produção, ainda não estava toda privatizada e explorada. Mais importante, cientistas ingleses avaliavam que o sucesso das *rubber plantations* dependeria, em grande medida, da produção de borracha na Amazônia.[94]

[94] Veja comentários sobre o artigo de Wright (1907) publicado no *India Rubber Journal*, de 21 setembro de 1908, no jornal *A província do Pará*, coluna Assuntos Oportunos.

Essas apreensões eram manifestadas em tentativas spencerianas de alijar a produção de borracha na Amazônia. Em 1906, a diplomacia britânica discutiu a possibilidade de reduzir ou encerrar a oferta de crédito ou o comércio direto feito por firmas britânicas na Amazônia, mas essas ideias foram arquivadas porque o vice-cônsul em Manaus alertou que, se as firmas britânicas fizessem isso, os alemães iriam tomar a frente e ofertar tais serviços aos capitalistas locais (The Public Record Office, F.O. 371, 1906).

Ao mesmo tempo, a intensa promoção das *rubber plantations* ocorria em combinação com a forte contrapropaganda ou denegrimento da economia da borracha amazônica. Nas publicações e nos debates feitos pela Royal Society of Arts, naquela conjuntura, sempre que o alto custo da produção monocultural da borracha era mencionado, logo em seguida era feita uma avaliação negativa da produção de borracha na Amazônia. O custo para abrir 500 acres de terra e plantar cerca de 108 árvores por hectare atingiria o valor de £5,946 17s.6d. Sterlinas, adicionados a isso os juros de todo o dinheiro gasto, além de que os investidores teriam que esperar 5 a 6 anos até que pudessem começar a obter lucro. O principal argumento era de que após sete anos o lucro nas *rubber plantations* seria considerável. Em contraste, investimentos na produção extrativa da borracha seria caro e se tornaria cada vez mais caro por ser essa produção supostamente nômade e predatória, o que iria requerer longas jornadas para atingir novos distritos produtores de borracha em futuro próximo quando as árvores de goma elástica estariam exaustas.

Essa interpretação errônea e negativa da produção de borracha na Amazônia foi enfatizada na Primeira Exposição Internacional de Borracha que ocorreu em Londres, em 1908. Nesse evento, como já foi mencionado, o cônsul britânico no Pará tentou descaracterizar a empresa de borracha na Amazônia, afirmando que ela não poderia ser considerada propriedade privada, como já foi discutido no Capítulo 2. Esse argumento foi utilizado para alertar os investidores a serem cuidadosos se estivessem pensando em investir na produção de borracha na Amazônia (A Borracha – O Pará e seu comércio, 1908).

Tais tentativas de alijar a economia da borracha na Amazônia ocorriam paralelamente à atuação de negociantes de borracha como intermediários no mercado de borracha, em Belém, os quais deliberadamente criavam estratégias para alterar os preços desse produto de acordo com seus interesses. E isso se dava em um contexto de fragilidade dos capitalistas locais diante da política da Primeira República.

5.2 A INFLUÊNCIA DE NEGOCIANTES ESTRANGEIROS NOS PREÇOS DA BORRACHA EM BELÉM

Um dos maiores movimentos dos negociantes de borracha ingleses para a economia da borracha amazônica se dava por meio de manipulações dos preços de borracha em Belém, que era o principal porto exportador da região. Devido à influência da teoria darwinista da seleção natural, que aponta para o exemplo da evolução da natureza na qual a sobrevivência do mais apto se daria de maneira mecânica, espontânea e natural, manipulações de preços são ignoradas pela explicação liberal dos preços: os preços são percebidos como se eles fossem resultados impessoais, mecânicos, espontâneos da relação entre oferta e demanda, considerada uma "lei" da natureza.

Mas os resultados de minhas pesquisas não referendam essa ideia de "lei" da natureza. Como ilustra a Tabela 16, o Brasil era o único provedor de borracha até a década de 1860. Nos anos 1870, a África começou a produzir borracha extrativa. A produção de borracha de cultivo monocultural começou tão somente em 1900 de modo que, em 1910, o Brasil ainda era o maior produtor, respondendo por 57% da produção mundial.

Tabela 16 – Produção de borracha brasileira – 1822-1930

Ano	Quant. (ton.)	% da produção mundial
1822	31	100%
1830	156	100%
1840	388	100%
1850	1467	100%
1860	2673	100%
1870	6591	93%
1880	8679	91%
1890	16394	84%
1900	27650	50%
1910	38177	57%
1920	23587	7%
1930	12852	2%

Fonte: McHale (1967, p. 28) e Soares (1930)

A escassez de borracha tinha se tornado mais intensa desde a década de 1880, quando a pequena e média indústria de pneus emergiu, inicialmente para bicicletas e carruagens e, particularmente, quando a indústria pneumática apareceu após a década 1890, expandindo a demanda rapidamente. Por conseguinte, havia uma clara tendência a uma constante crescente demanda, acompanhada de altos preços, no mercado mundial. A temporária queda dos preços do início de 1885, expressando o movimento inicial de largo suprimento africano, durou somente uns poucos anos e, por volta de 1890, os preços atingiram recordes de elevação em Londres e Nova Iorque (McHale, 1967).

Embora experimentos com a monocultura da borracha tivessem se iniciado nos anos 1870, foi apenas no século XX que começaram os investimentos nas *rubber plantations* e somente no final da primeira década desse século é que foi demonstrado ser esse empreendimento claramente mais lucrativo do que aqueles baseados em métodos tradicionais de produção na Amazônia (McHale, 1967). Os anos de 1900 a 1910 foram marcados pela tremenda demanda por borracha pela indústria automobilística. Essa indústria, que praticamente não tinha usado borracha nos anos 1880 e somente umas poucas toneladas em 1900, consumiu 100,000 toneladas em 1900, representando 70 a 80% de toda a borracha produzida no mundo na época (McHale, 1967).

Além disso, antes de 1912, não havia superprodução. A produção de borracha na Amazônia cresceu anualmente durante os anos de 1896 a 1906, a uma média de 6.5%, com exceção de duas safras, em 1897-98 e 1901-03, quando a produção caiu em 0.03% e 0.25%, respectivamente (Pará, 1908). De acordo com a estatística oficial ilustrada no Gráfico 7, apresentado no Capítulo 6, o mais alto nível de produção ocorreu em 1912, com 42,000 toneladas. De fato, antes de 1913, a produção de borracha nunca foi capaz de satisfazer a sempre crescente demanda (Knorr, 1945) e havia a impossibilidade técnica de colocar a borracha sintética no mercado em pouco tempo.

Para a explicação liberal de preços, a conjuntura de baixa oferta e alta demanda resultaria em preços crescentes. Realmente, os preços apresentaram a tendência a alta no mercado internacional. Os preços de borracha pularam de cerca de 67 *centavos o pound* (unidade de peso equivalente a 453,6g); nos anos 1890, para mais de $1.00 em 1903 e, em 1910, uma média de $2.09 por *pound* (Knorr, 1945). Contudo, os preços em Belém eram marcados por profundas oscilações, diariamente. Isso se expressava na máxima e mínima média anual de preços em Belém no período de 1890 a 1930, ilustradas no Gráfico 5.

As causas desse fenômeno são de natureza econômica, política e histórica, pois os preços não eram somente resultados mercadológicos mecânicos da dinâmica entre oferta e procura. Eles eram, também, instrumentos de relações sociais criadas pelos homens. Antes de 1912, tudo indica que a forte interferência de negociantes de borracha estrangeiros contribuía em muito para as constantes oscilações de preços em Belém. Como pode ser visto nos Gráficos 5 e 6 os preços de borracha em Belém cresceram acentuadamente nos anos de 1890 a 1899, o que pode ser visto à luz da crescente demanda provocada pelo nascimento da indústria de pneus.

Gráfico 5 – Média, Máxima e Mínima de preços de borracha (em moeda brasileira), em Belém – 1890-1930

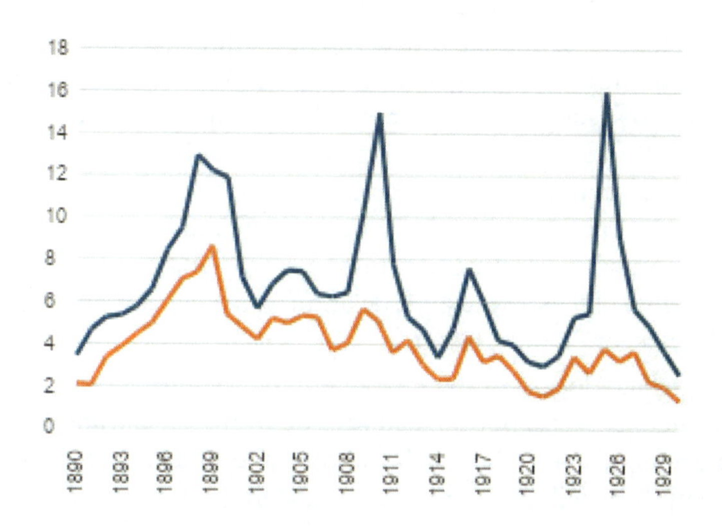

Fonte: IBGE (1956, p. 23)

Entretanto, apesar da maior demanda resultante do crescimento da indústria automobilística, em 1900-10, como previamente mencionado, os preços caíram violentamente em 1899 e foram mantidos baixos até 1908.

Gráfico 6 – Preços de borracha (em moeda brasileira), em Belém – 1890-1930

Fonte: IBGE (1956, p. 23)

A acentuada queda nos preços em 1903-08 coincidiu com a tentativa de alijar a produção de borracha amazônica, como mencionado anteriormente. O jornal, *the Brazilian Review* (artigo “Rubber”, March 9th, 1909) mostrou uma margem de manipulação e interferência deixada aos comerciantes, supostamente pela “lei” da oferta e da demanda, que poderia ser eliminada pela intervenção no mercado para tentar manter oferta e demanda equilibradas. Correspondência consular confidencial, porém, informa que Casas Exportadoras estrangeiras atuavam na posição de *brokers*[95], os quais, “por meio da retenção da oferta e outras manipulações, produzem preços artificiais e, de outra forma, perturbam o mercado” (The Public Record Office, 1909).

Capitalistas locais e o governador do Pará foram além ao enfatizarem as manipulações feitas por negociantes de borracha estrangeiros como sendo a principal causa das oscilações nos preços de borracha, questionando a suposta “lei” de oferta e demanda diretamente (Pará, 1907).

Eles argumentavam que (a) o aumento de 9.09% na produção em 1906-07 em comparação com a safra de 1905-06 era o resultado de entradas de borracha produzida na safra anterior mantidas ou levadas ao mercado em atraso pelos produtores. E mesmo se isso se constituísse em um aumento real da produção, nunca poderia ser considerado um excesso

[95] Não encontrei a tradução para o português do termo *broker* nesse sentido: de negociante que atua no mercado deliberadamente para interferir na formação dos preços. Por isso, mantive o termo em inglês.

de produção em um mercado caracterizado por crescente demanda; (b) diferente do café cujo preço caiu em consequência da super produção, a borracha era uma mercadoria escassa de modo que a queda dos preços em 40% no curto espaço de quatro meses, de junho a outubro de 1908, não poderia ser explicada como sendo o resultado de produção crescente; (c) essa queda nos preços também não poderia ser a consequência da crise na América como economistas e agrônomos tinham argumentado (Costa, 1913), porque essa crise causou um movimento de troca de estoque e não uma convulsão econômica. Finalmente, eles concluíram que (d) a constante profunda oscilação de preços da borracha em Belém era o resultado de manipulações pelas casas exportadoras.

Em agosto de 1908, o jornal *Metropolis* n.º 53 comercial menciona como uma das causas da crise da economia local de borracha o controle da indústria de borracha por firmas estrangeiras que atuam como intermediárias entre o produtor brasileiro e os principais mercados e os duros costumes comerciais dos marchantes exportadores estrangeiros, os representantes locais das grandes casas comerciais de Londres, Hamburgo, Nova Iorque e Liverpool. Eles detinham o monopólio dos lucros. Essa matéria argumentava:

> Eles têm manipulado os preços de acordo com sua própria conveniência, baixando o valor de mercado da borracha por volta dos meses de maio e junho (sendo o momento em que eles fazem seus contratos para o fornecimento vindouro, seja com ou através de "aviadores") e aumentando-o mais tarde para garantir um bom lucro.
> A borracha começa a chegar do interior por volta de outubro e o faz em quantidades crescentes até fevereiro, quando os estoques voltam a diminuir. Quaisquer que sejam as quantidades que chegam a Belém e Manaus é tudo descartado, de modo que muito pouco resta de estoque.

O artigo menciona também o excessivo preço dos fretes cobrados pela *the Amazon Co*. Desse modo, "[...] com exceção dos impostos, que chegam a mais de 25% *ad valorem*, e dos encargos extorsivos do serviço de transporte, pouco lucro se faz da borracha no Brasil". Manipulações de preços por negociantes de borracha vinham sendo objeto de discussões na Amazônia desde 1884, quando os preços tinham caído 44%, expressando o impacto da reação de consumidores internacionais aos altos preços especulativos que casas exportadoras tinham tentado impor (Associação Comercial do Pará, 1885). Como essas casas eram subsidiárias de suas sedes nos principais mercados consumidores internacionais, esses capitalistas controlavam o mercado internacional de borracha, usando muitas diferentes estratégias para segurar os preços baixos em Belém e puxá-los para cima no exterior (Jornal Folha do Norte, 1913; Mendes, 1908; Santos, 1980).

Circunstâncias particulares eram manipuladas pelos negociantes de borracha. Primeiro, os produtores brasileiros dependiam dos serviços da sua frota mercante internacional. Não havia empresas de navegação brasileira que ofertassem serviços de transporte para portos internacionais até agosto de 1906, quando uma linha foi iniciada para Nova Iorque, como já mencionado. Até 1906, os ingleses monopolizavam o transporte internacional de borracha.

Uma correspondência comercial confidencial de Milne Cheetham, da *British Legation*, em Petrópolis, em 1909, ao Sr. E. Grey, informa, entre outros assuntos, que as casas exportadoras norte-americanas eram as que estabeleciam relações mais diretas com os manufatureiros de borracha na Amazônia. As casas exportadoras alemães e francesas atuavam como "*brokers*", que, por meio da retenção de estoques de borracha e de outras manipulações, produzem preços artificiais e perturbam o mercado. Alguns desses "*brokers*", como a Schrader Grunner & Co., Lagotellerie etc., têm nos últimos meses feito fortunas. Mas os ingleses eram sócios tanto da Schrader Grunner & Co. como da Scholz, Hartze & Co. Vários capitalistas ingleses atuavam no Pará indiretamente, por meio de parceria comercial. Pelo menos sete firmas britânicas de borracha eram direta ou indiretamente representadas no Pará (The Public Record Office, 1909).

Dessas sete companhias e firmas inglesas, a grande maioria de Londres, as duas mais importantes delas atuavam em parceria com alemães e portugueses. Em 1908, a Heilbut, Symons & Co., membro da câmara de comércio de Londres, alega em documento que dos 38.000 tons de borracha exportadas anualmente pela região Amazônica, alcançando uma média de cerca de 11 a 12 milhões de libras esterlinas anuais, que ela e as cinco firmas — Wm. Syminghton & Co. Ltd., Adelbert H. Alden & Co. Ltd., de Londres G.A. Witt; Hecht, Leviw & Kahn e Meyer & Bussweiler Ltd. — controlam a metade desse volume de borracha (The Public Record Office, 1909a). Elas exportam essa borracha para a Inglaterra ou para todo o continente europeu ou para os Estados Unidos da América do Norte. Nesse mesmo documento, essa firma diz que essas firmas têm filiais de compra e exportação de borracha no Pará, "sendo conscientes de suas relações íntimas com as altas autoridades da República brasileiras". Além disso, uma empresa de navegação inglesa controlava o transporte transatlântico de borracha para a Europa. Em certa medida, essa empresa dominava a exportação para Harvre e Hamburgo, reempacotando a borracha vinda da Amazônia em Liverpool e reexportando-a para esses mercados (Associação Comercial do Pará, 1915 a 1934).

Deve-se considerar também que *gentlemanly* capitalistas ingleses passaram a atuar na economia da borracha principalmente por meio do sistema financeiro, que mundialmente era controlado por eles e, direta ou indiretamente, por meio da exportação de borracha da Amazônia. Segundo, não havia um sistema bancário bem desenvolvido no Brasil (Font, 1990) e na Amazônia. Era por isso que os estados brasileiros e regionais davam suporte à oferta de crédito por financistas estrangeiros para a produção de borracha. Se, na economia do café, os comissários emprestavam dinheiro aos plantadores, representando a tradicional dependência nas comissões ou companhias de comerciantes para empréstimos (Font, 1990); na economia da borracha, os seringalistas emprestavam dinheiro de casas aviadoras.

O gradual aumento da oferta de crédito e serviços bancários por bancos brasileiros, companhias de seguro, casas de crédito popular e casas exportadoras e bancos estrangeiros, após os anos 1870, não eliminou o problema da ausência de um sistema financeiro apropriado aos seringalistas. Casas exportadoras e bancos preferiam ativos de fácil acesso, como hipoteca, barcos, propriedades urbanas etc. Os seringalistas que possuíam seringais de localização distante e borracha como capital principal não poderiam atender tais requerimentos. Aceitando seringais bem localizados e borracha como hipoteca, as casas aviadoras, cujo capital principal se manifestava usualmente em barcos, imóveis urbanos e outros investimentos, poderiam perpetuar seus negócios comerciais-usurários como intermediários, preenchendo as exigências dos financistas e banqueiros internacionais e atendendo a demanda dos seringalistas por crédito.

O modo como essas transações eram realizadas é mais complexo do que a ideia de uma rede funcional, na qual casas exportadoras-casas comerciais-seringalistas extratores parecem cada um ter funções bem definidas e complementares. Primeiro de tudo, as casas aviadoras não aceitavam passivamente a função complementar de intermediário comercial-

-usurário. Ao contrário, elas constantemente implementavam esforços para vender a borracha diretamente a industrialistas como meio de quebrar o monopólio dos comerciantes e financistas estrangeiros e, muitas vezes, elas lideraram contramovimentos a eles. Segundo, as casas aviadoras também investiam na produção de borracha. Elas não apenas recebiam seringais hipotecados de seringalistas endividados, o que aconteceu com frequência, particularmente no período de 1913 a 1915, como mencionado no Capítulo 2. Essas firmas também privatizaram terras-seringais (ANRJ, 1903-1904, Cod. 988, v. 5), investindo na produção e/ou especulando com a terra-seringal. Como já mencionado no Capítulo 2, somente uma casa aviadora de Belém vendeu 35 seringais no estado do Amazonas, mantendo somente uns poucos para sua própria produção de borracha.

Casas aviadoras representavam a conjugação de capital comercial, produtivo e usurário, como anteriormente mencionado. Documentos históricos da Jucepa referentes à inscrição registro do comércio revelam que duas importantes casas aviadoras constituíram parceria comercial e produtiva com ingleses de Liverpool nos anos 1910. Uma dessas casas aviadoras era proprietária e administrava quatro empresas de borracha na margem esquerda do rio Acre, na área principal produtora de borracha no Acre (Cartório Chermont, 1812-1932; Falcão, 1907). Capitalistas da Inglaterra, Alemanha e França concentraram seus investimentos nesses serviços. Ainda assim, pequenos e médios capitalistas norte-americanos e ingleses de Liverpool também investiam na produção de borracha (Tribunal de Justiça do Estado, 1877-1921). Como foi previamente mencionado, esses investimentos cresceram nos anos 1910, encorajados pelos governos dos países respectivos.

No sistema local de crédito, o custo do dinheiro era caracterizado por constantes oscilações — a maior taxa de juros era de 15%, em 1884, e, em 1889, 12%, em 1896 e em 1915 (Cartório Chermont, 1812-1932) — e as casas exportadoras emprestaram dinheiro com base na mais alta taxa a ser pago dentro de três meses. A Sociedade de Crédito Popular e os bancos estrangeiros e brasileiros atuavam no mercado seguindo os mesmos procedimentos, apesar de companhias de seguro normalmente cobrarem taxas de juros menores. Em 1907, enquanto casas exportadoras cobravam 12%, elas cobravam 10% (Cartório Chermont, 1812-1932). A prática de emprestar dinheiro atada à futura entrega de borracha a preços sempre abaixo do que vigorava no mercado consumidor no momento da entrega era muito comum.

Isso era apontado pelo governador do Pará (Pará, 1907) como um dos principais meios pelos quais negociantes de borracha podiam impor baixos preços aos produtores locais. Ainda assim, casas aviadoras faziam, sim, empréstimos junto a casas exportadoras e, particularmente, junto a bancos brasileiros e companhias de seguro a serem pagos em dinheiro ao invés de borracha (Cartório Chermont, 1812-1932). Em vários casos, seringalistas faziam transações diretamente com casas exportadoras ou emprestavam dinheiro de casas comerciais sem atar isso à entrega de borracha.

Ademais, havia umas poucas companhias de seguro e pequenas companhias inglesas de Londres que lhes ofertavam empréstimos a taxas de juros menores (Cartório Chermont, 1812-1932, Livro 182), apesar de que o pagamento teria que ser feito em borracha. Isso significava venda de borracha a preços pré-definidos, usualmente menores do que aqueles prevalentes no mercado consumidor no momento da entrega da borracha. Seringalistas e casas aviadoras tinham à sua disposição um relativamente variado rol de opções de crédito. As casas aviadoras pediam dinheiro emprestado a diferentes credores, tais como casas de exportação, bancos, sociedades de crédito ou companhias de seguros.

Embora seringalistas do Acre normalmente obtivessem empréstimos e mercadorias de casas aviadoras atados à futura entrega de borracha, eles também obtinham empréstimos a serem pagos com dinheiro e vendiam sua borracha a diferentes compradores de Belém, Manaus ou da Bolívia. Finalmente, transações comerciais-financeiras eram relativamente flexíveis e sofreram alterações ao longo do tempo. Em 1910, o Seringal ITU realizou transações comerciais e financeiras com nove casas aviadoras de Rio Branco ou de áreas vizinhas, cinco casas aviadoras de Manaus e dez de Belém. Durante todo o período de 1910 a 1916, o maior volume de transações foi realizado com três firmas de Belém. Mas, de fato, essa empresa de borracha realizou transações comerciais e financeiras com diferentes firmas em momentos distintos. Em 1913-16, as transações foram realizadas com seis companhias de Rio Branco ou de áreas vizinhas e oito de Belém. Em 1930, todavia, o Seringal ITU fez transações somente com bancos, três dos quais tinham agências em Rio Branco e outro era a agência do Banco do Brasil em Manaus.

Essas mudanças significaram a restrição das atividades das casas aviadoras somente a negócios comerciais em consequência de melhoramentos no sistema bancário brasileiro na Amazônia e a eliminação da mediação financeira de casas aviadoras ou de casas exportadoras. Com isso, o problema do crédito atado à futura entrega de borracha foi eliminado e ampliaram-se as opções de venda. Entretanto, apesar dessa relativa flexibilidade, durante toda a segunda metade do Séc. XIX e até os anos 1920, o crédito para e a exportação de borracha eram controlados em última instância pelas casas exportadoras. Isso lhes dava poder para manipular os preços.

Outra circunstância que favorecia a manipulação de preços pelas casas exportadoras era a distante localização das principais áreas de produção de borracha em relação ao principal porto de exportação, em Belém, e a precariedade das condições de transporte nas áreas mais importantes produtoras de borracha no Acre. Durante o verão, o baixo nível das águas do rio Acre forçava os seringalistas a segurarem a borracha por um tempo, a fim de entregá-la de uma vez mais tarde quando o nível das águas subisse. Como os negociantes de borracha controlavam grande parte do sistema de crédito, eles tinham uma margem larga para manipular os preços da borracha. Por volta de maio a junho, quando eles faziam seus contratos para o suprimento futuro, fosse com ou por meio de casas comerciais, eles baixavam sua oferta de preço. A borracha começava a chegar vinda dos seringais por volta de outubro e continuava a vir em grande quantidade até fevereiro. Quaisquer que fossem as quantidades que chegassem a Belém e Manaus, elas eram todas vendidas, apenas muito pouco permanecendo em estoque.

Nessas condições, aqueles que receberam crédito associado à futura entrega de borracha tinham apenas de aceitar o preço imposto pelos exportadores. E mesmo aqueles com capacidade suficiente para negociar preços não tinham força o bastante para fazê-lo quando confrontados com compradores que poderiam impor preços baixos, uma vez que grandes estoques de borracha chegavam ao mesmo tempo em Belém, tornando relativamente abundante a oferta.

Após 1913, a crescente oferta de borracha levou à tendência de baixa dos preços. Em 1913, a borracha oriunda das *rubber plantations* atingiu 48.000 toneladas, enquanto a borracha brasileira somou 39.560 toneladas, de acordo com Santos (1980), e 42.000 toneladas, segundo estatísticas oficiais ilustradas no Gráfico 7, no Capítulo 6. Whittlesey (1931) lida com números que mostram que a oferta de borracha monocultural ultrapassou a borracha brasileira apenas em 1914.

Mesmo nessa conjuntura, ações políticas ou processos constituíram-se no fator mais importante nas oscilações de preços. Independentemente de o aumento da oferta ser um fenômeno do contexto após 1913, o período 1911-1913 apresentou um cenário de preços profundamente decrescentes, como se pode ver no Gráfico 6. A partir de junho-julho de 1913, os preços aumentaram novamente e essa tendência foi mantida até 1916, enquanto os preços da borracha oriunda das plantações estavam caindo (Revista da ACA, 1913). Isso foi explicado como resultado da manipulação de preços pelo *War Trade Board* (Whittlesey, 1931).

Todavia, nessa obra, Whittlesey (1931) não considera alguns fatores importantes. Primeiro, a estratégia dos produtores de borracha na Amazônia era focar na produção da borracha tipo *Fina Hard Pará*, que era a borracha de melhor qualidade e que obtinha o preço mais alto, por causa de sua boa reputação,[96] enquanto a borracha de produção monocultural não atingia a mesma qualidade. Na verdade, a Inglaterra aumentou a importação de borracha da Amazônia de 19.000 toneladas, em 1913, para 37.000 toneladas, em 1914, 37.500 toneladas, em 1915, 36.500 toneladas em 1916 e 41.500 toneladas, em 1917 (Arquivo Histórico do Itamaraty, 1918).

Figura 26 – Edifício da Prefeitura do Alto Acre – Cidade do Rio Branco/AC

Fonte: Chaves (1913, p. V)

[96] Sobre a boa reputação da borracha Fina Hard Para e a posição que normalmente ocupava como líder dos preços veja: Arquivo Histórico do Itamaraty, volume 270/2/5 – Consulados Brasileiros, Adido Comercial em Londres, artigo de Wilson (1928).

Segundo, durante a Primeira Guerra Mundial, alguns produtores de borracha na Amazônia vendiam a borracha *Fina Hard Pará* para a Alemanha, secretamente, exportando por submarino, o que significou a redução da quantidade de borracha ofertada no mercado formal. Além disso, o artigo "A crise da borracha na Amazônia" demonstrou que em consequência da não implementação de uma política de controle dos preços da borracha pelo governo brasileiro, os negociantes estrangeiros intensificaram sua prática de manipular preços em 1913 (Revista da ACA, 1913). Finalmente, Whittlesey (1931) mostra preços sendo influenciados por condições criadas pela Primeira Guerra Mundial, tais como medos e profundas lutas para controlar as fontes de borracha, restrições sobre importações impostas pelos países aliados e a eliminação da Alemanha e da Rússia do mercado formal da borracha.

Em Belém, os preços da borracha caíram pesadamente novamente em 1918-1922, como pode ser visualizado no Gráfico 6.

O artigo "A desvalorização da borracha" (Revista da ACP, 1928) considera todo o período de 1911 a 1924 como configurando a primeira grande crise da economia da borracha na Amazônia. Porém, esse artigo afirma que somente o declínio de preços do período de 1918-22 pode ser considerado como tendo sido influenciado por superprodução no mercado internacional (resultante da acumulação de borracha decorrente da escassez de transporte durante a guerra e da enorme expansão dos campos de borracha de novas plantações), o que foi intensificado pela severa depressão industrial e comercial de 1920 (Associação Comercial do Pará, 1928; Martinelo, 1988; Phelps, 1957). Essa foi a razão para o intervencionismo político do governo britânico após 1922, por meio de diferentes esquemas e do plano Stenvenson (Martinelo, 1988; Whittlesey, 1931; Barlow, 1978; McHale, 1967; Knorr, 1945; Lawrence, 1931; McFadyeam, 1944; Soares, 1930; Gehlsen, 1940; Barlow *et al.*, 1994).

Em 1924-25, a produção de borracha foi restringida nas colônias britânicas pelo Plano Stenvenson, o que favoreceu a borracha Amazônica (Soares, 1930), cujos preços aumentaram novamente no período de 1923 a 1926, atingindo seu ponto mais alto, em 1925, como ilustrado no Gráfico 6. Nos anos de 1929 a 1934, sem a interferência do Plano Stenvenson, o consumo de borracha diminuiu, enquanto a produção de borracha de plantações monocultural cresceu pesadamente, provocando altos estoques e desvalorização do produto (Soares, 1930).

Para resumir, os preços de borracha em Belém foram caracterizados por profundas oscilações durante todo o período considerado, por razões econômicas, políticas e históricas, entre as quais manipulações de preços feitas por negociantes de borracha estrangeiros, os quais tiveram papel mais importante na conjuntura anterior a 1912. Oscilações de preços da borracha amazônica deixaram de existir somente em 1942, não como um resultado mecânico da "lei" da oferta e da demanda, mas devido a medidas políticas — os chamados acordos de Washington —, os quais estabeleceram um preço padrão (Martinelo, 1988).

A manipulação de preços significava que, mesmo antes que o aumento na oferta de borracha pudesse realmente afetar os preços, os produtores de borracha na Amazônia já estavam enfrentando permanentes incertezas econômicas. Constantes oscilações profundas de preços indicam que a economia da borracha era caracterizada por crises. Em 1884, a redução dos preços em 44% levou a uma diminuição da renda do governo em 50%. A profunda crise de 1900 foi agravada também por uma flexível taxa de câmbio, provocando uma repentina subida no valor da moeda (F.O. and The Board of Trade, 1901). Mas a aguda crise econômica durante o período de outubro de 1907 a fevereiro de 1908 foi provocada pela queda nos preços da borracha e a diminuição da quantidade de borracha produzida no Pará que atingiu 1.278 toneladas (Pará, 1908; F.O. 368/274, 1908). Nesse momento, as falências representaram 50.000:000$.

A incerteza imposta pelas oscilações dos preços foi agravada pela redução ou mesmo encerramento da oferta de crédito pelas casas exportadoras em 1913 (Associação Comercial do Pará, 1915 a 1934). Consequentemente, o impacto na economia de borracha local pela maior redução dos preços em 1913-15, a qual pode ser considerada como um resultado principalmente da maior oferta de borracha no mercado internacional, foi muito mais prejudicial, porque os produtores locais já estavam em uma situação difícil depois de terem experimentado constantes dificuldades para produzir borracha nos anos anteriores. As falências em Belém atingiram 100.000.000 francos ou 59.524 contos de réis, cerca de 20% desse valor sendo débitos com o Banco do Brasil (Martinelo, 1988).

Mas a principal casa exportadora se caracterizava por um *boom* permanente. A casa exportadora inglesa-germânica exibiu um aumento de capital de 300:000$000, em 1884, para 2.400:000$000, em 1912, quando a parceria inglesa era de 54% dos lucros, sem considerar o capital exportado para sua sede em Londres (Cartório Chermont, 1812-1932).

5.3 A REAÇÃO DOS SERINGALISTAS AOS NEGOCIANTES DE BORRACHA

A contraposição dos seringalistas ao movimento dos capitalistas britânicos variou ao longo do tempo. Antes dos anos 1880, os seringalistas responderam positivamente aos esforços de capitalistas estrangeiros para fazê-los produzir a matéria-prima borracha. Eles avaliaram esses esforços como uma oportunidade de obter lucro, a fim de acumular capital.

Todavia, agricultores e criadores de animais ligados, portanto, à terra reagiram àqueles esforços dos capitalistas estrangeiros. Eles temiam uma intensificação da competição por mão de obra em um mercado local de trabalho já reduzido do ponto de vista da perspectiva capitalista de ter sempre abundância de mão de obra barata. Ao mesmo tempo, eles reagiram aos seringalistas, porque os percebiam como um novo crescente segmento de capitalistas que poderia alterar a distribuição de poder entre a elite regional.

Mais importante, as reações e argumentos do capital local ligado à terra, intelectuais e governos locais expressavam também questões ligadas ao combate às desigualdades coloniais. Eles denunciavam a reemergência de velhas características da economia colonial, representada pela mudança de uma produção voltada para o mercado interno para uma economia de dependência pesada em produto de exportação (Araujo Lima, 1943; Santos, 1980; Martinelo, 1988). Eles também denunciavam a existência dos arranchamentos antes dos anos 1850 e mesmo 1860 (Pará, 1851, 1871; Cunha, 1946), em várias áreas, que era uma produção nômade e destrutiva de recursos naturais, representando um retorno às práticas coloniais antigas de vários portugueses que produziam mercadorias extrativas por meio da destruição de recursos naturais valiosos. Essas críticas levaram os governos do Pará e do Amazonas a encorajarem a privatização empresarial de áreas de seringais, como já foi mostrado no Capítulo 2.

Um outro aspecto a ser considerado é que, como no resto do Brasil, as questões políticas locais estavam permeadas pelas características particulares que a ideologia do liberalismo assumiu, como consequência das lutas contra desigualdades coloniais. Antes dos anos 1870s, investidores da economia da borracha e considerável parcela de pequenos comerciantes, particularmente comerciantes ambulantes, defendiam o livre comércio, por meio de ações visando a abertura do rio Amazonas à livre navegação, opondo-se à estratégia dos conservadores de manter unidade nacional, por meio do exercício de controle estrito sobre a Amazônia, restringindo a navegação no rio Amazonas somente a capitalistas brasileiros (Calixto, 1993) e permitindo a exportação somente pelo porto de Belém.

Quando esses liberais assumiram o poder em 1862-67, conseguiram liberar a navegação. Expressando a mentalidade smithioniana, esses liberais não suspeitavam que os efeitos de tal medida poderiam ser a transferência da empresa brasileira de navegação, que controlava a navegação interna, para capitalistas ingleses, o que significou uma redução na eficiência dos serviços de navegação, aumentando os preços e reduzindo o nível de higiene abordo (Santos, 1980). Calixto (1993) mostra, ao contrário, que as propostas dos liberais não representaram uma capitulação ao expansionismo do capital estrangeiro. Na realidade, eles defenderam o federalismo, autonomia e progresso combinados com intervencionismo, porque eles concebiam o Estado como uma força capaz de disciplinar os excessos e anormalidades do *laissez-faire.*

O que velhos liberais como Tavares Bastos não poderiam prever foi a subordinação do capital comercial-usurário local ao capital financeiro internacional após os anos 1870 e 1880. Isso foi objeto de oposição e denúncia por comerciantes-seringalistas contemporâneos tais como Amando Mendes (Mendes, 1910; Santos, 1980). Durante e depois dos anos 1880, porém, a oposição direta dos seringalistas e comerciantes-seringalistas aos capitalistas ingleses tornou-se cada vez mais aparente. Eles eram cada vez mais conscientes do fato de que, ao atender aos encorajamentos dos capitalistas estrangeiros à produção de borracha, eles se tornaram dependentes do mercado internacional e dos serviços oferecidos por eles.

No início, particularmente os comerciantes-seringalistas questionaram a atuação das casas exportadoras como monopólios, implementando esforços para quebrar esse monopólio por meio da criação de um competidor no mercado. Em 1883, eles criaram a União Comercial, que durou por dois anos (Associação Comercial do Pará, Livro de atas, 1881 a 1888). Ao fazer isso, eles enfrentaram dois problemas básicos. Primeiro, a falta de capital suficiente para fazer frente a competição das casas exportadoras. Segundo, a barreira criada intencionalmente pelos capitalistas comercial-financeiros internacional, reforçando velhas estratégias e criando novas, a fim de impedir que eles estabelecessem relações comerciais diretas no exterior.

Nesse processo, patronagem e ligações pessoais caracterizavam as ações dos negociantes estrangeiros no mercado internacional para garantir exclusão social. As firmas internacionais ou companhias dos negociantes de borracha formaram um pequeno grupo agindo juntos contra as tentativas brasileiras de quebrar a barreira criada por eles. Nos dois anos de duração dessas experiências, os *seringalistas* perceberam ainda mais o problema subterrâneo da economia da borracha: essa economia simplesmente perpetuava o padrão colonial de produção de mercadorias para satisfazer os interesses de capitalistas estrangeiros.

5.4 A DEMANDA POR INTERVENÇÃO DO ESTADO E A REAÇÃO DOS NEGOCIANTES DE BORRACHA ESTRANGEIROS

O confronto constante com capitalistas estrangeiros na ACP levou os seringalistas a organizarem suas próprias associações. Em 1903-08, essas associações costumavam trazer suas demandas formais para a ACP, que atuava como um mediador formal junto aos governos locais e federal.

Em 1908, a contraposição ao movimento dos negociantes de borracha estrangeiros foi manifestada por meio da proposta do governador do estado do Pará de intervenção do governo central brasileiro. Essa proposta representava uma sistematização e leve reformulação da proposta da ACP, que expressava seus principais interesses com relação ao controle das finanças e do mercado. Eles propunham duas medidas. Uma de curto prazo, que consistia no estabelecimento de uma sucursal do Banco da República, e uma medida de longo prazo, que consistia na criação de um mercado regulado e, ao mesmo tempo, um baluarte (Pará, 1908).

Os seringalistas demandavam um banco brasileiro com o intuito de libertar o comércio do crédito atado à futura entrega da matéria-prima borracha. Eles também objetivavam alterar o controle das operações de câmbio e coleta pelos banqueiros ou casas exportadoras estrangeiras (Pará, 1908). Ao mesmo tempo, os seringalistas expressaram a sua preocupação sobre impostos por meio da demanda por incentivos sob a forma de redução da taxa de exportação de 22-24% para 18% ou cerca de 4%, no Pará, e 6%, no Acre, para sindicatos de produtores de borracha, de acordo com o Decreto Federal n.º 979, de 6 de janeiro de 1903.

Essa última proposta foi fortemente combatida pelos negociantes de borracha da Inglaterra, Estados Unidos da América, Alemanha e França, os quais agiram juntos, protestando através do ministro britânico no Rio de Janeiro, a Câmara de Comércio de Londres e os Departamentos Estrangeiros em Londres, Washington, Paris e Berlim (F.O. 368/274, 1909; F.O. 368/274-33521, 1909). Eles argumentavam que essa legislação se constituía em uma violação de um princípio da Constituição do Brasil, que garantia direitos iguais a todas as pessoas. No entanto, alguns negociantes de borracha britânicos reagiram de uma forma diferente aos outros investidores estrangeiros. Eles teriam reconhecido que a medida não era inconstitucional e que os exportadores estrangeiros poderiam formar sindicatos eles mesmos sob a condição de possuírem e investirem em seringais (F.O. 368/274, 1908).

Um pouco depois, capitalistas norte-americanos aceitaram a ideia de formar sindicatos, de acordo com a legislação brasileira. Algumas companhias dos Estados Unidos da América já tinham investido diretamente na produção de borracha, como mencionado no Capítulo 2. Mas os capitalistas ingleses que controlavam cerca da metade da exportação de borracha da Amazônia não queriam investir na produção e viam essa lei como uma ameaça, não apenas ao seu princípio de mercado autorregulado, mas à sua autoridade e sentido de superioridade spenceriano. Eles argumentavam que:

> [...] os processos inconstitucionais no Brasil, a ameaça de violação de direitos dos súditos britânicos que ali residem, juntamente com o consequente prejuízo aos interesses britânicos em casa, combinam-se para justificar o nosso Governo em responsabilizar o Brasil por quaisquer danos que possam ser causados, e nós sugeriríamos respeitosamente que sejam tomadas medidas nesse sentido (Tradução minha) (The Public Record Office. F.O. 368/274, 1909a).

Eles consideraram seus interesses privados como se eles fossem interesses da indústria e de todos os cidadãos britânicos, repetidamente tentando convencer o *Foreign Office* a trazer o assunto para o parlamento britânico como meio de colocar pressão sobre o governo federal brasileiro. Frustrados, porque a proposta foi aprovada no Pará e no Congresso Nacional brasileiro, eles se tornaram coercitivos e ameaçadores, concentrando suas pressões sobre o presidente do Brasil. Em novembro de 1908, eles enviaram uma carta ao ministro das Finanças no Rio de Janeiro, afirmando que:

> [...] a menos que sejam tomadas medidas imediatas para restaurar o comércio de borracha à sua antiga base, grandes dificuldades poderão surgir, já tendo sido feitos fortes protestos de Washington, Paris e Berlim, e também do Ministério dos Negócios Estrangeiros britânico. Confiamos que Vossa Excelência e o Presidente da República reconhecerão imediatamente a necessidade de remediar um estado de coisas no Pará que poderia criar grandes dificuldades para o Governo Federal e seria de pouca vantagem para o próprio Pará (Tradução minha) (The Public Record Office. F.O.368/274, 1909a).

Eles também ameaçaram que a negativa às suas demandas provocaria uma especulação selvagem no comércio de borracha, uma vez que eles controlavam metade das 38.000 toneladas de borracha exportadas pela Amazônia (The Public Record Office. F.O.368/274, 1909a). Finalmente, uma carta do ministro britânico em Petrópolis revela que eles iniciaram ações para fazer pressões na conexão de Paris com os empréstimos em São Paulo (The Public Record Office, F.O.368/173, 1908), os quais eram um fator importante na política de valorização do café.

Finalmente, uma carta do Sr. Casement, de 28 de outubro de 1908 (The Public Record Office. F.O. 368/274, 1908), revela que a Câmara de Comércio recusou-se a considerar tais protestos com o fundamento de que o assunto a que eles se referiam já tinha sido votado e remetido ao Senado e que a medida não era inconstitucional. Pouco depois, esses negociantes de borracha ingleses desistiram, esperando que os brasileiros não tivessem capital suficiente para implementar tal medida.

O incidente ilustra o modo como capitalistas ingleses interferiam na política interna brasileira: eles atuavam em orientação de alto nível com uma série de estratégias, desde a simples manipulação ideológica a ameaças coercitivas e, com um olhar simplista sobre os processos políticos e econômicos internos no Brasil, imaginando que o presidente poderia simplesmente manipular ou, como disseram, "seduzir" o congresso e todos os outros para obter o que queriam. Carta de um negociante de borracha inglês, datada de 12 de novembro de 1908, mostra que eles pediram ao Ministério dos Negócios Estrangeiros que um apelo pessoal e direto fosse feito ao próprio presidente dos Estados Unidos do Brasil, porque

> [...] temos certeza de que, se ele pudesse ser induzido a ordenar o cancelamento imediato da lei no Pará, tal ordem teria grande efeito sobre os políticos de lá, que, sem dúvida, temem a intervenção do presidente (Tradução minha) [...] (The Public Record Office, F.O. 368/274, 1909ª).

Depois de 1912, seringalistas e comerciantes-seringalistas expressaram a sua contrarreação ao princípio do liberalismo e a um mercado autorregulado e à teoria de Spencer diretamente. Um artigo da *Revista da ACA*, "Pela borracha I" (Revista da ACA, 1912), criticou a estigmatização da natureza intrínseca às teorias darwiniana e spenceriana, afirmando que, no que diz respeito a animais e plantas, tanto os grandes animais como as árvores são reproduzidos juntamente a animais e plantas pouco e aparentemente sem importância. Além disso, argumentaram que essas teorias há muito não se sustentavam e não tinham qualquer apoio, nem em fatos, nem no desenvolvimento da agricultura e da indústria, concluindo pela necessidade de intervencionismo por parte do governo federal.

A produção excessiva de borracha após 1918 trouxe problemas já enfrentados por plantadores de café. No entanto, o artigo "Pela borracha II" (Revista da ACA, 1912a) mostra que os seringalistas e comerciantes-seringalistas se posicionavam fortemente contra a política de valorização do café, pois havia preocupação com a destruição do produto como forma de equilibrar preços.

A economia de borracha tinha especificidade. A borracha monocultural afetou diretamente a produção de espécies inferiores de goma elástica, nomeadamente em zonas distantes, onde o elevado custo de transporte teve um grande efeito no custo de produção. Isso reforçou a estratégia dos seringalistas de concentrar-se na produção da *Fina Hard Pará*, como já foi referido. No entanto, a superprodução impôs a urgência de reduzir o custo de produção. Por conseguinte, embora mantendo as exigências relativas ao financiamento e ao mercado, nessa altura, eles sublinharam o intervencionismo nas taxações fiscais e na própria esfera da produção.

As suas demandas foram justificadas com base na importância da borracha no conjunto da economia brasileira. No período 1889-1897, a borracha representou 11,8% das exportações brasileiras, atingindo 25,7%, em 1898-1910, 20%, em 1911-13, e 12%, em 1914-18 (Villela; Suzigan, 1975 *apud* Martinello, 1988). Por conseguinte, a crise da borracha afetou não só as receitas dos Estados locais, mas também as do governo federal. As receitas do estado do Pará desceram de 20.255 contos de réis, em 1910, para 8.887, em 1915. As dos Estados amazônicos caíram de 18.068 contos de réis, em 1910, para 5.888, em 1920, enquanto as do território federal do Acre baixaram de 19.868, em 1910, para 5.620, em 1915 (Santos, 1980). Ou seja, só as receitas federais do Território do Acre caíram 28%. Além disso, houve um elevado nível de falências. Segundo Santos, as falências em Belém atingiram o valor de 100.000.000 francos ou 59.524 contos de réis, cerca de 20% desse montante eram de dívidas com o Banco do Brasil (Santos, 1980).

5.5 O PROJETO DE MUDANÇAS ECONÔMICAS E POLÍTICAS DOS SERINGALISTAS E O PADRÃO DE RESPOSTAS DO GOVERNO CENTRAL BRASILEIRO

O material apresentado indica que os seringalistas e comerciantes-seringalistas estavam preocupados com problemas, tais como o controle do mercado e das finanças, taxação de impostos, oferta de trabalhadores, condições de transporte e a influência do alto valor do frete no custo da borracha e de produtos consumidos nos seringais. Esses pontos faziam parte de suas demandas por proteção e intervencionismo.

A ênfase da literatura na borracha monocultural, como se fosse um modelo de civilização e progresso a ser seguido, como sugere Dean (1989), é questionável. Esse é um modelo de civilização e progresso que surge no Oeste Europeu e se expande para o mundo por vários meios, em maior medida por meio da ideologia cientificista de civilização e progresso — que classifica todas as economias diferentes da economia industrializada moderna como "primitivismo" e "atraso" — e pela força, violência etc.

De fato, os governantes republicanos brasileiros aderiram à campanha britânica de promoção das *rubber plantations*, na Amazônia, como já mencionado no Capítulo 2. Como já mencionei em outro trabalho (Bentes, 2021, p. 180), um dos principais pontos de convergência entre os britânicos e o governo brasileiro parece ter sido o paradigma da ciência moderna cientificista. Mas, apesar disso, é muito nítida a existência, na Amazônia, de uma reação a essa campanha de promoção das *rubber plantations* entre a maioria dos seringalistas/comerciantes-seringalistas, contradizendo as abordagens tipo *Belle Époque*, que exaltam os "senhores da borracha", como se todos tivessem sido o protótipo do industrialista europeu.

Diferente disso, na Amazônia, a borracha agrícola foi proposta, sim, inclusive, primeiro nessa região, como foi mencionado no Capítulo 2. Mas, além do autor da proposta já mencionado no Capítulo 2, que era alguém com um título militar, ela foi sugerida por certos agrônomos, economistas ou outros cientistas e por uma pequena ninhada de seringalistas/

seringalistas-mercantes. No entanto, eles propunham essa tecnologia restrita a áreas com características ecológicas especiais (Costa, 1913) e não como um modelo de desenvolvimento ou progresso e civilização, para toda a região.[97]

A maioria dos seringalistas/comerciantes-seringalistas, no entanto, tinha fortes críticas à borracha monocultural em larga escala, como é discutido mais plenamente no capítulo seis. O projeto de mudança econômico-política dos seringalistas não se efetivou em sua plenitude, devido à indiferença do governo central ou à resposta parcial às reinvindicações da maioria dos seringalistas/comerciantes-seringalistas. Primeiro, o nacionalismo deles foi frustrado na questão do Acre. De 1867 a 1903-04, o estado do Acre foi uma área litigiosa, como mencionado no Capítulo 2. Seringalistas e comerciantes-seringalistas reivindicaram a integração do Acre no território brasileiro como um Estado federado, no qual partilhariam o poder com o governo central. A atitude do governo central para com essa questão foi caracterizada por indiferença ou resposta parcial.

Essa atitude resultou (a) de pouco conhecimento sobre a área por parte dos governos bolivianos e brasileiros; e (b) das tentativas do governo brasileiro de obter o apoio ou pelo menos a indiferença do governo boliviano, face à guerra do Paraguai (Calixto, 1993). Essa atitude mudou apenas à medida que o controle da área por um consórcio inglês-norte-americano se tornou iminente, como mencionado no Capítulo 2. No entanto, os capitalistas locais e os governos provisórios do Acre não tinham voz nas decisões. O Acre foi integrado ao Brasil não como parte do estado do Amazonas, como esse Estado desejava, nem como Estado federado com poder compartilhado, como os seringalistas propuseram. Ao contrário, o Acre se tornou um território federal administrado pelo governo federal cuja sede estava localizada no Rio de Janeiro.

A resposta parcial constituiu o padrão de ação do "grupo da oligarquia" no poder, em 1898-1920, devido ao modo como esse grupo considerava os assuntos políticos internos brasileiros (Calixto, 1993). A estratégia do governo era deixar os assuntos regionais aos políticos regionais, que deveriam responder às exigências locais para não desafiar ou perturbar a prioridade dada à política nacional, visando moldar a economia nacional

[97] Inclusive quando o major João Martins da Silva Coutinho sugeriu o cultivo de seringueiras, em 1863, previamente mencionado, era com o intuito específico de resolver o problema da produção predatória da salsa em áreas específicas.

ao modelo de civilização e ao progresso defendido pelos seus aliados — a burguesia financeira internacional.

Isso explica, em parte, o quanto essa política era contrária às medidas econômico-financeiras demandadas pela burguesia agrária-extrativista amazônica. Em 1889-1902, quando os capitalistas locais tentavam contrariar a manipulação dos preços por parte de *brokers* estrangeiros de borracha, as medidas adotadas pelo governo central afetaram diretamente a economia da borracha. A elevação da taxa de câmbio acabou provocando muitas falências. Nesse contexto, dois bancos brasileiros faliram (o Banco de Belém do Pará e o Banco do Norte do Brasil) e os outros três sofreram redução de capital, devido a perdas. O capital do Banco de Crédito Popular foi reduzido de 4.123 contos para apenas 1.000 contos, enquanto o capital do Banco Comercial do Pará foi reduzido de 19.000 contos para 4.000 e o do Banco do Pará foi reduzido de 19.500 para 5.000 contos (Cordeiro, 1920; Santos, 1980; Calixto, 1993). Ao mesmo tempo, quatro companhias de seguros e casas aviadores foram à falência. O número de falências atingiu 240 e as perdas econômico-financeiras em Belém atingiram entre 70.000 e 140.000 contos. No período de 1890 a 1910, os governos do Pará e do Amazonas tinham uma receita de 84.965 contos para cobrir despesas de 104.413 contos. No entanto, a interação entre a recepção de impostos e despesas do governo federal na Amazônia apresentou ganhos. Recolheram 124.107 contos e gastaram apenas 21.955 contos na região. Ou seja, o governo central ganhou uma renda líquida de 102.292 contos da Amazônia (Calixto, 1993).

A desvalorização da moeda brasileira fez com que as importações se tornassem mais caras do que as exportações, afetando assim negativamente a produção de borracha. Como se pode ver no Gráfico 6, os preços da borracha caíram acentuadamente em 1901, o que coincidiu com a escassez de dinheiro resultante da queima de dinheiro em papel pelo governo central. Como resultado, o investimento na coleta de borracha de 1902 foi reduzido, manifestando-se em uma diminuição da produção de cerca de 2.085.476 quilos em 1902. Isso, por sua vez, resultou numa redução do nível de impostos arrecadados pelo governo local (Gonçalves, 1904 *apud* Calixto, 1993).

Em 1913, o artigo "A crise da borracha na Amazônia" (Revista da ACA, 1913) e Relatórios anuais da ACP de 1910-1914 mostraram que, no entanto, desenvolvimentos em torno do Plano de Defesa da Borracha de

1912 (Lei 2.543A, de 05.01.1912, que foi regularizado pelo Decreto 9.521, de 17.04.1912) revelam a questão subterrânea que rege o padrão de resposta do governo central: a visão da economia da borracha por meio da noção ocidental de civilização e progresso,[98] que colidiu com a forma ecológica dos seringalistas e dos comerciantes seringalistas de se apropriarem e utilizarem os recursos naturais, como será abordado no Capítulo 6.

O plano de defesa da borracha resultou de negociações entre os governos do Pará e do Amazonas, Território Federal do Acre e o governo federal. Ele expressa não só as exigências e opiniões dos seringalistas e dos governos locais sobre o assunto, mas também a própria concepção do governo central sobre a economia da borracha e a sua forma singular de responder às questões que considerou fulcrais para o assunto. Esse plano contém medidas para reduzir os custos de produção de borracha e incentivar a diversificação das atividades econômicas e da produção para o mercado interno, por meio da redução da tributação sobre os direitos de exportação de borracha e do frete de mercadorias na navegação nacional, o alargamento das operações bancárias e a redução dos impostos sobre os produtos de subsistência (Associação Comercial do Pará, Livro de Atas, 1911 a 1914; Revista da ACA, 1912). No entanto, essa política incentivou a adoção da tecnologia da borracha monocultural em larga escala e dos métodos de fabricação do látex.

Entretanto, essa tecnologia de cultivo e esses métodos de fabricação de borracha foram fortemente criticados por seringalistas e comerciantes-seringalistas por razões ecológicas que se originavam em sua forma ecológica de ver e usar os recursos naturais, conforme discutido no próximo capítulo. Essa política colidia com a visão dos seringalistas sobre a natureza também noutros aspectos. Seringalistas do Acre e Manaus criticaram a construção de um trecho de ferrovia, ligando a região do Rio Branco à estrada de ferro Madeira Mamoré. Argumentaram que a proposta original, que considerava as condições físicas e ecológicas específicas das zonas afetadas, foi completamente modificada. Essas modificações resultaram mais da própria perspectiva técnico-burocrática dos técnicos do governo e de seus aliados do que de considerações sobre as condições físicas e ecológicas locais (Revista da ACA, 1912).

---

[98] Isso está claro em artigos sobre a matéria tais como "O Desenvolvimento do Valle do Amazonas" (*Revista da ACA*, 1913) e na referência de Dean (1989) aos esforços brasileiros, os quais seriam uma expressão das visões do governo central brasileiro e de figuras políticas no Rio de Janeiro sobre o assunto, alguns deles exercendo influência política no estado do Amazonas.

O plano também foi criticado regionalmente por outros motivos. Mercadores de Belém protestaram contra a forma como o PDB foi implementado pela comissão que atuava no Rio de janeiro e na Amazônia (Associação Comercial do Pará, Livro de Atas, 1911 a 1914). Eles argumentaram que, como havia acontecido com a agência local do Banco do Brasil anos antes, o dinheiro público estava sendo gasto sem o devido cuidado e que a forma como as decisões estavam sendo tomadas e as tarefas eram implementadas era fortemente influenciada por práticas de clientelismo e vínculos pessoais, distorcendo o propósito da política.

Por fim, alguns comerciantes-seringalistas e agrônomos criticaram essa política por avaliarem que a prioridade nesse momento, como anteriormente, deveria ser a regulação do mercado da borracha, estabilizando os preços, aliada ao incentivo à borracha agrícola nas áreas do entorno da ferrovia da Bragantina, nas quais solos e clima adequados estavam combinados com boas condições de localização e transporte. Defenderam uma política de atração de investimentos internacionais em um plano de estabilização dos preços da borracha no mercado local.

Desse ponto de vista, as críticas expressavam a complexidade da relação entre seringalistas/comerciantes-seringalistas e capitalistas internacionais, envolvendo convergência de interesses de classe e embates que se originaram no duplo movimento do liberalismo/spencerismo/mentalidade imperialista *versus* proteção social/lutas contra as desigualdades coloniais/nacionalismo. Esses comerciantes-seringalistas haviam formado parcerias comerciais com capitalistas de Liverpool ou dos EUA por volta de 1909, perdurando por alguns anos.[99]

Além disso, eles envidaram esforços para atrair investimentos de capital internacional, o que envolveu negociações em centros industriais e financeiros na Inglaterra, nos EUA e no Canadá. Isso resultou na oferta de parcerias em um mercado regulador. No entanto, esse tipo de parceria estava condicionada à cobrança de 400 réis sobre cada quilo de borracha exportado pelo governo brasileiro, que deveria ser destinado a apoiar esse investimento. Os seringalistas estavam lidando com capitalistas acostumados a receber apoio pesado de seus governos de origem na forma de infraestrutura de transporte, tarifas de proteção, políticas fundiárias e

[99] Veja comentários no artigo "A crise", de José Simão da Costa, que era um desses marchantes-seringalistas (Jornal Folha do Norte, 1913).

trabalhistas, bem como propaganda. Era esse mesmo capital que ameaçava e pressionava o governo brasileiro, como mencionado anteriormente.

Esses seringalistas não ignoravam as estratégias dos negociantes de borracha internacionais contra a economia local da borracha, incluindo a manipulação dos preços e a criação de obstáculos legais para a comercialização da borracha amazônica em seu mercado interno. Pelo contrário, criticaram o padrão dúbio do capital internacional sobre o assunto. Assim que os capitalistas do Canadá e dos EUA souberam da política do governo federal de incentivar a adoção de processos mecânicos de coagulação do látex, como era feito nas *rubber plantations*, eles começaram a discutir o pagamento de impostos de importação sobre esse produto, argumentando que seria um produto manufaturado, enquanto a borracha das plantações não era classificada dessa forma. Os seringalistas/seringalistas-comerciantes buscaram relações diretas com os industrialistas, procurando resolver o problema da ausência de um sistema comercial e bancário adequado, eliminando a margem de manipulação dos preços pelos negociantes de borracha estrangeiros.

Suas tentativas expressaram as contradições postas pelo caráter da economia exportadora brasileira, contrastando com seu princípio de proteção social e suas lutas contra as desigualdades coloniais. Isso também indica que a aparente indiferença dos governos brasileiros em relação à economia da borracha envolvia elementos mais complexos. A economia brasileira estava exposta aos perigos da forte dependência de produtos de exportação, como açúcar, algodão, café e borracha. As economias do açúcar e do algodão foram as mais afetadas pela crise geral da economia exportadora, entre 1909 e 1910 (Teixeira, 1980). A economia cafeeira vinha enfrentando uma crise de longo prazo, mas foi fortemente apoiada pelo governo federal por meio da política de valorização do café.

As razões para a prioridade dada pelo governo federal à economia cafeeira são complexas. Além da forte posição econômico-política dos cafeicultores no contexto nacional, o apoio exigido pela burguesia agroextrativista local contrastava com a política modernizante do governo central, como já mencionado. Além disso, mesmo o projeto do governo central de mudanças econômico-políticas na economia da borracha exigiu pesados investimentos públicos em infraestrutura, financiamento, apoio técnico ao processo de produção e política de trabalho. Poderia o

Estado brasileiro pagar por isso na Amazônia, ao mesmo tempo em que o fazia em São Paulo?

Além disso, há que se ter em conta os aspetos relacionados com a concorrência internacional. Primeiro, o Estado e os capitalistas ingleses não tiveram sucesso em suas tentativas de investir em plantações de café na Malásia, como mencionado anteriormente, mas foram bem-sucedidos em fazê-lo com borracha. Isso significa que, do ponto de vista da noção ocidental de civilização e progresso, os brasileiros tinham uma vantagem relativa na competição internacional na economia cafeeira.

Em segundo lugar, o café era produzido tanto para os mercados internacionais como para o mercado nacional, enquanto a borracha não tinha mercado interno. Dependeu inteiramente dos mercados internacionais até 1936, quando a indústria pneumática foi inaugurada no país. Em terceiro lugar, a política de valorização do café incluiu uma política experimental de melhoria da moeda brasileira, que poderia beneficiar toda a economia brasileira (Pará, 1908).

Apesar da aliança com a elite financeira internacional, o "grupo da oligarquia" tinha o seu próprio nacionalismo. Assumiram cada vez mais o chamado "panamericanismo" (Calixto, 1993), fortalecendo as relações com os EUA, ao mesmo tempo que diversificaram as relações comerciais por meio do estabelecimento de relações com diferentes países e do reforço das relações com outros, por exemplo, a Alemanha. Essas eram estratégias destinadas a livrar-se do modo spenceriano de fazer negócios pelos capitalistas ingleses, que desviavam sua atenção para a Argentina.

Todos esses elementos explicam a relativa indiferença ou atitude inconsistente do governo central em relação à economia local da borracha. Uma das propostas fundamentais do intervencionismo em 1908 foi atendida parcialmente. Agências do Banco do Brasil foram estabelecidas em Belém e em Manaus, mas não foram criados um mercado regulador e um baluarte sob o abrigo do qual o comércio nacional poderia encontrar proteção e defesa em tempos de crise.

Além disso, o Banco do Brasil foi estabelecido como um banco normal, contrariando a proposta dos seringalistas de que fosse um negócio formado por capital compartilhado entre os estados do Pará e do Amazonas e o Estado federal, para ofertar meios alternativos de crédito àqueles oferecidos pelas casas exportadoras, e pelos bancos privados estrangeiros e brasileiros, de modo a criar a possibilidade dos seringalistas se libertarem do crédito vinculado à futura entrega da borracha.

A redução dos direitos de exportação aos sindicatos de seringalistas foi aprovada pelo estado do Pará. Mas demanda semelhante feita pelos seringalistas do Acre, apesar de aprovada pelo Congresso Federal, não foi implementada como pretendido. Uma das razões para isso foi que esses sindicatos dependiam de um forte apoio econômico e institucional do governo federal para serem eficazes, o que nunca foi oferecido (Knorr, 1945).

A sabedoria contida nas reinvindicações dos seringalistas pôde ser visualizada após 1922, quando o Estado britânico implementou uma política para a borracha caracterizada por uma forte intervenção no comércio por meio de políticas de regulação do mercado. Ademais, o estabelecimento de um mercado regulador foi uma das medidas centrais da política norte-americana, em relação à borracha natural durante a Segunda Guerra Mundial. Finalmente, o Plano de Defesa da Borracha desapareceu um ano depois, em dezembro de 1913, quando o orçamento nacional não incluiu os recursos necessários para a continuação dos serviços que tinham acabado de começar a ser executados (Martinelo, 1988), confirmando o padrão de resposta parcial às demandas dos seringalistas.

O material apresentado impõe questionamentos à afirmação de Martinelo de que "[...] ignorando que os preços eram manipulados pelos ingleses, queriam valorizar a produção de borracha na Amazônia por meio da estocagem do produto, tentando provocar o aumento dos preços" (Martinelo, 1988, p. 55-56). Aliás, muitos seringalistas fizeram-no em 1913-14. No entanto, isso não indica falta de conhecimento ou de propostas políticas corretas. O que se deve considerar é que eles eram capitalistas e, do ponto de vista desse tipo de empresário, os seus interesses seriam bem-sucedidos quando sob o forte apoio econômico, institucional e político dos Estados, como a economia cafeeira apoiada pelo Estado brasileiro e as *rubber plantations* fortemente apoiadas pelo Estado britânico. Os seringalistas não tinham esse nível de sustentação político-institucional.

No entanto, isso não significa que os governos não apoiaram de maneira alguma a economia da borracha com serviços públicos ou que essa economia não contribuiu para a melhoria das condições sociais. Como foi abordado no capítulo dois, os governos locais no estado do Pará e no estado do Amazonas tinham uma política de incentivo à privatização dos seringais. Essa política visava não apenas a geração de impostos, mas também a preservação das florestas de espécies de goma elástica, por meio de uma lei fundiária que incluía uma legislação de conservação. Além disso, o transporte na região melhorou muito, mesmo para os seringais mais distantes, enquanto Belém e Manaus foram servidas por portos de exportação, semelhantes aos dos portos mais importantes do Brasil, atendendo às reivindicações dos capitalistas locais.

Ademais, foi implantado um serviço postal em toda cidade-porto e foram instaladas comunicações telegráficas ligando a Amazônia aos principais centros comerciais do Brasil e do exterior. Questões de fronteira foram resolvidas, incluindo a questão do Acre com a Bolívia, adicionando 214.000 quilômetros quadrados ao território brasileiro. As melhorias econômicas do estado do Amazonas, possuindo porto próprio e meios de comunicação nacionais e internacionais, levaram à sua separação do Pará, melhorando as condições de administração na região.

Finalmente, a economia da borracha engendrou a criação de novas cidades, algumas delas de contínuo desenvolvimento, além de dar origem a reformas urbanas em Belém e Manaus. A economia da borracha também gerou um aumento da população local a longo prazo, apesar da diminuição conjuntural da população durante a mais profunda crise da borracha em 1913-15 e 1918-22, quando muitos seringueiros voltaram para suas casas.

5.6 CONCLUSÃO

Os resultados apresentados indicam que a borracha monocultural em larga escala nunca foi defendida pelos amazônidas como um projeto de civilização e progresso. Na Amazônia, a borracha agrícola na forma e manejo ecológico de florestas era uma prática antiga e os poucos agrônomos, economistas e seringalistas/comerciantes-seringalistas que propunham a borracha agrícola monocultural a queriam como uma atividade restrita a uma área que apresentasse condições ecológicas e de transporte adequadas.

Mais importante ainda, a borracha monocultural em larga escala não fazia parte do projeto de mudanças econômicas e políticas da maioria dos seringalistas/comerciantes-seringalistas. Ao contrário, eles se preocupavam com questões que afetavam diretamente a economia local da borracha e com a eliminação de circunstâncias que davam margem às manipulações dos preços da borracha pelos negociantes de borracha estrangeiros. Como resultado, depois de tentativas frustradas de quebrar o monopólio dos serviços de exportação por comerciantes de borracha estrangeiros, depois de 1900-10, os seringalistas exigiram intervencionismo do governo central. As suas exigências revelam as suas preocupações com (a) o controle do mercado e o financiamento; (b) Fiscalidade; (c) disponibilidade de mão de obra; (c) más condições de transporte e a influência do elevado custo do frete no custo global da borracha e dos gêneros alimentícios nos seringais.

A política do governo central (a) deu prioridade à política nacional, destinada a moldar a economia nacional ao modelo de civilização e progresso defendido pelos seus aliados — a burguesia financeira internacional; (b) centrada na política de valorização da economia cafeeira, dando importância secundária à economia da borracha; (c) a sua visão da economia da borracha moldada pela noção ocidental de civilização e progresso, na qual a tecnologia moderna desempenha o papel central, colidia com a demanda dos seringalistas por intervencionismo e a implementação de seu projeto de mudanças econômico-políticas afinado com as condições específicas da produção de borracha na Amazônia.

Essa política caracteriza uma interferência política parcial e, em certa medida, oposta às demandas locais ao governo central, na economia da borracha. A consequência foi que os seringalistas foram deixados carregando a economia da borracha praticamente por conta própria, embora não se possa dizer que os governos não apoiaram essa economia de maneira alguma ou que ela não contribuiu para melhorias nas condições sociais anteriores.

CAPÍTULO 6

CONCEPÇÕES ECOLÓGICAS DE NATUREZA E DE TECNOLOGIA MOLDANDO A REJEIÇÃO ÀS *RUBBER PLANTATIONS*

A maioria dos seringalistas tinham um projeto próprio de mudanças para a economia e a produção de borracha. Mas, para compreender quais mudanças e reinvestimentos eles fizeram em seus negócios, faz-se necessário considerar, primeiro, uma questão interessantíssima que teve papel muito importante nas decisões desses empresários: (a) a defesa da forma ecológica de apropriar e utilizar a terra-seringal e (b) a contestação e mobilização contra os esforços dos britânicos e do governo central brasileiro para implementar as *rubber plantations*, na Amazônia.

6.1 O CARÁTER ANTIECOLÓGICO DA TECNOLOGIA *RUBBER PLANTATIONS*

Como discutido anteriormente, a adaptação dos métodos artesanais dos povos indígenas de fazer artefatos de borracha à produção empresarial da matéria-prima borracha (*pélas*) desafiou a lógica capitalista. Esses métodos envolviam uma interação especial entre o homem e a natureza e foram inventados por sociedades indígenas nas quais a produção não objetivava o lucro, mas o autoconsumo, de modo que não visavam mais do que a produção em pequena escala.

A adaptação desses métodos à produção empresarial da matéria-prima borracha com fins lucrativos colocou dificuldades e desafios, tais como: como alcançar um nível de produtividade suficiente para cobrir os custos de produção e gerar lucro em um contexto de distribuição não gregária de árvores e de métodos ecológicos de látex que parecem relativamente rudimentares, quando comparados aos métodos agrícolas monoculturais e industriais desprovidos de preocupações ecológicas preservacionistas?

O Estado britânico resolveu a busca por maior lucratividade, promovendo a produção monocultural de borracha em grande escala, o que poderia permitir um nível mais elevado de rentabilidade por hectare. No entanto, essa tecnologia era regida por uma interação de oposição com o meio físico natural, visando dominá-lo ou domesticá-lo. O cuidado com os diferentes tipos de solos e como isso afetava o cultivo, bem como a preservação florestal não teve grande importância no debate cientificista e nas decisões empresariais sobre as *rubber plantations*. E a noção cientificista de que os seres humanos poderiam controlar o meio físico natural e tudo o mais por meio da ciência moldou uma visão simplista das consequências da destruição maciça da natureza.

A produção monocultural de borracha em larga escala trouxe uma sensação de fácil substituição de árvores e reforçou a crença de que a destruição de vastas florestas nativas seria uma pré-condição necessária para o progresso. Como resultado, uma vasta extensão de floresta nativa foi desmatada para plantar *Hevea Brasiliensis*, em colônias britânicas. McHale (1967) diz que, em 1905-15, aproximadamente 3 milhões de acres de florestas nativas ou outras culturas foram desflorestados no sul e sudeste asiático. E Barlow (1978) afirma que, no final do século XIX e início do século XX, grande parte do que é hoje a área cultivada da Malásia peninsular era floresta intocada. A produção monocultural também trouxe um outro problema: as pragas. Mas elas foram concebidas como uma questão técnica a ser resolvida pela ciência.

Segundo o artigo "Borracha do Brasil" (Revista da ACA, 1912), nas *rubber plantations* as pragas eram um fenômeno marcante. Agrônomos do Ministério da Agricultura brasileiro mostraram que a percentagem de perda de árvores devido a pragas nas colônias britânicas atingiu 12 árvores por hectare por volta de 1912, o que significou uma perda de 40% da plantação (Labroy; Cayla, 1913). Todavia, os plantadores não pararam de implementar a borracha monocultural em grande escala, uma vez que as pragas não os impediam de lucrar, pois receberam apoio econômico, científico, político e institucional do Estado britânico e, mais importante, interagiram com a natureza guiados pela noção ocidental de civilização e pela perspectiva spenceriana e baconiana. Assim, a noção de que a "natureza" dominada seria uma pré-condição necessária para o progresso e a ideia de que as pragas das plantações eram uma simples questão técnica a ser resolvida pela ciência era crucial.

Essa visão aparece bem nítida no relato de Jacques Huber, naturalista suíço que, na época, era chefe da seção de botânica do Museu Goeldi, a convite de Emílio Goeldi. Em 1911, ao visitar as plantações de borracha na Malásia, com o suporte e o financiamento de companhias estrangeiras, ele diz que nas plantações o problema está na submissão de toda a indústria a desejos puramente econômicos de acionistas e gerenciadores das plantações, que queriam obter o máximo de lucro no menor tempo possível:

> Tudo é subordinado a este desejo. Trata-se, pois, de obter que as árvores entrem em produção o mais cedo possível e forneçam desde os primeiros anos a maior quantidade possível de borracha. Esta tendência ainda é acentuada pela perspectiva d'uma baixa próxima no preço da borracha que faz nascer o desejo de aproveitar o quanto possível da boa disposição do mercado [...] Quantas vezes ouvi declarar um gerente, que tal ou qual método de corte ou outra medida, imposta pela diretoria da companhia, não lhe parecia boa e que sendo proprietário da plantação ele nunca a teria aplicado, mas que ele submeteu-se aos desejos ou imposições dos diretores, esperando que no momento em que as más consequências da medida se mostrassem, ele não fosse mais administrador da plantação [...] A opinião de ser o látex um simples secreto (secreção), sem vantagem para a vida da árvore, fez pensar que cada gota de látex que se deixava de extrair, fosse uma perda inútil que convinha evitar o mais possível. Com uma sangria bem-feita, pensou-se poder acostumar as árvores, tais como vacas leiteiras, a dar o seu leite cada ano em maior abundância, sem cansá-las. Encontram-se, com efeito, plantações cujas árvores de 10 a 12 anos são sangradas desde 6 a 8 anos, tendo-se renovado perfeitamente a sua casca. Nos poucos estados, porém, onde este limite já foi excedido, o aspecto das árvores não é animador. Constatou-se que, em alguns casos, o rendimento era insuficiente ou a renovação da casca lenta e irregular, que havia muita formação de "*burs*" e que em outros casos as árvores mostravam uma mortalidade surpreendente e ainda não explicada (Estado do Pará, 1912).

6.2 A PROMOÇÃO DAS *RUBBER PLANTATIONS* NA AMAZÔNIA

Esse mesmo desejo de lucro levou o império britânico a, logo após a criação da tecnologia *rubber plantation*, fazer esforços para implementar essa tecnologia na Amazônia. Ele conseguiu o apoio do governo central brasileiro e de profissionais brasileiros afinados com o cientificismo.

Esse apoio oficial brasileiro ocorreu no contexto político do Brasil após 1894, quando elites cafeicultoras crescentemente dominavam o Estado. De 1898 até 1920, a coalizão de elites cafeicultoras no poder, articulada com aliados-chave em todo o país, inclusive na Amazônia e bem conectados com casas exportadoras-importadoras e bancos ingleses, norte-americanos e alemãs, exacerbaram o atrelamento do Brasil-nação à racionalidade desenvolvimentista e à sua concepção de civilização e progresso. Eles também percebiam plantadores e homens de negócios descontentes com suas políticas através da perspectiva da "sobrevivência do mais apto". Eles deram boas-vindas ao pan-americanismo, mas intensificaram a dependência econômico-financeira dos financiadores ingleses.

O Estado brasileiro tornou-se uma organização administrativa preocupada, primeiramente, com a administração financeira destinada a atender as exigências dos contratos assinados com os bancos internacionais, adotando ideologias dos trustes e cartéis que tinham revisado o liberalismo do *laissez-faire* para propor a intervenção do Estado na economia.

O propósito de transformar o Brasil em uma nação "civilizada" intensificou o atrelamento à visão desenvolvimentista da biosfera e das diferenças sociais e regionais. A ideia de que a Amazônia seria um lugar doentio e atrasado a ser "civilizado" por meio da ciência foi bem expressa nos famosos escritos de Cunha (1946), militar que havia chefiado a comissão de estudos sobre a fronteira nacional com a Bolívia e o Peru. Como já foi mencionado, em 1904, ele manifestou preconceito verde contra a paisagem amazônica e seus habitantes. A violência e a exploração nas relações de trabalho nos seringais, dizia Cunha, eram típicas de natureza e sociedade selvagens.

Figura 27 – Propriedade seringueira (Barracão do aviado do Sr. Francisco Antônio Brito)

Nota: em 2013, a foto original do Álbum de FALCÃO foi digitalizada e disponibilizada pela Fundação Cultural Elias Mansour, do Acre.[100]
Fonte: Falcão (1907)

100 Veja mais em: https://www.flickr.com/72157635065343758/.

Por outro lado, os britânicos promotores das *rubber plantations*, em suas campanhas, em particular as de 1906-1908, procuraram alijar a borracha amazônica, sua maior concorrente, pois estavam preocupados em atrair investidores e em firmar a borracha de cultivo no mercado. Eles o fizeram por meio do ideário cientificista. Primeiro, cientistas britânicos construíram a noção de que a produção de borracha amazônica seria nômade e predatória. Portanto, essa produção estaria fadada ao desaparecimento. Todavia, 80% da produção regional não era nem nômade, nem predatória, pois a privatização dos seringais significou a expansão da produção baseada na propriedade privada e o crescente desaparecimento dos arranchamentos.

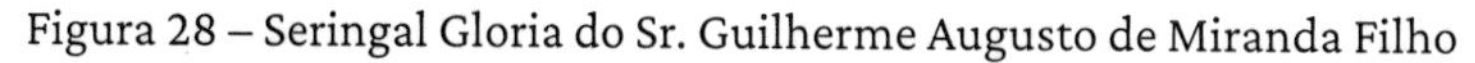
Figura 28 – Seringal Gloria do Sr. Guilherme Augusto de Miranda Filho

Nota: em 2013, a foto original do Álbum de Falcão foi digitalizada e disponibilizada pela Fundação Cultural Elias Mansour, do Acre.[101]
Fonte: Falcão (1907, p. 83)

Segundo, como já mencionado, na Primeira Exposição Internacional de Borracha, em Londres, em 1908, o cônsul britânico no Pará manifestou preconceito verde contra os seringais da Amazônia, qualificando-os como “florestas e pântanos desolados”, exemplificando o que europeus

[101] Veja mais em: https://www.flickr.com/72157635065343758/.

educados no cientificismo pensavam sobre a aparência dos seringais de florestas manejadas: símbolo de primitivismo e atraso. A finalidade era alertar investidores para o suposto "primitivismo" da produção de borracha local em contraste com a "civilização" das *plantations*, visando atraí-los para estas.

O simbolismo da monocultura de promotora de progresso e de civilização, em oposição ao suposto primitivismo dos métodos ecológicos locais, desde há muito, materializava a convergência de elites políticas e científicas locais com o cientificismo. Desde meados do século XIX, profissionais locais propunham o desenvolvimento da monocultura da borracha em áreas adequadas. O já mencionado apoio e valorização da apropriação e uso ecológico de recursos naturais pelo governo provincial e, depois, republicano estadual, ocorrem a partir da década de 1860, em meio a uma crescente afinidade com o cientificismo, embora buscando adequá-lo às questões locais que os governos considerassem primordiais.

Em 1866, o presidente da província do Pará fundou uma instituição científica, o Museu Paraense de História Natural e Etnografia, precursor do Museu Paraense Emílio Goeldi, voltado para a arqueologia, etnologia e história natural. Em particular no período de 1897 a 1917, os governadores do estado do Pará, republicanos membros das classes abastadas, promoveram a agricultura científica e o estudo do potencial econômico exportador da floresta. O pressuposto cientificista de superioridade de cientistas e homens cultos europeus se manifestava, em particular, na prioridade atribuída a cientistas europeus na direção do Museu Paraense de História Natural e Etnografia. Em 1907, o zoologista suíço Emílio Goeldi foi contratado para dirigir e reanimar aquela instituição, cujos diretores seguintes foram o botânico suíço Jacques Huber (1907-1914) e a zoologista alemã Emília Snethlage (1914-1921).

A prevalente afinidade dessa instituição com o cientificismo fez com que ela se mantivesse alheia à produção ecológica de borracha até 1898. E isso ocorria, apesar de a borracha ter multiplicado cinco vezes a arrecadação de impostos no período de 1889 a 1894 e doze vezes em 1889-1899; somente em 1898, quando o sucesso das plantações asiáticas era evidente, Jacques Huber se dedicou ao estudo botânico das seringueiras, publicando sobre o assunto até 1913 (Maio; Sanjad; Drumond, 2005). Em 1898, Jacques Huber reafirma a adequabilidade da antiga política estadual de incentivo à privatização dos seringais devolutos, ao afirmar: os esforços oficiais deveriam ser direcionados para a proteção dos cauchais, porque as florestas de seringueiras não precisavam de proteção, por serem estas propriedades privadas e seus proprietários já cuidarem para que, o bem mais valioso de suas terras, fossem preservadas e enriquecidas por meio de novos *plantios*.

Todavia, a partir de 1906, durante e depois das campanhas britânicas de promoção da monocultura da borracha, enquanto muitos seringalistas reagiam às pressões para adotar essa técnica, Huber mantinha-se em sintonia com a percepção cientificista de saberes, assumindo também aspectos do viés nacionalista do debate oficial: a preocupação primordial em não perder a arrecadação de impostos pelo Estado e em garantir alta produtividade e lucratividade econômica, consideradas na perspectiva da gana em manter a liderança da borracha amazônica no mercado. Fiel à maneira hierarquizante com que o cientificismo percebia os vários saberes, esse nacionalismo pressupunha que a liderança da borracha amazônica poderia ser mantida por intermédio da importação das técnicas de *plantations* ou da modernização dos seringais. E, portanto, atribuía maior credibilidade às visões de cientistas e de capitalistas oriundos de países e regiões industrializadas.

Ilustrativa é a história de vida de Jacob Cohen, agrônomo local com larga experiência em pesquisa e acompanhamento dos métodos ecológicos e científicos de plantio-manejo de seringais, coleta de látex e preparo da borracha. Apesar de todo seu conhecimento e experiência ele foi sempre relegado pelo governo estadual que contratava cientistas estrangeiros muito pouco ou nada familiarizados com esse conhecimento, para quem Cohen tinha que trabalhar e repassar o seu saber qualificado. A promoção da agricultura científica e do estudo da floresta pelos governadores do Pará, por meio de dois decretos de novembro de 1909, previu prêmios e subsídios para aqueles interessados em cultivar *Hevea* e aperfeiçoar métodos locais de fazer borracha, a criação do Congresso Paraense para a Defesa da Borracha e a criação de estações científicas, escolas de agricultura científica e fábrica de refino da matéria-prima borracha.

Com a ajuda de Huber, o governo fundou um campus experimental de borracha agrícola, em 1910, que funcionou até 1916. O primeiro diretor, um agrônomo norte-americano, contratou um agrônomo americano do Departamento de agricultura de Washington. Este chegou ao Pará em 1909, sem falar português, nem espanhol e trazendo adubos químicos, máquinas agrícolas e até 50.000 vasos de barro para viveiros das plantas. Ele assumiu a administração total do "Campo de Cultura paraense", tendo como auxiliares o fazendeiro Dr. Leopoldo Penna Teixeira, secretário, o maestro Clemente Ferreira, intérprete, e Cohen, chefe de culturas. Ele montou infraestrutura para a monocultura em estilo californiano, cultivando 450 *Hevea brasiliensis* e mantendo permanentemente mais de 20 mil mudas a serem continuamente distribuídas para empresários e pequenos produtores familiares. As mudas de seringueiras eram fornecidas pelo Museu Goeldi.

Somente quando o agrônomo americano adoeceu e retornou para os Estados Unidos, o governo entregou o Campo Experimental nas mãos de um paraense. O novo diretor adotou o método ecológico local de cultivo da seringueira, em consórcio com várias espécies de árvores nativas da Amazônia — Quadro 4. O resultado, segundo Cohen, foi magnífico, permanecendo até o fechamento do campo experimental.

Quadro 4 – Campo experimental do Pará: tipos de *plantios* consorciados

Consorciamento científico tipo californiano (Fisher e Huber)	Consorciamento científico ecológico (Leopoldo Teixeira)
Princípio: importar métodos de *plantations* californianos em consórcio com culturas alimentícias temporárias.	**Princípio:** aprender os ensinamentos práticos e científicos das culturas das principais plantas regionais.
Método: sistema de avenidas, seguindo instruções de Jacques Huber.	**Método**: cultivar a seringueira de maneira semelhante como nasce e se desenvolve na floresta, consorciada a diversas essências nativas.
Consórcio: seringueiras + culturas alimentícias temporárias. **Mudas de seringueiras**: mudas de "*stumps*", com mais de dois anos de idade, cultivadas e tratadas no Museu Goeldi.	**Consórcio**: 6 quadros, distância regulamentar de 5m em "quincôncio", plantando uma seringueira e uma árvore das espécies nativas florestais de valor econômico. **Espécies nativas utilizadas**: comadre de azeite, Andiroba, Ucuuba Vermelha, Paracacachi, Acapu, Piquiá, Caucho, Maçaranduba verdadeira e outras. **Mudas de seringueiras** de sementes selecionadas das Ilhas de Gurupá, utilizadas quando atingiam dois anos de idade.

Fonte: Bentes (2021, p. 190)

A afinidade do debate brasileiro sobre políticas para a borracha com o cientificismo se mostra de modo interessante nas publicações posteriores de Huber. Ele trata da borracha Amazônia a partir da preocupação com a competitividade com a borracha asiática, bem como estabelecendo uma hierarquia entre as *plantations* e os métodos ecológicos locais.

Em 1909, ele concorda com afirmações de cientistas estrangeiros de que o Brasil não poderia competir com o Oriente, pois ali a mão de obra é incomparavelmente mais barata e duvida-se que a exploração "primitiva" dos seringais naturais da Amazônia pudesse evoluir em cultura "racional" e metódica, a fim de atingir o mesmo patamar de competitividade das plantações do Oriente. Ele ainda reconhece o que era amplamente aceito em nível internacional — que a borracha da Amazônia era de qualidade superior àquela das plantações. Contudo, defende a adoção da monocultura na região por acreditar que ela diminuiria os custos, aumentando as chances de a borracha regional voltar a ter altos índices de preços no mercado internacional.

Em 1911, ao visitar as plantações de borracha na Malásia, financiado por companhias estrangeiras, como já foi mencionado, ele ficou extasiado com o sucesso "estonteante" das plantações. Apesar de registrar em detalhe o viés profundamente antiecológico das *plantations*, ele não atribui isso à forma como o cientificismo concebe e interage com o meio físico natural. Ele prefere definir como problema maior desse negócio a própria natureza da indústria e a sua organização, que dependeria demais do objetivo de máximo de lucro no menor tempo possível. Um aspecto sem dúvida importante.

Sua visão das *plantations* como símbolos de conhecimento supostamente verdadeiro e de nível superior de desenvolvimento humano reaparece em publicação de 1913, na qual ele avalia os conhecimentos populares amazônicos à luz de seus objetivos de criar a "verdadeira ciência", distinta e superior aos conhecimentos locais, que ele classifica de vulgar. Para ele, sua principal dificuldade em obter informações dos seringueiros residia nos critérios econômicos e de facilidade ou dificuldade de trabalho usados por estes para classificar as árvores (os métodos de coleta, a quantidade e qualidade do látex, os preços da borracha etc.), os quais refletiam interesses bastante diferentes dos seus como um botânico.

Tal diferença teria imposto a necessidade de análise cuidadosa da classificação das árvores pelos seringueiros, a fim de distinguir a "verdadeira ciência" da "ciência popular". O louvável reconhecimento de que as conclusões dos seringueiros eram diferentes das suas porque eles avaliavam a questão, a partir de um ponto de vista distinto, todavia, estava ancorado na perspectiva hierárquico-desenvolvimentista de saberes de modo que ele os chama de incultos e, ao referir-se a informações coletadas dos seringueiros sobre as quais discordava, ele simplesmente as classifica de ignorância popular, confusão e interpretações errôneas da realidade. Cohen (1944) demonstrou incorreções em pontos importantes do trabalho desse botânico.

A perspectiva hierarquizante do cientificismo marcou a comissão criada pelo Congresso Nacional brasileiro, em 1906, para propor uma política para a borracha. Somente aqueles afinados com a preocupação com altos níveis de produtividade e com a arrecadação de rendas públicas conseguiram ser ouvidos. Inspirado nos escritos de Cunha, o presidente da comissão condenou o caráter explorador do que ele chamou de sistema dos patrões para recomendar a sua substituição pelas *plantations*, que considerava "cultivo racional", em oposição ao suposto "irracionalismo" dos métodos ecológicos amazônicos. Um investidor do Rio de Janeiro usou as descrições dos ingleses de produção de borracha supostamente cara, nômade e predatória, para argumentar que o governo devia direcionar seus incentivos para a plantação de borracha no Rio de Janeiro.

Segundo o relatório dessa comissão (Documentos Parlamentares, 1915), a preferência dos investidores estrangeiros pelas terras asiáticas não se devia às condições brasileiras de mão de obra mais cara ou de dificuldades para a organização de uma propriedade agrícola, porém da suposta ignorância de nossas condições naturais e de impostos pouco razoáveis cobrados pelos vários estados federativos, onde já deveria ter sido adotada a distinção entre a borracha nativa e a de cultivo feita por muitos proprietários. Propõe medidas para promover a monocultura da borracha.

A perspectiva cientificista do debate oficial se intensificou durante a mais profunda queda dos preços da borracha de 1912-1915. Após duas exposições internacionais de borracha, de 1912 (Nova Iorque) e de 1913 (Rio de Janeiro), novos problemas surgiram: a oferta da primeira tonelada de borracha oriunda das plantações asiáticas no mercado mundial, a preferência de investidores ingleses pelas terras asiáticas, vários investidores locais, especialmente das áreas de produção de borracha menos importantes, passaram a substituir a produção de borracha pela produção de couro, resinas, milho, feijão etc., a tendência à queda de preços da borracha causava perdas econômicas e a redução da arrecadação de impostos pelo Estado. O PDB de 1912 e 1913, juntamente à lei criada em 1908, atendeu algumas demandas locais, porém, em maior medida, frustrou os defensores dos métodos locais.

6.3 A MOBILIZAÇÃO EM DEFESA DA PRODUÇÃO ECOLÓGICA E CONTRA AS *RUBBER PLANTATIONS*

O PDB resulta de negociações dos governos do Pará e Amazonas, do Território do Acre e com o governo federal. Expressa, em certa medida, demandas locais encaminhadas por esses governos, reduzindo impostos incidentes sobre a borracha e a importação de alimentos e incentivando o uso da borracha brasileira no mercado nacional. Todavia, o Plano refletia, principalmente, o viés cientificista do debate nacional e regional: buscar o desenvolvimento industrializante por meio da importação de tecnologia dita "superior" e a preocupação em manter a borracha brasileira competitiva no mercado, não a valorização e promoção das particularidades da produção ecológica de borracha.

A política expressa, em maior medida, a comunhão dos oficiais brasileiros com esse cientificismo e o pouco empenho político para discutir a questão da produtividade, a partir da visão da floresta como capital produtivo a ser explorado e preservado, que apontava a necessidade de conceber competitividade em uma perspectiva de longo prazo e de aperfeiçoamento do conhecimento e dos métodos locais. A política promove as plantações de borracha em todo o Brasil e isenta do pagamento de impostos a importação de tecnologia destinada a essa atividade.

Os reclamos locais por incentivos a métodos ecológicos localmente criados receberam consideração, mas por meio de prêmios a métodos de modernização desses métodos, capaz de manter a competitividade da borracha brasileira. Várias propostas foram apresentadas em 1913. E, como já foi mencionado, o Ministério da Agricultura financiou estudo (Labroy; Cayla, 1913) sobre a produção de borracha em todo o Brasil e o potencial para a monocultura, mostrando o grande potencial do nordeste para cultivo de certas espécies de árvores de goma elástica. Esse estudo mostrou que nas *rubber plantations* a incidência de pestes era alta, alertando os investidores no Brasil a desenvolverem mudas próprias para prevenir a importação de pestes. A produção de borracha monocultural em larga escala exigiu um elevado nível de investimento de capital em medidas técnicas para prevenir pragas e outros perigos que pudessem prejudicar o desenvolvimento das árvores (Neves, 1985). No entanto, mesmo com esse cuidado, pragas ainda não completamente controladas por agrônomos ainda poderiam prosperar nas árvores. Esse relatório foi comentado pelo artigo "Borracha do Brasil" (Revista da ACA, 1912), tendo grande repercussão entre os produtores locais.

Ao incentivar a produção baseada em tecnologia importada, o PDB impactou as indústrias amazônicas, um exemplo é o da indústria de tigelinhas de folhas de flandres para a extração do látex — Fulgêncio Santos & Cia e Cardoso Carepa & Cia —, que, em 1912, protestou contra a competição desigual a que foi exposta. O argumento era de que a isenção de impostos à importação de utensílios e materiais para a cultura da seringueira e à colheita e beneficiamento do látex, incluindo as tigelinhas de folha de flandres, tinha tornado impossível a concorrência, para os industriais brasileiros, pois as fábricas estrangeiras gozavam das vantagens da matéria prima e de mão de obra baratíssimos. O PDB, na verdade, atendeu, mais precisamente, prioritariamente, aos interesses daqueles afinados com a racionalidade oficial: estrangeiros e brasileiros interessados nas *plantations*, fazendeiros do Marajó e comerciantes urbanos.

Desde a década anterior, vários estrangeiros estavam vivenciando a falência de seus seringais. O principal motivo dessas falências, segundo o parlamentar paraense Jose Ferreira Teixeira e Jacob Cohen e A. Russan, um investidor estrangeiro, era o despreparo dos gerentes estrangeiros contratados para administrar a singularidade dos seringais. José Ferreira Teixeira, diretor-gerente da revista *A Lavoura Paraense*, afirmou, em 1908, que a possível solução para o "atraso" econômico do Estado estaria na luz que a instrução técnica e profissional pode oferecer ao lavrador, já que, para ele, "o principal fator da nossa infância agrícola é a ignorância do lavrador" (Bentes, 2022). Ele deposita confiança no progresso da ciência e das indústrias, sendo esta última, segundo ele, elemento essencial para a "civilização" dos povos.

Os apelos de alguns literatos para a implantação da monocultura da borracha na região eram veementemente defendidos e apoiados no suposto sucesso dos ingleses, que ao fazerem plantações de borracha em suas colônias, teriam atingido em poucos anos recordes de exportação do produto. Esses apelos expressavam a crença na propaganda das plantações de borracha feita pelos ingleses. De modo geral, as propostas cientificistas encontraram largo apoio dos governos estaduais no Pará, os quais também almejavam o modelo de progresso e civilização industrial ocidental. Eles criaram políticas públicas voltadas à agricultura.

O governo estadual celebrou um acordo com a companhia inglesa Port of Pará, para a vinda de um especialista em plantações de borracha para ensinar as técnicas de corte das árvores usadas nas plantações para produtores locais. Essa companhia contratou Charles Edmond Akers[102] para compor uma Comissão de Investigação do Valle do Amazonas com H.C. Rendel e F. Lugones. Antes de partir de Londres, Akers combinou com o Sr. Dykes, da Malay Development Agency, para que ele enviasse para Belém um plantador, perfeitamente experimentado, do Oriente, para ajudá-lo nas "investigações referentes às condições que prevalecem no Valle do Amazonas sobre a indústria da borracha e a agricultura em geral" (Akers; Rendell; Lugones, 1912). Eles deram instruções sobre como fazer a sangria da árvore para a coleta do látex, empregando a goiva (grogue), ao invés da machadinha, como era feito no Oriente. Basicamente, essa comissão baseava-se no olhar para a produção local de borracha através da lente da concepção ocidental moderna de civilização e progresso, em uma perspectiva cientificista de exaltação das *rubber plantations* como o modelo a ser seguido por todos. Em 1912-14, eram somente 50 os listados por Akers como interessados em investir em rubber plantations, a maioria deles estrangeiros

Companhias inglesas mediaram os esforços de Akers para construir escola de *rubber plantations* e, em 1911, financiaram a visita deste, juntamente a Jacques Huber e a dois outros cientistas, a plantações asiáticas, como já foi mencionado. Preocupados com a oferta de matéria-prima barata para as indústrias dos Estados Unidos, autores norte-americanos propuseram a adaptação às *rubber plantations* ou à modernização dos seringais. O estímulo oficial à monocultura beneficiou, na década seguinte, o Projeto Ford. Esse implementou a monocultura maciça, devastando o meio ambiente (Schmink, 1988). Quando os incentivos oficiais cessaram, Ford vendeu o projeto a um consórcio brasileiro que produziu borracha lucrativa até pelo menos a década de 1980 (Neves, 1985).

---

[102] Charles Edmond Akers (1861-1915), inglês, trabalhou em Londres, no Foreign Office, em 1911, publicou artigos para a Enciclopédia Britânica. E em 1904 publicou, em Londres, a obra *The Rubber industry in Brazil and the Orient*. Nesse trabalho, ele contrasta a produção de borracha "não científica" na Amazônia com as *rubber plantations*, reforçando a propaganda inglesa das *plantations*.

6.4 A PREFERÊNCIA DA MAIORIA DOS SERINGALISTAS PELOS MÉTODOS ECOLÓGICOS LOCAIS DE EXTRAÇÃO DO LÁTEX

A promoção da monocultura colidiu, em particular, com a concepção ecológica dos seringalistas. De 1900 a 1915, durante as campanhas de promoção dessa tecnologia na Amazônia, ficou claro aos seringalistas que o sentido territorial de terra da advocacia das *plantations* pelo Estado e pelos britânicos — apenas um solo a ser desmatado para a monocultura, sendo a propriedade definida por sua extensão — colidia com a apropriação ecológica dos seringais, na qual terra significava floresta de goma elástica e o número economicamente lucrativo de seringueiras definia o tamanho e os contornos de uma propriedade.

Como capital produtivo, diretamente vinculado às especificidades ecológicas da produção da Hevea, para ele, preservar a floresta seringueira tinha um significado ecológico-econômico: dessa preservação dependia a continuidade da produção. Em 1906-1908, atrelando produtividade econômica à necessidade de menor dano possível às árvores, os seringalistas defendiam os métodos locais de plantio-manejo e de fabrico da borracha e criticavam as *plantations* (Bentes, 2004, 2006).

Em 1913, apesar de concordar com o PDB na redução de impostos e na remoção das barreiras ao reconhecimento da propriedade no Acre, o artigo "O problema do norte", publicado no jornal *Folha do Norte*, indica que eles eram contra a promoção da monocultura e dos métodos científicos de fabrico da borracha:

> [...] a machadinha penetra muito e interessa o câmbio da árvore, além disso, não extrai leite suficiente. O processo da espinha de peixe (usado nas plantations), ao contrário, aplicado aos altos gorgomilos da seringueira, obtém o resultado mais compensador: consegue maior porção de leite e predispõe-na a uma morte menos lenta [...]. Então, nós, [...] sabendo como as nossas seringueiras são tratadas, conhecendo [..] até onde devemos cortar a árvore, sem prejudicá-la (vamos mudar para) um outro tratamento que não pode dar resultado? [...] Os seringais mais bem conservados são aqueles em que se não consentiu na construção de moitas, a fim de que o golpe não fosse dado em altura prejudicial à fonte do ouro negro (como chamavam a borracha). Demais, as árvores seculares que exploramos, trabalhadas pela machadinha, já calejaram e quem quiser que experimente

> a riscá-las com os instrumentos empregados na incisão das suas netas que florescem no oriente. E percorra as estradas para ver quantas vítimas pode fazer por dia! Não, a solução de nosso problema é outra, muito outra. Não depende da intromissão de novos processos de ferir a planta, mas de garantir uma vida mais barata aos seringueiros. Cultivemos tudo quanto seja necessário à nossa subsistência e a nossa prosperidade há de forçosamente vir, quer floresça o oriente com os seus milhões de libras, quer não. (Jornal Folha do Norte, 1913).

Figura 29 – Machadinha

Fonte: Chaves (1913, p. 33)

Em livros e artigos, vários seringalistas mostravam que a maior qualidade dos métodos de corte utilizados regionalmente estava em garantir produtividade sem danificar as árvores. Além disso, os seringais nativos não apresentavam nenhuma ou muito poucas doenças, fungos ou parasitas, exceto saúva e furão e eles tinham técnicas ecológicas para combatê-las com sucesso (Bentes, 2004, 2006).

Figura 30 – Instrumentos de coleta do látex, mais recente, a machadinha foi substituída

Fonte: Rosineide da Silva Bentes (1996)

Não havia pragas nos seringais nativos, nem nos seringais manejados. Wright (1907) enfatizou que as árvores nativas são mais resistentes a pragas. E, em 1943, Cohen (1944) demonstra que, durante os seus 33 anos de experiência em pesquisa e cultivo consorciado de borracha na Amazônia, tanto na experiência oficial de consorciamento estilo californiano quanto nas muitas experiências de consorciamento científico ecológico, que resultaram no cultivo de mais de um milhão de seringueiras na Amazônia antes do projeto Ford, ele e outros renovados cientistas estrangeiros nunca enfrentaram problemas de pestes. Como foi mencionado ainda há pouco, a incidência de pragas nas *rubber plantations* era alta. Essa questão, que acompanha a monocultura em larga escala, contornado no projeto Ford pelo método da enxertia da seringueira, só predominou nos debates na Amazônia como tema ameaçador, na conjuntura da batalha da borracha, durante a Segunda Guerra Mundial.

Na prática, foi a perspectiva ecológica da grande maioria dos seringalistas que preveniu a proliferação da monocultura na região (Bentes, 1998, 2004, 2006), livrando-a de um desastre ecológico semelhante àquele que acontecia nas colônias britânicas asiáticas. Neves (1958 e 1959), que era engenheiro agrônomo e empresário do Seringal ITÚ, após a morte de seu pai, desde 1938, contestava a ideia de que as pragas impediam os produtores locais de adotar borracha agrícola em larga escala, que é o principal argumento de Dean (1989).

Neves se tornou particularmente vocal sobre o assunto na década de 1980. Ele dizia que a suposição de que a seringueira monocultural na Amazônia não é produtiva é um grande erro e dava como exemplo a companhia de Henry Ford, em Fordlândia e Belterra, no Pará. Segundo ele, nesse projeto, as árvores de cultivo monocultural são produtivas mesmo depois de 60 anos. A perda de árvores resultou da derrubada da floresta para plantar pastos em Fordlândia. Em Belterra, parte da área foi abandonada ou algumas árvores foram danificadas pelo fogo. Mas as árvores sobreviventes estariam produzindo látex até hoje (1985), sendo exploradas pelo Estabelecimento Rural do Tapajós (Neves, 1985). A não expansão da borracha monocultural antes da década de 1950, segundo esse autor, resultaram: a) da falta de investigação sistemática suficiente para desenvolver clones resistentes nativos, uma vez que os clones importados não eram adequados para o ambiente local, (b) de capital insuficiente e (c) da falta de um sistema de crédito adequado.

O argumento dele não é de ausência de investigação científica, mas, sim, que os investimentos não foram suficientes, considerando que o Estado britânico investiu cerca de 90 milhões de libras em investigações científicas para resolver o problema das pragas em suas colônias, e foram necessários cerca de 50 anos de experimentos sistemáticos para a simples minimização dele. Ao mesmo tempo, ele usa a história de sua bem-sucedida plantação de borracha em uma área de cerca de 200 hectares, na década de 1950, como exemplo do problema da falta de capital e de um sistema de crédito adequado (Neves, 1975). Mais importante ainda, a não adoção da borracha monocultural em grande escala não resulta diretamente desses problemas. O autor sublinha que os seringalistas não investiram nessa atividade, porque não estavam dispostos a fazê-lo.

Esse desinteresse da grande maioria dos seringalistas pela tecnologia monocultural de cultivo de árvores de goma elástica tem sido interpretado pela literatura como falta de visão empreendedora (Martinelo, 1988). No entanto, essa interpretação ignora o papel da visão ecológica dos seringalistas sobre os recursos naturais. Como já mencionado, eles nunca propuseram borracha monocultural em grande escala. As razões para isso não foram pragas em plantações de borracha, nem falta de visão empreendedora, mas sua conceção ecológica do uso do meio físico natural.

A maioria dos seringalistas preferiam práticas comprovadas por seus próprios experimentos. Alguns adotaram os melhoramentos ao processo de defumação do látex propostos por Mendes, mas o método químico de Cerqueira Pinto, premiado por fábricas norte-americanas e inglesas e promovido pelo governo a partir de 1913, embora adotado por alguns, foi questionado. Em 1909, Leopoldo Penna Teixeira, fazendeiro que mais tarde assumiu a direção do campo experimental do Pará, contestou o método Cerqueira Pinto em defesa dos métodos locais de preparo e de conservação da borracha. Ele mostrou as vantagens das tecnologias locais utilizadas pelos seringueiros, desde a extração do látex à conservação. Ele cita, inclusive, o uso de tigelinhas de ferro estanhado que já significava uma inovação tecnológica e dizia que o uso de tigelinhas de barro (que eram originalmente utilizadas pelos povos indígenas) diminuiria os custos de produção, além de ser ecologicamente viável (Teixeira, 1909, 1909a, 1909b, 1909c).

Em 1918, a ACP opôs-se à promoção do método Cerqueira Pinto pelo governo federal, alegando: os produtores locais desde há muito tinham descartado esse método devido ao alto custo — importação de substâncias químicas — e a não comprovação de ser mais eficiente e aceitável pelos importadores do que os métodos locais de defumação. Para compreender a opção da maioria dos seringalistas pelos métodos ecológicos locais, é preciso considerar que, como já foi mostrado no Capítulo 2, a apropriação dos seringais na Amazônia obedeceu ao padrão ecológico de apropriar e utilizar recursos naturais que já vinha ocorrendo desde o Séc. XVII. Ao combinar utilização produtiva com práticas de manejo-conservação de recursos naturais, essa apropriação ecológica contradiz a tradição cientificista de apropriação territorial que, ao conceber terra como solo, separa uso produtivo de práticas de preservação.

Na Amazônia, os temas ecológicos estavam imiscuídos ao debate sobre o processo produtivo em si. Pensava-se a preservação do meio físico natural de maneira bem diferente do conservacionismo europeu, que entendia ser a conservação atividade distinta e separada de uso produtivo, sinônimo de bosques ou jardins da realeza plantados (Grove, 1995; Drayton, 2000). Na Amazônia, ao contrário, desde o século XVII, a necessidade de adotar métodos de plantio-manejo ecológico indígenas, combinando uso produtivo com manejo ecológico era objeto de discussão permanente. É essa perspectiva que torna as pestes e o corte longo e profundo da árvore usado nas *plantations* como grandes problemas, pois os seringalistas e seus técnicos colaboradores atribuíam enorme importância à questão da preservação de árvores nativas. Benoliel (1908), representante da ACA na 1ª Exposição Internacional de Borracha de 1908, insistia na manutenção do manejo ecológico e informava que os seringalistas eram unânimes em criticar o método científico de corte da seringueira.

Esse representante da ACA naquele evento contestou a fala do cônsul britânico já mencionada, alegando que, no vale amazônico, desde há muito, os pântanos — várzeas — propiciavam a maior produtividade agrícola e as melhores espécies de árvores de goma elástica estavam localizadas justamente nas várzeas. Nas terras firmes, onde se localizam as áreas maiores produtores de borracha no Acre, a umidade do solo é garantida pela alta incidência de chuvas fortes. Os métodos usados nas *plantations*, dizia ele, deveriam ser avaliados, cuidadosamente, visando melhorar os métodos amazônicos. Contudo, essa avaliação deveria valorizar a larga experiência local em métodos ecológicos de plantio-manejo de florestas nativas e a melhor qualidade da borracha produzida com tais métodos.

Ele criticou, enfaticamente, a negligência da ciência quanto às diferenças na qualidade dos solos. Demonstrou que as diferentes qualidades dos solos afetavam a qualidade da borracha e o desenvolvimento das árvores e, mais importante, que não era necessário desflorestar para praticar a agricultura. Ele criticou veementemente o método monocultural das plantações de borracha, afirmando que o método usado nas *rubber plantations* requer a limpeza do solo completamente; ou seja, o desflorestamento completo. Isso era justificado como uma medida para aumentar a produtividade. Mas o autor reforçou o antigo método de manejo florestal, aconselhando o cultivo da borracha na Amazônia dentro da floresta, sem destruí-la.

Além disso, na década de 1910, seringalistas e comerciantes-seringalistas discutiam cada vez mais a necessidade de implementar a agricultura em propriedades seringueiras e isso foi enfatizado particularmente durante o encontro que tiveram em Manaus, em 1910 (Miranda, 1990). No entanto, eles estavam falando de métodos de manejo florestal, em vez de métodos monoculturais em larga escala. Nessa reunião, decidiram recomendar experiências com borracha agrícola, abrindo clareiras limpando pequenas parcelas da floresta, mas apenas na fase inicial do plantio, deixando, em seguida, que a vegetação crescesse naturalmente, eliminando as clareiras. Ao fazê-lo, visavam aumentar a produtividade, sem destruir a floresta, acreditando que a limpeza total da floresta era completamente desnecessária (Miranda, 1990).

Ao analisar os seus argumentos, constata-se mais uma vez que a preservação da floresta teve um significado econômico-ecológico. A floresta de árvores de goma elástica, na Amazônia, significava terra ou meio de produção em si mesmo. Chaves (1913) e o artigo "Debate sobre o problema da borracha" (Jornal Folha do Norte, 1913) alegam que as árvores nativas sobreviviam à exploração durante 70 anos ou, em muitos casos, até 100 anos ou mais,[103] enquanto as árvores cultivadas pelo método monocultural naquela época poderiam ser exploradas por métodos modernos por somente cerca de 25 anos (Dean, 1989). Além disso, enquanto o látex da *Hevea Brasiliensis*, quando coagulado pelo método de defumação, produzia a melhor borracha, essas árvores só se desenvolviam se mantidas por completo dentro da floresta, com a floresta cercando as árvores (Dean, 1989).

[103] Sobre a idade das árvores de goma elástica na Amazônia, até Akers, Rendle e Lugones (1912) disseram que seria racional supor que uma boa proporção das seringueiras exploradas na Amazônia tivesse mais de 70 anos de idade e, em muitos casos, deviam exceder essa idade, podendo facilmente contar 100 anos ou mais.

Os seringalistas adotaram os métodos ecológicos indígenas de extração e fabricação do látex, modificando-os para adaptá-los à produção empresarial, sem, contudo, negligenciar a interação convergente entre o homem e o meio físico natural. Pelo contrário, esse elemento foi preservado e redimensionado em sua noção ecológica do meio físico natural, que moldou as formas como privatizaram as terras-seringais (Capítulo 2), organizaram a empresa de maneira a bem utilizar o espaço dentro dessas propriedades (Capítulo 4) e implementaram modificações nos métodos indígenas de fazer produtos de borracha para produzir, ao contrário, somente a matéria-prima borracha no formato de pélas.

As alterações mais conhecidas nos métodos de extração do látex e sua transformação em matéria-prima são as de Coutinho, descritas no Quadro 5, e Amandio Mendes, conforme Quadro 6, (Chaves, 1913). Coutinho teve várias patentes concedidas por EUA, Alemanha, Inglaterra, Bélgica e Brasil. A vantagem do sistema Amandio Mendes sobre o de Coutinho era que resultava em borracha mais seca, tornando-a mais elástica e impermeável, sem problemas de conservação. Além disso, o método não só permitiu um maior controle sobre o peso da matéria-prima, mas o látex poderia ser extraído e transformado em borracha no mesmo dia, sem resíduos. A presença de resíduos foi uma das principais justificativas dos serviços de controle de qualidade em Belém e em Manaus para a classificação do tipo *Hard Fina Pará* como entrefina. Além dos dois métodos mecânicos mencionados, havia também o método Cerqueira Pinto, que era um processo químico para melhorar a produção de borracha (Chaves, 1913).

Dessa maneira, os seringalistas da Amazônia absorveram e fizeram alterações técnicas no método original dos povos indígenas visando aumentar a produtividade como fizeram os pesquisadores das colônias britânicas. No entanto, a busca dos seringalistas era pela maximização da produtividade sem acarretar a destruição do ecossistema dos seringais. O cultivo da borracha em associação com outras culturas era praticado desde a primeira metade do século XIX, como já mencionado. Os seringalistas/comerciantes-seringalistas não estavam reagindo à agricultura, mas ao método da borracha monocultural em larga escala.

Quadro 5 – Métodos de extração do látex e sua transformação em matéria-prima – método Coutinho

Ferramentas:
1. Era utilizado um rolo com movimento giratório, eixo central e abertura circular em ambas as extremidades com 3/5 do diâmetro, sendo o diâmetro total do rolo em torno de ½ do seu comprimento;
2. O rolo era apoiado por pernas cruzadas com ângulos verticais iguais;
3. Um cone suspenso com grade e tubo condutor terminando em um cone achatado que era inserido no rolo com a base virada para cima;
4. Um eixo horizontal com polias fixas;
5. Polias guia com movimento com pernas em forma de rolos fixos;
O modo como esse Sistema operava era o seguinte:
1. O seringueiro colocava o látex no rolo e aquecia a grelha do cone, abrindo o topo condutor acima do cone, retirando-o de cima da grelha;
2. Depois de feito o fogo, ele colocava o cone cheio de lenha ou outro combustível na grelha;
3. Iniciada a combustão, o seringueiro observava a espessura e a temperatura adequadas da fumaça para iniciar o processo de defumação do látex, ajustando o tubo condutor na parte superior do cone para que a outra extremidade do tubo fosse inserida no rolo, em que uma rotação lenta começava;
4. Devido ao tipo de movimento de rotação e à grande qualidade viscosa do látex, ele acompanhava o rolo em seu movimento ao mesmo tempo em que recebia a fumaça na face superior do rolo e, enquanto o látex recebia a fumaça, ele aderia ao rolo, segundo camadas de borracha, devido ao dispositivo do cone na extremidade do tubo condutor já estar dentro do rolo com a base voltada para cima. Assim, o látex seria despejado no rolo aderindo gradativamente em camadas enroladas e colocadas sobre as anteriores.
Quando o rolo esfriava, a borracha era removida facilmente. Apresentava espessura homogênea proporcional ao látex vazado no rolo, com elasticidade e outras qualidades equivalentes àquelas preparadas pelo método original. Havia formas especiais de controlar o grau de fumaça por meio desse dispositivo. Além disso, este dispositivo poderia ser usado em dias consecutivos, até preencher completamente o rolo, e o látex poderia ser removido a qualquer momento que fosse necessário. A borracha produzida por esse método recebeu alto preço em Belém em 1913.

Fonte: Chaves (1913, p. 49-50)

Assim, não se sustenta a ideia de que a falta de visão empreendedora dos seringalistas teria impedido a adoção da borracha monocultural em larga escala em seus seringais. Pelo contrário, a não adoção da tecnologia de cultivo monocultural de borracha foi uma decisão empresarial consciente da parte dos seringalistas. Destruir árvores produtivas nativas para cultivar borracha monocultural em larga escala lhes parecia muito arriscado.

Figura 31 – Balde

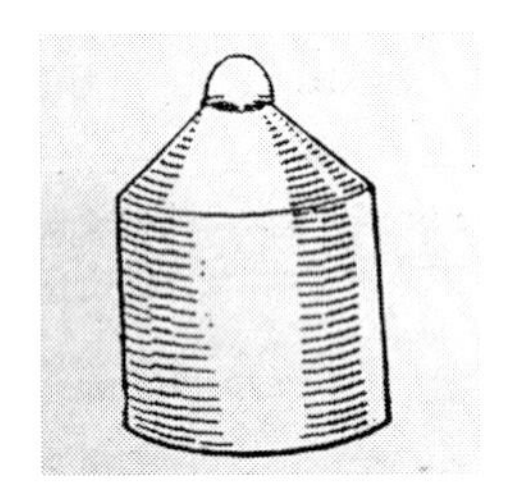

Fonte: Chaves (1913, p. 41)

Além disso, os seringalistas eram unânimes em criticar a forma como as árvores eram cortadas nas *rubber plantations*, afirmando que "o corte é muito longo e as árvores sofrem com isso, particularmente nas partes mais altas do tronco, nas quais não há umidade muito alta" (Benoliel, 1908). Os relatos sobre a Primeira Exposição Internacional da Borracha em Londres, já mencionados, mostram que:

> [...] pelo sistema de meio arenque adotado nas rubber plantations o corte da árvore chegava a 60 polegadas. Pelo sistema utilizado na Amazônia o corte chegava ao máximo de 2 polegadas. Mesmo assim, não há nenhum seringueiro qualificado na Amazônia que discorde que mesmo as árvores mais cuidadosamente cortadas tenham sua produção reduzida ao longo do tempo. [...]. (Benoliel, 1908).

Avelino Medeiros Chaves, um seringalista no Acre e comerciante no Pará, delegado dos Departamentos do Alto-Acre e Alto-Purus, na Exposição Nacional de Borracha de 1913, apresentou uma monografia, defendendo os métodos de coleta de látex e fabricação da borracha utilizados nas empresas de borracha, publicada como livro em 1913. Nesse trabalho, ele avalia minuciosamente os vários métodos de manejo da floresta e de coleta do látex em termos de produtividade e de não danos às árvores para concluir que preferia o método simples local de corte da seringueira (Quadro 6), porque esse era mais produtivo e menos danoso às árvores. A qualidade menos danosa às árvores, segundo esse autor, significava uma vantagem sobre o altamente lucrativo método de corte das *plantations*.

Preservar as árvores de goma elástica tinha um profundo significado econômico, uma vez que muitos anos seriam necessários para repô-las. Os empresários da borracha não referendavam a noção cientificista de que as árvores poderiam ser facilmente substituídas e que a destruição das florestas se constituiria em um simples assunto técnico e científico.

Quadro 6 – Método simples de extrair o Látex, de Amandio Mendes

Passos: 1. A extração do látex começava em meados de abril com a tarefa chamada sangria, que consistia em cortar a casca da seringueira, provocando o fluxo de látex e direcionando-o para o ponto onde o corte era feito. Isto era feito com um pequeno Machado que tinha que estar bem afiado de modo a prevenir qualquer dano à árvore. Os cortes tinham que ser o mais superficial possível. O seringalista impedia que trabalhadores não qualificados fizessem a sangria como medida preventiva a qualquer dano à árvore. Assim, os novos seringueiros só começavam a extrair o látex depois de serem bem treinados neste método por seringueiros experientes. 2.Após a sangria, a seringueira era deixada em descanso de 3 a 4 dias. Então, a extração do látex e a fabricação da borracha se iniciava. 5. Então, quando o seringueiro finalizava essa tarefa, ele retornava à sua casa para lanchar. 6. Em seguida, ele retornava aos caminhos de seringueiras para coletar o látex de cada uma das tigelinhas. O seringueiro terminava esses trabalhos por volta das 11 ou 12 horas, quando eles almoçavam e depois começavam o processo de defumação do látex e preparo das *pelles* de borracha.
MÉTODO DE FAZER BORRACHA O defumador era uma pequena barraca com cobertura de palha que tinha uma abertura através da qual o processo de defumação era feito, de modo que a fumaça saísse toda por essa abertura. As ferramentas utilizadas eram duas facas de madeira que serviam de suportes para uma roldana grossa de madeira. Sobre essa roldana ficava o cavador, que era uma pequena roldana de madeira sobre a qual era feita a *pelle* de borracha. O *cavador* tinha uma extremidade atada ao teto por meio de uma corda que permitia a rotação do cavador. O cavador era colocado sobre o recipiente de cerâmica que produzia a fumaça para defumação do látex. Sentado sobre um tronco, o seringueiro tinha à sua direita a bacia com látex. Com a mão direita, usando uma concha feita de cabaça (cuia), tirava o látex da bacia e irrigava o cavador com ele bem em cima do vapor que saía do recipiente, e com a mão esquerda girava o cavador, deixando o vapor atingir toda a superfície do cavador. Então, o vapor coagulava e fumegava a primeira camada de látex. Depois ele pegava outra pequena quantidade de látex e preparava outra camada de látex defumado acima da primeira e assim por diante, até concluir o chamado *pelle*. Em quatro ou cinco dias o seringueiro conseguia defumar um vasilhame com 45 a 50 quilos de látex.

Quando ele terminava a última camada de látex, ele trazia a bola de borracha quente para a prancha, pressionando a bola contra a prancha para moldá-la em superfícies planas. Este processo também eliminava resíduos de água que poderiam permanecer na borracha e impedir a formação de canais abertos por onde o ar poderia penetrar na borracha, danificando-a.

Fonte: Chaves (1913, p. 52-53)

Eles percebiam tais assuntos a partir de pontos de vista distintos, tais como: (a) a destruição de recursos naturais lucrativos que se constituíam em si mesmos em meios de produção da mercadoria borracha; (b) as consequências ecológicas desastrosas da destruição das florestas nativas; (c) um significado cultural expresso no uso de verbos que denotam sentimentos, como quando eles diziam que as árvores sofrem (Benoliel, 1908) com cortes longos ou quando eles recomendavam que árvores de goma elástica novas deveriam ser tratadas com carinho (Miranda, 1990) etc. Os significados culturais dessas expressões requerem uma investigação à parte em si mesmos, o que não se constitui em uma tarefa a ser realizada neste trabalho.

Preservação florestal, como um elemento intrínseco ao processo produtivo, constitui-se em uma especificidade em relação à visão do meio físico natural como "natureza" — uma coisa morta, sem transcendentalidade, que remonta a Descartes e outros fundadores da ciência moderna[104] —, que está presente na noção ocidental de civilização e progresso e no debate sobre natureza que se tornou prevalente no Oeste Europeu, no século XIX e início do século XX. No Oeste Europeu, esse debate foi marcado pelo dilema entre preservar ou não preservar a "natureza" (Bowler, 1992). Contudo, destruir o meio ambiente físico era aceito como um elemento necessário da tecnologia moderna, que era concebida como um símbolo de civilização e progresso. O uso de tecnologia moderna era considerado um sinal, ou indício de "desenvolvimento superior", ou de "superioridade" diante de outros povos.

O dilema[105], então, originava-se no desejo de preservar, ao mesmo tempo, de aceitação do modelo de desenvolvimento econômico incorporado na noção de progresso como sendo algo positivo ou necessário.

104 Nessa perspectiva, o termo natureza expressa a ciência moderna e sua cosmovisão materialista. Veja Bentes (2002), Medeiros (2008) e Rossi (2001). Essa cosmovisão, como é amplamente explicada pela literatura, está centrada no pressuposto de que todos os elementos do universo podem ser entendidos somente pelas condições concretas materiais.

105 Sobre o dilema especificamente da agricultura moderna, veja Wrigth (1990).

A consequência era a transformação da preservação em uma questão externa ao processo produtivo, sendo sinônimo de jardins, parques e outros, os quais estão assentados em um processo de fazer florestas ou jardins, segundo regras estéticas definidas pela arquitetura

Figura 32 – Boião

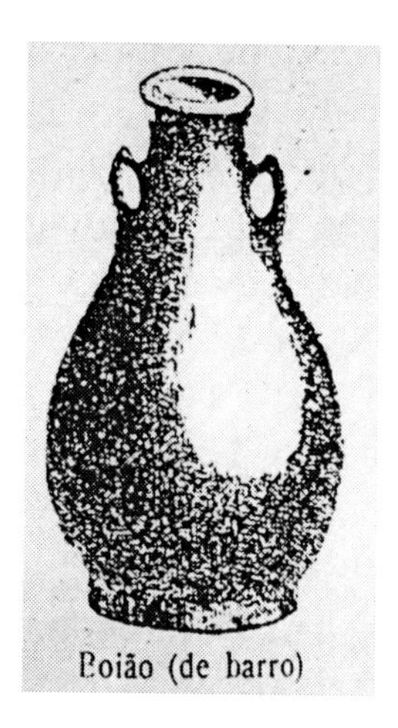
Boião (de barro)

Fonte: Chaves (1913, p. 47)

Na Amazônia, ao contrário, preservação era parte integrante do processo produtivo de inúmeros produtos pelo menos até os anos 1960. Desde os anos 1890, a legislação de terras do Pará e do Amazonas previa a preservação de recursos naturais valiosos como um dos requerimentos para a legalização de posses. No Acre, isso se torna uma realidade a partir de 1912. Havia inúmeras medidas para prevenir a destruição ou dano de florestas valiosas (Regulamento n.º 737, de 25/22/1850). Eram muitos os argumentos em defesa dos métodos ecológicos locais. E desde há muito, seringalistas contratavam um trabalhador unicamente para inspecionar o trabalho dos seringueiros, a fim de prevenir que eles, no afã de atingir alta produtividade, a fim de deixar o seringal no mais curto tempo possível, danificassem as seringueiras.

Na economia da borracha, a implicação de relações ecológicas com o meio físico natural era que os seringalistas consideravam preservação como uma condição necessária para a continuidade da produção de borracha e dessa economia como um todo. Isso está claramente expresso em processos legais contra capitalistas ingleses que alugaram seringais nos anos 1910. Em 1901-04, o proprietário de dois seringais no Pará processou legalmente dois capitalistas ingleses por terem alugado seus seringais, ao usarem métodos antiecológicos de corte das árvores de goma elástica e, fazendo múltiplos e profundos cortes, destruíram várias árvores e mataram outras (Tribunal de Justiça do Estado, 1877-1921). Ele foi vencedor nos processos e os acusados tiveram que pagar compensações, com base no Regulamento n.º 737, mencionado anteriormente.

Preservação como elemento intrínseco ao processo de produção em si mesmo significava uma mudança em relação à economia colonial, na qual os portugueses produziam produtos extrativos, por meio da destruição de recursos naturais, como foi detectado em minhas pesquisas anteriores. Isso significava também que as florestas amazônicas eram preservadas[106] não porque as pessoas não as utilizassem, mas porque elas aprenderam, gradualmente, a explorá-las sem destruí-la massivamente. E isso era, em grande medida, uma consequência da absorção do modo como os povos indígenas usavam o meio físico natural.

Em 1910, como já mencionado, em congresso, considerando o desflorestamento completamente desnecessário, seringalistas foram unânimes na revalidação dos métodos ecológicos locais (Miranda, 1990). Em 1909, Leopoldo Penna Teixeira, que mais tarde assumiu a direção do campo experimental do Pará, contesta o método Cerqueira Pinto em defesa dos métodos locais de preparo e de conservação da borracha. Quanto ao PDB, os seringalistas concordaram com este na redução de impostos e no tratamento da questão fundiária, pois este removeu as barreiras ao reconhecimento da propriedade no Acre e a distinção entre domínio, soberania, e jurisdição, sustentou o reconhecimento de títulos antigos de propriedade de terra pela União.

Todavia, eles alegavam que a solução dos problemas da borracha não estava na adoção da monocultura, mas na redução do custo de vida dos seringueiros e de produção através da redução de impostos, da oferta de crédito compatível com plantio-manejo ecológico, da melhoria da infraestrutura e custo de transporte, bem como da oferta de serviços públicos de saúde e educação. Eles também reagem à promoção oficial das técnicas de *plantations* na Amazônia, enfatizando que esses métodos comprovadamente matavam as seringueiras e defendendo os métodos locais. Em

[106] A floresta amazônica é de longe a maior floresta preservada da Terra, com 362 milhões de hectares de floresta tropical preservados (Moran, 1981).

particular, Chaves (1913) e o artigo "Debate sobre o Problema da Borracha" (Jornal Folha do Norte, 1913) se opuseram veementemente a essa medida. Mesmo Costa (1913), que havia proposto a produção agrícola de borracha ao longo da ferrovia da Bragantina, no Pará, argumentou em discurso ao Clube dos Engenheiros, no Rio de janeiro, em 1912, que o método moderno de corte das árvores não era adequado para árvores nativas.

Guiados por essa perspectiva econômico-ecológica, seringalistas e vários profissionais locais divergiram do cientificismo e da promoção das *plantations*. Em 1912, J. Virgolino de Alencar, um produtor de borracha no Acre, em relatório à Sociedade Nacional de Agricultura, disse que ele reservava um número de árvores mais produtivas somente para reprodução, pois tinha observado que as sementes de árvores não exploradas germinavam mais facilmente e eram mais fortes. Uma prática bastante distinta da recomendada pelo botânico Huber: de que as sementes deveriam ser extraídas de árvores exploradas.

Em 1912, durante as reuniões preparativas para a Exposição Internacional de Borracha, em Nova Iorque, Cohen percebeu que Huber só se referia ao processo de defumação com caroço de urucuri e se ofereceu para preparar amostras de borracha defumada com cada essência florestal, em separado, de uso nos seringais. Ele apresentou sete amostras, cada uma produzida com um método ou substância diferente de defumação. Huber se comprometeu em levar as amostras para a exposição e informar Cohen sobre os resultados, mas não cumpriu a promessa. Vários empresários adotaram os melhoramentos propostos por Mendes ao processo de defumação do látex, mas o método químico proposto, em 1913, por Cerqueira Pinto e premiado por várias fábricas norte-americanas e inglesas, embora adotado por alguns, foi questionado e não adotado pela grande maioria. Em 1918, a Associação Comercial do Pará (ACP) contestou a promoção desse método pelo governo federal.

A promoção do método Cerqueira Pinto atendia a estratégia do governo de assumir o controle sobre esse método, prevenindo que estrangeiros o fizessem. Contudo, a ACP argumentava que os produtores locais desde há muito tinham decidido não adotar esse método por causa de seu alto custo, requerendo a importação de substâncias químicas e porque esse não tinha provado ser mais eficiente e aceitável pelos importadores do que os métodos locais. Conforme mencionado anteriormente, nos anos 1950, Carlos Neves, filho de seringalista e agrônomo defensor da monocultura da borracha em áreas específicas, enfrentou a forte crítica dos seringalistas. Nos anos 1980, ele argumentava que, apesar da falta de pesquisa suficiente para desenvolver mudas regionais, insuficiência de capital e falta de sistema de crédito adequado, os seringalistas não adotaram a monocultura por decisão consciente em continuar com os métodos ecológicos locais de plantio-manejo de florestas, criticando-os por isso.

A política oficial para a borracha não se efetivou. O PDB não foi incluído pelo Congresso no Orçamento da União para o ano seguinte, interrompendo os serviços de infraestrutura que tinham sido iniciados, inviabilizando-o (Martinelo, 1988). A política oficial não refletia a visão de grande parte dos produtores de borracha local. Portanto, seu colapso não significou o colapso da produção. A crise de preços da borracha de 1912-15 levou casas aviadoras e muitos seringais à falência, além de afugentar capitais estrangeiros. Não obstante, muitos seringalistas, há muito, vinham criando estratégias para lidar com as constantes flutuações de preços da borracha seguidas de crises econômicas. Os melhores seringais continuaram a exportar borracha, inclusive para o Reino Unido, durante todo o auge das *plantations* e foram lucrativos até pelo menos o início da década de 1980 (Bentes, 1998).

6.5 CONCLUSÃO

O sentido científico-territorial de terra que norteava a advocacia das *rubber plantations* pelo Estado e pelos britânicos — solo a ser desmatado para a monocultura —, nos anos 1900-1915, colidiu com a apropriação ecológica. Nessa, a modernidade do status social da terra-seringal como capital produtivo e mercadoria valiosa, cujo acesso, socialmente desigual, seguia os padrões legais do resto do Brasil, misturava-se a conotações ecológicas de terra, propriedade e uso produtivo, na qual terra significava a floresta de goma elástica. Era essa terra-floresta de seringueiras que definia o tamanho e os contornos da propriedade, sendo sua preservação pré-requisito para a continuidade da produção da matéria-prima borracha.

Guiados por interesses econômicos e políticos específicos e pela crença comum no cientificismo, oficiais e cientistas britânicos e brasileiros construíram a civilidade das *plantations* em contraste com a suposta incivilidade da propriedade seringueira ecológica. A política oficial para a borracha promoveu as *plantations*, dedicando importância secundária aos conhecimentos locais e aos críticos dessa política. Apesar dessa política, que, de fato, não se efetivou, foi desmantelada ainda na década de 1910 e da queda dos preços da borracha, em 1912-1915, provocada pela crescente oferta de borracha cultivada, a monocultura não proliferou na Amazônia, em particular, porque os produtores locais decidiram não adotar essa técnica, alegando que ela destruiria um de seus principais capitais: a floresta de goma elástica. Embora o cientificismo antiecológico tenha sido adotado por vários empresários, outros pensaram o meio físico natural e tecnologia de maneira relativamente ecológica e reagiram a ele.

CAPÍTULO 7

REINVESTIMENTOS E MUDANÇAS NAS EMPRESAS DE BORRACHA

O material apresentado no Capítulo 6 indica que a visão ecológica do meio físico natural e de tecnologia, em uma grande medida, influenciou a decisão dos seringalistas de não adotar, nos seus seringais, o modelo de desenvolvimento e progresso representado pela produção monocultural de borracha em larga escala. Embora essa tecnologia claramente produzisse um padrão maior de rentabilidade por hectare (Santos, 1980; Martinelo, 1988), ela desafiava a produção de borracha de tipos diferentes da Hard Fina Pará e era claramente antiecológica.

Ademais, no Capítulo 5, vimos que o projeto de mudanças econômicas e políticas dos seringalistas dizia respeito ao controle do mercado e do sistema de crédito e financiamento, à melhoria dos meios de transporte, à tributação, ao custo da mão de obra etc. e não com borracha monocultural em grande escala. As suas exigências em relação a tais questões foram frustradas pela resposta parcial e intervenção do governo central orientada pela noção ocidental de civilização e progresso, tentando adaptar a produção de borracha à tecnologia das plantações, com isso, colidindo com a visão ecológica da maioria dos seringalistas sobre o uso do meio físico natural dos seringais.

Uma vez deixados praticamente por si mesmos, os seringalistas responderam às profundas oscilações de preços e outros obstáculos à lucratividade na produção de borracha guiados por sua própria avaliação da economia da borracha e visões sobre natureza e tecnologia. Neste capítulo, procuro responder às seguintes perguntas: 1. De que maneira os seringalistas investiram ou reinvestiram os lucros obtidos com a produção de borracha? 2. Quais foram as possíveis razões para isso?

7.1 O MODO COMO OS SERINGALISTAS INVESTIAM OS LUCROS OBTIDOS NA PRODUÇÃO DE BORRACHA

Além de defenderem os métodos ecológicos locais de plantio-manejo de florestas, como já foi mostrado nos capítulos anteriores, os projetos de mudanças econômicas e política dos seringalistas focavam em problemas, tais como controle do mercado da borracha, financiamento e impostos sobre a produção, carência de trabalhadores, precariedade do sistema de transporte e altos preços dos fretes, demandando proteção do Estado. Eles foram frustrados pela indiferença ou resposta parcial do governo central, que se torna um padrão especialmente no período de 1898-1920, como já mencionado.

Os seringalistas propunham a integração do Acre como Estado e não Território Federal, como o fez o Governo Federal. Em 1889-1902, quando seringalistas se contrapunham à manipulação de preços da borracha por comerciantes, financistas e exportadores estrangeiros, eles foram atropelados pela elevação da taxa de conversão da moeda brasileira, que teve como consequência 240 falências, incluindo firmas, dois bancos e companhias de seguro (Calixto, 1993, p. 57). As perdas financeiras em Belém ficaram entre 70 e 140 mil contos. Entre 1890 e 1910, os governos do Pará e do Amazonas tinham renda de 84,965 contos para cobrir uma despesa de 104,413 contos.

Ainda assim, a relação entre arrecadação de impostos e gastos do governo federal na região resultou em ganhos. O governo central arrecadou 124,107 contos e gastou apenas 21,955, tendo um lucro de 102,292 contos (Santos, 1980; Calixto, 1993). A desvalorização da moeda significou aumento do custo das importações e diminuição do custo de exportação. Os preços da borracha caíram fortemente em 1901, coincidindo com a falta de dinheiro provocada pela queima de dinheiro pelo governo central. O investimento na safra de borracha de 1902 foi reduzido e, portanto, a produção caiu, resultando em queda da arrecadação de impostos (Calixto, 1993).

Seringalistas e comerciantes-seringalistas foram afetados e responderam a essas questões de diferentes maneiras. De fato, vários seringalistas perderam suas empresas e propriedades, porque, na conjuntura da mais profunda crise dos preços da borracha em 1913-15, como previamente mencionado, vários seringalistas endividados tinham entregado suas propriedades para casas aviadoras como garantia de pagamento de empréstimos. Ao mesmo tempo, casas aviadoras foram grandemente afetadas pelas sucessivas crises da economia da borracha. As falências eram bastante frequentes naquele período, como mostram os arquivos do TJE, relatórios e revistas da ACP e da ACA, bem como são mencionadas por vários autores (Mendes, 1908, 1910; Santos, 1980; Westein, 1983; Martinelo, 1988).

Muitos seringalistas mudaram suas parcerias, investindo em diferentes negócios. Revistas da ACP e títulos de propriedade nos arquivos do CC mostram crescentes investimentos em plantações de sementes oleaginosas e de cacau por meio de métodos de manejo florestal, atividade encorajada pelo governo após 1912, bem como no plantio de algodão, arroz e outros cereais, manufatura da borracha, alimentos industriais e outras indústrias, tais como de sapatos, couros etc. A produção daí resultante supria ambos os mercados interno e externo.

No Território Federal do Acre, a produção agrícola e pastoril tornou-se crescente dentro e fora dos seringais mais densos. O Censo de 1920 (IBGE, 1950) mostra que de 1047 empresas rurais analisadas, 62% implementaram agricultura em consórcio com a criação de gado; 24%, somente agricultura e 10%, somente criação de gado. Essa produção era essencialmente para um mercado interno em expansão, em consequência do aumento populacional mencionado no Capítulo 3. Em 1921, foi instalada, em Belém, a primeira fábrica de beneficiamento de borracha, usando maquinário moderno comprado da Internacional General Electric Company, Inc., de Nova Iorque.

Além disso, no Acre, cada vez mais seringalistas alugavam seus seringais, particularmente, seringais menos importantes em termos de produção de borracha. O número de inquilinos cresceu de 16%, em 1920, para 46%, em 1940 (IBGE, 1950). Todavia, apesar da falência e do abandono de alguns seringais menos importantes e de mais distante localização, a produção de borracha sobreviveu às sucessivas crises.

O Gráfico 7 mostra que a produção de borracha na Amazônia atingiu seu mais alto ponto em 1912. Depois disso, ela apresentou tendência à queda até 1920, quando ela começou a crescer novamente, atingindo seu máximo ponto em 1925-26, então caindo de novo até atingir sua marca, em 1932-33. Loureiro (1985) afirma que essa tendência foi interrompida no período dos últimos meses de 1915 e durante todo o ano de 1916, devido ao aumento nos preços de exportação da borracha amazônica. Esse aumento de preços se deu por dois motivos: a melhor qualidade da borracha amazônica e o fechamento do canal de Suez, pelo torpedeamento de inúmeros navios mercantes que conduziam borracha do oriente, pela intensificação dos movimentos sociais nativistas que reivindicavam o fim do domínio colonial. Esse autor informa, ainda, que ao longo do ano de 1916 os valores permaneceram acima de 4$000 por quilo,

Há que se considerar, também, como já foi mencionado, que, principalmente durante a Primeira Guerra Mundial, uma parte significativa da borracha da Amazônia era vendida em segredo, por submarino, para a Alemanha. Isso significa que não existem registros oficiais dessa produção. Ao mesmo tempo, oficialmente, ocorre a transformação dos Estados Unidos da América do Norte no maior importador de borracha da Amazônia. Em 1920, eles importaram um total de 250.000 toneladas de borracha, sendo cerca de 17.000 toneladas da Amazônia. Dados de exportação de borracha somente pelo porto do Pará, no ano de 1922, revelam que esse produto foi exportado para Nova Iorque, Liverpool, Havre, Hamburgo, Gênova e Antuérpia. A maior quantidade de borracha exportada foi para Nova Iorque (7.943.449 kg), representando mais de 50% da borracha exportada por esse porto.

A partir de 1934-41, a produção de borracha aumentou de novo, devido à emergência do mercado interno em consequência da instalação da indústria pneumática no Brasil. Os Acordos de Washington, assinados em 1942, iniciaram a chamada Batalha da Borracha para suprir a demanda extra por borracha criada pela Segunda Guerra Mundial, levando ao aumento da produção em 36%, no período de 1941-45. Isso significa que, apesar da grande algazarra em torno do assunto, esses acordos não provocaram um aumento da produção ao nível esperado (BRASIL, 1946, Tomo I, p. 38).

Dentro das propriedades seringueiras, os ajustes econômicos foram generalizados. Os efeitos das constantes oscilações profundas dos preços da borracha e, particularmente, da crise de 1913-15 foram mais fortes em áreas com menor densidade das melhores espécies de goma, que foram diretamente afetadas pela concorrência da produção monocultural de borracha, como mencionado no capítulo anterior. Consequentemente, a produção de espécies inferiores de borracha foi reduzida ou mesmo interrompida nas áreas mais distantes. Muitos voltaram-se para a produção de milho e feijão (Loureiro, 1985). No Pará, um fenômeno da crise mais profunda da economia da borracha foi o surgimento das cidades e vilas fantasmas, que surgiram como consequência de sua dependência da economia da borracha, tendo suas populações compostas majoritariamente por seringalistas e seringueiros que abandonaram essas cidades durante essa crise (Jornal Folha do Norte, 1930).

Nessa conjuntura, cidades e municípios prósperos eram aqueles baseados em economias diversificadas, como Alenquer, Óbidos e Marabá, que, além de terem economias agrícolas, pastoris e manufatureiras primárias, tinham uma produção ascendente de castanha do Brasil (Jornal Folha do Norte, 1930). Vários autores observaram o aumento das atividades agrícolas e pastoris no Pará (Cordeiro, 1920; Barata, 1915; Leite, 1943) e no Acre (Oliveira, 1985; Paula, 1980), o que caracterizou os períodos durante e após as crises mais profundas da economia da borracha.

Gráfico 7 – Produção de borracha na Amazônia – 1830-1945

Fonte: BRASIL (1946, p. 38)

A diversificação da atividade econômica é confirmada pela análise das ações judiciais do Incra relativas as 105 grandes propriedades de borracha, na principal área de produção de borracha no Acre. A Tabela 17 mostra que, até a década de 1920, cerca de 67% deles produziam apenas borracha, enquanto os demais tinham atividades econômicas diversificadas. As propriedades que produziam somente borracha tinham a maior densidade das melhores espécies de goma. Em várias delas, a borracha foi cultivada com base em manejo florestal, aumentando a densidade de árvores por hectare ou simplesmente substituindo árvores antigas. Os 33% que diversificaram suas atividades econômicas mostradas na Tabela 17 consistiram em 10% produzindo borracha combinada com pecuária e agricultura, 10% realizando essas atividades mais castanha do Brasil e pequena fábrica de rum de cana de açúcar, atividade que foi incluída no Seringal ITU, como mencionado nos capítulos anteriores.

A diversificação das atividades econômicas foi uma estratégia para enfrentar as sucessivas crises da borracha. Neves (1981) afirma que seu pai enfrentou as constantes crises da economia da borracha, diversificando as atividades econômicas, produzindo para o mercado interno. Em 1904, uma pequena fazenda de gado foi estabelecida em uma área específica dentro do Seringal ITU para abastecer a cidade de Rio Branco, capital do Território Federal Acre, com carne, leite e queijo. Essa informação foi confirmada por uma análise da documentação contabilística desse seringal.

Tabela 17 – Atividades econômicas nos seringais do Distrito do Acre – 1890-1910

Atividade	Quantidade de Seringais	%
Somente produção de borracha	65	67%
Prod. Borracha, Gado e agricultura	10	10%
Prod. Borracha e Castanha, gado e agricultura	6	6%

Fonte: processos do Incra-Acre

Além disso, após 1912, essa propriedade começou a combinar a produção de borracha com a produção de castanha do Brasil. Essa foi uma atividade complementar cuja colheita ocorre na estação chuvosa, quando não é possível obter látex adequado. Como resultado, a castanha do Brasil eliminou uma questão econômica importante na produção de borracha: a ociosidade do trabalho por cerca de 4 ou 5 meses do ano, como resultado da natureza sazonal da produção de borracha em um contexto em que uma proporção considerável das transações comerciais dentro da propriedade era feita por troca de bens, gerando tanto dívidas quanto à necessidade de permanência de mão de obra no espólio como garantia para quitação de dívidas. A combinação dessas duas atividades, produção de borracha e castanha do Brasil, minimizou a geração de dívidas e aumentou a rotação de mão de obra na empresa, conforme discutido no capítulo quatro.

Ademais, analisando os registros das empresas na Junta Comercial do Acre, descobriu-se que a grande maioria dos seringalistas e comerciantes-seringalistas sempre geriu seus negócios organizando parcerias como estratégia para enfrentar o alto risco do negócio da borracha, que era fortemente afetado pela instabilidade dos preços. O Seringal ITU mais uma vez seguiu esse padrão. Como se pode ver no Quadro 7, da década de 1870 até 1961, esse espólio era gerido majoritariamente em parceria. Apenas por curtos períodos, como entre 1925-7 e 1932-45, foi gerido por uma firma individual. Essa tendência foi também expressa na redução da proporção de propriedade individual, após a queda mais profunda dos preços, em 1913. Em 1920, 96% do total de propriedades no Acre era de propriedade individual, o que foi reduzido para 44%, em 1940, enquanto outros tipos de propriedade privada, incluindo parcerias e familiares, aumentaram de 4%, em 1920, para 19%, em 1940 (IBGE, 1950).

Outra mudança importante na economia do Seringal ITU foi o estabelecimento de transações financeiras com bancos, conforme mencionado no capítulo anterior. Cada vez mais, a realização das transações dentro do seringal era mediada por dinheiro vivo, eliminando o crédito atrelado à entrega futura da borracha. Essas mudanças garantiram a reprodução econômica da empresa seringalista como um empreendimento capitalista. Como se pode observar no Quadro 7, a empresa de borracha ITU apresentou capital constante, no período de 1904 a 1925. A análise do documento contábil dessa propriedade seringueira para os anos de 1910 e 1913 mostra que os investimentos do proprietário foram direcionados principalmente para uma fazenda de gado e a fabricação de rum de cana-de-açúcar.

Quadro 7 – Administradores do Seringal ITU – 1870-1961

Nome	Forma Jurídica	Associado	Data Contrato	DDuraç.	Divisão de Capital	Capital Total
J.C. Lima and his heirs			até 1902			
H. Alves & Cia	Parceria	H.A. Neves e J.H.A. Neves	junho/1904	1904-1920	H.A. Neves:150:000$000 e J.H.A. Neves: 150:000$000	300:000$000
Honório Alves & Irmão	Parceria	Idem	01/09/1920	1920-25	Ibid	Ibid
Honório Alves das Neves	Firma Individual	H.A. Neves	23/09/1925	1925-1927		150:000$000 reis
Honório Alves	Firma Individual	Honório Alves	14/08/1925	1925-27		
Honório Alves & Cia	Parceria	H.A. Neves e esposa O.C. Neves	29/08/1927	1927-1932	H.A. Neves: 200:000$000 reis e O.A. Neves 100:000$000 reis	300:000$000 reis
Honorio Alves das Neves	Firma Individual	H.A. Neves	24/02/1932	1932-1945		50.000$000 reis
Alves das Neves, Pereira & Cia	Parceria	H.A. Neves, C.A. Neves e E.T. Pereira		1945-1948		Cr$150.000,00

Nome	Forma Jurídica	Associado	Data Contrato	DDuraç.	Divisão de Capital	Capital Total
Neves & Pereira	Parceria	Esse contrato foi modificado devido a saída de H.A. Neves	05/09/1945		C.A. Neves: Cr$25.000,00 e E.T. Pereira:Cr$25.000,00	Cr$150.000,00
Neves & Pereira	Parceria	Contrato de mudança de capital	Janeiro/1954		C.A. Neves:Cr$300.000,00 e E.T. Pereira:Cr$300.000,00	Cr$300.000,00
Neves & Pereira	Parceria	Idem	Janeiro/1956		C.A. Neves:Cr$800.000,00 e E.T. Pereira:Cr$800.000,00	Cr$.1.600.000,00
Neves & Pereira	Parceria	Idem	Setembro/1957		C.A. Neves:CR$1.500.000,00 e E.T. Pereira CR$1.500.000,00	Cr$ 3.000.000,00
Neves & Pereira	Parceria	Idem	Janeiro/1961		C.A. Neves:CR$2.500.000,00 e E.T. Pereira:CR$1.500.000,00	Cr$5.000.000,00

Fonte: Junta Comercial do Acre, Registro de Firma

Figura 33 – Escritura de constituição de sociedade comercial

TERRITORIO DO ACRE

Tabellião

Antonio da Silva Rebello

Escriptura Publica de constituição de sociedade commercial

Outorgantes, João Honorio Alves e Jayme Peixoto de Alencar

Outorgados, João Honorio Alves e Jayme Peixoto de Alencar

Livro N.: 14 Fls. 24 a 25v.

Rio Branco, 16 de Fevereiro de 1924

Foto: Rosineide da Silva Bentes (1996)

Ao mesmo tempo, o proprietário investiu em uma segunda propriedade seringueira e empresa de produção de borracha, que foi vendida anos depois. Em 1913, o saldo do Seringal ITU era negativo, devido ao estoque de borracha mantido à espera de melhores preços. A redução de capital dessa empresa em 1925-27, ilustrada no Quadro 7, resultou de uma cisão na sociedade em que o sócio cessante recebeu seu capital de 50% nos negócios. No entanto, o capital expandiu-se na empresa de borracha para o período 1927-32. Assim, a empresa de borracha era rentável e esse lucro era reinvestido, expandindo, assim, o capital, o que significa que houve acumulação de capital no Seringal ITU.

7.2 CONCLUSÃO

A visão ecológica dos seringalistas sobre o ecossistema do seringal e o uso dos recursos naturais, em grande medida, influenciou a forma como os métodos de fabricação da borracha foram melhorados e a não adaptação das empresas de borracha ao padrão de progresso e tecnologia representado pelas *rubber plantations*. No entanto, essa tecnologia moderna tinha resultado claramente em um maior nível de rentabilidade por hectare e em um aumento da oferta de borracha no mercado mundial, influenciando a tendência para a diminuição dos preços da borracha após 1913, particularmente após 1918, quando a superprodução era uma realidade.

Os seringalistas foram inevitavelmente afetados por essa circunstância e responderam a ela de diferentes maneiras. Alguns seringalistas endividados perderam as suas propriedades, entregando-as como garantia hipotecária às casas aviadoras. Ao mesmo tempo, as casas aviadoras também foram muito afetadas por essas questões, como indica o alto nível de falências em 1913-15. Outro fenômeno provocado pelas crises na economia da borracha foi o aumento relativo da incidência de aluguel de seringais. Esse fenômeno aconteceu particularmente em seringais menos importantes, com menor densidade de seringueiras das melhores espécies e com localização mais distante dos portos de exportação.

Todavia, a economia da borracha sobreviveu às sucessivas crises, especialmente por meio da concentração da produção na borracha tipo Fina Hard Pará, de mudanças nas relações de trabalho e da diversificação das atividades econômicas dos seringais. No Distrito do Rio Acre, até 1920, cerca de 67% das empresas de borracha continuavam especializadas unicamente na produção de borracha. A razão era que elas possuíam as florestas com maior densidade das melhores espécies de goma elástica e praticavam métodos de manejo ecológico de florestas seringueiras para substituir árvores antigas ou aumentar a densidade da floresta de Hevea. O 33% de empresas restantes sobreviveram às crises diversificando as suas atividades econômicas, produzindo tanto para o mercado interno como para o mercado internacional. Dessa forma, as empresas de borracha no Distrito do Rio Acre garantiram rentabilidade e expansão de capital.

CONSIDERAÇÕES FINAIS

A história da empresa de borracha no século XIX e início do século XX representa uma das mais interessantes formas de relações capitalistas de produção que tomaram forma na Amazônia pós-colonial. Essa companhia certamente produzia matéria-prima para uma das indústrias mais importantes do mundo, após a década de 1890 — a indústria pneumática —, como amplamente discutido pela literatura. O que tem sido negligenciado pela literatura, no entanto, é que esse empreendimento representa a incorporação dos recursos naturais e do trabalho na produção empresarial de uma mercadoria, organizada e comandada pelos capitalistas de acordo com seu objetivo de lucro, a fim de garantir a acumulação de capital. Tratava-se de uma relação social capitalista de produção. O objetivo deste estudo foi analisar as especificidades dessa experiência nas áreas que produziam a borracha de melhor qualidade e maior quantidade na Amazônia — o Distrito do Rio Acre, no estado do Acre, e os dez municípios maiores produtores dessa matéria-prima no estado do Pará —, no período de 1840 a 1930, com maior ênfase no período de 1870 a 1930.

Questiona-se a confiança cega dos acadêmicos liberais e marxistas na visão mecanicista da história. Com base em literatura crítica multidisciplinar sobre tal visão e em exaustiva pesquisa histórica documental, rompe-se com o olhar hierarquizante depreciativo da sociedade regional. Enfoca-se a história da produção de borracha considerando que, embora cientistas, investidores e oficiais estrangeiros e brasileiros de países e regiões industrializadas tenham tido papel relevante em certos desdobramentos históricos, os protagonistas dessa história foram aqueles amazônidas ou residentes que se apropriaram dos seringais, utilizando-os. Com isso, tornaram-se visíveis não somente a empresa de borracha, seus donos e idealizador-empreendedores, bem como seus trabalhadores, mas também as vozes locais que rejeitaram a advocacia da monocultura da borracha. Desnuda-se o papel histórico importante dos habitantes da Amazônia, os quais, sob a influência de interesses e culturas diversas, foram capazes de avaliar, criticamente, conhecimentos autóctones e importados e de criar conhecimentos específicos para, conscientemente, relacionar-se com outros seres humanos e com as especificidades ecológicas da Amazônia, muitas vezes desafiando teses científicas consagradas.

A partir dessa perspectiva, procurou-se contextualizar os vários tipos de produção de borracha. Além da empresa de açúcar que produzia também borracha e de considerável proporção de pequenos produtores familiares agrícola-extrativista que produziam borracha autonomamente, havia grupos indígenas produtores que exploravam seus próprios seringais e empresas escravistas agrícolas, estatais ou privadas, que alugavam seus poucos caminhos de seringueiras a produtores de borracha autônomos. Havia, também, outros arranjos produtivos em áreas de menor incidência de árvores de goma elástica, em particular em cauchais, em especial em áreas fora da Amazônia brasileira que se utilizavam, inclusive de mão de obra indígena submetida a formas de servidão.

Todavia, os seringais mais densos das áreas principais produtoras de borracha foram apropriados exclusivamente ou predominantemente por empresários que montaram a companhia de borracha, definida aqui como aquela cuja atividade principal ou exclusiva era a produção de borracha. A importância desse empreendimento está em que, dele, saía a maior parte da borracha exportada pela região.

Para entender a surpreendente complexidade dessa empresa, empreendeu-se uma análise bibliográfica exaustiva sobre a definição de relações capitalistas de produção, a fim de construir métodos e categorias de análise apropriadas. No esforço de compreender esse empreendimento, consideram-se problemáticas tanto (1) as visões marxianas de que somente as relações de trabalho assalariadas definiriam as relações capitalistas de produção e de que o trabalho assalariado surgiria quando houvesse monopólio da terra por uma classe social, quanto a (2) ideia weberiana de que a empresa capitalista se caracterizaria por relação econômica racional não afetada por aspectos subjetivos das relações humanas.

As relações sociais de produção capitalistas, dizem vários autores, são construídas historicamente, sendo definidas: (a) pela produção organizada para produzir mercadorias a fim de obter lucro e garantir a acumulação de capital; (b) relações sociais de trabalho caracterizadas por relações de classe, as quais referem-se a condições sociais opostas: proprietários *versus* não proprietários dos meios de produção e comandantes ou gerenciadores da organização/processo de produção *versus* trabalhadores subordinados a esse comando. As relações de classe são, necessariamente, influenciadas por elementos objetivos e subjetivos das relações humanas e por circunstâncias históricas particulares, inclusive, condições ecológicas específicas. Portanto, relações capitalistas de produção na Amazônia não podem ser analisadas sob a expectativa de que elas sejam ou se tornem iguais aos padrões de relações industriais de produção do Oeste Europeu.

Essa definição de relações capitalistas de produção norteou a análise multifacetária da empresa de borracha, enfocando desde a influência das formas de apropriação da terra na formação de mercado interno de trabalho a arregimentação de trabalhadores, as condições nas quais o trabalhador exercia seu trabalho, até lucratividade e reinvestimentos.

Demonstrou-se que, nas companhias de borracha, as relações sociais eram capitalistas, devido às seguintes características: (a) a produção era organizada para produzir mercadorias para lucrar, a fim de assegurar a acumulação de capital; (b) o comando administrativo direto e comercial-usurário indireto dos seringalistas sobre os trabalhadores a eles subordinados; (c) esse comando estava fundamentado na propriedade privada dos principais meios de produção — a terra-seringal e a empresa com toda a infraestrutura organizacional administrativa, de trabalho, de transporte e de comércio interno da borracha.

As características específicas das relações de produção nessas firmas em relação à empresa capitalista urbana clássica eram principalmente duas: (1) o emprego de diferentes tipos de trabalhadores livres (não escravos), a exemplo de trabalhadores assalariados — diaristas e mensalistas —, do seringueiro (trabalhador individual, especializado na produção de borracha e remunerado por produção, não por horas de trabalho) e de uns raríssimos aviados (produtores de borracha que, como os seringueiros, alugavam colocações dentro do seringal, contudo, contrastando com estes, tinham certa autonomia administrativa em relação ao seringalista); e (2) a apropriação e uso ecológico de recursos naturais.

Uma das várias facetas reveladoras da natureza capitalista da empresa de borracha era a apropriação da terra-seringal, um de seus principais capitais produtivos, como propriedade privada. No capítulo dois, discute-se o processo histórico de transformação da terra-seringal em propriedade privada por meio de apropriação ecologicamente seletiva e socialmente desigual — o empresário, mais do que o produtor familiar autônomo, tendeu a apropriar os melhores seringais. O caráter seletivo e socialmente desigual dessa apropriação teve influência na oferta de trabalhadores a serem contratados pela companhia de borracha.

O período de 1848 a 1914-15 testemunhou o surgimento e a expansão do seringal no sentido de grandes propriedades privadas. Descrevi as principais características do processo de apropriação privada das florestas de árvores de goma elástica (Capítulo 2). Tenho argumentado a especificidade desse processo através da noção de uma apropriação ecológica da terra-seringal baseada em uma visão altamente seletiva do meio físico natural. Embora essa fosse uma característica da privatização da terra na Amazônia desde 1615-16, a privatização ecológica dos seringais foi específica, na medida em que a própria floresta de Hevea foi transformada em terra, de modo que a seletividade se deu pela localização e pela densidade das melhores espécies de árvores de goma elástica. A terra a ser privatizada era a terra-floresta e não a terra-solo como na produção agrícola ou a terra-campinas naturais como na economia pastoril na região. Trata-se de uma privatização/utilização dos recursos naturais regida por uma relação convergente dos homens com a natureza, contrastando com a visão oposta de natureza expressa na ideia de "dominar" a natureza que rege a noção ocidental de civilização e progresso, centrada na tecnologia moderna.

Esse contraste foi interpretado de modo particular pelos promotores da moderna tecnologia *rubber plantations*, em 1906-08. A noção ocidental de civilização e progresso, fortemente influenciada pela noção spenceriana de "sobrevivência do mais apto", governou o argumento da incompatibilidade da floresta preservada com a civilização/propriedade moderna, associando a produção de borracha na Amazônia à ausência de propriedade fundiária.

Essas são as ideias subterrâneas à literatura pós-anos 1950-60 que se referem aos seringais como acampamentos temporários. Finalmente, a noção ocidental de civilização e progresso também influenciou a tese do seringal, como relações de produção não ou pré-capitalistas, uma vez que resulta da aceitação acrítica da referência de Marx às "colônias" como "terra livre", da concepção de sociedades não industriais como "primitivas" ou remanescentes do passado e do conceito de relações capitalistas de produção centradas no trabalho assalariado e na forma específica que elas tomaram na indústria inglesa.

Diante dessas constatações, discuti três pontos: (a) a noção ocidental de civilização e progresso centrada na ideia de "dissecar"/dominar a natureza por meio da tecnologia moderna e sua consequente visão preconceituosa dos povos que utilizam os recursos naturais com métodos baseados em uma interação convergente com a natureza, associando-os à "selvageria", à incivilidade e à incapacidade; (b) a forma como essa visão preconceituosa foi expressa na visão marxiana das sociedades não industriais como "primitivas" ou "tribos", o que se vincula à sua referência às "colônias" como "terra livre", ignorando todo o processo histórico específico em que se forjaram, naquelas áreas, as relações sociais capitalistas de produção; (c) as questões que advêm da investigação sobre as relações sociais de produção nos seringais levanta questionamentos com respeito a este e ao conceito de relações capitalistas de produção de Marx.

O primeiro passo nessa direção foi uma rápida referência à minha investigação histórica anterior e à literatura para apontar que os primeiros povos indígenas na América do Sul e na Amazônia não eram "tribos" "primitivas", mas sociedades com organizações políticas, econômicas, culturais e conhecimentos sofisticados em muitos campos. Além disso, tenho argumentado que, na Amazônia, não houve uma colonização de territórios vazios após 1615-16, mas um processo de privatização ecológica de terras que pressupunha a liberação das melhores terras da sua ocupação por povos indígenas.

Ao longo deste livro, eu tenho argumentado a influência da privatização ecológica da terra e do uso dos recursos naturais no padrão das relações sociais capitalistas de produção nos seringais. Primeiro, tratava-se de uma relação de propriedade em que a terra era apropriada como propriedade individual. Em segundo lugar, nessa relação social de propriedade, o acesso às melhores terras era socialmente desigual, uma vez que as melhores terras tendiam a ser privatizadas pelos empresários, que, além de privatizarem as melhores terras, criavam estratégias para impedir que os produtores diretos fizessem o mesmo, constituindo, assim, um dos processos mais importantes que influenciaram o surgimento e a consolidação de um mercado de trabalho livre (Capítulo 3).

Nessa relação social de propriedade, os produtores diretos tiveram acesso a terras de menor qualidade, reduzindo o quanto poderiam sobreviver como produtores autônomos. Em relação aos seringais, embora uma parcela razoável de pequenos produtores familiares tivesse propriedades nessas áreas, a melhor floresta de Hevea era de propriedade majoritária ou mesmo monopolizada (como o trecho com os seringais mais densos do Acre) por empresários.

Consequentemente, os produtores diretos de borracha, em geral, só poderiam realizar seu trabalho nos seringais mais densos sob o comando dos seringalistas. Além disso, mesmo produtores familiares foram atraídos para o trabalho nos seringais como trabalho individual subordinado, particularmente, na conjuntura de preços da borracha muito mais altos em comparação com os preços dos cereais. Isso revela o engajamento de produtores familiares autônomos-trabalhadores (produtor familiar autônomo na condição híbrida de trabalho familiar autônomo e trabalhador temporário individual subordinado ao comando do seringalista).

Essas descobertas levantam questões à ideia de Marx de "terra livre", favorecendo o florescimento do campesinato e colocando obstáculos ao estabelecimento de relações capitalistas de produção. Quando os seringais começaram a ser apropriados e foram efetivamente incorporados à produção capitalista de borracha, a partir da década de 1840, já havia um mercado interno de trabalho livre do qual se podia extrair mão de obra, apesar da existência de terras não privatizadas na Amazônia.

É importante dizer que a emergência e a consolidação desse mercado de trabalho não foi um resultado mecânico do monopólio da propriedade da terra por uma classe social. O processo histórico em que o produtor direto de borracha foi transformado na condição social de trabalho subordinado, enquanto os seringalistas emergiram como proprietários/comandantes do processo de produção da borracha, foi variável, multifacetado e dinâmico. Além da forte influência das relações sociais de propriedade dos melhores seringais, esse processo foi influenciado pelo acesso desigual à propriedade dos meios de transporte e ao sistema de crédito, pelos altos preços da borracha e dos cereais, pelas dificuldades nos assentamentos oficiais de produtores familiares imigrantes e pela imigração espontânea.

A expansão/aumento da produção de matéria-prima pélas de borracha para atender à crescente demanda industrial, particularmente, após as décadas de 1870-1890, revelou a insuficiência desse mercado interno de trabalho, especialmente para atender a demanda de seringais distantes no Acre. Esse problema foi combatido com o aumento do recrutamento de mão de obra imigrante em outras regiões do Brasil. A mão de obra recrutada ou de imigração espontânea contribuiu para a criação de um mercado interno de trabalho livre ainda no Território Acre, o que já era evidente na década de 1910.

Em terceiro lugar, a privatização/uso ecológico dos seringais representa a forma de como as relações convergentes com a natureza (intrínsecas aos métodos de fabricação de artefatos de borracha dos povos indígenas) assumiram, quando adaptadas à produção capitalista. Isso significava que, no padrão das relações sociais capitalistas de produção nos seringais, a busca pelo lucro não implicava, necessariamente, "dominar" ou "dominar"/destruir a natureza. Isso se manifestou na privatização seletiva da terra-floresta baseada na busca de grande densidade das melhores espécies de árvores de goma elástica (Capítulo 2), nas mudanças tecnológicas e decisões de reinvestimentos baseadas em críticas à tecnologia moderna da borracha monocultural em grande escala (Capítulo 7) e na organização e racionalização do espaço/natureza para reduzir o tempo de produção e definir a produtividade potencial do trabalho (Capítulo 4).

O uso ecológico dos recursos naturais desempenhou um papel importante na forma como o trabalho foi organizado. Os seringueiros eram contratados como mão de obra remunerada por resultados e não como trabalho assalariado e pagavam aluguel pela exploração dos seringais localizados em suas colocações. Mais importante ainda, os procedimentos administrativos de controle/disciplina de seu trabalho e de controle de qualidade também foram medidas tomadas para preservar a floresta de Hevea.

A instalação de um complexo sistema de relações comerciais no interior da propriedade era um complemento necessário às estruturas produtivas localizadas distantes dos mercados. Essa mesma condição de distância dos mercados, reduzindo a frequência e a velocidade das transações comerciais, reduziu o volume de dinheiro que intermediava essas transações fisicamente e moldou grande parte das transações comerciais baseadas na compra por conta (fiado), por meio de contas correntes, nas quais o dinheiro atuava como medida ideal (semelhante ao uso que se faz, hoje em dia, do cartão de crédito para compras a serem pagas em data posterior no que a moeda atua como medida ideal; isto é, não está presente fisicamente).

A existência de uma casa comercial dentro de muitas empresas de borracha e o fato de que as casas aviadoras costumavam contratar gerentes para administrar seus seringais, particularmente após as décadas de 1870-1880, e os seringalistas faziam o mesmo quando tinham mais de um seringal, têm sido usados para argumentar que os seringalistas personalizavam capitalistas usurários pouco interessados em investir na produção. Consequentemente, o seringal é classificado como um empreendimento mercantil. Demonstrei que essas relações comerciais particulares constituíam circunstâncias que foram gradualmente eliminadas, à medida que um mercado local emergia e se expandia.

Mais importante ainda, tenho argumentado que a posição dos seringalistas como comandantes de atividades produtivas era mais profunda do que seu suposto absenteísmo sugere. Existem muitas evidências de seringalistas exercendo domínio direto sobre o processo de produção da borracha. E o que deve ser ressaltado é que eles não precisavam estar no comando direto da produção para serem considerados capitalistas produtivos, pois, mesmo quando contratavam gerentes, no ápice, ainda mantinham o controle geral.

A circunstância de distanciamento das estruturas produtivas da produção de borracha também impôs aos seringais o engajamento de trabalhadores imigrantes endividados até por volta de 1912, no Distrito do Rio Acre. Essa característica tem sido usada para definir as relações de trabalho nos seringais como formas de trabalho não capitalistas ou compulsórias. Em vez disso, argumento que o envolvimento de mão de obra imigrante endividada foi uma circunstância gradualmente superada pela emergência e consolidação gradual de um mercado de trabalho interno, à medida que ocorre um aumento na população residente em vilas e povoados e uma melhora no sistema de transporte.

Além disso, as evidências apontam para o comando do processo de produção pelos capitalistas e a condição de classe de formas subalternas (não autônomas) de trabalhadores. Nos seringais, como em qualquer outra empresa capitalista, a vontade e o domínio dos capitalistas sobre o processo de produção assumiram a forma de regras administrativas e procedimentos burocráticos de meios diretos e indiretos de reter, controlar e disciplinar o trabalho, incluindo a inspeção, o controle do crédito/dívida, diferentes estratégias de motivação e formas de retenção do trabalho, por exemplo, por meio de incentivos e recompensas na forma de bônus, gratificação ou descontos.

Essas eram as circunstâncias em que os trabalhadores identificavam problemas e construíam respostas, influenciando o curso das relações de classe dentro da empresa. O seringal era uma empresa baseada no trabalho de diferentes categorias de trabalho, como assalariado, diarista e trabalho pago por resultados ou produção.

Os produtores diretos de borracha eram contratados e realizavam seus trabalhos sob a condição de seringueiros — uma forma de trabalho subordinado individual, produtores especializados e exclusivos de borracha, remunerados por resultados. Apesar de pagarem aluguel e serem ditos sócios do negócio pelo discurso propagandístico do recrutamento de mão de obra, eles foram subjugados pela vontade e pelos objetivos dos capitalistas, direta e indiretamente. Sua subordinação manifestava-se tanto no processo de trabalho quanto na comercialização da borracha. Seu trabalho era objeto de retenção, controle e disciplina, por meio de medidas administrativas, e eles tinham a obrigação de entregar a borracha que produziam ao proprietário e tinham que vendê-la, de acordo com as condições internas de trabalho. Como resultado, sua remuneração era definida não apenas pela quantidade e qualidade da borracha produzida, mas também pelas condições sob as quais a comercializavam — sob regras pré-determinadas.

Nessas circunstâncias, o poder de barganha dos seringueiros se manifestava de diferentes maneiras, tais como: (a) em diferentes formas de resistência ao uso ou papel da dívida como forma de retenção, como formas coletivas de resistência e ajuda mútua por meio de empréstimo de dinheiro/crédito uns aos outros, assumindo dívidas de colegas dispostos a deixar o seringal; negociação de dívidas com o patrão etc.; b) pela realização de trabalho assalariado temporário no interior da propriedade; c) vendendo o máximo de borracha possível por consignação.

Essa relação social de produção não se coaduna na concepção marxiana de relações capitalistas de produção — centradas no trabalho assalariado e na forma específica que assumiu na indústria na Inglaterra. Na verdade, as relações sociais de produção nos seringais levantam questões sobre esse conceito. Assim, discuti as controvérsias em torno dessa ideia e sistematizei um conceito de relações capitalistas de produção definidas não apenas pelo trabalho assalariado. Ao contrário, elas são definidas pela propriedade privada dos meios de produção em que o proprietário comandava o processo de produção, subordinando os trabalhadores ao seu objetivo de lucro para garantir a acumulação de capital.

Nessa definição, classe não é uma categoria impessoal de análise, mas uma condição social construída historicamente envolvendo diferentes relações sociais. Essa e outras circunstâncias — como o uso ecológico dos recursos naturais, o fato de a produção ter sido muito afetada pelo ciclo de colheita definindo a ociosidade laboral durante aproximadamente quatro meses do ano, as condições específicas de acesso e de vida em seringais distantes — definiram um padrão de relações de trabalho baseado não apenas no trabalho assalariado, mas em diferentes categorias de trabalhadores, nas quais os lucros derivavam e se sustentavam na extração de mais valia, taxa de aluguel (renda) e de frete, bem como na diferença de preços da borracha na compra e venda de borracha. Os lucros resultavam também do pagamento de juros de empréstimos em dinheiro (débito inicial do trabalhador imigrante). Os lucros se tornavam capital, ao serem reinvestidos na esfera da produção (capital produtivo) ou do comércio (capital comercial) ou capital usurário (dinheiro destinado aos empréstimos iniciais a juros a trabalhadores imigrantes até por volta da década de 1920). Esses eram os pilares da acumulação de capital.

Essa definição implica na discussão não apenas das relações de trabalho, mas também da lucratividade e da acumulação de capital. A literatura tem negligenciado essa questão ao ver os seringais sob a perspectiva da noção ocidental de civilização e progresso, atribuindo automaticamente um caráter de "fracasso" à não adaptação dessas empresas ao padrão de desenvolvimento e progresso representado pela tecnologia moderna da borracha monocultural em larga escala. Na verdade, o assunto requer uma investigação em si mesma. Empreendi uma discussão subsidiária sobre certos aspectos dessa questão — aqueles que, a meu ver, são centrais para fazer valer a tese das relações capitalistas de produção e que revelam as fragilidades das interpretações predominantes sobre o tema. Considerando que o principal problema dessa literatura é a ênfase excessiva no padrão de progresso mencionado anteriormente, negligenciando o próprio projeto de mudanças econômicas e políticas dos capitalistas locais e, na verdade, ignorando a maneira como eles investiam o lucro que obtinham na produção de borracha, explorei essa questão tentando compreender o próprio projeto de mudanças econômicas e políticas dos seringalistas e suas relações ecológicas com a natureza, governando suas demandas e decisões acerca de reinvestimentos e mudanças em suas empresas.

Para isso, analisei tanto o duplo movimento dos ingleses *versus* seringalistas (Capítulo 5), quanto os reinvestimentos e mudanças nos seringais, particularmente em um seringal de médio porte localizado no Distrito do Rio Acre (Capítulo 7). A tentativa de compreender os projetos de mudanças econômicas e políticas dos seringalistas por meio da discussão do duplo movimento deve-se ao fato de que esses projetos não foram alcançados de uma vez. Eles foram construídos e modificados ao longo do tempo de acordo com a forma como concebiam e respondiam aos obstáculos à lucratividade e à acumulação de capital impostos pelas circunstâncias históricas em que tomavam decisões. Um dos principais entraves era a forma como se relacionavam com os comerciantes estrangeiros de borracha, particularmente os ingleses que, em parceria com alemães e portugueses, controlavam considerável parte do crédito disponível para a produção de borracha e cerca de metade da borracha exportada da Amazônia, utilizando-se dessa posição para impor preços baixos aos produtores locais e, de fato, utilizá-la para provocar oscilações constantes nos preços da borracha em Belém (Capítulo 5).

Há controvérsias sobre a interpretação da relação entre capitalistas locais-estrangeiros. Fiz um rápido relato dessas controvérsias para tornar preciso o meu argumento. A principal fraqueza das interpretações predominantes sobre o assunto — a noção marxista de imperialismo e as abordagens Estado-nação do imperialismo — tem sido as explicações eurocentristas do mundo, confundindo diferentes assuntos. O movimento dos ocidentais em direção a diferentes economias em todo o mundo tem sido focado não apenas como uma explicação para a economia da metrópole ou para o caráter e propósito de sua presença no exterior. Tem sido aplicado como um modelo explicativo geral para as relações de exploração como um elemento intrínseco do capitalismo em todo o mundo.

Consequentemente, a forma que as relações de exploração capitalista assumiram, como por exemplo, na produção de borracha na Amazônia, foi negligenciada, os capitalistas/trabalhadores locais não foram reconhecidos como atores históricos, enquanto suas visões e formas de interação com circunstâncias históricas particulares, incluindo investimentos estrangeiros, foram focalizadas por meio de preconceitos. Ironicamente, mesmo as abordagens nação-estado do imperialismo ignoram o fato de que os negociantes de borracha estrangeiros entraram em uma nação constituída. Consequentemente, a relação entre capitalistas locais-estrangeiros foi necessariamente moldada pela dinâmica que rege a concessão e intervenção do Estado brasileiro. Finalmente, o movimento dos capitalistas ocidentais em direção à economia da borracha na Amazônia não tem sido distinguido do movimento de seus próprios Estados de origem em direção a essa economia.

Essas visões ofuscam o caráter fundamental da relação seringalistas/seringalistas comerciantes e negociantes de borracha estrangeiros: o de ser uma relação interclasse social. A farta evidência sobre isso me chamou a atenção para a noção de duplo movimento de Polanyi, que foi repensada particularmente pela incorporação de características específicas da relação entre seringalistas/seringalistas-comerciantes e negociantes de borracha estrangeiros. Assim, utilizei uma noção de duplo movimento que reconhece a importância da influência indireta dos negociantes de borracha estrangeiros na medida em que os seringalistas construíram seu projeto de mudanças econômico-políticas e decisões de reinvestimentos, em grande medida atuando-reagindo aos seus movimentos em direção à economia da borracha. No entanto, a ênfase está no papel crucial desempenhado pelos investidores locais, ao mesmo tempo em que as circunstâncias históricas com as quais estavam lidando foram consideradas.

Os resultados revelaram que, embora eles tivessem interesses de classe convergentes, eles tinham interesses específicos, esses originados em sua diferente condição econômica de capitalistas proprietários de terra/produtivos *versus* capitalistas comerciais-financeiros e em suas diferentes nacionalidades e ideologias diversas, provocando embates. Mesmo a ideologia do liberalismo e do mercado autorregulado tomou uma forma específica quando defendida pelos capitalistas proprietários de terra/produtivos locais. Na verdade, eles resistiam ao sentido que essa ideologia tomava quando defendida por comerciantes de borracha estrangeiros, particularmente os comerciantes e "brokers" ingleses/Estado britânico, cujos princípios do liberalismo e do mercado autorregulado se misturavam fortemente com o princípio spenceriano da "sobrevivência do mais apto" e a mentalidade imperialista, implementando ações para alijar o capital usurário-comercial local e a produção de borracha em si, especialmente, em 1906-08.

Além disso, a interação/uso ecológico dos recursos naturais pelos seringalistas moldou uma visão crítica da tecnologia da borracha monocultural em larga escala. Isso, em grande medida, influenciou tanto o modo como eles aperfeiçoaram os métodos de fabricação da borracha quanto a sua decisão de não adaptar os seringais ao padrão de progresso e tecnologia representado pelas *rubber plantations*.

Portanto, as dificuldades enfrentadas por seus empreendimentos, em decorrência do movimento dos negociantes estrangeiros em direção à economia da borracha e do surgimento e promoção da tecnologia *rubber plantations*, sob forte intervenção do império britânico, foram respondidas de diferentes maneiras. Em primeiro lugar, o projeto de mudanças econômicas e políticas dos seringalistas preocupava-se com o controle dos mercados e do sistema bancário, com a melhoria das infraestruturas de transporte, com a tributação, com o custo da mão de obra etc., e não com a borracha monocultural em larga escala. Suas demandas em relação a esse projeto foram frustradas pela resposta parcial e intervenção do governo central orientada pela noção ocidental de civilização e progresso, tentando adaptar a produção de borracha à tecnologia das plantações, chocando-se com sua visão ecológica sobre o uso dos recursos naturais.

Uma vez deixados praticamente a si mesmos, a resposta dos seringalistas aos obstáculos à produção lucrativa da borracha foi orientada por sua própria avaliação da economia da borracha e visões sobre tecnologia. Na profunda crise da década de 1910, algumas empresas de borracha localizadas em seringais menos importantes faliram, assim como algumas casas aviadoras e o aluguel de seringais aumentou gradualmente depois disso, algo que se tornou evidente após 1920. No entanto, a produção de borracha na região sobreviveu a essas dificuldades. No Distrito do Rio Acre, os seringalistas concentraram a produção na Fina Hard Pará, implementaram algumas mudanças nas relações de trabalho e muitos deles diversificaram as atividades econômicas, passando a produzir mercadorias tanto para o mercado externo quanto para o interno. Dessa forma, garantiram rentabilidade e expansão de capital.

Essas evidências apontam para a necessidade de rever três outras suposições em torno da ideia de relações de produção não ou pré-capitalistas na Amazônia. Em primeiro lugar, levantou questões sobre a noção de que havia uma expansão extensiva das atividades produtivas apenas por meio de investimentos em novas terras. Ao contrário, a produção foi intensificada pelo investimento em melhorias tecnológicas e na diversificação das atividades econômicas dentro de uma mesma propriedade, bem como pela intensificação do nível de exploração do trabalho em tempos de crise nos preços da borracha, por meio (1) do aumento do número de caminhos de seringueiras ou da redução do número de caminhos de seringueiras, mas cada um tendo um maior número de árvores de goma elástica, e (2) da redução do número de trabalhadores. Com isso, ocorre uma intensificação do trabalho do seringueiro.

O segundo pressuposto questionado pelos resultados é o do trabalho escravo. Inúmeras características desautorizam a qualificação do seringueiro como escravo, dentre as quais, o fato de que somente por ser trabalhador livre, portanto, responsável por sua sobrevivência, contraia dívidas. Escravo é uma propriedade, uma mercadoria, do escravista. Nessa condição, ele/ela não contrai dívidas, pois sua manutenção é responsabilidade de seu proprietário: o escravista. A questão da dívida e seus desdobramentos nas relações de trabalho foram abordados por meio de estudo das circunstâncias que levaram o capital produtivo a estabelecer relações comerciais-usurárias com o trabalhador-produtor direto da borracha da forma que o fez, bem como do enfoque das características gerais e específicas, juntamente às implicações dessas relações comerciais-usurárias para o tipo de relação de trabalho que se desenvolveu na empresa de borracha. O seringueiro era trabalhador livre que exercia suas funções sob o comando administrativo direto e comercial-usurário indireto dos seringalistas.

Na condição de homens livres, imigrantes nordestinos preferiam os seringais aos cafezais por várias razões, incluindo a relativamente maior rotatividade de trabalhadores dos primeiros. Casos de violência nas relações de trabalho não refletem "selvageria imprimida pela selva inculta e inacabada", mas, sim, métodos modernos utilizados por capitalistas, naquela época e naquelas circunstâncias, inclusive nas plantações de borracha da Malásia, para submeter pessoas comuns aos seus interesses de lucro.

O terceiro pressuposto que os resultados permitem questionar é o da imobilização do trabalho. Havia, sim, o interesse do seringalista em imobilizar a mão de obra, uma vez que lidava com uma situação de relativa carência de mão de obra. Não obstante, observei que sempre houve um grau de rotatividade do trabalho nos seringais, propiciado, inclusive, por formas de resistência coletiva dos seringueiros à condição de endividado. Mudanças como a diversificação das atividades econômicas dentro da propriedade e na condição dos seringueiros como produtores exclusivos de borracha provocaram, concomitantemente, um aumento gradual do engajamento tanto do trabalho assalariado quanto dos trabalhadores remunerados por resultados ou produção que foram acompanhados por níveis crescentes de rotação do trabalho.

Este trabalho focalizou o processo de acumulação na produção de borracha de forma necessariamente incompleta. Fiz apenas referências laterais a certos aspectos muito importantes do processo de diversificação da atividade econômica e à passagem da mediação das casas aviadoras/casas exportadoras no sistema de crédito, para as transações diretas com bancos, após meados da década de 1910 e, particularmente, na década de 1920. Além disso, limitei a análise a um seringal situado no Distrito do Rio Acre, deixando de lado o restante das propriedades dessa área e a produção e economia da borracha como um todo.

Por fim, não me referi à forma como o excedente/lucro/renda foi gerado e acumulado no setor como um todo e como a distribuição afetou aqueles diretamente envolvidos nele. Isso constitui um objeto de pesquisa por direito próprio e as condições demoradas e muito caras em que a investigação histórica foi realizada deixaram claro que, para focar em tais aspectos, seria necessário muito mais tempo e apoio financeiro do que eu realmente tive.

REFERÊNCIAS

MANUSCRITOS E DOCUMENTOS HISTÓRICOS RAROS

ARQUIVO HISTÓRICO DO ITAMARATY(AHI). *Ofícios expedidos pelo Brazilian General Consulate of Liverpool para o governo brasileiro referentes aos períodos:* 1843 a 1932. Brasília, DF.

ARQUIVO HISTÓRICO DO ITAMARATY. *Ofícios expedidos pelo Consulado de Londres,* v. 255/1/5, anos 1927-1228, Brasília, DF.

ARQUIVO HISTÓRICO DO ITAMARATY. *Adido Comercial em Londres* - Ofícios 1919-1922, maço 270/2/4; janeiro/1927 a novembro/1928, volume 270/2/5; janeiro/1929 a dezembro/1930, volume 270/2/6, Brasília, DF.

ARQUIVO HISTÓRICO DO ITAMARATY. *Ofícios recebidos pelo Brazilian General Consulate of Liverpool,* v. 254/1/7, jan./jun. 1926, Brasília, DF.

ARQUIVO HISTÓRICO DO ITAMARATY. *Telegramas expedidos.* Livro 254/2/7. 1901-1930, Brasília, DF.

ARQUIVO HISTÓRICO DO ITAMARATY. *Guias de Correspondências expedidas.* Mar. 1920/dez. 1930. Cód. 254/2/9, Brasília, DF.

ARQUIVO HISTÓRICO DO ITAMARATY. *Missões Especiais no Estrangeiro* - Grã--Bretanha 1843, correspondências expedidas pelo Visconde do Rio Grande, Chefe da Missão, v. 271/4/6, 1843, Brasília, DF.

ARQUIVO HISTÓRICO DO ITAMARATY. *Firmas Comerciais* - Ofícios e Telegramas Expedidos nos períodos: 1914-16, maço 314/4/9; 1917-18 maço 314/4/10; 1919-20 maço 314/4/11; 1921-26, maço 314/4/12; 1927-28, maço 314/4/13; 1929-30, maço 314/4/14, Brasília, DF.

ARQUIVO HISTÓRICO DO ITAMARATY. *Cias de Navegação* - Ofícios Recebidos, períodos 1842-1970 maço 313/3/23; 1871-1899, maço 313/3/24; 1900-1915, maço313/3/25; 1910-15, maço 313/4/3, Brasília, DF.

ARQUIVO HISTÓRICO DO ITAMARATY. *Associações Comerciais* – Ofícios expedidos 1861-1920, v. 313/2/5, 1861-1920, Brasília, DF.

ARQUIVO HISTÓRICO DO ITAMARATY. *Consulado de Liverpool* – Ofícios 1842-1853, Ofício reservado n. 56, mar. 252/4/8, Brasília, DF.

ARQUIVO NACIONAL DO RIO DE JANEIRO. *SDA 001, Código 988*. Rio de Janeiro, v. 3-5. Documentos referente ao Território do Acre para o período de 1903 a 1904.

ASSOCIAÇÃO COMERCIAL DO PARÁ. *Relatórios Anuais para o período de 1867 a 1915.*

ASSOCIAÇÃO COMERCIAL DO PARÁ. *Livro de Atas de Reuniões Ordinárias e Extraordinárias e Assembleias Gerais do Período de 13/02/1864 a 09/01/1877*. 10 fev. 1870.

ASSOCIAÇÃO COMERCIAL DO PARÁ (ACP). *Livro de Atas de Assembléias Gerais* relativas ao período de 13/2/1864 a 9/1/1877, Belém-PA.

ASSOCIAÇÃO COMERCIAL DO PARÁ (ACP). *Livros de Atas de Sessões Ordinárias* referente aos períodos de 3/10/1870 a 17/6/1881, Belém-PA.

ASSOCIAÇÃO COMERCIAL DO PARÁ. *Livros de Atas de Sessões Ordinárias e Extraordinárias* referente ao período de 1/7/1881 a 23/3/1888; de 5/5/1888 a 19/4/1893; de 2/8/1893 a 1/9/1911, Belém-PA.

ASSOCIAÇÃO COMERCIAL DO PARÁ. Livro de Atas de Assembleias Gerais referente aos períodos de 13/9/1911 a 5/8/1914; de 25/10/1911 a 5/3/1934, Belém-PA.

ASSOCIAÇÃO COMERCIAL DO PARÁ. *Livro de Atas* referente aos períodos de 4/11/1911 a 27/1/1914; de 11/11/1915 a 22/11/1917; de 29/11/1917 a 08/04/1921; de 18/04/1921 a 25/01/1917, Belém-PA.

ASSOCIAÇÃO COMERCIAL DO PARÁ. *Pasta de Correspondências Recebidas* de 3/1/1870 a 20/12/1870; de 5/1/1872 a 26/12/1872; de 23/1/1874 a 30/12/1874; de 2/1/1877 a 27/12/1877, Belém-PA.

ASSOCIAÇÃO COMERCIAL DO PARÁ. *Registro de Correspondências de 5/5/1881 a 20/4/1895*. Belém-PA.

ASSOCIAÇÃO COMERCIAL DO PARÁ. *Pasta de Correspondências referente ao ano 1916*. 1916, Belém-PA.

BIBLIOTECA E ARQUIVO PÚBLICO DO PARÁ (BAPP). *Cônsules* (correspondências entre os Governos do Pará e o Consulado Britânico em Belém). Pará, livro n. 673, 1925-1926.

BIBLIOTECA E ARQUIVO PÚBLICO DO PARÁ. Fonte: Secretaria da Presidência da Província. *Ofícios dos Cônsules* (séries 13. Ofícios), anos: 1851-59, caixa no. 162; 1860-68, caixa no. 241; 1870-79, caixa no. 317; 1880-87, caixa no. 374, Belém-PA.

BIBLIOTECA E ARQUIVO PÚBLICO DO PARÁ. Secretaria do Governo. *Cônsules* (Legação dos Estados Unidos do Brasil). Ofícios referentes aos anos 1889-1899, 1900-1906, Belém-PA.

BIBLIOTECA E ARQUIVO PÚBLICO DO PARÁ. *Cônsules*. Livro 673, correspondências referentes aos anos de 1814 a 1826, Belém-PA.

BIBLIOTECA E ARQUIVO PÚBLICO DO PARÁ. Carta do Consulado Britânico assinada pelo cônsul substituto Arthur Sabuston em 01/10/1882. *In:* BAPP. *Ofícios Diversos.* Consulados do Pará, 1880-1887. Origem: Secretaria da Presidência da Província, Caixa 374, Belém-PA.

GOVERNO DO AMAZONAS, 1839. *Correspondências com o governo em 1838 e 1839.* Belém, Códices da BAPP (originais), v. 837 (Carta do Comandante Militar da Expedição do Amazonas de 16/07/1838 e 15/07/1839").

CARTÓRIO CHERMONT (CC), *Indice de Escrituração 1812-1975*. Livros de Escrituras Publicas referente aos anos de 1812 a 1932, Belém-PA.

CARTÓRIO DO TABELIÃO MANOEL ANTÔNIO LESSA, *Livro no. 221 de Registros de Propriedades*, fls. 8 e verso, 02/03/1906. Manaus, no Estado do Amazonas, 1906.

DIÁRIO de Belém, Belém do Pará, referente aos anos de 1868 a 1892.

DIÁRIO do Commércio, Belém do Pará, referente aos anos de 1854 a 1859.

DIÁRIO Oficial dos Estados Unidos do Brasil, ano XLVIII, 2º da República, n. 68, 24 mar. 1909.

DIÁRIO Oficial "El Acre", ano II, n. 42, 1902.

DIÁRIO DO SERINGAL ITU. *Diário da Casa Commercial de Honório Alves das Neves & Companhia*. Instalada no Seringal Itu, referente ao período de 6 fev. a 31 dez. 1930, 200 páginas. 1930. Rio Branco-AC.

DIÁRIO DO SERINGAL ITU. *Diário e Balanço da Firma Commercial de Honório Alves Companhia*. Referente ao período de 01 de fevereiro de 1910 a 02 de janeiro de 1911, 230 páginas. 1911. Rio Branco-AC.

DIÁRIO DO SERINGAL ITU. *Diário e Livro de Balanço de Conta-Corrente do Seringal "ITU"*, de Honório Alves das Neves, referente ao período de 1 mar. 1913 a 30 jun. 1916, 500 páginas. Rio Branco-AC.

JORNAL A Capital, Rio Branco Acre State, referente aos anos de 1921 a 1922.

JORNAL Alto Acre, Rio Branco, Acre State, 29 jun. 1913.

JORNAL Folha do Acre, Rio Branco Acre State, referente aos períodos de 5 jan. 1922 a 30 maio 1923.

JORNAL Folha do Norte, Belém do Pará, referente ao mês de abril de 1909 e aos anos de 1910 a 1913 e de 1920 a 1930.

JOURNAL of the Royal Society of Arts, v. LI, June 5, 1905.

JOURNAL of the Royal Society of Arts, v. LIV, Dec. 1, 1905.

JOURNAL of the Royal Society of Arts, v. LIV, Feb. 16, 1906.

JUNTA COMERCIAL DO PARÁ (Jucepa). *Registro de Firmas*, 1840-1930. Belém-PA.

JUNTA COMERCIAL DO ACRE (JCA). *Registro de Firmas, 1904-1930*. Rio Branco-AC.

THE PUBLIC RECORD OFFICE: *Consular reports and correspondences* recorded as F.O. 13/322 (1824-1905), F.O. 13/492 (1872), F.O. 13/543 (1878); F.O. 97 (1850-1860); F.O. 368 (1906-1919); F.O. 369 (1906-1944); F.O. 371 (1906-1921), Londres/Inglaterra.

THE PUBLIC RECORD OFFICE. F.O. 368/274. *Carta de uma casa de exportação inglesa de 20 de novembro de 1908*. 1909a. Londres/Inglaterra.

THE PUBLIC RECORD OFFICE. F.O. 368/274. *Carta de um negociante de borracha inglês de 12 de novembro de 1908*. 1909b. Londres/Inglaterra.

THE PUBLIC RECORD OFFICE. F.O. 368/173. *Carta do Ministro Britânico em Petrópolis de 24 de novembro de 1908*. 1908. Londres/Inglaterra.

THE PUBLIC RECORD OFFICE. F.O. 368/274. *Carta do Sr. Cement de 28 de outubro de 1908*. 1908. Londres/Inglaterra.

THE PUBLIC RECORD OFFICE. F.O. 368/274, *Letter by the Vice-consul Fletcher to the consul Casement*. Manaus, June 20th, 1908. Londres/Inglaterra.

THE PUBLIC RECORD OFFICE. F.O. 368/274, *Telegram of Mr. Cheetham of December 31st, 1908*. 1908. Londres/Inglaterra.

THE PUBLIC RECORD OFFICE. F.O. 368/274, *Letter of the British Consul, Pará, October 24th, 1908*. 1908. Londres/Inglaterra.

TRIBUNAL DE JUSTIÇA DO ESTADO DO PARÁ (TJ E). *Autos Civis* (Juiz Seccional do Estado do Pará. Supremo Tribunal Federal. Autos Civis de Peças Ordinárias), período 1877-1921. Belém-PA.

LITERATURA CONTEMPORÂNEA E ACADÊMICA ATUAL

A CRISE da borracha na Amazônia. *Revista da ACA*, Manaus, n. 65, nov. 1913.

ACUNÃ, Cristobal de. *Voyages and Discoveries in South-America, the First UP the River of Amazons to Quito in Peru, and Back Again to Brazil.* London: C. Buckley, 1698.

ABRAMOVAY, Ricardo. *Paradigmas do Capitalism agrário em questão.* São Paulo; Rio de Janeiro; Campinas: Anpocs/ED: Unicamp, 1992.

A BORRACHA – o Pará e seu comércio. *Jornal A Província do Pará*, Belém, 25 out. 1908.

ADELMAN, Jeremy. *Fronteir Development* – Land, Labour and Capital on the Wheatlands of Argentina and Canada, 1890-1914. Oxford/New York: Oxford University Press, 1994.

A DESVALORIZAÇÃO da borracha. *Revista da ACP*, n. 26, p. 13, 2º sem. 1928.

ALDEN, Dauril. *O significado da produção de cacau na região amazônica.* Belém: Naea/Fipam, 1974.

AKERS, Charles Edmond.; RENDLE, H. C.; LUGONES, F. *Comissão de Investigação do Valle do Amazonas.* Belém: [*s. n.*], 1912. Mimeografado.

AKERS, Charles Edmond. *Relatório sobre o Valle do Amazonas*: sua indústria da borracha e outros recursos. Rio de Janeiro: Typ. Do Jornal do Commercio, 1913.

AKERS, Charles Edmond. *The Rubber Industry in Brazil and the Orient.* London: Mathew and Co. Ltd., 1914.

ALMEIDA, Maria de. *Os Vassalos D ´El Rey nos Confins da Amazônia* – A Colonização da Amazônia Ocidental, 1750-1798. 1990. Dissertação (Mestrado em História) – Instituto de Ciências Humanas e Filosofia – Universidade Federal Fluminense, Niterói, RJ.

ALVES FILHO, Armando *et al. Pontos de História da Amazônia vol. 1.* 3. ed. Rev e Amp. Belém: Paka-Tatu, 2001.

AMIN, Samir. *Eurocentrismo.* New York: Monthly Review Press, 1989.

ANNAES DA BIBLIOTHECA E ARQUIVO PUBLICO DO PARÁ. *Tomo I*. Belém: Imprensa de Alfredo Augusto Silva, 1902.

ANNAES DA BIBLIOTHECA E ARQUIVO PUBLICO DO PARÁ. *Tomo III*. Belém: Governo do Estado do Pará, 1968.

ANDERSON, Benedict R. *Imagined Communities* – Reflextion on the Origin and Spread of Naitonalism. London/New York: Verso, 1990.

ANDERSON, Robin Leslie. *Following Curupira*: Colonization and Migration in Pará, 1758-1930 as a study in a settlement of the humid Tropic. California: University of California Davis, 1976.

ANDERSON, S. Engenhos na Várzea. *In:* LENA, Philippe; OLIVEIRA, Adélia Engrácia de (org.). *AMAZÔNIA: a Fronteira Agrícola 20 anos Depois*. Belém: Museu Paraense Emílio Goeldi, 1991. p. 101-124.

A NOSSA borracha. *Jornal A Província do Pará*, 2 nov. 1908.

ARAUJO LIMA, Joaquim. A Exploração Amazônica. *Revista Brasileira de Geografia*, Rio de Janeiro, IBGE, jun./set. 1943.

ARNOLD, David. *The Age of Discovery 1400-1600*. London: Routledge, 2002.

ARNOLD, David; Guha, R. *Nature, Culture, Imperialism*: Essays on the Environmental History of South Asia. Delhi/Oxford: Oxford University Press, 1997.

ARQUIVO NACIONAL (BRASIL). *Fiscais e Ribeirinhos*: a Administração no Brasil Colonial. Rio de Janeiro: Nova Fronteira, 1985. (Coordenação Graça Salgado).

ASSOCIAÇÃO COMERCIAL DO AMAZONAS (ACA). *Revista da Associação Comercial do Amazonas*, Manaus, n. 4, out. 1908a.

ASSOCIAÇÃO COMERCIAL DO AMAZONAS. *Revista da Associação Comercial do Amazonas*, Manaus, n. 5, nov. 1908b.

ASSOCIAÇÃO COMERCIAL DO AMAZONA. *Revista da Associação Comercial do Amazonas*, Manaus, n. 7-9, jan. 1909.

ASSOCIAÇÃO COMERCIAL DO AMAZONAS. *Revista da Associação Comercial do Amazonas*, n. 13-15, jul. 1909.

ASSOCIAÇÃO COMERCIAL DO AMAZONAS. *Revista da Associação Comercial do Amazonas*, Manaus, n. 19, jan. 1910.

ASSOCIAÇÃO COMERCIAL DO AMAZONAS. *Revista da Associação Comercial do Amazonas*, Manaus, n. 49, jul. 1912.

ASSOCIAÇÃO COMERCIAL DO AMAZONAS. *Revista da Associação Comercial do Amazonas*, Manaus, n. 51-54, 1912.

ASSOCIAÇÃO COMERCIAL DO AMAZONAS. *Revista da Associação Comercial do Amazonas*, Manaus, n. 55-61, 1913.

ASSOCIAÇÃO COMERCIAL DO AMAZONAS. *Revista da Associação Comercial do Amazonas*, Manaus, n. 63-65, 1913.

COMERCIAL DO AMAZONAS. *Revista da Associação Comercial do Amazonas*, Manaus, n. 67-69, 1914.

ASSOCIAÇÃO COMERCIAL DO AMAZONAS. *Revista da Associação Comercial do Amazonas*, Manaus, n. 72-73, 1914.

ASSOCIAÇÃO COMERCIAL DO PARÁ. *Pastas de Correspondências referente aos anos de 1915 a 1934.*

ASSOCIAÇÃO COMERCIAL DO PARÁ. *Revista Comercial, Industrial e Agrícola do Pará*, n. 1, jan. Set.1919.

ASSOCIAÇÃO COMERCIAL DO PARÁ. *Revista Comercial, Industrial e Agrícola do Pará,* n. 3, jun. 1919.

ASSOCIAÇÃO COMERCIAL DO PARÁ. *Revista Comercial, Industrial e Agrícola do Pará,* n. 4-6, 1919.

ASSOCIAÇÃO COMERCIAL DO PARÁ. *Revista Comercial, Industrial e Agrícola do Pará,* n. 1, jan. 1920.

ASSOCIAÇÃO COMERCIAL DO PARÁ. *Revista Comercial, Industrial e Agrícola do Pará do Pará*, n. 3, mar. 1920.

ASSOCIAÇÃO COMERCIAL DO PARÁ. *Revista Comercial, Industrial e Agrícola do Pará do Pará*, n. 6, jun. 1920.

ASSOCIAÇÃO COMERCIAL DO PARÁ. *Revista Comercial, Industrial e Agrícola do Pará do Pará*, n. 1-2, jan./fev. 1923.

ASSOCIAÇÃO COMERCIAL DO PARÁ. *Revista Comercial, Industrial e Agrícola do Pará do Pará*, n. 21-30, 1923.

ASSOCIAÇÃO COMERCIAL DO PARÁ. *Revista Comercial, Industrial e Agrícola do Pará*, n. 1-12, 1924.

ASSOCIAÇÃO COMERCIAL DO PARÁ. *Revista Comercial, Industrial e Agrícola do Pará*, n. 1-12, 1927.

ASSOCIAÇÃO COMERCIAL DO PARÁ. *Revista Comercial, Industrial e Agrícola do Pará*, n. 25-26, 1928.

ASSOCIAÇÃO COMMERCIAL DO PARÁ (LE COINTE, Paul). *A cultura do cacau na Amazônia*. Belém: Imprensa Official do Estado, 1918.

ASPROMOURGOS, Tony. *On The Origins of Classical Economics* – Distribution and Value from William Petty to Adam Smith. London and New York: Routledge, 1995.

ASTON, Trevor Henry; PHILIPIN, C.H. *The Brenner Debate*: Agrarian Class Structure and Economic Development in Pre-industrial Europe. Cambridge: Cambridge University Press, 1985.

AUDRIN, José M. *Os Sertanejos que eu conheci*. Rio de Janeiro: Livraria José Olímpio Ed. (Documentos Brasileiros), 1963.

AZEVEDO, João Lúcio de. *O Marquês de Pombal e a sua época*. São Paulo: Alameda, 2004.

BAENA, Antônio Ladislau Monteiro. *Ensaio Corográfico Sobre a Província do Pará*. Belém: [*s. n.*], 1839.

BALLÉE, William. "The culture of Amazonian Forests". *In:* POSEY, Darrel; BALLÉE, William (ed.). *Resource Management in Amazonia*: Indigenous and Folk Strategies. New York: The New York Botanical Garden, 1989. p. 1-21.

BANAJI, Jairus. For a Theory of Colonial Modes of Production. *Economic and Political Weekly*, Bombay, v. VIII, n. 52, Dec. 1972.

BANAJI, Jairus. Modes of Production in a Material Conception of History. *Capital and Class*, Ireland, v. 3, Autumn 1977.

BARATA, Manoel de Melo Cardoso. *A antiga Produção e exportação do Pará* – estudo histórico-economico. Belém: Tipografia da Livraria Gillet (Torres & Cia.), 1915.

BARLOW, Colin *at alie*. *The World Rubber Industry*. London/New York: Routledge, 1994.

BARLOW, Colin. *The natural rubber industry*. Kuala Lumpur: Oxford University Press, 1978.

BARMAN, Roderick J. Business and Government in Imperial Brazil: the Experience of Viscount Mauá. *Journal of Latin American Studies*, v. 13, n. 2, p. 239-64, 1981.

BASTOS, Abguar. *A Conquista Acreana*. Rio de Janeiro: Ed. Conquista, 1958. (Série: Coleção Araújo Lima).

BATES, Henry Walter. *Um Naturalista no Rio Amazonas*. São Paulo: Imprensa Nacional, 1979. (Primeira publicação em inglês: *Naturalist on the River Amazon*, 2 vols., London, 1863).

BATISTA, Izaque de Oliveira. História e Influência Indígena na Sociedade Marajoara: a colonização de Breves. *Revista Zona de Impacto*, Rondônia, ano 17, v. 2, jun./dez. 2015. Disponível em: https://revistazonadeimpacto.unir.br/2015_2_historiaeinfluenciaindigena.html. Acesso em: 11 mar. 2025.

BAUER, Peter Tamás. *The Rubber Industry, a Study in Competition and Monopoly*. Cambridge: Harvard University Press, 1948.

BELLO, José Maria. *História da República (1889-1954)*. 6. ed. São Paulo: Companhia Editora National, 1972. v. 67.

BELLUZZO, Luiz Gonzaga de Mello. *Valor e Capitalismo* – um Ensaio Sobre a Economia Política. São Paulo: Brasiliense, 1980.

BENCHIMOL, Samuel. *Amazônia:* um pouco-antes e além-depois. Manaus: Umberto Calderaro, 1977.

BENCHIMOL, Samuel. *O Cearense na Amazônia*. Rio de Janeiro, Conselho de Imigração Colonização, 1944. Disponível em: https://amazonia.ibict.br/biblioteca/o-cearense-na-amazonia/. Acesso em: 11 mar. 2025.

BENOLIEL, Roberto. A Borracha do Amazonas na Exposição de Londres. *Revista da ACA*, n. 5, Manaus, 5 nov. 1908.

BENTES, Rosineide da Silva. "Frontier Approaches to the Amazon: Historical Denial and the Invisibility of Regional Society", the Brazilian Studies Committee Roundtable. *In:* CONFERÊNCIA da American Historical Association (AHA). São Francisco, California, U.S.A., jan. 2002. Disponível em: https://www.historians.org/past-meeting/2002-annual-meeting/. Acesso em:

BENTES, Rosineide da Silva. A apropriação ecológica de seringais na Amazônia e a advocacia das *rubber plantations*. *Revista de História* (USP), São Paulo, v. 151, p. 115-150, 2004.

BENTES, Rosineide da Silva. Apropriação Geomercantil da Terra - Bases históricas do sistema de dominação na Amazônia. *In:* LUSOTOPIE – Enjeux Contemporains dans les spaces lusophones. *L'Oppression Paternalist au Brésil*. Paris: Karthala, 1996b. p. 163-172.

BENTES, Rosineide da Silva. Concepções conflitantes de terra e tecnologia na Amazônia: revisitando a promoção das rubber plantations em 1900-1915. *Revista Foco*, Curitiba (PR), v. 15, n. 5, e527, p. 1-29, 2022.

BENTES, Rosineide da Silva. Conflicting senses of natural physical environment (land) and tecnhnology in the Amazon: reviewing the stimulus to rubber plantations in 1900-1915. *In:* SEVEN Editora (org.). *Development and its applications in scientific knowledge*. Curitiba (PR): Seven Editora, 2023. Disponível em: https://sevenpublicacoes.com.br/editora/article/view/418. Acesso em: 11 mar. 2025.

BENTES, Rosineide da Silva. Dificuldades da ciência moderna para compreender e valorizar a Medicina Tradicional Popular Amazônica (MTPA). *In:* BENTES, Rosineide da Silva; FIGUEIRA, Claudia Laurido (org.). *AMAZÔNIA*: Olhares para a Educação e o Ensino. Curitiba: CRV, 2022, p. 49-78. (Coleção Série Vidas vol. 3).

BENTES, Rosineide da Silva. *Fronteira e Campesinato na Amazônia*: Para Além da Fronteira – Estudo Sobre a Formação de Campesinato. 1992. Dissertação (Mestrado Interdisciplinar em Planejamento Internacional do Desenvolvimento) – Núcleo de Altos Estudos Amazônicos (NAEA), Universidade Federal do Pará (UFPa), Belém, 1992.

BENTES, Rosineide da Silva. Perfil da Ocupação dos Castanhais. *Revista Pará Agrário, Os Castanhais*, Belém, IDESP, Edição Especial, 1992a.

BENTES, Rosineide da Silva. Preconceito verde no debate sobre políticas para a borracha nos anos 1900-1915. *In:* BENTES, Rosineide da Silva (org.). *AMAZÔNIA – Meio Ambiente, Qualidade de Vida, Saúde e Temas Afins*. Curitiba/Pr: CRV, 2021, Cap. 8, p. 171-210.

BENTES, Rosineide da Silva. *Relatório da Pesquisa Cnpq DCR "Natureza e Tecnologia*: o Simbolismo da Amazônia para o Império Britânico nos anos 1900-1915 e as Políticas Brasileiras para a Borracha". Belém: Museu Paraense Emílio Goeldi, 2006. 65p.

BENTES, Rosineide da Silva. *Rubber Enterprises in the Brazilian Amazon, 1870-1930.* 1998. Tese (Doutorado em História) – Departamentos de História Econômica, História Social e de Política Social, London School of Economics and Political Sciences (LSE), London, 1998.

BENTES, Rosineide da Silva. Uma nova abordagem sobre a história da borracha: o protagonismo da sociedade amazônica na história da apropriação e do uso ecológico da terra". *In:* ALBUQUERQUE, Gerson R. (org.). *"Nós e eles"*: os outros – conversas sobre as Amazônias. Rio Branco: Edufac, 2007. p. 99-162.

BERKI, Robert Nandor. *The Genesis of Marxism*. London: M.J. Dent & Sons, 1988.

BERNAL, Martin. *Black Athena*. The Afroasiatic Roots of Classical Civilization. New Brunswick: Rutgers University Press, 1987.

BETHELL, Leslie. *The abolition of the Brazilian slave trade*: Britain, Brazil and the slave question, 1807-1869. London: Cambridge University Press, 1970.

BETHELL, Leslie. The Independence of Brazil. *In:* BETHELL, Leslie (ed.). *Brazil* – Empire and Republic 1822-1930. London: Cambridge University Press, 1989. p. 3-44.

BETHELL, Leslie; CARVALHO, José Murilo de. Brazil from Independence to the Middle of the Nineteenth Century. *In:* BETHELL, Leslie (ed.). *The Cambridge History of Latin America, vol. III From Independence to c. 1870.* Cambridge: Cambridge University Press, 1985. p. 679-745.

BLOCH, Marc Léopold Benjamin. *Feudal Society*. Chicago: University of Chicago Press, 1964.

BONACICH, Edna. Advanced Capitlism and Black/White Race Relations in US: A split labor market interpretation, *American Sociological Review*, Chicago, v. 41, p. 34-51, 1976.

BONFIN, Sócrates. Um Esboço da Vida Amazônica. *In:* BRASIL. Presidência da República. *Valorização Econômica da Amazônia, Subsídios para o seu Planejamento.* Rio de Janeiro: Departamento de Imprensa Nacional, 1954. p. 14-47.

BORRACHA do Brasil. *Revista da ACA*, Manaus, n. 53, p. 3-5, 10 nov. 1912.

BOWLER, Peter. *The Environmental Sciences.* London: Fontana Press, 1992.

BRASIL. Ministério da Agricultura, Indústria e Commércio – Diretoria Geral de EstatIstica. *Recenciamento do Brazil (realizado em 1 de setembro de 1920) - Vol. IV (1a. Part) – População.* Rio de Janeiro: Typ. da Estatistica, 1926. p. X-XII.

BRASIL. Ministério da Agricultura, Indústria e Commércio. *In:* CONFERÊNCIA NACIONAL DA BORRACHA, 1., 1946, Rio de Janeiro. *Anais* [...]. Rio de Janeiro: Superintendência da Borracha, 1946. Tomo I.

BRASIL. Ministério da Agricultura, Indústria e Commércio. *Relatório sobre as Condições Médico-Sanitárias do Valle do Amazonas pelo Dr. Oswaldo Cruz.* Rio de Janeiro: Tipografia Do Jornal do Commércio, 1913.

BRAUDEL, Fernand. *The Mediterranean and the Mediterranean World in the Age of Philip II.* New York: Harper & Row, 1972. 2 v.

BRENNER, Robert. *Agrarian Class Structure and Economic Development in Pre-Industrial Europe and The Agrarian Roots of European Capitalism.* Edited by Aston and Philpin. Cambridge: Cambridge University Press, 1985.

BRENNER, Robert. The Origins of Capitalist Development: a Critique of Neo-Smithian Marxism. *New Left Review*, London, UK, v. 104, p. 26-92, jul./aug. 1977.

BREWER, Anthony. *Marxist Theories of Imperialism* – A Critical Survey. London/New York: Routledge, 1990.

BROCKWAY, Lucile H. *Science and colonial expansion*: the role of the British Royal Botanic Gardens. New York: Academic Press, 1979.

BRUIT, Hector H. *Acumulação Capitalista na América Latina.* São Paulo: Brasiliense, 1982.

BUCKLEY, Richad. *Amazonia* – An Ecological Crisis (Understanding Global Issues, 2). London, UK: European Schoolbooks Limited, 1992.

BULCÃO, Soares. O Comendador João Gabriel – A Origem do Nome Acre. *Revista do Instituto Histórico e Geográficos do Ceará*, Instituto do Ceará (Histórico, Geográfico e Antropológico), Fortaleza, Tomo XLV, p. 25-40, 1973.

CABRAL, Alfredo Lustosa. *Dez Anos no Amazonas, 1897-1907.* Paraíba: Escola Industrial, 1949.

CAIN, Peter J.; HOPKINS, Anthony G. *British Imperialism*: Innovation and Expansion 1688-1914. London/New York: Longman, 1994. v. 2

CALIXTO, Valdir de Oliveira. *Aquiri (1898-1909):* Os Patrões e a Construção da Ordem. 1993. Tese (Doutorado em História Social) – Universidade de São Paulo, São Paulo, 1993.

CÂMARA DOS DEPUTADOS. *Reorganiza o Território do Acre.* N. 322. IHGB 198, 9, 3 n. 9, 1909. (Posição da Comissão de Legislação e Justiça sobre a proposta para a concessão de autonomia municipal do Território do Acre).

CÂMARA, M. *Exclusão Espacial nas Regiões e Fundações Coloniais.* Salvador: UFBa, 1971. Mimeografado.

CAMPELO DE SOUZA, Maria do Carmo. *O Processo Político-partidário na Primeira República. Brasil em Perspectiva.* São Paulo: Difusão Européia do Livro, 1973.

CANCELA, Cristina Donza de. *A família na economia da borracha.* Belém: Estudos Amazônicos, 2012 (Coleção Estudos Amazônicos História).

CANO, Wilson. *Raízes da Concentração Industrial em São Paulo.* São Paulo: T.A. Queiroz, 1981.

CARDOSO, Ciro Flamarion. Los modos de production coloniales. *Estudios Sociales Centro americanos,* Bogotá, v. 4, p. 10, jan./apr. 1975.

CARDOSO, Ciro Flamarion. Sobre los modos de produccion coloniales de America, Modos de produccion en America Latina. *Cuadernos de Pasado y Presente,* Cordoba, v. 40, 1973.

CARDOSO, Fernando Henrique. *Empresário industrial e desenvolvimento econômico do Brasil.* São Paulo: Difusão Européia do Livro, 1972.

CARDOSO, Fernando Henrique. The consumption of Dependency Theory in the United States. *Latin American Research Review,* Cambridge, v. 12, n. 3, p. 7-24, 1977.

CARDOSO, Fernando Henrique; FALETTO, Enzo. *Dependência e desenvolvimento na America Latina.* Rio de Janeiro: Zahar, 1970.

CARTAS do governador Mendonça Furtado de 14/02/1754 e 15/05/1754. *In:* ANNAES DA BIBLIOTECA E ARQUIVO PÚBLICO DO PARÁ, Tommo III. Belém: BAPP, 1916.

COSTA, J. Simão da. *O Futuro da Borracha no Brasil do Ponto de Vista Agrícola.* Rio de Janeiro: Tipografia do Jornal do Commercio, 1913.

COSTA, Craveiro. *O fim da epopeia (notas para a história do Acre.* Maceió: Typografia Fernandes, 1925.

CASTRO, José Maria Ferreira de. *A Selva*. 37. ed. Lisboa: Guimarães Editores Ltda, 1955, c1930.

CUNHA, Manuela Carneiro da (org.). *História dos Índios do Brasil*. São Paulo: Fapesp, 1992.

CARONE, Edgar. *A República Velha I*. Instituições e Classes Sociais (1889-1930). Rio de Janeiro: Bertrand, 1988.

CARREIRA, António. *A Companhia Geral do Grão Pará e Maranhão*. São Paulo: Nacional, 1988. 2 v.

CARVALHO, José Murilo de. *A Construção da Ordem* – A Elite Política Imperial. Brasília: Editora da Universidade de Brasília, 1981 (Coleção Temas Brasileiros, vol. 4).

CARVALHO, José Murilo de. *Elite and State Bulding in Imperial Brazil*. Stanford: Stanford University (PhD thesis), 1974.

CASTRO, Ana Célia. *As empresas estrangeiras no Brasil, 1860-1913*. Rio de Janeiro: Zahar Editores, 1979.

CAVALVANTE, Agildo Monteiro. *Brigue Palhaço*. Belém: Editora Café, 2015.

CHANDAVARKAR, Rajnarayan. *The Making of the Working Cass*: E.P. Thompson and Indian History. Cambridge: Trinity College, University of Cambridge, 1997.

CHAVES, Avelino de Medeiros. *Exploração da Hevea no Território Federal do Acre*. Rio de Janeiro, 1913 (monografia apresentada na Exposição Nacional da Borracha como representante dos Departamentos do Alto-Acre e Alto-Purus).

CIDADES Mortas. *Jornal Folha do Norte*, Belém, 1 jan. 1930.

CHIAVENATO, Júlio José. *Cabanagem*: o povo no poder. São Paulo: Brasiliense, 1984.

CLARENCE-SMITH, Gervase. *The Third Portuguese Empire 1825-1975* – A Study in Economic Imperialism. USA/UK: Manchester University Press, 1985.

CLARK, Charles (ed.). *Institutional Economics and the Theory of Social Value:* Essays in Honor of Marc R. Tool. Boston/Dordrecht/London: Kluwer Academic Publishers, 1995.

Clark, Charles. (1995). From Natural Value to Social Value. *In:* CLARK, Charles (ed.). *Institutional Economics and the Theory* of Social Value: Essays in Honor of Marc R. Tool. Springer: Dordrecht, 1995. p. 29-42.

CLEARY, David. *Cabanagem* – documentos ingleses. Belém: Secult/IOE, 2002.

COATES, Austin. *The Commerce in Rubber*: The first 250 years. Singapore: Oxford University Press, 1987.

COHEN, Jacob. *A Seringueira*: considerações oportunas, história de minha cooperação profissional durante 33 anos, 1910-1945. Belém: [*s. n.*], 1944.

COLLINS, James. On India-Rubber, Its History, Commerce, And Supply. *Journal of the Society of Arts*, n. 18, p. 81-93, 17 dec. 1869.

COLSON, Frank. On Expeditions – Perspectives on the Crisis of 1889 in Brazil. *Journal of Latin American Studies*, Cambridge, v. 13, n. 2, p. 265-92, 1981.

CONCEIÇÃO, Maria de Fátima Carneiro da. *Políticas e colonos na Bragantina, Estado do Pará*: um trem, a terra e a mandioca. 1990. Dissertação (Mestrado em Sociologia) – Universidade Estadual de Campinas (UNICAMP), Campinas, 1990.

COONTZ, Stephanie; HENDERSON, Peta. *Women's Work, Men's Property:* The Origins of Gender and Class. London: Verso, 1986.

CORDEIRO, Luiz. *O Estado do Pará, seu comércio e indústrias de 1717 a 1920*. Belém: Tavares Cardoso & Cia, 1920.

CORRÊA, Luiz Miranda. *A Borracha da Amazônia e a II Guerra Mundial*. Manaus: Editora Governo do Estado do Amazonas, 1967.

COSTA, Craveiro. *A Conquista do Deserto Ocidental*. São Paulo: Cia. Editora Nacional, 1974.

COSTA, Emília Viotti da. (Brazil) Empire (1822-1889): 1870-1889. *In:* BETHELL, L. (ed.). *Brazil Empire and Republic 1822-1930*. Cambridge: Cambridge University Press, 1989. p. 161-213.

COSTA, Emília Viotti da. *Da Monarquia à República*: Momentos Decisivos. São Paulo: Grijalbo, 1977.

COSTA, Emília Viotti da. *Da Senzala à Colônia*. São Paulo: Liv. Ed. Ciências Humanas, 1982.

COSTA, José Marcelino Monteiro da. Amazonia: Recursos Naturais, Tecnologia, e Desenvolvimento *In:* COSTA, José Marcelino Monteiro da (ed.). *Amazonia, Desenvolvimento e Ocupação*. Rio de Janeiro: Ipea/Inpes, 1979. p. 37-88.

COSTA, J. S. da. A Crise. *Jornal Folha do Norte*, Belém, 16 jun. 1913.

CRUZ, Ernesto. *História da Associação Comercial do Pará*. Belém: Editora da UFPA, 1964.

CRUZ, Ernesto. *História do Pará*. Belém: Governo do Pará, 1973.

CUNHA, Manuela Carneiro da. Introdução a uma História Indígena. *In:* CUNHA, Manuela Carneiro da (org.). *História dos Índios do Brasil*. São Paulo: Fapesp, 1992. p. 9-24.

CUNHA, Manuela Carneiro da; FARAGE, Nadia. Carater da Tutela dos Indios: Origens e Metamorfoses. *In:* CUNHA, Manuela Carneiro da (org.). *Os Direitos do Índio*. São Paulo: Brasiliense, 1987. p. 103-17.

CUNHA, Euclides da. *À Margem da História*. Lisboa: Livraria Lollo & Irmão Editores, 6. ed. 1946.

CUNHA, Euclides da. *Um Paraiso Perdido*. Rio de Janeiro: Jose Olympio Editora, 1986. (Ensaios e pronunciamentos sobre a Amazonia feitos no início do Século XX em diferentes datas).

D'AZEVEDO, João Lúcio. *Os Jesuítas no Grão-Pará*. Lisboa: Livraria Ed. Tavares Cardoso e Irmãos, 1900.

DANIEL, João. *Tesouro Descoberto no Rio Amazonas*. Rio de Janeiro: Biblioteca Nacional, 1976. v. 2.

DAVIES, Normam. *The Isles*. Oxford: Oxford University Press, 1999.

DAVIS, Harold Eugene. Relations During the Time of Troubles, 1825-1860. *In:* DAVIS, Harold Eugene *at al. Latin American Diplomatic History*. Baton Rouge and London: Louisiana State University Press, 1977. p. 65-105.

DEAN, Warren. *A luta pela borracha no Brasil* – um estudo de história ecológica. São Paulo: Nobel, 1989.

DEAN, Warren. *Rio Claro:* a Brazilian Plantation System, 1820-1920. Stanford: Stanford University Press, 1976.

DEAN, Warren. The Brazilian Economy, 1870-1930. *In:* BETHELL, Leslie (org.). *Cambridge, History of Latin America*. Cambridge: Cambridge University Press, 1986. p. 217-256.

DEBATE sobre o Problema da Borracha. *Jornal Folha do Norte*, Belém, 16 abr. 1913.

DEFESA e amparo da borracha. *Revista da ACA*, Manaus, n. 49, p. 4-5, jul. 1912.

DENEVAN, William M. "Ecological Heterogeneity and Horizontal Zonation of Agriculture in the Amazon Floodplain". *In:* SHIMINK, Marianne; WOOD, C. H. (ed.). *Frontier Expansion in Amazonia*. Gainsville: University of Florida Press, 1984. p. 311-336.

DENEVAN, William M. The Aboriginal Population of Amazonia. *In:* DENEVAN, William M. (org.). *The Native Population of The Americas in 1492*. Madison: The University of Wisconsin Press, 1976. p. 205-35.

DEPARTAMENTO DE IMPRENSA NACIONAL. *Valorização Econômica da Amazônia*. Rio de Janeiro: DIN, 1954. (Coletânea de diversos autores).

DIÁRIO OFICIAL DOS ESTADOS UNIDOS DO BRASIL. Ano XLVIII – 2º, 24 mar. 1909.

DI PAOLO, Pasquale. *Cabanagem*: a revolução popular na Amazônia. Belém: Conselho Estadual de Cultura, 1985.

DIAS, Manoel Nunes. *Fomento e Mercantilismo* - A Cia. Geral do Grão Pará e Maranhão (1755-1778). Belém: UFPa, 1970. 2 v. 821 p.

DIAS, Maria Odilla L. da Silva. *A interiorização da metrópole e outros estudos*. 2. ed. São Paulo: Alameda, 2005.

DIVERSAS espécies de seringueiras. Clima e terrenos apropriados. *Revista da ACP*, ano XVII, v. 9-10, set./out. 1927.

DOCUMENTOS PARLAMENTARES. *Política Econômica*: Defesa da Borracha 1906-1914. Typ. Do Jornal do Comércio, Rio de Janeiro, 1915.

DRABBLE, John H. *Rubber in Malaya 1876-1922* – The Genesis of the Industry. London: Kuala Lumpur, 1973.

DRAYTON, Richard. *Nature ´s government*. New Haven and London: Yale University Press, 2000.

DRUMOND, José. *A Sustainability of the Yawanawá-Aveda Bixa Project in the Brazilian Amazon Region*. Olympia: The Evergreen State College, 1996 (masters thesis).

DUARTE, Élio Garcia. *Conflitos pela Terra no Acre*. Rio Branco: Casa Amazônia, 1987.

EAGLETON, Terry. *A ideia de CULTURA*. Tradução de Sandra Castello Branco. Revisão técnica de Cezar Mortari. 2. ed. São Paulo: Editora Unesp, 2011.

EAKIN, Marshall C. British Enterprise in Brazil: the St. John Del Rey Mining Company and_ The Morro Velho Gold Mine, 1830-1960. *Hispanic American Historical Review*, Los Angeles, v. 66, n. 4, p. 697-741, 1986.

EDEN, Michael; McGREGOR, D.; VIEIRA, N. Pasture Development on Cleared Forest Land in Northearn Amazônia. *Geographical Journal*, London, v. 156, n. 3, p. 283-296, 1990.

EDWARDS, Phillip; FLATLEY, John. *The Capital Divided:* Mapping Poverty and Social Exclusion in London. London: London Research Centre, 1996.

EDWARDS, William Henry. *A Voyage up the River Amazon including a residence in Pará*. New York: D. Appeton & Company, 1847.

EISENBERG, Peter L. The Consequence of Modernization for Brazil's Sugar Plantations in The Nineteenth Century. *In:* DUCAN, K.; RUTLEDGE, I. *Land and Labour in Latin America*. Cambridge: Cambridge University Press, 1977. p. 301-321.

EISENBERG, Peter L. *The Sugar Industry in Pernambuco:* Modernization Without Change 1840-1910. Berkeley: University of California Press, 1974.

EISENBERG, Peter. A mentalidade dos fazendeiros no Congresso Agrícola de 1878. *In:* LAPA, José Roberto do Amaral (org.). *Modos de produção e realidade brasileira*. Petrópolis: Vozes, 1980. p. 167-194.

EKHOLM, Kasja; FRIEDMAN, Jonathan. 'Capital' Imperialism and Exploitation in Ancien World Systems. *In:* FRANK, Andre Gunder; GILLS, Barry K. (ed.). *The World System* – Five Hundred Years or Five Thousand? London/New York: Routledge, 1996. p. 59-80.

EMMI, Marília. *A Oligarquia do Tocantins e o Domínio dos Castanhais.* Belém: CFCH/NAEA, 1988.

ERTZOGUE, Marina Haizenreder. Trabalhadores do rio: Trágica sina dos remeiros do Araguaia. *In:* QUEIROZ, César Augusto Bubolz; CAMPOS, Glaucia de Almeida (org.). *Trabalho e Trabalhadores na Amazônia*: caminhos e possibilidades para uma história em construção [recurso eletrônico]. Manaus: EDUA, 2017. p. 25-40.

ESTADO DO PARÁ. *Collecção das Leis Estaduais do Pará dos anos 1901 a 1905*. Belém: imprensa Oficial, 1906.

ESTADO DO PARÁ (Jacques Huber). *Relatório sobre o Estado Atual da Cultura da Hevea brasiliensis nos Principais Paises de Produção do Oriente* – Apresentado ao Exm.Sr.Dr. João Coelho, M.D. Governador do Estado do Pará pelo Dr. Jacques Huber. Belém, Imprensa Oficial do Estado, 1912.

EVANS, Peter B. *Dependent Development*: the alliance of multinacional, State and local capital in Brazil. Princenton: Princenton University Press, 1979.

FALCON, Francisco José Calazans. *A Época Pombalina* – Política Econômica e Monarquia Ilustrada. São Paulo: Ática, 1982 (Ensaios, 83).

FALCÃO, Emílo. *Album do Rio Acre, 1906-07*. Pará (Belém), Brasil: 1907.

FARIA, Antônio Bento. *Das Fallências*. Rio de Janeiro: Ed. Jacintho Ribeiro dos Santos, 1913.

FEAK, Christine B.; SWALES, John M. *Academic Writing for Graduate Students*: essential tasks and skills. Ann Arbor, MI: University of Michigan Press, 2012.

FERREIRA, Alexandre. *Viagem Filosófica às Campinas do Grão Pará, Rio Negro, Mato Grosso e Cuiabá*. Editado por Edgard de Sigueira Falcão. São Paulo: Gráficos Brunner, 1970.

FERREIRA, Waldemar. *Sociedade por Quotas*. São Paulo: Cia. Graphico Ed. Monteiro Lobato, 1925.

FERREIRA, Eliana Ramos. *Guerra sem fim:* mulheres na trilha do direito à terra e ao destino dos filhos (Pará 1835-1860). 2010. Tese (Doutorado em História) – Programa de Pós-|Graduação em História, Pontifícia Universidade Católica, São Paulo, 2010.

FIGUEIREDO, Vilma. *Desenvolvimento Dependente Brasileiro* – Industrialização, Classes Sociais e Estado. Rio de Janeiro: Zahar, 1978.

FONT, Maurício. A. *Coffee, Contention and Change in the Making of Modern Brazil*. Oxford: Basil Blackwell, 1990.

F.O. ACCOUNTS AND PAPERS, BRAZIL. *Commercial Reports*: Commercial and General Interests for the Year 1871. London, Harrison & Sons, v. LIX, 1872.

F.O. ACCOUNTS AND PAPERS, BRAZIL. *Report for the year 1877*. London: Harrison & Sons, 1877. v. LXXXI.

F.O. ACCOUNTS AND PAPERS, BRAZIL. *Report for the year 1885*. London, Harrison & Sons, 1885. v. LXXVI.

F.O. ACCOUNTS AND PAPERS, BRAZIL. *Reports for the years 1888*. London, Harrison & Sons, 1888. v. C.

F.O. ACCOUNTS AND PAPERS, BRAZIL. *Reports for the years 1889*. London, Harrison & Sons, 1889. v. LXXVIII.

F.O. ACCOUNTS AND PAPERS. COMMERCIAL. *Report on the trade and Commerce of Pará for the Year 1876*. V. LXXIII, session 17, Jan. 16 Aug. 1876.

F.O. ACCOUNTS AND PAPERS. COMMERCIAL. *Report on the trade e Commerce of Pará for the Years 1877 and 1878*. v. LXXIII, 1880.

F.O. ACCOUNTS AND PAPERS. COMMERCIAL. *Report on the trade e Commerce of Pará for the Years 1879-82*. London, v. LXXIX, session 5 Fev-14 Aug. 1884.

F.O. COMMERCIAL REPORTS – PARÁ. *Report for the Years 1869-70*. London: Harrison and Sons, 1871.

F.O. DIPLOMATIC AND CONSULAR REPORTS. BRAZIL. *Report on the Finances of Brazil for the Year 1898*. London: Harrison & Sons (n. 2200 Annual Series), 1899.

F.O. DIPLOMATIC AND CONSULAR REPORTS. BRAZIL. *Reports on trade and Finance of Brazil for the years 1888-89-90*. London: Harrison & Sons (n. 807 Annual Series), 1890.

F.O. DIPLOMATIC AND CONSULAR REPORTS. BRAZIL. *Report for the year 1889-90 on the finances of Brazil*. London: Harrison & Sons (n. 715 Annual Series), 1890a.

F.O. DIPLOMATIC AND CONSULAR REPORTS. BRAZIL. *Report for the years 1889-92 on the trade of Brazil*. London: Harrison & Sons (n. 1136 Annual Series), 1892.

F.O. DIPLOMATIC AND CONSULAR REPORTS. BRAZIL. *Report for the years 1890-93 on the trade and finances of Brazil*. London: Harrison & Sons, Jan. (n. 1321 Annual Series), 1894.

F.O. AND THE BOARD OF TRADE. *Diplomatic and Consular Reports –Brazil* – Trade of Pará and District, report for the year 1896. London: Harrison & Sons, 1896.

F.O. AND THE BOARD OF TRADE. *Diplomatic and Consular Reports –Brazil* – Trade of Pará and District, report for the year 1897. London: Harrison & Sons, 1897.

F.O. AND THE BOARD OF TRADE. *Diplomatic and Consular Reports –Brazil* – Trade of Pará and District, report for the years 1901-3. London: Harrison & Sons, 1903.

F.O. AND THE BOARD OF TRADE. *Diplomatic and Consular Reports –Brazil* – Trade of Pará and District, report for the years 1905. London: Harrison & Sons, 1905.

F.O. AND THE BOARD OF TRADE. *Diplomatic and Consular Reports –Brazil* – Trade of Pará and District, report for the years 1908. London: Harrison & Sons, 1908.

F.O. AND THE BOARD OF TRADE. *Diplomatic and Consular Reports –Brazil* – Trade of Pará and District, report for the years 1914. London: Harrison & Sons, 1914.

F.O. AND THE BOARD OF TRADE. *Diplomatic and Consular Reports –Brazil* – Trade of Pará and District, report for the years 1914. London: Harrison & Sons, 1914a.

F.O. AND THE BOARD OF TRADE. *Diplomatic and Consular Reports –Brazil* – Trade of Pará and District, report for the years 1915. London: Harrison & Sons, 1915.

F.O. 368/274. *Carta confidencial de Milne Cheetham to the Foreign Office*. Petrópolis, Mar. 14th, 1909.

FONSECA, José. "Navegação Feita na Cidade do Grão-Pará até à Boca do Rio da Madeira pela Escolta que por Este Rio Subio às Minas de Mato-Grosso. Tradução para o inglês como "Voyage Made from the City of the Gram Pará to the Mouth of the River Madeira by the Expedition which Ascended this River to the Mines of Mato Grosso...". *In:* CHURCH, George Earl (ed.). *Explorations Made in the Valley of the River Madeira, from 1749 to 1868*. A Colletion of Reports. London: Published for the National Bolivian Navigation Company, 1875. p. 2003-355.

FOWLER, John. *Plantation Rubber in the Netherlands East Indies and British Malaya*. Washington, DC., 1922. Nova versão: Creative Media Partners, 2018.

FRANK, Andre Gunder. *Capitalism and Underdevelopment in Latin America*: Historical Studies of Chile and Brazil. New York: Monthly Review Press, 1967.

FRANK, Andre Gunder. *Latin America:* Underdevelopment or Revolution. New York: Monthly Review Press, 1969.

FRANK, Andre Gunder. *World Acummulation 1492-1789*. New York: Monthly Review Press, 1978.

FRANK, Andre Gunder; FRANCO, Gustavo Henrique Barroso. *Reforma Monetária e Instabilidade durante a transição republicana*. Rio de Janeiro: BNDES, 1983.

FRANK, Andre Gunder; GILLS, Barry K. The 5,000-Year World System. *In:* FRANK, Andre Gunder; GILLS, Barry K. (ed.). *The World System* – Five hundred Years or Five Thousand? London/New York, Routledge, 1996. p. 3-55.

FREIRE, Paulo. *Pedagogy of the oppressed*. Translation by Myra Bergman Ramos London: Sheed and Ward, 1979.

FRITSCH, Winston. *External Constraints on Economic Policy in Brazil, 1889-1930.* Pittsburgh: University of Pittsburgh Press, 1988.

FUNDAÇÃO INSTITUTO BRASILEIRO DE GEOGRAFIA E ESTATÍSTICA (IBGE). *Séries Estatísticas* – vol. 2, Tomo 1 – Introdução – Industria Extrativa. IBGE, Edição fac-similar, 1907.

FURTADO, Celso. *A Economia Brasileira:* Uma Contribuição à Análise do seu Desenvolvimento. Rio de Janeiro: Ed. A Noite, 1954.

FURTADO, Celso. *Desenvolvimento e subdesenvolvimento.* Rio de Janeiro: Contraponto, 1961.

FURTADO, Celso. *Formação Econômica do Brasil.* Rio de Janeiro: Fundo de Cultura, 1959 (English translation: FURTADO, Celso. *The Economics Growth of Brazil.* Berkeley/Los Angeles: University of California Press, 1968).

FURTADO, Celso. *Perspectivas da Economia Brasileira.* Rio de Janeiro: ISEB, 1960.

GALLAGHER, John; ROBINSON, Ronald. The Imperialism of Free Trade. *The Economic History Review*, London, Second Series, v. I, n. 1, p. 1-15, 1953. (Publicado novamente em LOUIS, Roger (ed.). *Imperialism:* the Robinson and Gallagher controversy. New York/London: New Viewpoints, 1976, p. 54-70).

GARCIA JR., Afrânio Paul. *O Sul*: Caminho do Roçado: Estrategias de Reprodução Camponesa e Transformação Social. São Paulo/Brasília: Marco Zero e Ed. Univ. de Brasília, 1990.

GEFFRAY, Christian. Le Modèle de l'exploitation paternaliste en Amazonie traditionelle. *In:* LUSOTOPIE – Enjeux Contemporains dans les espaces lusophones. *L'Oppression paternaliste au Brésil.* Paris/Talence: Ėditions Karthala, 1996. p. 153-159.

GEHLSEN, Conrad August. *World Rubber Production and Trade, 1935-1939.* Rome: Villa Umberto 1, 1940.

GOLDSMITH, Raymond. *Brasil, 1850-1984*: desenvolvimento financeiro sob um século de inflação. São Paulo: Banco Bamerindus do Brasil: Editora Harper & Row do Brasil, 1986.

GONÇALVES, Lopes. *O Amazonas, Esboço Histórico Chorográphico e Estatístico até o Ano de 1902.* Nova Iorque: Hugo J. Hanf, 1904.

GONDIM, Neide. *A invenção da Amazônia.* São Paulo: Marco Zero, 1994.

GOODMAN, David; SORJ, Bernardo; WILKINSON, John. Agroindústria, Políticas Públicas e estruturas sociais rurais: análises recentes sobre a agroindústria brasileira, *Revista de Economia Política*, São Paulo, v. 5, n. 4, p. 31-55, 1985.

GORENDER, Jacob. *O Escravismo Colonial*. 4. ed. São Paulo: Ática, 1985. 625 p.

GOULART, José Alípio. *O Regatão* – o Mascate Fluvial da Amazônia. Rio de Janeiro: Ed. Conquista, 1968.

GOVERNO DO PARÁ. Desembargador Joaquim da Costa Barradas. *Falla de 20 de novembro de 1886*. Belém: Tipografia do Diário de Notícias, 1887.

GRAHAM, Richard. *Brazil and the World System*. Austin: University of Texas Press, 1991.

GRAHAM, Richard. Brazil from the Middle of the Nineteenth Century to the Paraguayan War. *In:* BETHELL, Leslie (ed.). *The Cambridge History of Latin America, Vol. III From Independence to c. 1870*. Cambridge: Cambridge University Press, 1985. p. 113-160.

GRAHAM, Richard. *Grã-Bretanha e o Início da Modernização no Brazil, 1850-1914*. São Paulo: Brasiliense, 1973. Coleção Estudos Brasileiros.

GRAHAM, Richard. Robinson and Gallagher in Latin America: The Meaning of Informal Imperialism. *In:* LOUIS, Roger (ed.). *Imperialism:* the Robinson and Gallagher controversy. New York/London: New Viewpoints, 1976. p. 217-221.

GRAHAM, Richard. Sepoys and Imperialist Techniques of British Power in Nineteenth Century Brazil. *Inter-American Economic Affairs*, Los Angeles, v. 23, p. 23-37, 1969.

GREEN, David R. *From Artisans to Paupers:* Economic Change and Poverty in London, 1790-1870. Aldershot, Hauts, England: Scholar Press, 1995.

GREEN, Roy. *Classical Theories of Money, output, and Inflation*. London: The Macmillan Press Ltda, 1992.

GROVE, Richard H. *Green Imperialism*. New York: Cambridge University Press, 1995.

GUEDES, Mario. *Os Seringais*. Rio de Janeiro: Jacintho Ribeiro dos Santos, 1920.

GUILLAUD, Yan. Paternalisme et échange 'marchand' dans l'extractivisme en Amazonie brésiliense. *In:* LUSOTOPIE – Enjeux Contemporains dans les espaces lusophones. *L'Oppression paternaliste au Brésil*. Paris/Talence: Ėditions Karthala, 1996. p. 239-152.

GUIUERSINDO BESSA. *Memorial em Prol dos acreanos ameaçados de confisco pelo Estado do Amazonas na Ação de Reivindicação do Tratado do Acre*. Rio de Janeiro: Typografia do Jornal do Comércio, 1906.

HALL, John. The Patrimonial Dynamic in Colonial Brazil. *In:* GRAHAM, Richard. *Brazil and the World System*. Austin: University of Texas Press, 1991. p. 57-108.

HALL, Michael. Italianos em S. Paulo, 1880-1920. *Annais do Museu Paulista*, Separata XXIX, São Paulo, 1979.

HALL, Michael. Reformadores de Classe Média no Império Brasileiro: A Sociedade Central de Imigração. *Separata da Revista de História*, São Paulo, v. 5, 1976.

HANCOK, Thomas. *Personal Narrative of the Origin and Progress of the Caoutchouc or Indian Rubber Manufacture in England*. London: Longmans, Brown, Green, Longmans and Roberts, 1857.

HARRIS, John; HUNLER, Janet; LEWIS, Colin (ed.). *The New Institutional Economics and Third World Development*. London: Routledge, 1995.

HECHT, Susanna. *The good the bad and the ugly*: Amazonian extraction, colonist agriculture, and livestock in comparative perspective. Washington, 1988. Mimeografado.

HEMMING, John. *Amazon Feontier*: The Defeat os the Brazilian Indian. Cambridge (Mass.): Harvard University Press, 1987.

HEMMING, John. *Red Gold* – The Conquest of The Brazilian Indians. Cambridge, Massachusetts: Harvard University Press, 1978.

HILFERDING, Rudolf. *O capital financeiro*. São Paulo: Nova Cultural, 1985 (Coleção os Economistas).

HISTORY Workshop. Editorial: History and Theory. *History Workshop Journal*, Oxford, v. 6, p. 1-6, Autumm, 1978.

HOLANDA, Sérgio Buarque. Da Maçonaria ao Positivismo, *In:* HGCB. *O Brasil Monárquico*. São Paulo: Difel, 1982. v. 3, tomo II.

HOLLOWAY, Thomas H. The Coffee Colono of S. Paulo, Brazil: Migration and Mobility,1880-1930. *In:* DUNCAN, Kenneth; RUTLEDGE, Ian. *Land and Labour in Latin America*. Cambridge: Cambridge University Press, 1977. p. 301-321.

HOLMES, Douglas R. A Peasant-worker Model in a Northen Italian Context, *American Ethnologist*, New York, v. 10, n. 4, p. 734-748, Nov. 1983.

HOLTON, Robert. Marxist Theories of Social Change and the Transition from Feudalism to Capitalism. *Theory and Society*, Netherlands, Elsevier Scientific Publishing Company, v. 10, p. 805-832, 1981.

HOMMA, Alfredo Kingo Oyama. *A extração de recursos naturais renováveis*: o caso do extrativismo vegetal na Amazonia. Viçosa: UFV, 1989.

HORVAT, Branko. *The Theory of Value, capital and interest*: a new approach. Hants/England: Edward Elgar Publishing, 1995.

HOUAISS, Antônio; VILLAR, Mauro de Salles. *Dicionário Houaiss da Língua Portuguesa*. 1. reimp. com alter. Rio de Janeiro: Editora Objetiva Ltda, 2004.

HUBER, Jacques. Apontamentos sobre o Caucho Amazônico. *Boletim do Museu Emílio Goeldi*, v. 3, p. 72-87, 1900-1903.

HUBER, Jacques. O futuro da borracha amazônica. *A Lavoura Paraense*, n. 11, p. 192-195, 1909.

HUBER, Jacques. O futuro da borracha amazônica. *A Lavoura Paraense*, v. 12, p. 263-267, 1909b.

HUBER, Jacques. Novas Contribuições para o Conhecimento do Gênero Hevea. *Boletim do Museu Goeldi de História Natural e Ethnografia*, v. 7, p. 200-281, 1913.

HURLEY, Jorge. *A cabanagem*. Belém: Livraria Clássica, 1938.

IBGE. Introdução - Indústria Extrativa, 1907. Rio de Janeiro, Edição fac-similar, Séries Estatísticas Vol. 2:2-3.

IANNI, Octavio. *A luta pela terra*. Petrópolis: Vozes, 1978.

IGGERS, Georg G. *Historiography in the Twentieth Century*. Hanover/London, Wesleyan University Press, 1997.

IBGE. *Recenseamento Geral do Brasil em 1/9/1920, Serie Nacional, vol. III, Censos Econômicos*. Rio de Janeiro: Serviço Gráfico do IBGE, 1950.

IBGE. *Recenseamento geral do Brasil 1940*: Censo Demográfico: Censos Econômicos. Rio de Janeiro: IBGE, 1940.

IBGE. Departamento de População. *Censo Demográfico:1950*. Rio de Janeiro: IBGE. Departamento de População, 1950.

IBGE. *Anuário Estatístico do Brasil – 1956*. Rio de Janeiro: IBGE – Conselho Nacional de Estatística, ano XVII, 1956.

IBGE. *Censo agropecuário*: Acre, Vol. 1, Tomo 2, Censos Econômicos (Sinopse Estatística Acre), 1975: Série Regional. Rio de Janeiro: IBGE, 1979.

INSTITUTO NACIONAL DE ESTATÍSTICA (INE). *Anuário Estatístico do Brasil - 1936*, Ano II. Rio de Janeiro: Tipografia do Departamento de Estatística e Publicidade, 1936.

ISAACMAN, Allen; ROBERTS, Richard (ed.). *Cotton, Colonialism, and Social History in Sub-Saharan Africa*. USA: Heinemann, 1995.

JAPIASSU, Hilton. *Francis Bacon, o profeta da ciência moderna*. Porto Alegre: Livraria do Advogado Editora, 2000.

JOHNSON, Richard. Thompson, Genovese and Sociolist-Humanist History. *History Workshop Journal*, Oxford, v. 6, p. 79-100, 1978.

JONES, Gareth Steadman. From Historical Sociology to Theoretical History. *British Journal of Sociology*, London, v. 27, n. 3, p. 295-306, 1976.

JUDT, Tony. A Clown in Regal Purple: Social History and the Historians. *History Workshop Journal*, Oxford, v. 7, p. 66-94, 1979.

KAUR, Sukhraj; LINGAYAH, Sanjiv; MAYO, Elton. *Financial Exclusion in London*. London: New Economics Foundation, 1997.

KAY, Geoffrey. *Desenvolvimento e Subdesenvolvimento – uma Análise Marxista*. Rio de Janeiro: Civilização Brasileira, 1977.

KERR, Clark; DUNLOP, John T.; HARBISON, Frederick H.; Meyers, Charles A. *Industrialism and Industrial Man*. New York: Oxford University Press (Galaxy), 1964.

KERRIDGE, Eric. *Trade & Banking – in Early Modern England*. Manchester: University Press, 1988.

KIRBY, Maurice W.; ROSE, Mary B. (ed.). *Business enterprise in Modern Britain* – from the eighteenth to the Twentieth century. London and New York: Routledge, 1994. (13th articles by different authors).

KNORR, Klaus Eugen. [1934]. *World Rubber and its regulation*. Stanford: Stanford University Press, 1945.

KOLK, Ans. *Forests in International Environmental Politics*. Utrecht: International Books, 1996.

KUHN, Annette; WOLPE, AnnMarie. *Feminism and Materialism – Women and Modes of Production*. London: Routledge and Kegan Paul, 1978.

LABRE, Antônio Rodrigues Pereira. *Itinerário da Exploração do Amazonas à Bolívia* (entre os rios Amazonas e o Beni). Belém-PA: Typografia A Província do Pará, 1887.

LABROY, Oscar; CAYLA, M. V. *A Borracha no Brasil, Relatório Apresentado ao Exmo. Snr. Dr. Pedro de Toledo*. Rio de Janeiro, 1913.

LACERDA, Paulo. *Estudos Sobre o Contrato de Conta-Corrente*. São Paulo: Typ a Yapor Hennes Irmãos, 1901.

LAMOUNIER, Maria Lucia. *Between Slavery and Free Labour*: Experiments with Free Labour and Patterns of Slave Emancipation in Brazil and Cuba c.1830-1888. London: LSE (PhD thesis), 1993.

LAPA, José Roberto do A. *Economia Colonial*. São Paulo: Ed. Perspectiva, 1973.

LAPA, José Roberto do A. *O Brasil e as Drogas do Oriente*. Marília: Faculdade de Filosofia, Ciências Sociais e Letras, 1966.

LARAIA, Roque de Barros; DaMATTA, Roberto. *Índios e Castanheiros*. Rio de Janeiro: Paz e Terra, 1978 (Coleção Estudos Brasileiros no. 35).

LÊNIN, Vladimir Ilyich. O imperialismo, fase superior do capitalismo: ensaio popular. *In*: LÊNIN, Vladimir Ilyich. *Obras escolhidas* – Tomo 1. São Paulo: Alfa-ômega, 1978, p. 575-671.

LARUE, Carl Downey la. The Hevea Rubber Tree in the Amazon Valley, U.S. *Department of Agriculture Bulletin*, Washington, DC., n. 1422, p. 44-46, 1926.

LAWRENCE, James. *The World's Struggle with Rubber, 1905-1931*. New York/London: Harper & Brothers, 1931.

LE GOFF, Jacques. *Time, Work and Culture in the Middle Ages*. Chicago: University of Chicago Press, 1980.

LEITE, Serafim. *História da Cia de Jesus no Brasil*. Rio de Janeiro: Imprensa nacional, 1943.

LESSA, José Pedro. Direito Civil e Commercial. *In:* LESSA, José Pedro. *Dissertações e Polêmicas* (Estudos Jurídicos). Rio de Janeiro: Livraria Francisco Alves, 1909.

LEVINE, Robert M. *Pernambuco in the Brazilian Federation, 1889-1937*. Stanford: Stanford University Press, 1978.

LEVY, Maria Bárbara. *The Brazilian Public Debt – Domestic and Foreign* - 1824-1913. 1989. Mimeografado.

LIBBY, Douglas Colin. *Trabalho Escravo e Capital Estrangeiro no Brasil*: o caso de Morro Velho. Belo Horizonte: Editora Itatiaia, 1984.

LIMA, Ana Renata Rosário de. *Cabanagem*: uma revolta camponesa no Acará-Pará. Belém: Prefeitura Municipal de Belém, 2004.

LIMA, Ana Renata Rosário de. *Revoltas Camponesas no Vale do Acará-Pará (1822-1840)*. Dissertação (Mestrado em Planejamento Interdisciplinar Internacional do Desenvolvimento) Núcleo de Altos Estudos Amazônicos (NAEA), Universidade Federal do Pará (UFPA), Belém, 2002.

LIMA, Eli de Fátima Napoleão de. *Produção de Alimentos e Extrativismo, 1850-1920*. Dissertação (Mestrado em Ciências Sociais em Desenvolvimento, Agricultura e Sociedade) – Programa de Pós-graduação em Desenvolvimento, Agricultura e Sociedade da Universidade Federal Rural do Rio de Janeiro, Rio de Janeiro, UFRJ, 1986.

LIMA, João Heraldo. *Café e indústria em Minas Gerais, 1870-1920*. Petrópolis: Vozes, 1981.

LITTLER, Craig R. *The Development of the Labour Process in Capitalist Societies*. London: Heinemann Educational Books, 1982.

LOBO, Eulália Maria Lahmeyer. *Administração Colonial Luso-Espanhola na Américas*. Rio de Janeiro: Companhia Brasileira de Artes Gráficas, 1952.

LOMBARDI; Cathryn L; LOMBARDI, John V.; STONER, K. Lynn. *Latin American History*: a Teaching atlas. Madson, Wisconsin: The University of Wisconsin Press, 1983.

LONGMAN DICTIONARY OF CONTEMPORARY ENGLISH. New Edition. 16th edition. England: Longman Group UK Limited, 1992.

LOPEZ, Adriane; MOTA, Carlos Guilherme. *História do Brasil:* uma interpretação. São Paulo: Editora Senac São Paulo, 2008.

LOUIS, Roger (ed.). *Imperialism:* the Robinson and Gallagher Controversy. New York/London, New Viewpoints, 1976.

LOUREIRO, Antônio. *A grande crise (1908-1916)*. Manaus: T. Loureiro & Cia., 1985.

LOVE, Joseph LeRoy. *A Locomotiva* – S. Paulo na Federação Brasileira, 1889-1937. Rio de Janeiro: Paz e Terra, 1982. (Coleção Estudos Brasileiros. Vol. 57) (Versão em inglês: São Paulo in the Brazilian Federation, 1884-1937, Stanford: California, 1980)

LOVE, Joseph LeRoy. *Crafting the third world* – Theorizing underdevelopment in Rumania and Brazil. Stanford: Stanford University Press, 1996.

LUSOTOPIE – Enjeux Contemporains dans les espaces lusophones. *L'Oppression Paternalist au Brésil*. Paris: Karthala, 1996.

MACPHERSON, Crawford B. *Property* – mainstream and critical positions. Oxford: Basil Blackwell, 1978.

MAGALHÃES, Juraci Perez. *A Discriminação de Terras na Amazônia (O Acre)*. Brasília: Senado Federal, 1977.

MAIO, Marcos Chor; SANJAD, Nelson Rodrigues; DRUMOND, José Augusto. Entre o Global e o Local: A Pesquisa Científica na Amazônia do Século XIX. *Ciência & Ambiente*, Santa Maria, RS, v. 31, p. 147-166, 2005.

MALAGODI, Edgar. Marx e a Questão Agrária. *Revista da Associação Brasileira de Reforma Agrária – ABRA*, Rio de Janeiro, v. 23, n. 2, p. 59-85, maio/ago. 1993a.

MALAGODI, Edgar. *O pensamento econômico clássico e a agricultura camponesa*. Manchester, UK: [s. n.], 1993b. Mimeografado.

MALAGODI, Edgar. *Renda Fundiária e Campesinato* – um Estudo de Smith, Ricardo e Marx. Recife: Editora da UFPb/Ed. Brasiliense, 1995.

MALHEIRO, Agostinho Marques Perdigão. *A escravidão no Brasil*. Rio de Janeiro: Tipografia Nacional, 1867 c1866.

MANCHESTER, Alan K. *British preeminense in Brazil, its rise and decline*: a study in European expansion. North Carolina: The University of North Carolina Press, 1933.

MANDEL, Ernest. *Late Capitalism*. London: Verso, 1978.

MARCHANT, Alexander. *From Barter to Slavery* – The Economic Relations of Portuguese and Indian in the Settlement of Brazil, 1500-1580. Baltimore: The Johns Hopkins Press, 1942.

MARCILIO, Maria Luiza. The Population of Colonial Brazil. *In:* BETHELL, Leslie. *The Cambridge History of Latin America, Vol. II, Colonial Latin America*. Cambridge: Cambridge University Press, 1984. p. 37-66.

MARIN, Rosa Elizabeth Acevedo. *Du Travail Esclave au Travail Libre*: Le Pará (Brésil) Sous le Regime Colonial et Sous L'Empire (XVIIe-XIXe Siecles). Paris: EHESS, 1985. (thèese de doctorat).

MARIN, Rosa Elizabeth Acevedo. Espaço para a Atividade fabril na recuperação pós-cabanagem. *In:* ENCONTRO NACIONAL DE ECONOMIA, 16., Belo Horizonte/MG, 05 a 07 de dezembro de 1988. *Anais* [...]. Belo Horizonte: ANPEC, 1989. p. 247-263.

MARIN, Rosa Elizabeth Acevedo; CASTRO, Edna Maria. *Negros do Trombetas:* Guardians de Matas e Rios. Belém: CEJUP, 1993.

MARTINELO, Pedro. *A 'Batalha da Borracha' na Segunda Guerra Mundial e Suas Consequências para o Vale Amazônico*. Rio Branco: Estudos e Pesquisas, Universidade Federal do Acre, 1988.

MARTINS JUNIOR. *Soberania e Acre*. Rio de Janeiro: Typografia da Companhia Litho-Typografia, 1903.

MARTINS, José de Souza. *O Cativeiro da Terra*. São Paulo: Ciências Humanas, 1979.

MARX, Karl. *El Capital*. México: Fundo de Cultura Economica, 1978. Tomo I e III.

MARX, Karl. *Grundrisse*: Foundations of the Critique of Political Economy. Translated with a foreward by Martin Nicolaus. England: Penguim, 1973.

MARX, Karl. *O Capital*. São Paulo: Civilização Brasileira, 1974. Livro 3, v. 5.

MARX, Karl. *O Capital*. Tradução de Reginaldo Santana. Rio de Janeiro: Ed. Bertand Brasil, 1989. Livro 1, v. I.

MARX, Karl. *O Capital*. Tradução de Reginaldo Santana. São Paulo: DIFEL, 1982. Livro 1. v. II e III, cap. XXV.

MATTA, Roberto; LARAIA, Roque de Barros. *Índios e castanheiros*. Rio de Janeiro: Paz e Terra, 1978 (Coleção Estudos Brasileiros n. 35).

MAURINI, Rui Mauro. *Tres ensayos sobre America Latina*. Barcelona: Cuadernos Anagrama, 1973.

McDONOUGH, Raisin; HARRISON, Rachel. Patriarchy and relations of production. *In:* KUHN, Annette; WOLPE, AnnMarie. *Feminism and materialism* – women and modes of production. London: Routledge and Pegan Paul, 1978. p. 11-41.

McFADYEAN, Andrew (ed.). *The History of Rubber Regulation, 1934-1943.* London: George Allen & Unwin Ltd, 1944.

McHALE, Thomas R. *Rubber and the Malaysia Economy.* Singapore: M.P.H. Printers Sendirian Berhard, 1967.

McLEISH, John. *Number* – From Cave People to Computers, a Revolucionary View of Ourselves. London: Bloomsbury, 1991.

MEDEIROS, Alexandro Melo. *A Unidade Ontológica do Mundo em Werner Heisenberg.* 2008. Dissertação (Mestrado em Filosofia) – Universidade Federal de Pernambuco, Recife, PE, 2008. Disponível em: https://repositorio.ufpe.br/handle/123456789/6025. Acesso em: 11 mar. 2025.

MENDES, José Amando. *A Crise Amazônica e a Borracha.* Belém: Tipografia do Instituto Lauro Sodre, 1908.

MENDES, José Amando. *Extração e Futuro da Borracha no Valle do Amazonas.* Pará: Imprensa Libanio da Silva, 1910.

MEDINA, José. *The Discoery of the Amazon According to the Account of Friar Gaspar de Carvajal and Other Documents.* Translated by Bertran E. Lee. Editors H.C. Heaton. New York: American Geographical Society, 1934.

MEGGERS, Betty Jane. *Amazonia:* a ilusão de um paraíso. Rio de Janeiro: Civilização Brasileira, 1977.

MEILLASSOUX, Claude. *Mujeres, Graneros Y Capitales.* Mexico: Siglo XXI, 1977.

MEIRA, Marcio. O Tempo dos Patrões: extrativismo, comerciantes e história indígena no Noroeste da Amazônia. *In:* LUSOTOPIE – Enjeux Contemporains dans les espaces lusophones. *L'Oppression paternaliste au Brésil.* Paris/Talence: Ėditions Karthala, 1996. p. 173-187.

MELLO, João Manoel Cardoso de. *O capitalismo tardio.* São Paulo: Brasiliense, 1987.

MELLO, Zelia Maria Cardoso de. *Metamorfoses da riqueza* – São Paulo (1845-1895). 2. ed. São Paulo: Hucitec Editora, 1990.

MENEZES, Marilda Aparecida de. *Peasant-Migrant Workers:* Identity and Migration Course. Manchester, Mar. 1995. Mimeografado.

MILES, Robert. *Racism after "Race reations"*. London/New York: Routledge, 1993.

MILES, Robert. *Racism*. London/New York: Routledge, 1989.

MILLER, Simon. Mexican Junkers and Capitalist Haciendas, 1810-1910: The Arable Estate and the Transition to Capitalism between the Insurgency and the Revolution. *Journal Latin American Studies*, Cambridge, v. 22, p. 229-263, 1990.

MIRANDA, Bertino (org.). *Anais do Congresso Comercial, Industrial e Agrícola* (22 a 27 de fevereiro de 1910). Manaus: ACA/Fundo Editorial, 1990.

MITCHELL, Angus (ed.); IZARRA, Laura P. Z.; BOLFARINE, Mariana (org.). Tradução de Mariana Bolfarine (coord.). *Mail Marques de Azevedo e Maria Rita Drumond Viana*. Diário da Amazônia de Roger Casement. 1. ed. 1.reimpr. São Paulo: EDUSP, 2023.

MONTEIRO, José Cauby Soares. *Rebeldes, Deschapelados e Pés-descalços:* os cabanos no Grão-Pará. 1994. Dissertação (Mestrado em Planejamento Interdisciplinar Internacional do Desenvolvimento) – Núcleo de Altos Estudos Amazônicos (NAEA), Universidade do Estado do Pará (UFPA), Belém, 1994.

MORAES, Ruth Burlamáqui de. *Transformações Demográficas numa Economia Extrativista:* Pará, 1872-1920. 1984. Dissertação (Mestrado em História) – Departamento de História, Universidade Federal do Paraná (UFPR), Curitiba, 1984.

MORAN, Emilio F. *Developing the Amazon*. Bloomington: Indiana University Press, 1981.

MOREIRA NETO, Carlos de Araújo. *Índios da Amazônia, de Maioria a Minoria (1750-1850)*. Petrópolis: Vozes, 1988.

MOTTA-ROTH, Désirée; HENDGES, Graciela Rabuske. *Produção Textual na universidade*. São Paulo: Parábola Editorial, 2010 (Estratégias de ensino; 20).

MOURA, Inácio de. *De Belém a São João do Araguaia:* Vale do Rio Tocantins. Belém: Secretaria de Estado de Cultura, 1989.

MOURÃO, Leila. *Memória da Indústria Paraense*. Belém: FIEPA, 1989.

MUSZYNSKI, Alicja. *Cheap Wage Labour* – Race and Gender in the Fisheries of British Colombia. Montreal & Kingston/London/Buffalo: Macgill-Queen's University Press, 1996.

NASCIMENTO, Cristo Nazaré Barbosa do; HOMMA, Alfredo Kingo Oyama. *Amazonia:* Meio Ambiente e Technologia Agrícola. Belém: Embrapa-Cepatu, 1984. (EMBRAPA-CEPATU documento 27).

NASCIMENTO, Maria Jucirene Mota. *Acumulação Capitalista e Opressão Camponesa*. Belém: NAEA/UFPa, 1983.

NEVES, Carlos. *Memorias de Um Pioneiro*. Rio de Janeiro, 1981. Mimeografado.

NEVES, Carlos das A Borracha Brasileira. *Jornal O Rio Branco,* Rio Branco, 20 abr. 1975.

NEVES, Carlos das. A Amazônia e a Hevea. *Jornal O Rio Branco*, Rio Branco, 14 dez. 1985.

NEVES, Carlos das. *A Cultura da Seringueira nos Seringais Nativos*. Rio Branco: Federação das Associações Rurais do Território do Acre, 1958.

NEVES, Carlos das. A Seringueira. *Jornal O Acre*, Rio Branco, 29 dez. 1958.

NEVES, Carlos das. Borracha: Programa Principal do Novo Titular do Departamento de Produção. *Jornal O Acre*, Rio Branco, 12 jun. 1958.

NEVES, Carlos das. Borracha: Programa Principal do Novo Titular do Departamento de Produção. *Jornal do Acre*, Rio Branco, 12 jun. 1958.

NEVES, Carlos das. *Memórias de um Pioneiro*. Rio de Janeiro: [*s. n.*], 1981.

NEVES, Carlos das. O Desenvolvimento Cultural da Seringueira no Estado da Bahia, *Jornal O Acre*, Rio Branco, 4 abr. 1959.

NEVES, Carlos das. Vamos Plantar Seringueira. *Jornal do Acre*, Rio Branco, 12 jan. 1958.

NONINI, Donald M. *British Colonial Rule and the Resistence of the Malay Peasantry, 1900-1957*. New Haven: Yale University Southeast Asia Studies, Monograph Series 38,1992.

NORONHA, José. *Collecção de Notícias para a História e Geografia das Nações Ultramarinas*. Lisboa: Academia Real das Ciências, 1856. Tomo VI.

NOVAIS, Fernando A. *Estrutura e dinâmica do Antigo Sistema Colonial* (Séculos XVI-XVIII). São Paulo: Brasiliense, 1974.

NOVAIS, Fernando A. *Portugal e Brasil na crise do antigo sistema colonial* (1777-1808). 5. ed. São Paulo: Hucitec, 1989.

NUGENT, Stephen. *Bungle in the Jungle*: Sustainability versus Social Reproduction in Amazonia. London: University of London, Goldsmiths College and Institute of Latin American Studies, 1991a.

NUGENT, Stephen. The Limitations of Environmental 'Management': Forest Utilisation in the Lower Amazon. *In:* GOODMAN and Radclift. *Environment and Development in Latin America*. Manchester: Manchester University Press, 1991b. p. 141-154.

NUGENT, Stephen. *From 'Green Hell to 'Gree Hell'*: Amazonia and the Sustainability Thesis. London: University of London, Goldsmiths College and Institute of Latin American Studies, 1991c.

O DESENVOLVIMENTO do Vale do Amazonas. *Revista da ACA*, Manaus, n. 63, set. 1913.

OLIVEIRA FILHO, João Pacheco de. O Caboclo e o Brabo. *Revista da Civilização Brasileira*, Rio, v. 11, p. 101-140, 1979.

OLIVEIRA, Adélia Engrácia de. Ocupação Humana. *In:* SALATI, Eneas *et al.* *AMAZONIA: Desenvolvimento, Integração e Ecologia*. São Paulo: Brasiliense: CNPq, 1983. p. 144-327.

OLIVEIRA, Adélia Engrácia de. The Evidence for the Nature of the Process of Indigenous Deculturation and Destabilization in the Brazilian Amazon in the Last Three Hundreds Years: Preliminary Data. *In:* ROOSEVELT, Anna (ed.). *Amazonian Indians from Prehistory to the Present*. Tucson: The University of Arizona Press, 1994. p. 95-119.

OLIVEIRA, Francisco de. *Elegia para uma re(li)gião* – SUDENE, Nordeste, Planejamento e Conflito de classes. Rio de janeiro: Paz e Terra, 1977.

OLIVEIRA, Luís Antônio Pinto de. *O Sertanejo, o Brabo e o Posseiro*. Belo Horizonte/Rio Branco: UFAC, 1985.

O MERCADO da Borracha. *Revista da ACA*, Manaus, n. 61, jul. 1913.

O PROBLEMA do Norte. *Jornal Folha do Norte*, Coluna GAZETILHA, Belém, 26 abr. de 1913.

PACK, Spencer J. *Reconstructing marxian economics* – Marx Based Upon a Sraffian Commodity Theory of Value. New York: Praeger Publishers, 1985.

PAGDEN, Anthony. *Lords of all the World: Ideologies of Empire in Spain, Britain, and France c. 1500-1800*. New Haven & London: Yale University Press, 1995.

PALACIOS, Marcos. *Coffee in Colombia, 1850-1970*. London/New York: Cambridge University Press, 1980.

PALHETA, Aécio. *A revolução dos cabanos* – em perguntas e respostas. Belém: Editora Amazônia, 2004.

PANTOJA, Ana Renata R. Lima. *Terra de Revolta*. Belém: Imprensa Oficial do Estado, 2014.

PARÁ. GOVERNADOR DO ESTADO (Augusto Montenegro). *Mensagem em 07 de setembro de 1907*. Belém: Imprensa Official do Estado do Pará, 1907.

PARÁ. GOVERNADOR DO ESTADO (Augusto Montenegro). Message to the Legislative Assembly in 1908. *Journal The Brazilian Review*, supplement, Rio de Janeiro, Tuesday, v. XI, n. 42, Oct. 20th, 1908.

PARÁ. GOVERNADOR DO ESTADO (Dionísio Ausier Bentes). *Mensagem de 07 de setembro de 1895*. Belém, 1895.

PARÁ. INSPECTOR DO THESOURO. *Relatórios de 30 de novembro de 1897 e 03 e janeiro de 1898*. Belém: Tipografia do Diário Official, 1898.

PARÁ. PRESIDENTE DA PROVÍNCIA. *Discurso em 02 de março de 1838*. Belém: Tipografia Santos & Filho, 1838.

PARÁ. PRESIDÊNCIA DA PROVÍNCIA. *Exposição do Estado e Andamento dos Negócios da Província do Pará, no Acto de Entrega que fez da Presidência o Exmo.* Marechal Francisco José de Souza Soares D'Andrea ao Exmo. Dr. Bernardo de Souza Franco em 08/04/1839. Pará: Typografia de Santos e Menor, 1839.

PARÁ. PRESIDÊNCIA DA PROVÍNCIA. *Discurso pelo Exmo. Sr. Dr. Bernardo de Souza Franco, Presidente da Província do Pará, em abertura da Assembléia Legislativa Provincial em 15/08/1839*. Pará: Typografia de Santos & Menor, 1839.

PARÁ. PRESIDENTE DA PROVÍNCIA. *Discurso pelo Exmo. Sr. Dr. João Antônio de Miranda, Presidente da Província do Pará, em abertura da Assembléia Legislativa Provincial, em 15/08/1840.* Pará: Typografia de Santos & Menor, 1840.

PARÁ. PRESIDENTE DA PROVÍNCIA. *Discurso por Bernardo de Souza Franco, Presidente da Província do Pará, na abertura da Assembléia Legislativa Provincial em 14/04/1841.* Pará: Typografia Santos & Menor, 1841.

PARÁ. PRESIDENTE DA PROVÍNCIA. *Discurso pelo Presidente da Província do Pará Sr. Bernardo de Souza Franco, na abertura da Assembléia Legislativa Provincial em 14/04/1842.* Pará: Typografia Santos & Menor, 1842.

PARÁ. PRESIDENTE DA PROVÍNCIA (Jerônimo Coelho). *Falla em 01 de Outubro de 1848,* Belém, Tipografia Santos & Filhos, 1848.

PARÁ. PRESIDENTE DA PROVÍNCIA. *Falla em 15 de Junho de 1848.* Belém: Tipografia Santos & Filhos, 1848.

PARÁ. PRESIDENTE DA PROVÍNCIA. *Falla em 01 de Outubro de 1849.* Belém: Tipografia Santos & Filhos, 1849.

PARÁ. PRESIDENTE DA PROVÍNCIA. (João M, de Moraes). *Discurso de 15 de agosto de 1847.* Belém: Tipografia Santos & Filhos, 1849a.

PARÁ. PRESIDENTE DA PROVÍNCIA. *Relatório pelo Sr. Jerônimo Francisco Coelho em 01 de Agosto de 1850.* Belém: Tipografia. Santos & Filhos, 1850.

PARÁ. PRESIDENTE DA PROVÍNCIA (Fausto A. d'Aguiar). *Relatório de 15 de agosto de 1851.* Belém: Tipografia Santos & Filhos, 1851.

PARÁ. PRESIDENTE DA PROVÍNCIA (Ambrósio Leitão da Cunha). *Relatório de 08 Dezembro de 1858.* Belém: Tipografia Comercial de A.J.P. Guimarães, dez. 1858.

PARÁ. PRESIDENTE DA PROVÍNCIA. (Ambrosio Leitão da Cunha). *Relatório.* Pará: Tipografia de Santos & Filho, ago. 1858.

PARÁ. PRESIDENTE DA PROVÍNCIA (Ten. Cor. Manoel de Frias e Visconde). *Falla em 01 de Outubro de 1859.* Belém: Tipografia J.R. Guimarães, 1859.

PARÁ. PRESIDENTE DA PROVÍNCIA. (Angelo Thomas do Amaral). *Relatório de 04 de maio de 1861.* Belém: Tipografia de Santos & irmãos, 1861.

PARÁ. PRESIDENTE DA PROVÍNCIA (F.C.A. Brusque). *Relatório de 1/9/1862.* Pará: Tipografia de Frederico Carlos Rhossard, 1862.

PARÁ. PRESIDENTE DA PROVÍNCIA. (F.C.A. Brusque). *Relatório de 01/12/1862*. Pará: Tipografia de Frederico Carlos Rhossard, 1862a.

PARÁ. PRESIDENTE DA PROVÍNCIA. (Francisco Carlos de Araújo Brusque). *Relatório de 01 de Novembro de 1863*. Belém: Tipografia Francisco Rhossard, 1863.

PARÁ. PRESIDENTE DA PROVÍNCIA. *Relatório em 15 de agosto de 1867*. Belém: Tipografia Frederico Rhossard, 1867.

PARÁ. PRESIDENTE DA PROVÍNCIA (Oliveira, J.A.C). *Relatório*. Belém: Tipografia Diário Gram-Pará, 1870a.

PARÁ. PRESIDENTE DA PROVÍNCIA. (Abel Graça). *Relatório*. Pará: Tipografia Diário Gram-Pará, 1870b.

PARÁ. PRESIDENTE DA PROVÍNCIA. (Abel Graça). *Relatório*. Belém: Tipografia Diário Gram-Pará, 1871.

PARÁ. PRESIDENTE DA PROVÍNCIA. (Abel Graça). *Relatório*. Belém: Tipografia Diário Gram-Pará, 1872.

PARÁ. PRESIDENTE DA PROVÍNCIA. (Pedro V. de Azevedo). *Relatório de 17 de janeiro de 1875*. Pará: Tipografia Diário do Gram-Pará, 1875.

PARÁ. PRESIDENTE DA PROVÍNCIA. (Francisco Ma. Correa de Sá e Benevides). *Relatório de 15 de fevereiro de 1875*. Pará: Tipografia do Diário do Pará, 1875.

PARÁ. PRESIDENTE DA PROVÍNCIA. *Relatório de 15 de fevereiro de 1876*. Belém: D. Gram-Pará, 1876.

PARÁ. PRESIDENTE DA PROVÍNCIA. (João Capistrano Bandeira de Melo Filho). *Relatório de 9 de março de 1878*. Pará: Typ Guttermberg, 1878a.

PARÁ. PRESIDENTE DA PROVÍNCIA. (José Joaquim do Carmo). *Falla de 22 de abril de 1878*. Belém: Typ. da Província do Pará, 1878b.

PARÁ. PRESIDENTE DA PROVÍNCIA. (Gama e Abreu, J.C.). *Relatório 15 de fevereiro de 1880*. Belém: Typ. da Província do Pará, 1880.

PARÁ. PRESIDENTE DA PROVÍNCIA. (Manoel Pinto de Souza Dantas Filho). *Relatório de 04 de janeiro de 1882*. Belém: Typ. do O Liberal do Pará, 1882a.

PARÁ. PRESIDENTE DA PROVÍNCIA. (Justino Ferreira Carneiro). *Relatório de 25 de agosto de 1882*. Belém: Tipografia Commércio do Pará, 1882b.

PARÁ. PRESIDENTE DA PROVÍNCIA. (João J. Pedroso). *Falla de 23 de abril de 1882*. Belém: Tipografia F. Costa Jr., 1882c.

PARÁ. PRESIDENTE DA PROVÍNCIA. (Barão de Maracajú). *Falla de 15/2/1883*. Belém: Tipografia do Jornal da Tarde, 1883.

PARÁ. PRESIDENTE DA PROVÍNCIA. (Gen. Visconde de Maracujá). *Falla de 07 de janeiro de 1884*. Belém: Tipografia. Diário de Notícias, 1884.

PARÁ. PRESIDENTE DA PROVÍNCIA. (João Silveira de Souza). *Falla de 18 de abril de 1885*. Belém: Tipografia. Gazeta de Notícias, 1885.

PARÁ. PRESIDENTE DA PROVÍNCIA. (Tristão Alencar Araripe). *Falla de 05 de novembro de 1885*. Belém: Tipografia do Diário de Notícias, 1886.

PARÁ. PRESIDENTE DA PROVÍNCIA. *Falla de 25 de março de 1886*. Belém: Typ. do Diário de Notícias, 1886a.

PARÁ. PRESIDENTE DA PROVÍNCIA. (Antonio José Ferreira Braga). *Relatório de 18 de setembro de 1889*. Belém: Tipografia A. Fructuoso da Costa, 1889.

PARÁ. PRESIDENTE DA PROVÍNCIA. (Lauro Sodré). *Mensagem em 1/2/1893*. Belém: Tipografia do Diário Oficial, 1893.

PARÁ. PRESIDENTE DA PROVÍNCIA. (João Paes de Carvalho) *Mensagem*. Belém: Tipografia do Diário Oficial, 1897.

PARÁ. VICE PRESIDENCIA DA PROVINCIA. *Discurso pelo Dr. João Maria de Moraes, Vice-Presidente da Província do Pará, em 15 de agosto de 1845*. Belém: Tipografia Santos & Filhos, 1845.

PARÁ. VICE PRESIDENCIA DA PROVINCIA. *Discurso pelo Dr. João Maria de Moraes, Vice-Presidente da Província do Pará, na Assembleia Provincial em 15/08/1846*. Pará: Typografia Santos & Filhos, 1846.

PARÁ. VICE PRESIDENCIA DA PROVINCIA. *Discurso pelo Dr. João Maria de Moraes, Vice-Presidente da Província do Pará, na Assembleia Provincial em 15/08/1847*. Pará: Typografia Santos & Filhos, 1847.

PARÁ. SECRETÁRIO DO GOVERNO. (Manoel Baena). *Relatório de fevereiro de 1895*. Belém: Tipografia do Diário Official, 1875.

PARÁ. THESOURO PROVINCIAL. *Relatório apresentado pelo inspector José Coelho da Mota*. Belém: Tipografia de Santos & Filhos, 1858.

PARMER, J. Norman. *Colonial Labour Policy and Administration*: A history of labour in the rubber Plantation industry in Malaya, c. 1920-1941. New York: J. J. Augustin, 1960.

PAULA, João Antônio de. *Notas Sobre a Economia da Borracha no Brasil*. Belo Horizonte: Cedeplar-UFMG, 1980.

PAULA, João Antônio de. *O Velho e o Novo*: um ensaio sobre a economia da borracha no Brasil. Belo Horizonte: Cedeplar-UFMG, 1981.

PELAEZ, Carlos Manoel; SUZIGAN, Wilson. *História Monetária do Brasil*. Brasília: Editora Universidade de Brasília, 1976.

PELA borracha I. *Revista da ACA*, Manaus, n. 51, p. 5, set. 1912.

PELA borracha II. *Revista da ACA*, Manaus, n. 52, p. 6-7, out. 1912.

PENTEADO, Antônio Rocha. *Problemas de Colonização e de Uso da Terra na Região Bragantina do Estado do Pará*. Belém: UFPa, 1967. 2 vol.

PEREIRA, Carlos Simões; ALMEIDA, Arthur da Costa. Das origens da Belém seiscentistas e sua herança Tupinambá. *Revista Científica Multidisciplinar Núcleo do Conhecimento*, ano 05, ed. 10, v. 03, p. 146-160, out. 2020. ISSN: 2448-0959. Disponível em: https://www.nucleodoconhecimento.com.br/historia/heranca-tupinamba. Acesso em: 11 mar. 2025.

PHELPS, Dudley Maynard. *Rubber Developments in Latin American*. Ann Arbor/Michigan: University of Michigan, 1957.

PICARD, Jacky. La formation de clientèles chez les petits agriculteurs de la règion de Marabá (Amazonie brésilienne). *In:* LUSOTOPIE – Enjeux Contemporains dans les espaces lusophones. *L'Oppression paternaliste au Brésil*. Paris/Talence: Ėditions Karthala, 1996. p. 229-241.

PIMENTA BUENO, M. *Indústria Extractiva. A Borracha*. Rio de Janeiro, Typografia Imperial e Constitucional de J. Villeneuve & Cia., 1882.

PILKINGTON, Andrew. *Race Relations in Britain*. Bath: The Pitman Press, 1984.

PINHEIRO, G. (org.). *História em Novos Cenários*. Manaus: Universidade do Amazonas/Museu Amazônico, 1994 (Amazônia em Cadernos n.º 2/3).

PINHEIRO, Luís Balkar Sá Peixoto. *Nos subterrâneos da revolta*: trajetórias, lutas e tensões na Cabanagem. 1998. 439 f. Tese (Doutorado em História) – Pontifícia Universidade Católica de São Paulo, São Paulo, 1998.

PINTO, Emmanuel Pontes. *Acreania – A revolução do Acre e a ferrovia Madeira Mamoré*. Belém: Editora Paka-Tatu, 2015.

PLATT, D.C.M. The Imperialism of Free Trade: Some Reservations, *The Economic History Review*, New Series, v. 21, n. 2, p. 296-306, Aug. 1968.

PLATT, Desmond Christopher M. Further Objections to an "Imperialism of Free Trade, 1830-60". *Economic History Review*, Second Series, v. XXVI, n. 1, Feb. 1973, (Republicado em Louis, William Roger (ed.). *Imperialism*: the Robinson and Gallagher Controversy. New York/London: New Viewpoints, 1976b).

PLATT, Desmond Christopher M. The Imperialism of Free Trade: Some Reservations, Economic History Review, XXI, 2, August, republished *In:* LOUIS, William Roger (ed.). *Imperialism:* the Robinson and Gallagher Controversy. New York/London: New Viewpoints, 1976a. p. 153-161.

POLANY, Karl. *The Great Transformation*. New York: Octagon Books, 1975.

PORRO, Antônio. Social Organization and Political Power in the Amazon Floodplain. *In:* ROOSEVELT, Anna (ed.). *Amazonian Indians from Prehistory to the Present*. Tucson: The University of Arizona Press, 1994. p. 79-94.

POSADA-CARBÓ, Eduardo. *The Colombian Caribbean* – A Regional History, 1870-1950. Oxford: Oxford University Press, 1996.

POTYGUARA, José. *Alma Acreana* – A Selva e os Costumes na Selva dos Seringais. Rio de Janeiro, 1942. Publicação privada.

POTIER, Jean-Pierry. *Piero Sraffa* – Unorthodox Economist (1898-1983) - A Biographical Essay. London/New York: Routledge, 1991.

PRADO JUNIOR, Caio. *História Economica do Brasil*. São Paulo: Brasiliense, 1956.

PRODUCTION of Indian-Rubber. *Journal of The Royal Society of Arts*, Agust 10th, 1906.

QUEIROZ, Maria Isaura Pereira. O Coronelismo Numa Interpretação Sociológica. *In:* H.G.C.B. *O Brasil Republicano*. São Paulo: Difel, 1982. v. 1, tomo III.

QUEIROZ, Suely Robles Reis de. *Os Radicais da República*. São Paulo: Brasiliense, 1984.

QUEIROZ, Pessoa de. *XIII Conferência Parlamentar Internacional do Commércio* - Os Accordos Industriais e Commerciais - A tese 'A Distribuição de Materiais Primais'. Rio de Janeiro: Imprensa Nacional, 1927.

QUIGLEY, Carroll. *The Evolution of Civilization.* An Introduction to Historical Analysis. New York: Macmillan, 1961.

QUINTILIANO, Antonio. *Grão Pará* – Resenha Histórica (1616/1963). Belém: Imprensa Universitária do Pará, 1963.

RAIOL, Domingos Antonio. *Motins Políticos ou a História dos principais acontecimentos políticos a Província do Pará desde o ano de 1821 até 1835.* Belém: Universidade Federal do Pará, 1970.

RAIOL, Domingos Antônio. Catequese de Indios no Pará. *In: Annaes da Biblioteca e Arquivo Público do Pará.* Belém, 1900. Tomo II, p. 117-182.

RANDALL, John Herman. *The Making of the Modern Mind.* London: George Allen & Unwin Ltd, 1940.

REDCLIFT, Michael. *Development and the Enviromental Crisis:* Red or Green Alternatives? London: Methuen, 1984.

REDCLIFT, Michael. *Sustainable Development* – Exploiting Contradictions. London/New York: Methuen, 1987.

REIS, Arthur Cezar Ferreira. [1940]. *A Política de Portugal no Valle Amazônico.* Belém, 1940. Publicação mais recente, Belém: Secretaria de Estado e Cultura, 1993 (Série 2 Lendo o Pará).

REIS, Arthur Cezar Ferreira. *A Amazônia e a Cobiça Internacional.* Rio de Janeiro: Civilização Brasileira, 1982.

REIS, Arthur Cezar Ferreira. *A Amazônia que os Portugueses Revelaram.* Rio de Janeiro: Ministério da Cultura, 1957.

REIS, Arthur Cezar Ferreira. *Desenvolvimento Economico da Amazonia.* Belém: Coleção Amazônica, Serie Augusto Montenegro, UFPa, 1966.

REIS, Arthur Cezar Ferreira. *O Processo histórico da Economia Amazonense.* Rio de Janeiro: Imprensa Nacional, 1944.

REIS, Arthur Cezar Ferreira. *O Seringal e o Seringueiro, Documentário da Vida Rural, 5.* Rio de Janeiro: Serviço de Informação Agrícola, 1953.

REIS, Arthur Cezar Ferreira. Roteiro Histórico das Fortificações no Amazonas. *Revista do Serviço de Patrimônio Histórico e Artístico Nacional,* Rio de Janeiro, v. 6, p. 119, 1942.

REIS, Arthur Cezar Ferreira. Roteiro Histórico das Fortificações no Amazonas. *Revista do Serviço do Patrimônio Histórico e Artístico Nacional,* Rio de Janeiro, n. 6, p. 119, 1942.

REIS, Jaime From banguê to usina: social aspects of growth and modernisation in the sugar industry of Pernambuco, Brazil, 1850-1920. *In:* DUNCAN, Kenneth; RUTLEDGE, Ian. *Land and Labour in Latin America.* Cambridge: Cambridge University Press, 1978. p. 369-396.

REX, John; MASON, David. *Theories of Race and Ethinic Relations.* Cambridge/London/new York: Cambridge University Press, 1986.

REY, Pierre-Philippe. *Colonialism, Neo-Colonialisme et Transition au Capitalism.* Paris: Maspero, 1971.

REY, Pierre-Philippe. The lineage Mode of Production. *Critique of Anthropology,* United Kingdom, v. 3, Spring, 1975.

RICARDO, David. *The Principles of Political Economy and Taxation.* London: London J.M. Dent & Sons Ltd, 1962.

RICCI, Magda Maria de O. História Amotinada: Memórias da Cabanagem. *Cadernos do Centro de Filosofia e Ciências Humanas,* Belém, v. 12, 1996.

ROCHA, Júlio. *O Acre* – Documentos para a história da sua ocupação pelo Brasil. Lisboa: Minerva Luzitana, 1903. (Documento apresentado ao Ministro da República dos E.U. do Brasil em Portugal (Dr. Alberto Fialho)).

ROCHA, Adaucto. *Introdução à Economia Amazônica.* Manaus: Oficina Gráfica da Escola Técnica, 1952.

ROCQUE, Carlos. *História Geral de Belém e do Grão-Pará.* Atualização de texto: Antônio José Soares. Belém: Distribel, 2001.

ROOSEVELT, Anna. "Amazonian Anthropology: Strategy for a New Synthesis". *In:* ROOSEVELT, Anna (ed.). *Amazonian Indians from Prehistory to the Present.* Tucson: The University of Arizona Press, 1994. p. 1-19.

ROSSI, Paolo. *O Nascimento da Ciência Moderna na Europa.* Tradução de Antônio Angonese. Bauru: EDUSP, 2001.

RUBBER Planting. *Journal of The Royal Society of Arts*, v. LIV, Jan. 26th 1906.

RUBBER. *The Brazilian Review*, Mar. 9th, 1909.

RUSSEL, Alice. *The Growth of Occupational Welfare in Britain*. Aldershot/Brookfield USA/Hong Kong/Singapore/Sydney: Gower Publishing Company Limited, 1991.

RUSSEL-WOOD, Anthony John Russel. *The Portuguese Empire, 1415-1808*. Baltimore and London: The John Hopkins University Press, 1998.

RYAN, Alan. *Property*. Milton Keynes: Open University Press, 1987.

SABATO, Hilda. *Agrarian Capitalism and the World Market*: Buenos Aires in the Pastoral Age 1840-1890. Albuquerque: University of New Mexico Press, 1990.

SAES, Décio. *A Formação do Estado Burguês no Brasil (1888-1891)*. Rio de Janeiro: Paz e Terra, 1985.

SAES, Flavio Azevedo Marque de. *A Grande Empresa de Serviços Públicos na Economia Cafeeira*. São Paulo: Hucitec, 1986.

SALLES, Vicente. *Memorial da Cabanagem:* esboço do pensamento político revolucionário no Grão-Pará. Belém: CEJUP, 1992.

SALLES, Vicente. *O Negro no Pará, sob regime da escravidão*. Rio de Janeiro: Fundação Getúlio Vargas/UFPa, 1971 (Coleção Amazonia, Série José Veríssimo).

SALLUM JUNIOR, Brasílio. *Capitalismo e Cafeicultura:* Oeste Paulista, 1888-1930. São Paulo: Duas Cidades, 1982.

SANTOS, Corsino Medeiros. Cultura, indústria e comércio de arroz no Brasil colonial, *Revista do Instituto Histórico e Geográfico Brasileiro*, Departamento de Imprensa Nacional, Rio de Janeiro, v. 318, p. 36-61, jan./mar. 1978.

SANTOS, Francisco Jorge dos. *Além da Conquista: guerras e rebeliões indígenas na Amazônia pombalina*. Manaus: Editora da Universidade do Amazonas-EDUA, 1999.

SANTOS, Roberg Januário. O fim do Grão-Pará e a institucionalização da região amazônica: o papel dos liberais paraenses na mudança do status regional no Sec. XIX, Artigos Científicos. *Boletim do Museu Emílio Goeldi Ciências Humanas,* Belém, v. 18, n. 1, 2023.

SANTOS, Roberto Araujo de Oliveira. *História Economica da Amazônia (1800-1920)*. 2. ed. Manaus: Editora Valer, 2019.

SANTOS, Roberto Araujo de Oliveira. *Histórica Economica da Amazonia (1800-1920)*. São Paulo: T.A. Queiroz, 1980.

SANTOS, Roberto. *História Econômica da Amazônia (1800-1920)*. 1977. Dissertação (Mestrado em História Econômica) – Universidade de São Paulo, São Paulo, 1977. Disponível em: https://repositorio.usp.br/item/000721093. Acesso em: 11 mar. 2025.

SANTOS, Theotônio. La crisis de la teoria del desarrollo y las relaciones de dependencia en America Latina. *In:* FERRER, Aldo *et al.* (ed.). *La dependencia politico-economica de la America Latina*. Mexico: Siglo XXI, 1973. p. 147-187.

SCHMIDT, Alfred. *The concept of Nature in Marx*. London: NLB, 1977.

SCHMINK, Marianne. Big Business in the Amazon. *In*: DENSLOW, Julie; PADOCH, Christine. *People of the tropical rain forest*. Berkeley/Los Angeles/ London: University of California Press, 1988.

SEGATTO, José Antônio. *A Formação da Classe Operária no Brasil*. Porto Alegre: Mercado Aberto, 1987.

SERRÃO, Emanuel. Patagens Nativas do Trópico Úmido Brasileiro: Conhecimentos Atuais. *In:* SIMPÓSIO DO TRÓPICO ÚMIDO, 1., 12 a 17 nov. 1984. *Anais* [...]. Brasília: Embrapa, 1986. p. 183-205.

SILVA, Adalberto Ferreira da. *Raízes da Ocupação Recente das Terras do Acre*. Belo Horizonte: Cedeplar-UFMG, 1982.

SILVA, Luiz Osíris da. *A Luta pela Amazônia*. São Paulo: Fulgor, 1962.

SILVA, Sergio. Formas de Acumulação e Desenvolvimento do Capitalismo no Campo. *In:* SINGER, Paul *et al*. *Capital e Trabalho no Campo*. São Paulo: 1979. p. 7-24.

SILVA, Sergio. *Valor e Renda da Terra*. São Paulo: Polis, 1981.

SILVEIRA, Ítala Bezerra Da. *Cabanagem:* uma luta perdida. Belém: Secretaria de Estado da Cultura, 1994.

SIMONSEN, Roberto. *História Econômica do Brasil*. São Paulo: Nacional, 1957.

SINGER, Paul. O Brasil no Contexto do Capitalismo Internacional, 1889-1930. *Revista Mexicana de Sociologia*, Cidade do México, v. 36, n. 3, Jul.-Sep., 1974, p. 547-593.

SKOWRONSKI, Marek. *La Politique Brésilienne du Café*. Rio de Janeiro: Gráfica Récord Editora ltda, 1961.

SOARES, Lucio de Castro. *Amazonia*. Rio de Janeiro: Conselho Nacional de Geografia, 1963.

SOARES, Luís Carlos. From Slavery to Dependence: A Historiographical Perspective. *In:* GRAHAM, Richard. *Brazil and the World System*. Austin: University of Texas Press, 1991. p. 89-117 (Translated by R. Graham and H. Philips).

SOARES, José Carlos de Macedo. *Rubber* – An Economic & Statistical Study. London: Constable & Co Ltd., 1930.

SOMBART, Werner. *The Quintessence of Capitalism*: a Study of the History and Psycology of the Modern Businessman. London: Unwin, 1915.

SOUZA, Eloi. A Crise da Indústria de Borracha na Amazônia. *Revista da Associação Comercial do Amazonas*, p. 58-59, jan. 1914.

SOUZA, Eloi. *A Crise da Borracha e o Esquecimento da Amazônia*. Mossoró: Fundação VINGT-UN ROSADO, 1990. (Coleção Mossoroense – Série C, vol. DLXXII).

SPENGLER, Oswald. *The Decline of the West*. Translation by Charles Francis Atkinson. New York: Alfred A. Knopp, Inc., 1926. 2 v.

SODRE, Nelson Werneck. [1944]. *História da Burguesia Brasileira*. Rio de Janeiro: Civilização Brasileira, 1976.

SODRE, Nelson Werneck. *Formação Histórica do Brasil*. Rio de Janeiro: Civilização Brasileira, 1979.

SOUZA, Marcio. *Mad Maria*. 5. ed. Rio de Janeiro: Record, 2002.

SOUZA, Marcio. *História da Amazônia* – do período pré-colombiano aos desafios do século XXI. 4. ed. Rio de Janeiro e São Paulo: Editora Record, 2023.

SOUZA, Maria do Carmo Carvalho. O processo político-partidário na Primeira República e a Revolução de 30. *In:* MOTA, Carlos Guilherme (ed.). *Brasil em Perspectiva*. São Paulo: Editora Difusão Europeia do Livro, 1973. p. 162-226.

SOUZA, Ricardo Luiz de. O antilusitanismo e a afirmação da nacionalidade, *POLITÉIA História e Sociedade*, Vitoria da Conquista, v. 5, n. 1, p. 133-151, 2005.

SOZAN, Michael. Sociocultural Transformation in East Central Europe: the Case of the Hungarian Peasant-Worker in Burgenland. *East Central Europe*, v. III, n. 2, p. 195-209, 1976.

SPENCER, Herbert. [1862]. *First Principles*. London: Williams e Norgate, 1904.

STAVENHAGEN, Rodolfo; LACLAU, Ernesto; MARINI, Ruy Mauro. *Tres ensayos sobre America Latina*. Barcelon: Editorial Anagrama, 1973.

STEIN, Stanley J. *The Brazilian Cotton Manufacture*: Textile Enterprise in an Underveloped Area, 1850-1950. Cambridge: Harvard University Press, 1957.

STEIN, Stanley J. *Vassouras* – A Brazilian Coffee County, 1850-1900. Princeton/ New Jersey: Princeton Uiversity Press, 1985.

STENBERG, Hilgard. *A Água e o Homem na Várzea do Carreiro*. Belém: Museu Paraense Emílio Goeldi, 1998.

STOCPOL, Theda. *States and Social Revolutions*. Cambridge: Cambridge University Press, 1979.

STOLCKE, Verena. *Coffee Planters, Workers and Wives* – Class Conflict and Gender Relations on São Paulo Plantations, 1850-1980. Houndmills, Basingstoke, Hampshire and London: Macmillan Press and St. Antony's College Oxford, 1988.

STOLCKE, Verena; HALL, Michael. The Introduction of Free Labour on S. Paulo Coffee Plantations. *Journal of Peasant Studies*, London, v. 10, n. 2, p. 170-200, 1983.

SUZIGAN, Wilson (ed.). *Indústria*: política, instituições e desenvolvimento. Rio de Janeiro: Ipea/Inpes, 1978.

SUZIGAN, Wilson. *Industria Brasileira:* origem e desenvolvimento. São Paulo: Brasiliense, 1986.

SWEIGART, Joseph Earl. *Coffee Factorage and the Emergence of a Brazilian Capital Market, 1858-1888*. New York and London: Garland Publishing Inc., 1987.

TANNURI, Luiz Antonio. *O Encilhamento*. São Paulo: Hucitec; Campinas: Fundação de Desenvolvimento da Unicamp, 1981.

TAVARES BASTOS, A. *Cartas de Um Solitario*. São Paulo: Cia. Ed. Nacional, 1938.

TAVARES BASTOS, A. *O Valle do Amazonas*. Rio de Janeiro: Garnier, 1866.

TAYLOR, A. The Meaning of Imperialism. *In:* LOUIS, William Roger (ed.). *Imperialism*: the Robinson and Gallagher Controversy. New York/London: New Viewpoints, 1976. p. 197-199.

TEIXEIRA, Carlos Corrêa. *O Aviamento e o Barracão na Sociedade do Seringal*. 1980. (Dissertação de Mestrado) – Universidade de São Paulo, São Paulo, 1980.

TEIXEIRA, Leopoldo. A valorização da borracha — breves considerações sobre alguns aspectos secundários. *A Lavoura Paraense,* Belém, ano III, n. 16, p. 537-539, 1909.

TEIXEIRA, Leopoldo. Pelos seringais. *A Lavoura Paraense.* Belém, ano III, n. 17, p. 593-595, 1909a.

TEIXEIRA, Leopoldo. Pelos seringais. *A Lavoura Paraense,* Belém, ano III, n. 18, p. 667-670, 1909b.

TEIXEIRA, Leopoldo. Um processo econômico de fabrico da borracha tipo Ceylão. *A Lavoura Paraense.* Belém, ano III, n. 16, p. 557-558, 1909c.

THOMAS, Keith. *Man and the Natural World*. London: Pinguim Books Ltd, 1983.

THOMPSON, Edward Palmer. Eighteenth-century English Society: Class Struggle Without Class? *Social History*, London, v. 3, p. 133-65, May 1978.

THOMPSON, Edward Palmer. Time, Work-Discipline and Industrial Capitalism, *Past and Present*, Oxford, v. 38, p. 56-97, 1967.

TOCANTINS, Leandro. *A Amazônia* – natureza, homem e tempo. Rio de Janeiro: Conquista, 1970.

TOCANTINS, Leandro. *Formação Histórica do Acre*. Rio de Janeiro/Brasília: Civilização Brasileira/Instituto Nacional do Livro., 1978.

TOCANTINS, Leandro. *O Rio Comanda a Vida*. Rio de Janeiro: Civilização Brasileira, 1961 (Publicado mais tarde pela Rio de Janeiro: Biblioteca do Exército Editora, 1977).

TOOL, Marc R. *Institutional economics: theory, method, policy*. Boston/Dordrecht/ London: Kluwer Academic Publisher, 1993.

TOPIK, Steven. State Interventionism in a Liberal Regime: Brazil, 1889-1930. *Hispanic American Historical Review*, Los Angeles, v. 60, n. 4, p. 593-616, 1980.

TOPIK, Steven. The Evolution of the Economic Role of the Brazilian State, 1889-1930. *Journal Latin American Studies*, Cambridge, v. II, n. 2, p. 325-342, 1979.

TOPIK, Steven. *The Political Economy of the Brazilian State, 1889-1930*. Austin: University of Texas Press, 1987.

TOPIK, Steven. The State's Contribution to the Development of Brazil's Internal Economy,1850-1930. *Hispanic American Historical Review*, Los Angeles, v. 65, n. 2, p. 203-228, 1985.

TORRES, Haroldo. *A perspectiva de produção de castanha do Pará em Seringais do Acre e o trabalho da mulher*. 1990. Mimeografado.

TOYNBEE, Arnold. *A study of history (Somervell abridgement)*. Oxford: Oxford University Press, 1946.

TRECHOS da Mensagem do Governador do Estado do Pará H.E. Dr. Augusto Montenegro à Assembléia Legislativa, 1908. *Journal The Brasilian Review*, Rio de Janeiro, n. 42, 20 out. 1908.

VARGAS, Milton (org.). *História da técnica e da tecnologia no Brasil*. São Paulo: Editora da Universidade Estadual Paulista: Centro Estadual de Educação Tecnológica Paula Sousa, 1994 (Biblioteca básica).

VAZ, Alisson Mascarenhas. *Cia. Cedro e Cachoeira*: história de una empresa familiar, 1883-1987. Belo Horizonte: Editora Cedro Cachoeira, 1990.

VEBLEN, Thorstein. *The Theory of Business Enterprise*. New York: Scribner, 1904.

VELHO, Otávio. Sete Teses Equivocadas Sobre a Amazônia, *Religião e Sociedade*, Rio, v. 10, p. 31-36, nov. 1983.

VERSIANI, Flávio. *Industrial Investment in an "Export" economy*: the Brazilian experience before 1914. London: University of London, Institute of Latin America Studies, 1980.

VILLELLA, Annibal Villanova; SUZIGAN, Wilson. *Política do governo e crescimento da economia brasileira, 1889-1945*. Rio de Janeiro: Ipea/Inpes, 1975.

WALLACE, Alfred Russel. *Viagens pelo Amazonas e Rio Negro*. São Paulo: Cia. Ed. Nacional, 1939. (First Publication in English: A Narrativa of Travels on the Amazon and Rio Negro, London, 1853).

WALLERSTEIN, Immanuel. [1979]. *The capitalist world-economy*. 3. ed. USA: Cambridge University Press, 1993.

WALLERSTEIN, Immanuel. *The world-system*: capitalist agriculture and origins of the European world-economy in the sixteenth-century. New York: Academic Press, 1974.

WEFFORT, Francisco Corrêa (org.). *Os clássicos da política*. São Paulo: Ática, 1991.

WEFFORT, Francisco Corrêa. *O populismo na política brasileira*. Rio de Janeiro: Paz e Terra, 1978.

WEINSTEIN, Barbara. *The Amazon rubber boom, 1850-1920*. Stanford/California: Stanford University Press, 1983.

WERNECK SODRE, Nelson. *Formação Histórica do Brasil*. Rio de Janeiro: Civilização Brasileira, 1979.

WERNECK SODRE, Nelson. *História da Burguesia Brasileira*. Rio de Janeiro: Civilização Brasileira, 1976.

WHITE, Andrew Dickson. *A History of the Warfare of Science and Theology in Christendom*. New York: D. Appleton & Company, 1896-97. 2 v.

WHITEHEAD, Alfred North. *The Concept of Nature*. Cambridge: Cambridge University Press, 1920.

WHITTLESEY, Charles. *Governmental Control of Crude Rubber* – The Stevenson Plan. Princeton: Princeton University Press, 1931.

WIKOFF, Henry. *The Four Civilizations of the World*. London: Sampson Low, marston, Low & Searly, 1875.

WILKINSON, David. Central Civilization. *Comparative Civilizations Review*, Provo/Utah, USA, v. 17, n. 17, p. 31-59, Fall 1987. Disponível em: https://scholarsarchive.byu.edu/ccr/vol17/iss17/4. Acesso em: 11 mar. 2025.

WOLF, Abraham. *A History of Science, Technology and Philosophy in 16th and 17th centuries*. London: Allen and Unwin, 1962.

WOLF, Howard K.; WOLF, Ralph F. *Rubber, a story of glory and greed*. New York: 1936.

WRIGHT, Herbert. Rubber Cultivation (with special reference to parts of the British Empire). *Journal of the Royal Society of Arts 55*, p. 614-43, 1907.

WOODRUFF, William. *The Rise of British Rubber Industry during the 19th century*. Liverpool: Liverpool University Press, 1958.

WOORTMANN, Klaas. Com Parente não se negocia: o Campesinato Como Ordem Moral. *Anuário Antropológico*, Brasília, v. 87, p. 11-72, 1990.

WRIGHT, Angus. *The death of Ramón Gonzaléz*: the modern agricultural dilemma. Austin: University of Texas Press, 1990.

YOUNG, Jefrey T. *Classical Theories of Value:* From Smith to Sraffa. Bouler, Colorado: Westview Press, 1978.

ZONA de fronteiras – terrenos ribeirinhos. *Revista da ACA*, set. 1919.